Die Bonus-Seite

Ihr Vorteil als Käufer dieses Buches

Auf der Bonus-Webseite zu diesem Buch finden Sie zusätzliche Informationen und Services. Dazu gehört auch ein kostenloser **Testzugang** zur Online-Fassung Ihres Buches. Und der besondere Vorteil: Wenn Sie Ihr **Online-Buch** auch weiterhin nutzen wollen, erhalten Sie den vollen Zugang zum **Vorzugspreis**.

So nutzen Sie Ihren Vorteil

Halten Sie den unten abgedruckten Zugangscode bereit und gehen Sie auf **www.galileocomputing.de**. Dort finden Sie den Kasten **Die Bonus-Seite für Buchkäufer**. Klicken Sie auf **Zur Bonus-Seite/Buch registrieren**, und geben Sie Ihren **Zugangscode** ein. Schon stehen Ihnen die Bonus-Angebote zur Verfügung.

Ihr persönlicher **Zugangscode**

fem9-r4k3-n7ij-gzqs

Isi EAfD Udo Preugschat

Thomas Theis

Einstieg in Visual Basic 2013

Galileo Press

Liebe Leserin, lieber Leser,

mit Visual Basic haben Sie sich für eine moderne, leistungsfähige Programmiersprache entschieden, die sich erfreulicherweise auch noch leicht lernen lässt. Dieses Buch möchte Sie bei Ihrem Einstieg in VB unterstützen und Sie in die Lage versetzen, schon bald Ihre eigenen Windows-Programme zu entwickeln.

Schritt für Schritt und jederzeit verständlich vermittelt Ihnen unser Autor Thomas Theis zunächst die Grundlagen der Programmierung mit VB. Ausgangspunkt bilden dabei zahlreiche kleine Programmbeispiele, an denen Sie alles lernen, was Sie wissen müssen. Die Erläuterungen sind so anschaulich, dass Sie sich auch dann problemlos zurechtfinden werden, wenn Sie vorher noch nie programmiert haben sollten. Nach und nach lernen Sie auch die fortgeschritteneren Themen der VB-Programmierung kennen, so dass Sie zum Schluss auch anspruchsvollere Programme wie z. B. einen Taschenrechner oder das Spiel Tetris entwickeln können.

An zahlreichen Übungsaufgaben können Sie Ihr neu gewonnenes Wissen direkt austesten. Die zugehörigen Musterlösungen befinden sich zusammen mit den Codedateien der Beispiele auf dem beiliegenden Datenträger bzw. im Downloadpaket, das den elektronischen Ausgaben dieses Buchs beigegeben ist. Auf dem Datenträger finden Sie außerdem die Entwicklungsumgebung Visual Studio 2013 Express.

Dieses Buch wurde mit großer Sorgfalt geschrieben, geprüft und produziert. Sollte dennoch einmal etwas nicht so funktionieren, wie Sie es erwarten, freue ich mich, wenn Sie sich mit mir in Verbindung setzen. Ihre Kritik und konstruktiven Anregungen sind uns jederzeit herzlich willkommen!

Viel Spaß beim Lesen und Programmieren Ihrer Webseiten wünscht Ihnen nun

Ihre Anne Scheibe
Lektorat Galileo Computing

anne.scheibe@galileo-press.de
www.galileocomputing.de
Galileo Press · Rheinwerkallee 4 · 53227 Bonn

Auf einen Blick

Wir hoffen sehr, dass Ihnen dieses Buch gefallen hat. Bitte teilen Sie uns doch Ihre Meinung mit. Eine E-Mail mit Ihrem Lob oder Tadel senden Sie direkt an die Lektorin des Buches: *anne.scheibe@galileo-press.de*. Im Falle einer Reklamation steht Ihnen gerne unser Leserservice zur Verfügung: *service@galileo-press.de*. Informationen über Rezensions- und Schulungsexemplare erhalten Sie von: *britta.behrens@galileo-press.de*.

Informationen zum Verlag und weitere Kontaktmöglichkeiten finden Sie auf unserer Verlagswebsite *www.galileo-press.de*. Dort können Sie sich auch umfassend und aus erster Hand über unser aktuelles Verlagsprogramm informieren und alle unsere Bücher versandkostenfrei bestellen.

An diesem Buch haben viele mitgewirkt, insbesondere:

Lektorat Anne Scheibe
Korrektorat Monika Paff, Langenfeld
Herstellung Melanie Zinsler
Layout Vera Brauner
Einbandgestaltung Barbara Thoben, Köln
Titelbild Johannes Kretzschmar, Jena
Satz III-satz, Husby
Druck Beltz Bad Langensalza GmbH, Bad Langensalza

Dieses Buch wurde gesetzt aus der TheAntiquaB (9,35/13,7 pt) in FrameMaker.
Gedruckt wurde es auf chlorfrei gebleichtem Offsetpapier (90 g/m²).

Der Name Galileo Press geht auf den italienischen Mathematiker und Philosophen Galileo Galilei (1564–1642) zurück. Er gilt als Gründungsfigur der neuzeitlichen Wissenschaft und wurde berühmt als Verfechter des modernen, heliozentrischen Weltbilds. Legendär ist sein Ausspruch Eppur si muove (Und sie bewegt sich doch). Das Emblem von Galileo Press ist der Jupiter, umkreist von den vier Galileischen Monden. Galilei entdeckte die nach ihm benannten Monde 1610.

Bibliografische Information der Deutschen Nationalbibliothek:
Die Deutsche Nationalbibliothek verzeichnet diese Publikation in der Deutschen Nationalbibliografie; detaillierte bibliografische Daten sind im Internet über *http://dnb.d-nb.de* abrufbar.

ISBN 978-3-8362-2816-9
4., aktualisierte Auflage 2014

Inhalt

Kapitel 1
Einführung

In diesem Kapitel erlernen Sie anhand eines ersten Projekts den Umgang mit der Entwicklungsumgebung und den Steuerelementen. Sie sind anschließend in der Lage, Ihr erstes eigenes Windows-Programm zu erstellen.

Visual Basic 2013 ist der Nachfolger von Visual Basic 2012 und damit eine weitere Version von Visual Basic .NET. Hierbei handelt es sich um eine objektorientierte Programmiersprache. Mithilfe der Entwicklungsumgebung Visual Studio 2013 können Sie u. a. in Visual Basic programmieren.

1.1 Aufbau dieses Buchs

Beispiele

Dieses Buch vermittelt Ihnen zunächst einen einfachen Einstieg in die Programmierung mit Visual Basic und dem Visual Studio 2013. Die Bearbeitung der Beispiele und das selbstständige Lösen der vorliegenden Übungsaufgaben helfen dabei, da sie für schnelle Erfolgserlebnisse sorgen, die Sie zum Weitermachen motivieren. In späteren Kapiteln werden auch die komplexen Themen vermittelt.

Grundlagen

Von Anfang an wird mit anschaulichen Windows-Anwendungen gearbeitet. Die Grundlagen der Programmiersprache und die Standardelemente einer Windows-Anwendung, wie Sie sie schon von anderen Windows-Programmen kennen, werden gemeinsam vermittelt. Die Anschaulichkeit einer Windows-Anwendung hilft Ihnen dabei, den eher theoretischen Hintergrund der Programmiersprache leichter zu verstehen.

1.2 Visual Studio 2013

Es werden mehrere Express-Versionen von Visual Studio 2013 eingesetzt. Sie können Sie unter Windows 7, Windows 8 bzw. Windows 8.1 nutzen. Diese freien Versionen von Visual Studio 2013 liegen dem Buch bei, Sie können sie aber auch bei Microsoft herunterladen. Die Projekte in diesem Buch wurden unter Windows 8.1 bearbeitet. Auch die Screenshots sind unter dieser Windows-Version entstanden.

Die Express-Versionen von Visual Studio 2013 bieten jeweils eine komfortable Entwicklungsumgebung. Sie umfassen einen Editor zur Erstellung des Programmcodes, einen Compiler zur Erstellung der ausführbaren Programme, einen Debugger zur Fehlersuche und vieles mehr.

Auf dem Datenträger zum Buch finden Sie die folgenden Express-Versionen von Visual Studio 2013 mit unterschiedlichen Einsatzbereichen:

- *Visual Studio Express 2013 für Desktop* zur Programmierung der Windows Forms-Anwendungen sowie der Konsolen-Anwendungen, die Sie in Kapitel 1 bis 8 sowie 10 und 11 sehen werden. Außerdem dient diese Version zur Umsetzung der WPF-Anwendungen in Kapitel 12. Mit der Desktop-Version werden wir beginnen. Diese Version kann unter Windows 7, Windows 8 und Window 8.1 genutzt werden, falls mindestens der Internet Explorer 10 installiert ist.
- *Visual Studio Express 2013 für das Web* zur Programmierung der Internetanwendungen mit Visual Basic in Kapitel 9. Diese Version kann ebenfalls unter den drei genannten Windows-Versionen genutzt werden, falls mindestens der Internet Explorer 10 installiert ist.
- *Visual Studio Express 2013 für Windows* zur Programmierung der Windows Store-Apps für Windows 8.1. Sie können nur unter Windows 8.1 entwickelt werden. Sie werden sie in Kapitel 13 kennenlernen.

Zur Installation der Express-Versionen verweise ich auf den Anhang.

Noch eine Anmerkung in eigener Sache: Für die Hilfe bei der Erstellung dieses Buchs bedanke ich mich beim Team von Galileo Press, besonders bei Anne Scheibe.

Thomas Theis

1.3 Mein erstes Windows-Programm

Anhand eines ersten Projekts werden die Schritte durchlaufen, die zur Erstellung eines einfachen Programms mithilfe von Visual Basic notwendig sind. Das Programm soll nach dem Aufruf zunächst aussehen wie in Abbildung 1.1.

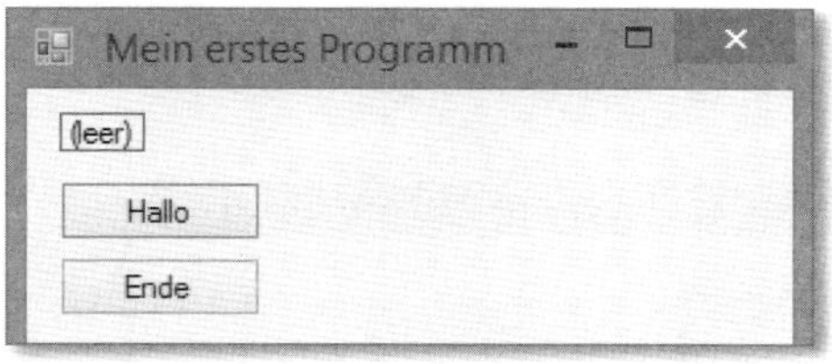

Abbildung 1.1 Erstes Programm, nach dem Aufruf

Nach Betätigung des Buttons HALLO soll sich der Text in der obersten Zeile verändern, siehe Abbildung 1.2.

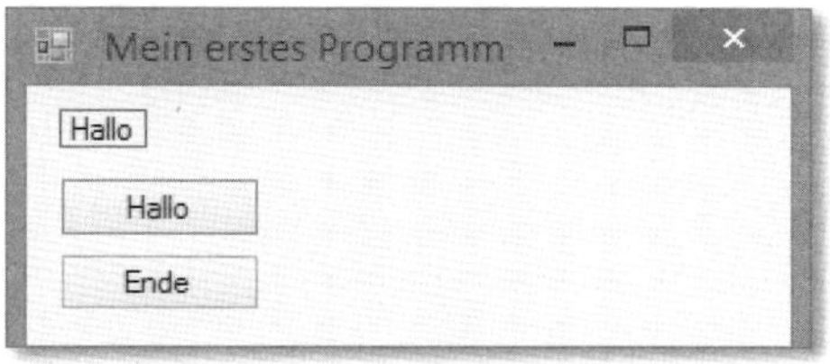

Abbildung 1.2 Nach Betätigung des Buttons »Hallo«

1.4 Visual Basic-Entwicklungsumgebung

Während der Projekterstellung lernen Sie Schritt für Schritt die Visual Studio 2013-Entwicklungsumgebung kennen.

1.4.1 Ein neues Projekt

Nach dem Aufruf des Programms Visual Studio Express 2013 für Windows Desktop müssen Sie zur Erstellung eines neuen Projekts den Menüpunkt DATEI • NEUES PROJEKT • INSTALLIERT • VORLAGEN • VISUAL BASIC • WINDOWS FORMS-ANWENDUNG auswählen. Als Projektname wird *WindowsApplication1* vorgeschlagen, dieser sollte geändert werden, z. B. in *MeinErstes*.

Es erscheinen einige Elemente der Entwicklungsumgebung. Folgende Elemente sind besonders wichtig:

- Das Benutzerformular (engl.: *Form*) enthält die Oberfläche für den Benutzer des Programms (siehe Abbildung 1.3). **Form**

Abbildung 1.3 Benutzerformular

Toolbox

- Der WERKZEUGKASTEN (engl.: *Toolbox*) enthält die Steuerelemente für den Benutzer, mit denen er den Ablauf des Programms steuern kann. Sie werden vom Programmentwickler in das Formular eingefügt (siehe Abbildung 1.4).

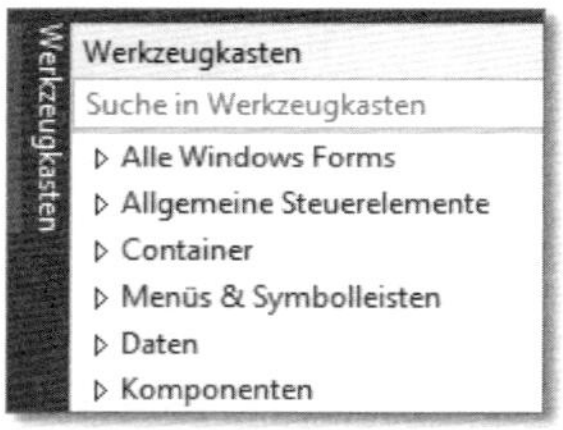

Abbildung 1.4 Werkzeugkasten, mit verschiedenen Kategorien von Steuerelementen

Eigenschaftenfenster

- Das EIGENSCHAFTEN-Fenster (engl.: *Properties Window*) dient zum Anzeigen und Ändern der Eigenschaften von Steuerelementen innerhalb des Formulars durch den Programmentwickler (siehe Abbildung 1.5). Ich empfehle Ihnen, sich die Eigenschaften in alphabetischer Reihenfolge anzeigen zu lassen. Dazu einfach das zweite Symbol von links, unter FORM1, betätigen.

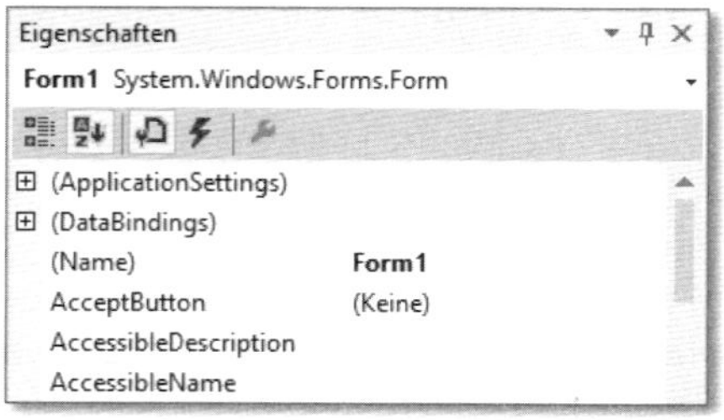

Abbildung 1.5 Eigenschaften-Fenster

- Der PROJEKTMAPPEN-EXPLORER (engl.: *Solution Explorer*) zeigt das geöffnete Projekt und die darin vorhandenen Elemente (siehe Abbildung 1.6).

Projektmappen-Explorer

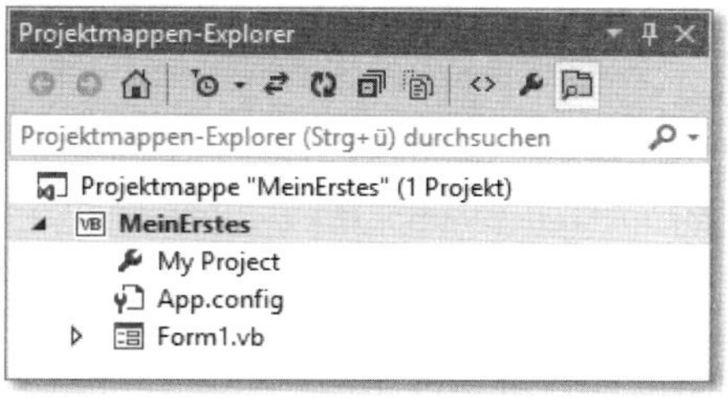

Abbildung 1.6 Projektmappen-Explorer

Sollten der WERKZEUGKASTEN, das EIGENSCHAFTEN-Fenster oder der PROJEKTMAPPEN-EXPLORER einmal nicht sichtbar sein, können Sie das betreffende Element über das Menü ANSICHT einblenden. Sollte das Formular einmal nicht sichtbar sein, können Sie es über einen Doppelklick auf den Namen (FORM1.VB) im PROJEKTMAPPEN-EXPLORER einblenden.

Zunächst werden nur einfache Programme mit wenigen Elementen geschrieben, daher wird der PROJEKTMAPPEN-EXPLORER noch nicht benötigt. Es empfiehlt sich, das EIGENSCHAFTEN-Fenster nach oben zu vergrößern.

1.4.2 Einfügen von Steuerelementen

Label, Button

Zunächst sollen drei Steuerelemente in das Formular eingefügt werden: ein Bezeichnungsfeld (Label) und zwei Befehlsschaltflächen (Buttons). Ein Bezeichnungsfeld dient im Allgemeinen dazu, feste oder veränderliche Texte auf der Benutzeroberfläche anzuzeigen. In diesem Programm soll das Label einen Text anzeigen. Ein Button dient zum Starten bestimmter Programmteile oder, allgemeiner ausgedrückt, zum Auslösen von Ereignissen. In diesem Programm sollen die Buttons dazu dienen, den Text anzuzeigen bzw. das Programm zu beenden.

Allgemeine Steuerelemente

Um ein Steuerelement einzufügen, ziehen Sie es mithilfe der Maus vom WERKZEUGKASTEN an die gewünschte Stelle im Formular. Alle Steuerelemente finden sich im WERKZEUGKASTEN unter ALLE WINDOWS FORMS. Übersichtlicher ist der Zugriff über ALLGEMEINE STEUERELEMENTE (engl.: *Common Controls*), siehe Abbildung 1.7.

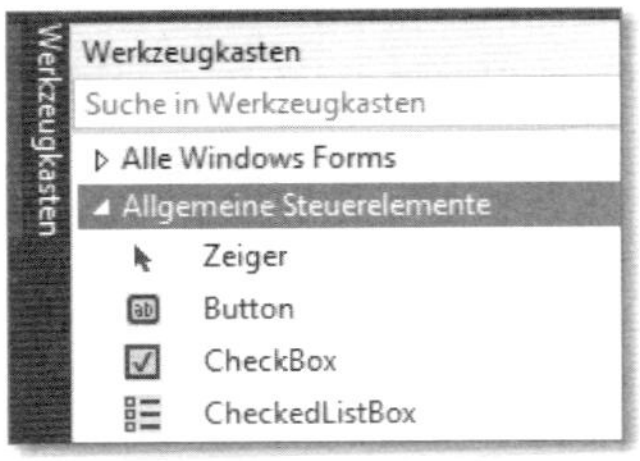

Abbildung 1.7 Werkzeugkasten, Allgemeine Steuerelemente

Steuerelement auswählen

Ein Doppelklick auf ein Steuerelement im WERKZEUGKASTEN fügt es ebenfalls in die Form ein. Anschließend können Ort und Größe noch verändert werden. Dazu müssen Sie das betreffende Steuerelement vorher durch Anklicken ausgewählt haben, siehe Abbildung 1.8. Ein überflüssiges Steuerelement können Sie durch Auswählen und Drücken der Taste `Entf` entfernen.

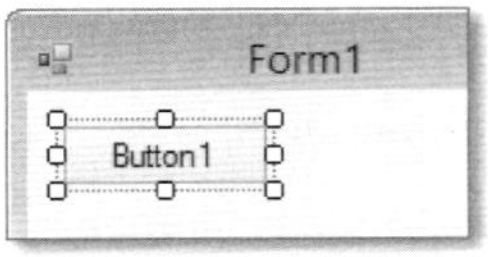

Abbildung 1.8 Ausgewählter Button

Die Größe und andere Eigenschaften des Formulars selbst können auch verändert werden. Dazu müssen Sie es vorher durch Anklicken auf einer freien Stelle auswählen.

1.4.3 Arbeiten mit dem Eigenschaften-Fenster

Die eingefügten Steuerelemente haben zunächst einheitliche Namen und Aufschriften, diese sollten allerdings zur einfacheren Programmentwicklung geändert werden. Es haben sich bestimmte Namenskonventionen eingebürgert, die die Lesbarkeit erleichtern. Diese Namen beinhalten den Typ (mit drei Buchstaben abgekürzt) und die Aufgabe des Steuerelements (mit großem Anfangsbuchstaben).

cmd, txt, lbl, ...

Ein Button (eigentlich: Command Button), der die Anzeige der Zeit auslösen soll, wird beispielsweise mit `cmdZeit` bezeichnet. Weitere Vorsilben sind `txt` (Textfeld/TextBox), `lbl` (Bezeichnungsfeld/Label), `opt` (Optionsschaltfläche/RadioButton), `frm` (Formular/Form) und `chk` (Kontrollkästchen/CheckBox).

Zur Änderung des Namens eines Steuerelementes müssen Sie es zunächst auswählen. Die Auswahl kann entweder durch Anklicken des Steuerelements auf dem Formular oder durch Auswahl aus der Liste am oberen Ende des EIGENSCHAFTEN-Fensters geschehen.

Eigenschaften-Fenster

Im EIGENSCHAFTEN-Fenster werden alle Eigenschaften des ausgewählten Steuerelements angezeigt. Die Liste ist zweispaltig: In der linken Spalte steht der Name der Eigenschaft, in der rechten Spalte ihr aktueller Wert. Die Eigenschaft *(Name)* steht am Anfang der Liste der Eigenschaften. Die betreffende Zeile wird durch Anklicken ausgewählt, und der neue Name wird eingegeben. Nach Bestätigung mit der Taste [↵] ist die Eigenschaft geändert, siehe Abbildung 1.9.

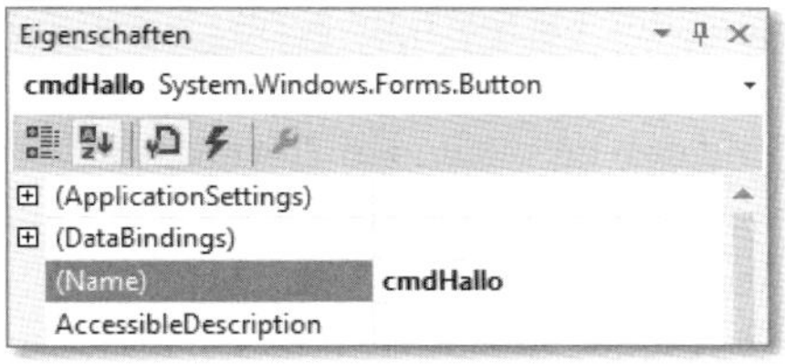

Abbildung 1.9 Button, nach der Namensänderung

Eigenschaft Text

Die Aufschrift von Buttons, Labels und Formularen ist in der Eigenschaft `Text` angegeben. Sobald diese Eigenschaft verändert wird, erscheint die veränderte Aufschrift in dem betreffenden Steuerelement. Auch den Namen und die Aufschrift des Formulars sollten Sie ändern. Im Folgenden sind die gewünschten Eigenschaften für die Steuerelemente dieses Programms in Tabellenform angegeben, siehe Tabelle 1.1.

Startzustand

Zu diesem Zeitpunkt legen Sie den Startzustand fest, also die Eigenschaften, die die Steuerelemente zu Beginn des Programms bzw. eventuell während des gesamten Programms haben sollen. Viele Eigenschaften können Sie auch während der Laufzeit des Programms durch den Programmcode verändern lassen.

Typ	Eigenschaft	Einstellung
Formular	Text	Mein erstes Programm
Button	Name	`cmdHallo`
	Text	Hallo

Tabelle 1.1 Steuerelemente mit Eigenschaften

Typ	Eigenschaft	Einstellung
Button	Name	`cmdEnde`
	Text	Ende
Label	Name	`lblAnzeige`
	Text	(leer)
	BorderStyle	`Fixed Single`

Tabelle 1.1 Steuerelemente mit Eigenschaften (Forts.)

Bei einem Label ergibt die Einstellung der Eigenschaft `BorderStyle` auf `FixedSingle` einen Rahmen. Zur Änderung auf `FixedSingle` müssen Sie die Liste bei der Eigenschaft aufklappen und den betreffenden Eintrag auswählen, siehe Abbildung 1.10. Zur Änderung einiger Eigenschaften müssen Sie eventuell sogar ein Dialogfeld aufrufen.

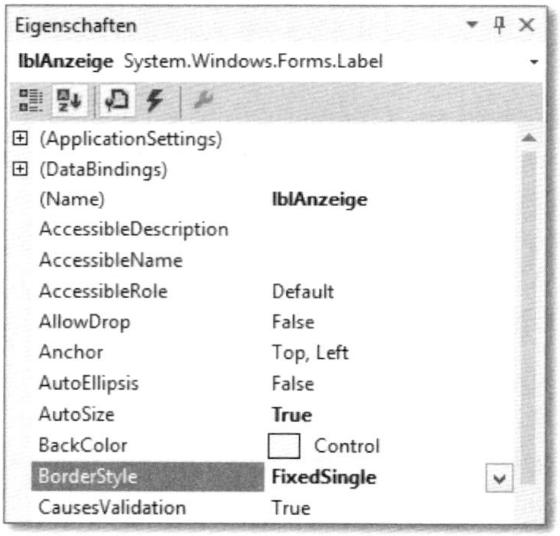

Abbildung 1.10 Label, nach der Änderung von Name und BorderStyle

Im Label soll zunächst der Text *(leer)* erscheinen. Hierzu müssen Sie den vorhandenen Text durch Anklicken auswählen und ändern.

Liste der Steuerelemente

Sie finden alle in diesem Formular vorhandenen Steuerelemente in der Liste, die sich am oberen Ende des EIGENSCHAFTEN-Fensters öffnen lässt. Dabei zeigt sich ein Vorteil der einheitlichen Namensvergabe: Die Steuerelemente des gleichen Typs stehen direkt untereinander.

1.4.4 Speichern eines Projekts

Alles speichern

Die Daten eines Visual-Basic-Projekts werden in verschiedenen Dateien gespeichert. Zum Speichern des gesamten Projekts wird der Menüpunkt DATEI • ALLE SPEICHERN verwendet. Diesen Vorgang sollten Sie in regelmäßigen Abständen durchführen, damit keine Änderungen verloren gehen können.

Die in diesem Skript angegebenen Namen dienen als Empfehlung, um die eindeutige Orientierung und das spätere Auffinden von alten Programmen zu erleichtern.

1.4.5 Das Codefenster

Ereignis

Der Ablauf eines Windows-Programms wird im Wesentlichen durch das Auslösen von Ereignissen durch den Benutzer gesteuert. Er löst z. B. die Anzeige des Texts *Hallo* aus, indem er auf den Button HALLO klickt. Sie als Entwickler müssen dafür sorgen, dass aufgrund dieses Ereignisses der gewünschte Text angezeigt wird. Zu diesem Zweck schreiben Sie Programmcode und ordnen diesen Code dem Ereignis zu. Der Code wird in einer Ereignisprozedur abgelegt.

Ereignisprozedur

Zum Schreiben einer Ereignisprozedur führen Sie am besten einen Doppelklick auf das betreffende Steuerelement aus. Es erscheint das Codefenster. Zwischen der Formularansicht und der Codeansicht können Sie anschließend über die Menüpunkte ANSICHT • CODE bzw. ANSICHT • DESIGNER hin- und herschalten. Das ist auch über die Registerkarten oberhalb des Formulars bzw. des Codefensters möglich, siehe Abbildung 1.11.

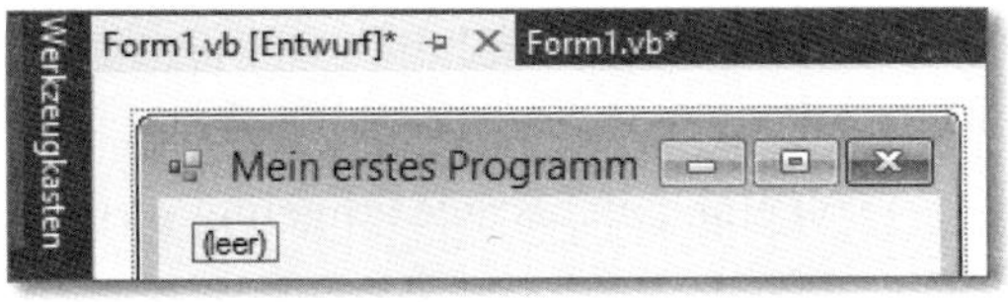

Abbildung 1.11 Registerkarten

Nach erfolgtem Doppelklick auf den Button HALLO erscheinen im Codefenster folgende Einträge:

```
Public Class Form1
    Private Sub cmdHallo_Click(sender As Object,
            e As EventArgs) Handles cmdHallo.Click
```

```
    End Sub
End Class
```

Listing 1.1 Projekt »MeinErstes«, Button »Hallo«, ohne Code

Innerhalb der Ereignisprozedur ist der Platz für den eigenen Programmcode.

Class

VB.NET ist eine objektorientierte Sprache. Ein wichtiges Element objektorientierter Sprachen sind Klassen. Alle Elemente des aktuellen Formulars `Form1` stehen innerhalb der Klasse `Form1` (zwischen `Public Class` und `End Class`). Auf die Einzelheiten der Objektorientierung wird zu einem späteren Zeitpunkt eingegangen, da das hier noch nicht notwendig ist und eher verwirren würde.

Sub

Der Programmcode der Ereignisprozedur steht später zwischen `Private Sub` und `End Sub`. Der Name der Prozedur besteht aus den zwei Teilen *Name des Steuerelements* und *Ereignis*.

Zeilenumbruch

Die Anweisung `Private Sub ...` ist recht lang, daher wurde sie auf mehrere Zeilen verteilt. Seit der Version 2010 werden auch in Visual Basic Zeilenumbrüche an bestimmten Stellen einer Anweisung auf einfache Art und Weise ermöglicht. Das erhöht wesentlich die Lesbarkeit von Programmen. Aus Druckgründen werden in diesem Buch häufig längere Anweisungen auf mehrere Zeilen verteilt. Die Regeln für Zeilenumbrüche finden Sie in Abschnitt 1.4.12. Der anfänglich ausgeführte Doppelklick führt immer zu dem Ereignis, das am häufigsten mit dem betreffenden Steuerelement verbunden wird. Das ist beim Button natürlich das Ereignis `Click`. Zu einem Steuerelement gibt es aber auch noch andere mögliche Ereignisse.

1.4.6 Schreiben von Programmcode

In der Prozedur `cmdHallo_Click()` soll eine Befehlszeile eingefügt werden, sodass sie anschließend wie folgt aussieht:

```
Public Class Form1
    Private Sub cmdHallo_Click(sender As Object,
            e As EventArgs) Handles cmdHallo.Click
        lblAnzeige.Text = "Hallo"
    End Sub
End Class
```

Listing 1.2 Projekt »MeinErstes«, Button »Hallo«, mit Code

Der Text muss in Anführungszeichen gesetzt werden, da Visual Basic sonst annimmt, dass es sich um eine Variable mit dem Namen `Hallo` handelt.

Anweisung

Der Inhalt einer Prozedur setzt sich aus einzelnen Anweisungen zusammen, die nacheinander ausgeführt werden. Die vorliegende Prozedur enthält nur eine Anweisung; in ihr wird mithilfe des Gleichheitszeichens eine Zuweisung durchgeführt.

Zuweisung

Bei einer Zuweisung wird der Ausdruck rechts vom Gleichheitszeichen ausgewertet und der Variablen, der Objekt-Eigenschaft oder der Steuerelementeigenschaft links vom Gleichheitszeichen zugewiesen. Die Zeichenkette *Hallo* wird der Eigenschaft `Text` des Steuerelements `lblAnzeige` mithilfe der Schreibweise `Steuerelement.Eigenschaft = Wert` zugewiesen. Das führt zur Anzeige des Werts.

Nach dem Wechsel auf die Formularansicht können Sie das nächste Steuerelement auswählen, für das eine Ereignisprozedur geschrieben werden soll.

Code editieren

Innerhalb des Codefensters können Sie Text mit den gängigen Methoden der Textverarbeitung editieren, kopieren, verschieben und löschen.

Syntaxfehler

Sollten Sie bereits bei der Eingabe des Programmcodes Syntaxfehler gemacht haben, wird das angezeigt. Sie sollten den Code unmittelbar entsprechend korrigieren.

In der Ereignisprozedur `cmdEnde_Click()` soll der folgende Code stehen:

```
Private Sub cmdEnde_Click(sender As Object,
        e As EventArgs) Handles cmdEnde.Click
    Me.Close()
End Sub
```

Listing 1.3 Projekt »MeinErstes«, Button »Ende«

Die Methode `Close()` dient zum Schließen eines Formulars. Da es sich um das einzige Formular dieses Projekts handelt, wird dadurch das Programm beendet und die gesamte Windows-Anwendung geschlossen.

Me

Mit `Me` wird das aktuelle Objekt einer Klasse bezeichnet. Da wir uns innerhalb der Klasse für das aktuelle Formular befinden, bezieht sich `Me` auf dieses Formular. Streng genommen wäre `Me` nicht notwendig, aber es erhöht die Lesbarkeit des Programms.

Das waren Beispiele zur Änderung der Eigenschaften eines Steuerelements zur Laufzeit des Programms durch Programmcode. Sie erinnern sich: Zu

Beginn hatten wir die Start-Eigenschaften der Steuerelemente im EIGENSCHAFTEN-Fenster eingestellt.

1.4.7 Kommentare

Einfaches Hochkomma

Bei längeren Programmen mit vielen Anweisungen gehört es zum guten Programmierstil, Kommentarzeilen zu schreiben. In diesen Zeilen werden einzelne Anweisungen oder auch längere Blöcke von Anweisungen erläutert, damit Sie selbst oder auch ein anderer Programmierer sie später leichter verstehen. Eine Kommentarzeile beginnt mit einem einfachen Hochkomma. Alle Zeichen bis zum Ende der Zeile werden als Kommentar angesehen und folglich nicht übersetzt oder ausgeführt.

Der folgende Programmcode wurde um eine Kommentarzeile ergänzt:

```
Private Sub cmdEnde_Click(sender As Object,
        e As EventArgs) Handles cmdEnde.Click
    ' Schließt die Anwendung
    Me.Close()
End Sub
```

Listing 1.4 Projekt »MeinErstes«, Button »Ende«, mit Kommentar

Code auskommentieren

Ein kleiner Trick: Sollen bestimmte Programmzeilen für einen Test des Programms kurzfristig nicht ausgeführt werden, können Sie sie *auskommentieren*, indem Sie das Hochkomma vor die betreffenden Zeilen setzen. Das geht sehr schnell, indem Sie die betreffende(n) Zeile(n) markieren und anschließend das entsprechende Symbol im linken Bereich der Symbolleiste anklicken, siehe Abbildung 1.12. Rechts daneben befindet sich das Symbol, das die Auskommentierung nach dem Test wieder rückgängig macht.

Abbildung 1.12 Kommentar ein/aus

1.4.8 Starten, Ausführen und Beenden des Programms

Programm starten

Nach dem Einfügen der Steuerelemente und dem Erstellen der Ereignisprozeduren ist das Programm fertig und kann von Ihnen gestartet werden. Dazu wird der Starten-Button in der Symbolleiste (dreieckiger grüner Pfeil nach rechts) betätigt. Alternativ starten Sie das Programm über die Funktionstaste [F5] oder den Menüpunkt DEBUGGEN • DEBUGGING STARTEN. Das

Formular erscheint, das Betätigen der Buttons führt zum programmierten Ergebnis.

Zur regulären Beendigung eines Programms ist der Button mit der Aufschrift ENDE vorgesehen. Möchten Sie ein Programm während des Verlaufs abbrechen, können Sie auch den End-Button in der Symbolleiste (rotes Quadrat) betätigen.

Programm beenden

Tritt während der Ausführung eines Programms ein Fehler auf, wird das angezeigt, und das Codefenster zeigt die entsprechende Ereignisprozedur sowie die fehlerhafte Zeile an. Beenden Sie das Programm, korrigieren Sie den Code und starten Sie das Programm wieder.

Fehler

Es wird empfohlen, das Programm bereits während der Entwicklung mehrmals durch Aufruf zu testen und nicht erst, wenn das Programm vollständig erstellt worden ist. Geeignete Zeitpunkte sind z. B.

Programm testen

- nach dem Einfügen der Steuerelemente und dem Zuweisen der Eigenschaften, die sie zu Programmbeginn haben sollen,
- nach dem Erstellen jeder Ereignisprozedur.

1.4.9 Ausführbares Programm

Nach erfolgreichem Test des Programms könnten Sie auch die ausführbare Datei (*.exe*-Datei) außerhalb der Entwicklungsumgebung aufrufen. Haben Sie an den Grundeinstellungen nichts verändert und die vorgeschlagenen Namen verwendet, findet sich die zugehörige *.exe*-Datei des aktuellen Projekts im Verzeichnis *Dokumente\Visual Studio 2013\Projects\MeinErstes\MeinErstes\bin\Debug*. Das Programm kann also im Windows-Explorer direkt über Doppelklick von Ihnen gestartet werden.

.exe-Datei

Die Weitergabe eines eigenen Windows-Programms auf einen anderen PC ist etwas aufwendiger. Der Vorgang wird im Anhang beschrieben.

1.4.10 Projekt schließen, Projekt öffnen

Sie können ein Projekt schließen über den Menüpunkt DATEI • PROJEKTMAPPE SCHLIESSEN. Falls Sie Veränderungen vorgenommen haben, werden Sie gefragt, ob Sie diese Änderungen speichern möchten.

Projekt schließen

Möchten Sie die Projektdaten sicherheitshalber zwischendurch speichern, ist das über den Menüpunkt DATEI • ALLES SPEICHERN möglich. Das ist bei längeren Entwicklungsphasen sehr zu empfehlen.

Projekt öffnen

Zum Öffnen eines vorhandenen Projekts wählen Sie den Menüpunkt DATEI • PROJEKT ÖFFNEN. Im darauf folgenden Dialogfeld PROJEKT ÖFFNEN wählen Sie zunächst das gewünschte Projektverzeichnis aus und anschließend die gleichnamige Datei mit der Endung *.sln*.

Alle Beispielprojekte finden Sie auch auf dem Datenträger zum Buch. Sie können diese Projekte auf Ihre Festplatte kopieren. Sollte eines der Projekte einmal nicht gestartet werden können, dann sollten Sie es neu erstellen über den Menüpunkt ERSTELLEN • PROJEKTMAPPE NEU ERSTELLEN.

1.4.11 Übung

Übung ÜName

Erstellen Sie ein Windows-Programm mit einem Formular, das zwei Buttons und ein Label beinhaltet, siehe Abbildung 1.13. Bei Betätigung des ersten Buttons erscheint im Label Ihr Name. Bei Betätigung des zweiten Buttons wird das Programm beendet. Namensvorschläge: Projektname *ÜName*, Buttons *cmdMyName* und *cmdEnde*, Label *lblMyName*.

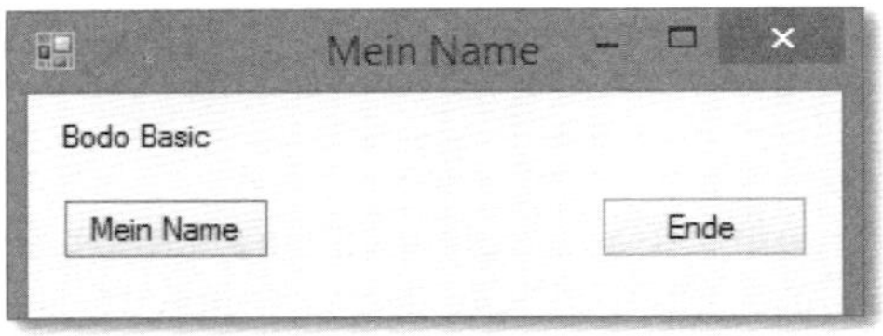

Abbildung 1.13 Übung ÜName

1.4.12 Regeln für Zeilenumbrüche

Zeilenumbruch

Seit der Version 2010 werden auch in Visual Basic Zeilenumbrüche an bestimmten Stellen einer Anweisung auf einfache Art und Weise ermöglicht. Das erhöht die Lesbarkeit des Programmcodes. Einige Regeln wurden bereits im ersten Programm angewandt. Hier noch einmal die Prozedur `cmdHallo_Click()`:

```
Private Sub cmdHallo_Click(sender As Object,
        e As EventArgs) Handles cmdHallo.Click
    lblAnzeige.Text = "Hallo"
End Sub
```

Listing 1.5 Projekt »MeinErstes«, Ausschnitt

Ein Zeilenumbruch ist möglich:

Regeln

- nach einer öffnenden Klammer, siehe erste Prozedurzeile
- vor einer schließenden Klammer, siehe dritte Prozedurzeile
- nach einem Komma, siehe zweite Prozedurzeile

Außerdem wäre ein Zeilenumbruch z. B. auch möglich:

- nach den meisten Operatoren, also auch nach dem Zuweisungsoperator (=) hinter `lblAnzeige.Text`, siehe Abschnitt 2.2.5
- nach einem Punkt hinter einem Objektnamen, also auch nach dem Punkt hinter dem Objektnamen `lblAnzeige`

Auf keinen Fall dürfen Zeilenumbrüche innerhalb einer Zeichenkette durchgeführt werden. Weitere Möglichkeiten für Zeilenumbrüche werden jeweils an passender Stelle erläutert.

Unterstrich

Falls Sie das Zeichen _ (Unterstrich) am Ende einer Zeile notieren, dann kann anschließend in jedem Fall ein Zeilenumbruch durchgeführt werden, unabhängig von den oben genannten Regeln.

1.5 Arbeiten mit Steuerelementen

1.5.1 Steuerelemente formatieren

Hilfslinien

Zur besseren Anordnung der Steuerelemente auf dem Formular können Sie sie mithilfe der Maus nach Augenmaß verschieben. Dabei erscheinen automatisch Hilfslinien, falls das aktuelle Element horizontal oder vertikal parallel zu einem anderen Element steht.

Mehrere Steuerelemente markieren

Weitere Möglichkeiten bieten die Menüpunkte im Menü FORMAT. In vielen Fällen müssen vorher mehrere Steuerelemente auf einmal markiert werden, siehe Abbildung 1.14.

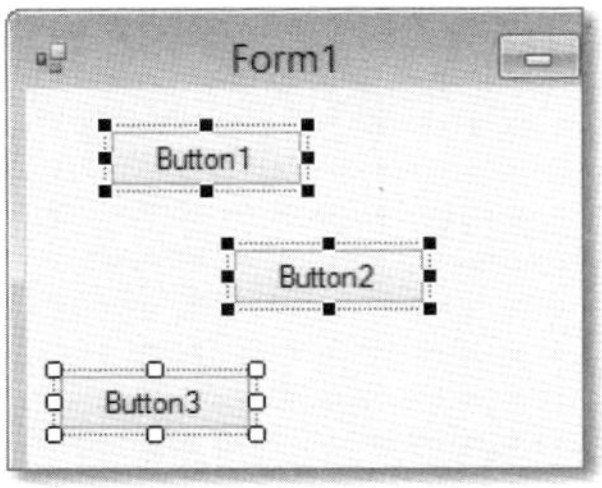

Abbildung 1.14 Mehrere markierte Elemente

Das geschieht entweder

- durch Umrahmung der Elemente mit einem Rechteck, nachdem Sie zuvor das Steuerelement `Zeiger` ausgewählt haben, oder
- durch Mehrfachauswahl, indem ab dem zweiten auszuwählenden Steuerelement die [⇧]-Taste (wie für Großbuchstaben) oder die [Strg]-Taste gedrückt wird.

Menü »Format«

Über das Menü FORMAT haben Sie anschließend folgende Möglichkeiten zur Anpassung der Steuerelemente:

- Die ausgewählten Steuerelemente können horizontal oder vertikal zueinander ausgerichtet werden (Menü FORMAT • AUSRICHTEN).
- Die horizontalen und/oder vertikalen Dimensionen der ausgewählten Steuerelemente können angeglichen werden (Menü FORMAT • GRÖSSE ANGLEICHEN).

Einheitliche Abstände

- Die horizontalen und vertikalen Abstände zwischen den ausgewählten Steuerelementen können angeglichen, vergrößert, verkleinert oder entfernt werden (Menü FORMAT • HORIZONTALER ABSTAND/VERTIKALER ABSTAND).
- Die Steuerelemente können horizontal oder vertikal innerhalb des Formulars zentriert werden (Menü FORMAT • AUF FORMULAR ZENTRIEREN).
- Sollten sich die Steuerelemente teilweise überlappen, können Sie einzelne Steuerelemente in den Vorder- bzw. Hintergrund schieben (Menü FORMAT • REIHENFOLGE).
- Sie können alle Steuerelemente gleichzeitig gegen versehentliches Verschieben absichern (Menü FORMAT • STEUERELEMENTE SPERREN). Diese Sperrung gilt nur während der Entwicklung des Programms.

Abbildung 1.15 zeigt ein Formular mit drei Buttons, die alle links ausgerichtet sind und im gleichen vertikalen Abstand voneinander stehen.

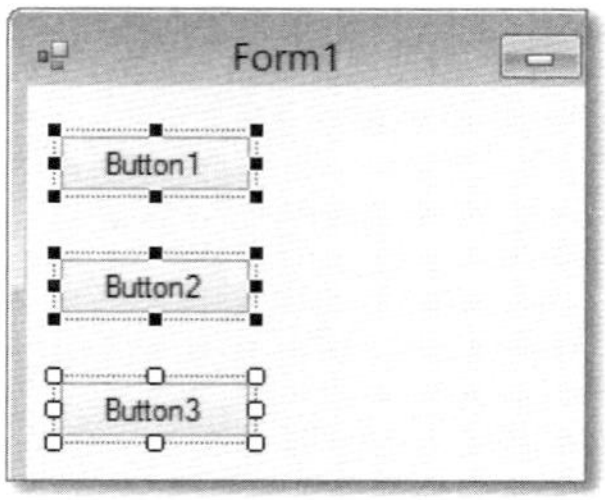

Abbildung 1.15 Nach der Formatierung

Übung

Laden Sie das Projekt *MeinErstes* aus dem vorherigen Abschnitt, markieren Sie darin mehrere Steuerelemente und testen Sie die einzelnen Möglichkeiten des FORMAT-Menüs.

1.5.2 Steuerelemente kopieren

Steuerelemente kopieren

Zur schnelleren Erzeugung eines Projekts können vorhandene Steuerelemente einschließlich aller ihrer Eigenschaften kopiert werden. Markieren Sie hierzu die gewünschten Steuerelemente und kopieren Sie sie entweder

- über das Menü BEARBEITEN • KOPIEREN und das Menü BEARBEITEN • EINFÜGEN
- oder mit den Tasten `Strg` + `C` und `Strg` + `V`.

Anschließend sollten die neu erzeugten Steuerelemente direkt umbenannt und an der gewünschten Stelle angeordnet werden.

Übung

Laden Sie das Projekt *MeinErstes* aus Abschnitt 1.4.6 und kopieren Sie einzelne Steuerelemente. Kontrollieren Sie anschließend die Liste der vorhandenen Steuerelemente im EIGENSCHAFTEN-Fenster auf einheitliche Namensgebung.

1.5.3 Eigenschaften zur Laufzeit ändern

Size, Location

Steuerelemente haben die Eigenschaften `Size` (mit den Komponenten `Width` und `Height`) und `Location` (mit den Komponenten `X` und `Y`) zur Angabe von Größe und Position. `X` und `Y` geben die Koordinaten der oberen linken Ecke des Steuerelements an, gemessen von der oberen linken Ecke des umgebenden Elements (meist das Formular). Alle Werte werden in Pixeln gemessen.

Alle diese Eigenschaften können sowohl während der Entwicklungszeit als auch während der Laufzeit eines Projekts verändert werden. Zur Änderung während der Entwicklungszeit können Sie die Eigenschaft wie gewohnt im EIGENSCHAFTEN-Fenster eingeben. Als Beispiel für Änderungen während der Laufzeit soll das folgende Programm (Projekt *Steuerelemente*) dienen, siehe Abbildung 1.16.

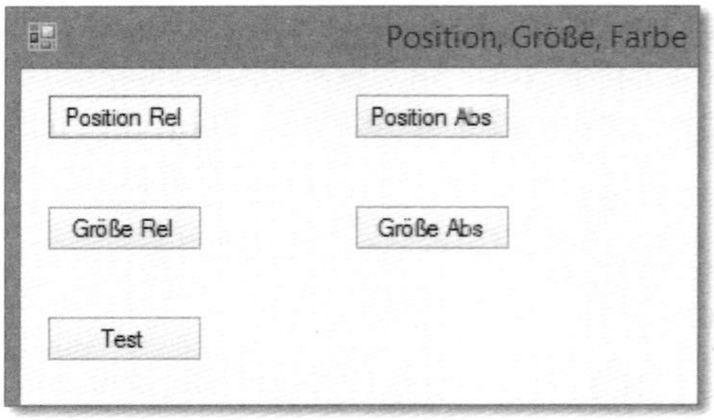

Abbildung 1.16 Position und Größe bestimmen

Der Programmcode:

```
Public Class Form1
    Private Sub cmdPositionRel_Click(...) Handles ...
        cmdTest.Location = New Point(
            cmdTest.Location.X + 20,
            cmdTest.Location.Y)
    End Sub
    Private Sub cmdPositionAbs_Click(...) Handles ...
        cmdTest.Location = New Point(100, 200)
    End Sub

    Private Sub cmdGrößeRel_Click(...) Handles ...
        cmdTest.Size = New Size(
            cmdTest.Size.Width + 20,
            cmdTest.Size.Height)
    End Sub

    Private Sub cmdGrößeAbs_Click(...) Handles ...
        cmdTest.Size = New Size(50, 100)
    End Sub

End Class
```

Listing 1.6 Projekt »Steuerelemente«

Zur Erläuterung:

Verkürzte Darstellung

- Der Kopf der einzelnen Prozeduren wurde aus Gründen der Übersichtlichkeit jeweils in verkürzter Form abgebildet. Das wird bei den meisten nachfolgenden Beispielen ebenfalls so sein, außer wenn es genau auf die Inhalte des Prozedurkopfs ankommt.

- Das Formular enthält fünf Buttons. Die oberen vier Buttons dienen zur Veränderung von Position und Größe des fünften Buttons.
- Die Position eines Elements kann relativ zur aktuellen Position oder auf absolute Werte eingestellt werden. Das Gleiche gilt für die Größe eines Elements.
- Bei beiden Angaben handelt es sich um Wertepaare (`X`/`Y` bzw. `Breite`/`Höhe`).
- Zur Einstellung der Position dient die Struktur `Point`. Ein Objekt dieser Struktur liefert ein Wertepaar. In diesem Programm wird mit `New` jeweils ein neues Objekt der Struktur `Point` erzeugt, um das Wertepaar bereitzustellen.

New Point

- Bei Betätigung des Buttons POSITION ABS wird die Position des fünften Buttons auf die Werte `X=100` und `Y=200` gestellt, gemessen von der linken oberen Ecke des Formulars.

X, Y

- Bei Betätigung des Buttons POSITION REL wird die Position des fünften Buttons auf die Werte `X = cmdTest.Location.X + 20` und `Y = cmdTest.Location.Y` gestellt. Bei `X` wird also der alte Wert der Komponente `X` um 20 erhöht, das Element bewegt sich nach rechts. Bei `Y` wird der alte Wert der Komponente `Y` nicht verändert, das Element bewegt sich nicht nach oben oder unten.
- Zur Einstellung der Größe dient die Struktur `Size`.

Width, Height

- Bei Betätigung des Buttons GRÖSSE ABS wird die Größe des fünften Buttons auf die Werte `Width = 50` und `Height = 100` gestellt.
- Bei Betätigung des Buttons GRÖSSE REL wird die Größe des fünften Buttons auf die Werte `Width = cmdTest.Size.Width + 20` und `Height = cmdTest.Size.Height` gestellt. Bei `Width` wird also der alte Wert der Komponente `Width` um 20 erhöht, das Element wird breiter. Bei `Height` wird der alte Wert der Komponente `Height` nicht verändert, das Element verändert seine Höhe nicht.

Nach einigen Klicks sieht das Formular aus wie in Abbildung 1.17.

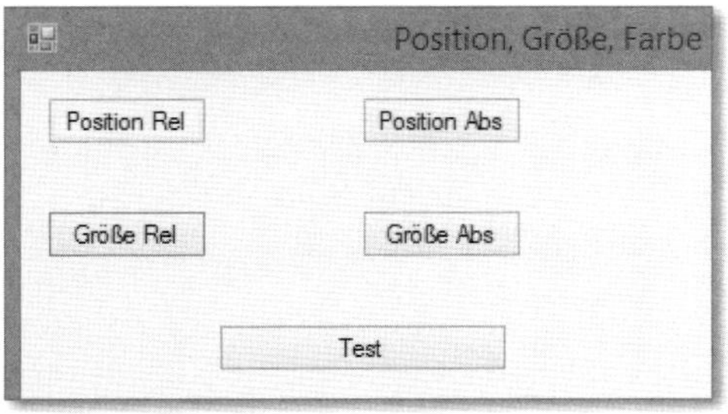

Abbildung 1.17 Veränderung von Eigenschaften zur Laufzeit

1.5.4 Vergabe und Verwendung von Namen

Beachten Sie in allen Programmen, dass jedes Steuerelement seinen eigenen, eindeutigen Namen hat und immer mit diesem Namen angesprochen werden muss. Es passiert erfahrungsgemäß besonders am Anfang häufig, dass ein Programm nicht zum gewünschten Erfolg führt, weil ein nicht vorhandener Name verwendet wurde. In diesem Zusammenhang weise ich noch einmal auf die Namenskonventionen hin:

- Buttons sollten Namen wie z. B. `cmdEnde`, `cmdAnzeigen`, `cmdBerechnen` usw. haben.
- Labels sollten Namen wie z. B. `lblAnzeige`, `lblName`, `lblUhrzeit`, `lblBeginnDatum` haben.

Diese Namen liefern eine eindeutige Information über Typ und Funktion des Steuerelements. Falls Sie beim Schreiben von Programmcode anschließend diese Namen z. B. vollständig in Kleinbuchstaben eingeben, werden sie nach Verlassen der Zeile automatisch korrigiert. Daran können Sie schnell erkennen, ob Sie tatsächlich ein vorhandenes Steuerelement verwendet haben.

1.5.5 Verknüpfung von Texten, mehrzeilige Texte

& und vbCrLf

Es können mehrere Texte in einer Ausgabe mithilfe des Zeichens `&` miteinander verknüpft werden. Falls Sie eine mehrzeilige Ausgabe wünschen, müssen Sie zusätzlich einen Zeilenvorschub mithilfe der integrierten Visual-Basic-Konstante `vbCrLf` eingeben.

Nachfolgend wird das Projekt *Steuerelemente* ergänzt um ein Label, in dem die aktuelle Position und Größe des Buttons angezeigt werden. Das soll nach Betätigung des Buttons ANZEIGE geschehen:

```
Public Class Form1
[...]
    Private Sub cmdAnzeige_Click(...) Handles ...
        lblAnzeige.Text =
            "Position: X: " & cmdTest.Location.X &
            ", Y: " & cmdTest.Location.Y & vbCrLf &
            "Größe: Breite: " & cmdTest.Size.Width &
            ", Höhe: " & cmdTest.Size.Height
    End Sub
End Class
```

Listing 1.7 Projekt »Steuerelemente«, mit Anzeige

Nach einigen Klicks und der Betätigung des Buttons ANZEIGE sieht das Formular aus wie in Abbildung 1.18.

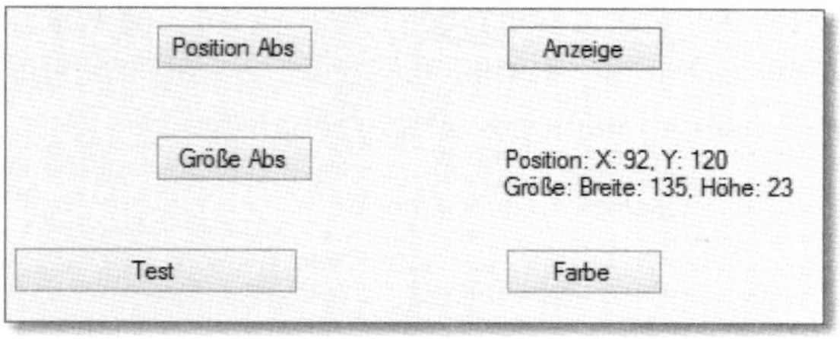

Abbildung 1.18 Anzeige der Eigenschaften

1.5.6 Eigenschaft BackColor, Farben allgemein

BackColor

Die Hintergrundfarbe eines Steuerelements wird mit der Eigenschaft `BackColor` festgelegt. Dabei können Sie die Farbe zur Entwicklungszeit leicht mithilfe einer Farbpalette oder aus Systemfarben auswählen.

Color

Hintergrundfarben und andere Farben können auch zur Laufzeit eingestellt werden, dabei bedient man sich Farbwerten. Diese Farbwerte können Sie über die Struktur `Color` auswählen.

Ein Beispiel, ebenfalls im Projekt *Steuerelemente*:

```
Public Class Form1
[...]
    Private Sub cmdFarbe_Click(...) Handles ...
        Me.BackColor = Color.Yellow
        lblAnzeige.BackColor =
            Color.FromArgb(192, 255, 0)
    End Sub
End Class
```

Listing 1.8 Projekt »Steuerelemente«, mit Farben

Zur Erläuterung:

- Diese Struktur bietet vordefinierte Farbnamen als Eigenschaften, z. B. `Yellow`. Der Wert kann der Eigenschaft `BackColor` des Steuerelements zugewiesen werden, hier ist es das Formular selbst (`Me`).
- Außerdem bietet die Struktur die Methode `FromArgb()`. Diese kann auf verschiedene Arten aufgerufen werden. Eine dieser Arten erwartet

FromArgb()

genau drei Parameter, nämlich die Werte für Rot, Grün und Blau, jeweils zwischen 0 und 255.

Das Formular sieht nach der Änderung der Eigenschaft Farbe aus wie in Abbildung 1.19, wobei sich die Farbänderung bei der Schwarz-Weiß-Darstellung in diesem Buch natürlich leider nicht gut wiedergeben lässt.

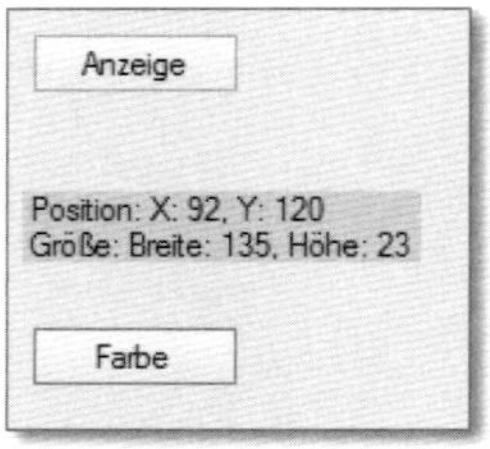

Abbildung 1.19 Nach Änderung der Eigenschaft »Farbe«

Kapitel 2
Grundlagen

In diesem Kapitel erlernen Sie auf anschauliche Weise die Sprachgrundlagen von Visual Basic in Verbindung mit den gängigen Steuerelementen von Windows-Programmen.

In den folgenden Abschnitten lernen Sie wichtige Elemente der Programmierung, wie Variablen, Operatoren, Verzweigungen und Schleifen, gemeinsam mit wohlbekannten und häufig verwendeten Steuerelementen kennen.

2.1 Variablen und Datentypen

Variablen dienen zur vorübergehenden Speicherung von Daten, die sich zur Laufzeit eines Programms ändern können. Eine Variable besitzt einen eindeutigen Namen, unter dem sie angesprochen werden kann.

2.1.1 Namen und Werte

Für die Namen von Variablen gelten in Visual Basic die folgenden Regeln:

Namensregeln

- Sie beginnen mit einem Buchstaben.
- Sie können nur aus Buchstaben, Zahlen und einigen wenigen Sonderzeichen (z. B. dem Unterstrich _) bestehen.
- Innerhalb eines Gültigkeitsbereichs darf es keine zwei Variablen mit dem gleichen Namen geben (siehe Abschnitt 2.1.4).

Variablen erhalten ihre Werte durch Zuweisung per Gleichheitszeichen. Falls eine Variable als Erstes auf der rechten Seite des Gleichheitszeichens genutzt wird, sollte ihr vorher ein Wert zugewiesen werden. Dadurch werden Programme eindeutiger, lesbarer und fehlerfreier.

2.1.2 Deklarationen

Neben dem Namen besitzt jede Variable einen Datentyp, der die Art der Information bestimmt, die gespeichert werden kann. Sie als Entwickler wählen den Datentyp danach aus, ob Sie Text, Zahlen ohne Nachkommastellen, Zahlen mit Nachkommastellen oder z. B. logische Werte speichern möchten.

Auswahl des Datentyps

Außerdem müssen Sie sich noch Gedanken über die Größe des Bereichs machen, den die Zahl oder der Text annehmen könnte, und über die gewünschte Genauigkeit bei Zahlen. Im folgenden Abschnitt 2.1.3 finden Sie eine Liste der Datentypen.

Variablen sollten in Visual Basic immer mit einem Datentyp deklariert werden. Das beugt Fehlern vor, die aufgrund einer falschen Verwendung der Variablen entstehen könnten.

2.1.3 Datentypen

Die folgende Liste enthält die wichtigsten von Visual Basic unterstützten Datentypen mit ihrem jeweiligen Wertebereich.

- Datentyp **Boolean**, Werte `True` oder `False` (*wahr* oder *falsch*)
- Datentyp **Byte**, ganze Zahlen von 0 bis 255
- Datentyp **Char**, einzelne Zeichen
- Datentyp **Date**, Datumsangaben vom 1. Januar des Jahres 1 bis zum 31. Dezember 9999

Double

- Datentyp **Double**, Gleitkommazahl mit doppelter Genauigkeit, Werte von –1,79769313486231570 mal 10 hoch 308 bis 4,94065645841246544 mal 10 hoch –324 im negativen Bereich und von 4,94065645841246544 mal 10 hoch –324 bis 1,79769313486231570 mal 10 hoch 308 im positiven Bereich

Integer

- Datentyp **Integer**, ganze Zahlen von –2.147.483.648 bis 2.147.483.647
- Datentyp **Long**, ganze Zahlen von –9.223.372.036.854.775.808 bis 9.223.372.036.854.775.807
- Datentyp **Object**, beliebige Werte
- Datentyp **Short**, ganze Zahlen von –32768 bis 32767
- Datentyp **Single**, Gleitkommazahl mit einfacher Genauigkeit; Werte von 3,4028235 mal 10 hoch 38 bis –1,401298 mal 10 hoch –45 im negati-

ven Bereich und 1,401298 mal 10 hoch –45 bis 3,4028235 mal 10 hoch 38 im positiven Bereich

- Datentyp **String**, Zeichenkette mit variabler Länge

String

- benutzerdefinierte Struktur, jedes Element hat seinen eigenen Datentyp und damit seinen eigenen Wertebereich

Im folgenden Beispiel werden Variablen der wichtigsten Typen deklariert, mit Werten versehen und in einem Label angezeigt (Projekt *Datentypen*).

```
Public Class Form1
    Private Sub cmdAnzeige_Click(...) Handles ...
        Dim Bo As Boolean
        Dim By As Byte
        Dim Ch As Char
        Dim Dt As Date
        Dim Db As Double
        Dim It As Integer
        Dim Lg As Long
        Dim Sh As Short
        Dim Sg As Single
        Dim St As String

        Bo = True
        By = 200
        Ch = "a"
        Dt = "18.02.2014"
        Db = 1 / 7
        It = 2000000000
        Lg = 3000000000
        Sh = 30000
        Sg = 1 / 7
        St = "Zeichenkette"

        lblAnzeige.Text =
           "Boolean: " & Bo & vbCrLf &
           "Byte: " & By & vbCrLf &
           "Char: " & Ch & vbCrLf &
           "Double: " & Db & vbCrLf &
           "Date: " & Dt & vbCrLf &
           "Integer: " & It & vbCrLf &
```

```
            "Long: " & Lg & vbCrLf &
            "Short: " & Sh & vbCrLf &
            "Single: " & Sg & vbCrLf &
            "String: " & St
    End Sub
End Class
```

Listing 2.1 Projekt »Datentyper«

Das Programm hat nach Betätigung des Buttons die Ausgabe wie in Abbildung 2.1 dargestellt.

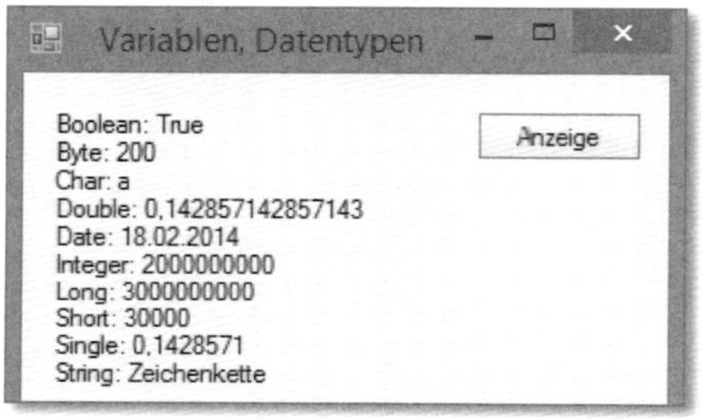

Abbildung 2.1 Wichtige Datentypen

Zur Erläuterung:

- Variablen werden mit `Dim ... As ...` deklariert.

Wertebereich

- Bei den Zahlen-Datentypen führt eine Über- oder Unterschreitung des Wertebereichs zu einer Fehlermeldung.

Genauigkeit

- Die Datentypen `Single` und `Double` für Zahlen mit Nachkommastellen unterscheiden sich in ihrer Genauigkeit.
- Werte für Zeichen, Zeichenketten und Datumsvariablen müssen in doppelten Anführungszeichen angegeben werden.

Mehrere Variablen des gleichen Typs können, durch Kommata getrennt, in einer Zeile deklariert werden (z. B. `Dim x, y As Integer`).

Übung

Übung ÜDatentypen

Schreiben Sie ein Programm, in dem Ihr Nachname, Vorname, Ihre Adresse, Ihr Geburtsdatum und Ihr Alter jeweils in Variablen eines geeigneten Datentyps gespeichert und anschließend wie in Abbildung 2.2 ausgegeben werden.

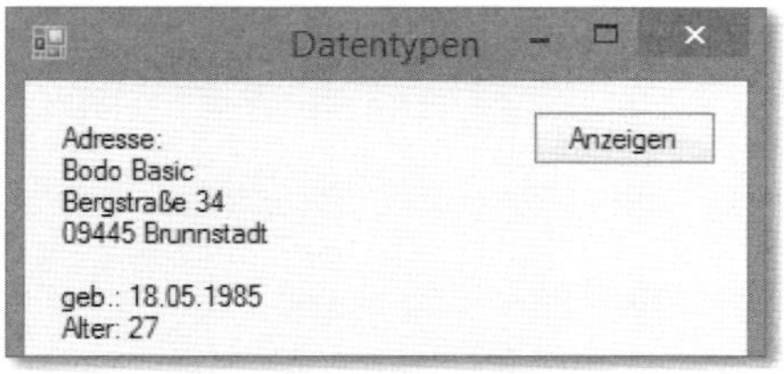

Abbildung 2.2 Übung ÜDatentypen

2.1.4 Gültigkeitsbereich

Lokal

Variablen, die innerhalb einer Prozedur vereinbart wurden, haben ihre Gültigkeit nur in der Prozedur. Außerhalb der Prozedur sind sowohl Name als auch Wert unbekannt. Solche Variablen bezeichnet man auch als lokale Variablen. Sobald die Prozedur abgearbeitet wurde, steht der Wert auch nicht mehr zur Verfügung. Beim nächsten Aufruf der gleichen Prozedur werden diese Variablen neu deklariert und erhalten neue Werte.

Statisch

Anders verhält es sich mit statischen Variablen. Diese behalten ihren Wert, solange das Programm läuft. Ein wiederholter Aufruf der gleichen Prozedur kann auf den letzten gespeicherten Wert einer Variablen zugreifen. Eine statische Variable vereinbaren Sie z. B. wie folgt: `Static Sx As Integer`.

Klassenweit gültig

Variablen, die außerhalb von Prozeduren vereinbart werden, sind innerhalb der gesamten Klasse gültig, hier also innerhalb der Klasse des Formulars. Ihr Wert kann in jeder Prozedur gesetzt oder abgerufen werden und bleibt erhalten, solange das Formular im laufenden Programm existiert. Sie können sie auch mit dem Schlüsselwort `Private` deklarieren: `Private Mx As Integer`. Weitere Einzelheiten zu klassenweit gültigen Variablen finden Sie in Kapitel 5.

Public

Variablen, die mit dem Schlüsselwort `Public` vereinbart werden, sind *öffentlich*. Damit sind sie auch außerhalb der jeweiligen Klasse, also z. B. auch in anderen Formularen, gültig. Mehr dazu in Abschnitt 4.4.

Gibt es in einem Programmabschnitt mehrere Variablen mit dem gleichen Namen, gelten folgende Regeln:

- Lokale Variablen mit gleichem Namen in der gleichen Prozedur sind nicht zulässig.

Ausblenden

- Eine klassenweit gültige Variable wird innerhalb einer Prozedur von einer lokalen Variablen mit dem gleichen Namen ausgeblendet.

Im folgenden Beispiel werden Variablen unterschiedlicher Gültigkeitsbereiche deklariert, an verschiedenen Stellen verändert und ausgegeben (Projekt *Gültigkeitsbereich*).

```
Public Class Form1
    Private Mx As Integer

    Private Sub cmdAnzeigen1_Click(...) Handles ...
        Static Sx As Integer
        Dim x As Integer
        Sx = Sx + 1
        Mx = Mx + 1
        x = x + 1
        lblAnzeige.Text = "Sx: " & Sx &
            "  x: " & x & "  Mx: " & Mx
    End Sub

    Private Sub cmdAnzeigen2_Click(...) Handles ...
        Dim Mx As Integer
        Mx = Mx + 1
        lblAnzeige.Text = "Mx: " & Mx
    End Sub
End Class
```

Listing 2.2 Projekt »Gültigkeitsbereich«

Zur Erläuterung:

- In der ersten Prozedur wird der Wert der statischen Variablen Sx und der klassenweit gültigen Variablen Mx bei jedem Aufruf erhöht. Die lokale Variable x wird immer wieder auf 1 gesetzt, siehe Abbildung 2.3.

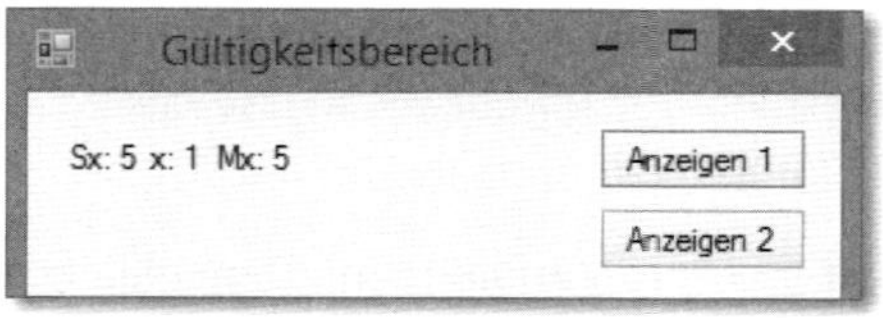

Abbildung 2.3 Lokale, statische und klassenweit gültige Variable

- In der zweiten Prozedur blendet die lokale Variable Mx die gleichnamige klassenweit gültige Variable aus. Die lokale Variable wird immer wieder auf 1 gesetzt, siehe Abbildung 2.4.

Abbildung 2.4 Lokale Variable

Startwert setzen

Hinweis: Die Variablen wurden vor ihrer ersten Benutzung nicht initialisiert, d.h., sie wurden nicht mit einem Startwert besetzt. In Visual Basic haben Zahlenvariablen zwar automatisch den Startwert 0, trotzdem sollten Sie die Initialisierung im Sinne eines sauberen Programmierstils im Normalfall selber vornehmen.

Übung

Übung ÜGültigkeitsbereich

Erstellen Sie ein Programm, in dem zwei Buttons, ein Label und drei Variablen eines geeigneten Datentyps eingesetzt werden:

- die klassenweit gültige Variable x
- die Variable y, die nur lokal in der Prozedur zum Click-Ereignis des ersten Buttons gültig ist
- die Variable z, die nur lokal in der Prozedur zum Click-Ereignis des zweiten Buttons gültig ist

In der ersten Prozedur werden x und y jeweils um 0,1 erhöht und angezeigt, siehe Abbildung 2.5. In der zweiten Prozedur werden x und z jeweils um 0,1 erhöht und angezeigt, siehe Abbildung 2.6.

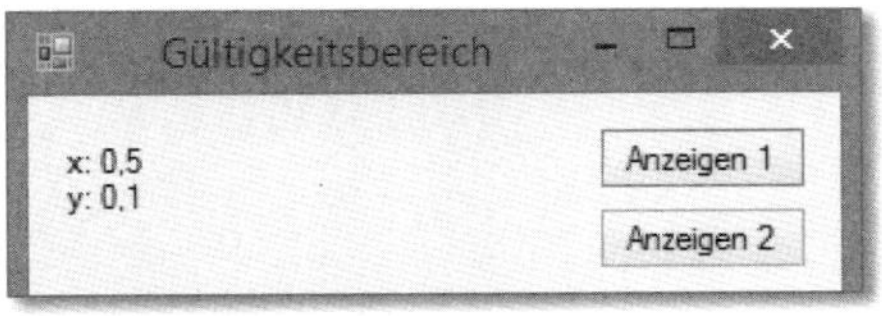

Abbildung 2.5 Ausgabe der ersten Methode nach einigen Klicks

Abbildung 2.6 Ausgabe der zweiten Methode nach weiteren Klicks

2.1.5 Konstanten

Konstanten repräsentieren Werte

Konstanten sind vordefinierte Werte, die während der Laufzeit nicht verändert werden können. Geben Sie Konstanten im Allgemeinen aussagekräftige Namen, dadurch sind sie leichter zu behalten als die Werte, die sie repräsentieren. Konstanten werden an einer zentralen Stelle definiert und können an verschiedenen Stellen des Programms genutzt werden. Somit müssen Sie eine eventuelle Änderung einer Konstanten zur Entwurfszeit nur an einer Stelle vornehmen. Der Gültigkeitsbereich von Konstanten ist analog zum Gültigkeitsbereich von Variablen.

Integrierte Konstanten

Zu den Konstanten zählen auch die integrierten Konstanten, wie z. B. `vbCrLf`. Auch sie repräsentieren Zahlen, die aber nicht so einprägsam sind wie die Namen der Konstanten.

Im folgenden Beispiel werden mehrere Konstanten vereinbart und genutzt (Projekt *Konstanten*).

```
Public Class Form1
    Const MaxWert = 75
    Const Eintrag = "Picture"

    Private Sub cmdKonstanten_Click(...) Handles ...
        Const MaxWert = 55
        Const MinWert = 5
        lblAnzeige.Text = (MaxWert - MinWert) / 2 &
            vbCrLf & Eintrag
    End Sub
End Class
```

Listing 2.3 Projekt »Konstanten«

Zur Erläuterung:

- Die Konstanten `MaxWert` und `Eintrag` werden mit klassenweiter Gültigkeit festgelegt.
- Innerhalb der Prozedur werden die beiden lokalen Konstanten `MaxWert` und `MinWert` festgelegt. `MaxWert` blendet die Klassen-Konstante gleichen Namens aus, wie man in Abbildung 2.7 sehen kann.
- Außerdem kommt noch die integrierte Konstante `vbCrLf` zum Einsatz.

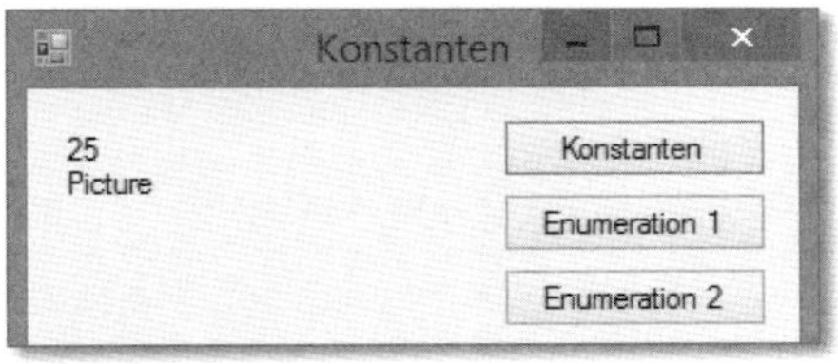

Abbildung 2.7 Konstanten

2.1.6 Enumerationen

Konstanten aufzählen

Enumerationen sind Aufzählungen von Konstanten, die thematisch zusammengehören. Alle Enumerationen haben den gleichen Datentyp, der ganzzahlig sein muss. Bei der Deklaration werden ihnen Werte zugewiesen, am besten explizit.

Innerhalb von Visual Basic gibt es zahlreiche vordefinierte Enumerationen. Ähnlich wie bei den integrierten Konstanten sind die Namen der Enumerationen und deren Elemente besser lesbar als die durch sie repräsentierten Zahlen.

Ein Beispiel: Die Enumeration `DialogResult` ermöglicht es Ihnen als Programmierer, die zahlreichen möglichen Antworten des Benutzers beim Einsatz von Windows-Standarddialogfeldern (Ja, Nein, Abbrechen, Wiederholen, Ignorieren, ...) anschaulich einzusetzen.

Im folgenden Programm wird mit einer eigenen und einer vordefinierten Enumeration gearbeitet (ebenfalls im Projekt *Konstanten*).

```
Public Class Form1
[...]
    Enum Zahl As Integer
        Eins = 1
        Zwei = 2
        Drei = 3
        Vier = 4
    End Enum
[...]
    Private Sub cmdEnumeration1_Click(...) Handles ...
        lblAnzeige.Text = Zahl.Zwei * Zahl.Drei
    End Sub
```

```
    Private Sub cmdEnumeration2_Click(...) Handles ...
        lblAnzeige.Text =
            "Sonntag: " & FirstDayOfWeek.Sunday &
            ", Samstag: " & FirstDayOfWeek.Saturday
    End Sub
End Class
```

Listing 2.4 Projekt »Konstanten«, Teil 2

Zur Erläuterung:

- Es wird die Enumeration `Zahl` vom Datentyp `Integer` vereinbart. Da es sich um einen Typ handelt und nicht um eine Variable oder Konstante, muss sie außerhalb von Prozeduren vereinbart werden. Damit ist sie automatisch für die gesamte Klasse gültig.
- In der ersten Ereignisprozedur werden zwei Elemente der eigenen Enumeration `Zahl` verwendet. Die beiden Zahlen, die sie repräsentieren, werden miteinander multipliziert, siehe Abbildung 2.8.

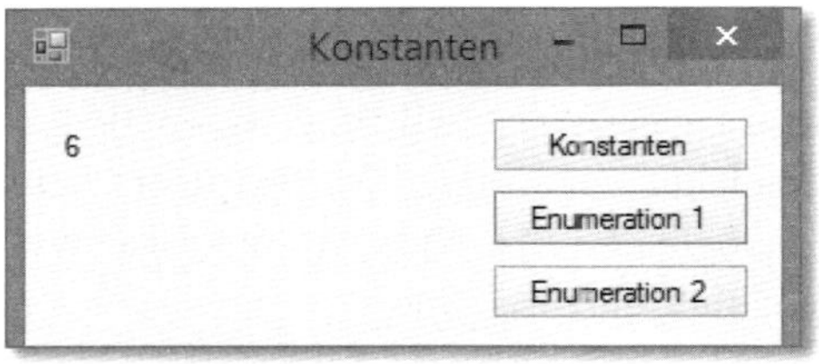

Abbildung 2.8 Erste Enumeration

- In der zweiten Ereignisprozedur werden zwei Elemente der vordefinierten Enumeration `FirstDayOfWeek` verwendet, siehe Abbildung 2.9. Sie können sie zur Ermittlung des Wochentags eines gegebenen Datums verwenden.

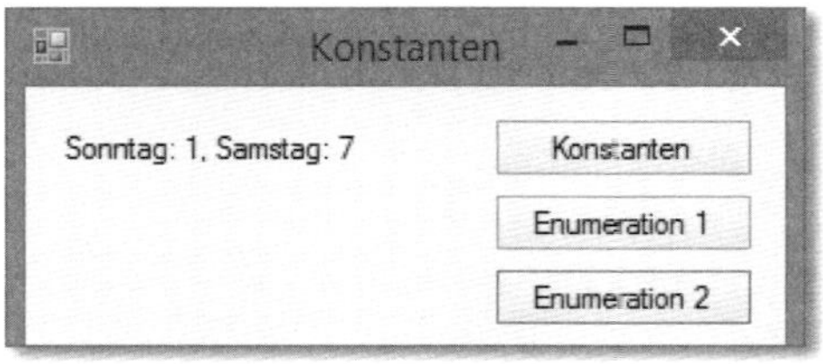

Abbildung 2.9 Zweite Enumeration

2.2 Operatoren

Zum Zusammensetzen von Ausdrücken werden in Visual Basic, wie in jeder anderen Programmiersprache auch, Operatoren verwendet. In diesem Buch wurden schon die Operatoren = für Zuweisungen und & für Verkettungen verwendet.

Priorität

Es gibt verschiedene Kategorien von Operatoren. Vorrangregeln (Prioritäten) sind für die Reihenfolge der Abarbeitung zuständig, falls mehrere Operatoren innerhalb eines Ausdrucks verwendet werden. Diese Vorrangregeln sind weiter unten in diesem Abschnitt angegeben. Falls Sie sich bei der Verwendung dieser Regeln nicht sicher sind, empfiehlt es sich, durch eigene Klammersetzung die Reihenfolge explizit festzulegen.

2.2.1 Rechenoperatoren

Rechenoperatoren

Rechenoperatoren dienen zur Durchführung von Berechnungen, siehe Tabelle 2.1.

Operator	Beschreibung
+	Addition
-	Subtraktion oder Negation
*	Multiplikation
/	Division
\	Ganzzahl-Division
^	Potenzierung
Mod	Modulo

Tabelle 2.1 Rechenoperatoren

Ganzzahl-Division

Die Ganzzahl-Division wird in zwei Schritten durchgeführt. Im ersten Schritt werden Dividend und Divisor einzeln gerundet. Im zweiten Schritt werden die beiden verbliebenen Zahlen geteilt, anschließend werden die Ziffern nach dem Komma abgeschnitten.

Tabelle 2.2 zeigt einige Beispiele.

Ausdruck	Ergebnis
19 / 4	4.75
19 \ 4	4
19 \ 4.6	3
19.5 \ 4.2	5

Tabelle 2.2 Ganzzahl-Division

Modulo

Der Modulo-Operator `Mod` berechnet den Rest einer Division. Einige Beispiele sehen Sie in Tabelle 2.3.

Ausdruck	Ergebnis	Erklärung
19 Mod 4	3	19 durch 4 ist 4 Rest 3
19.5 Mod 4.2	2.7	19,5 durch 4,2 ist 4 Rest 2,7

Tabelle 2.3 Modulo-Operator

Zur Potenzierung einer Zahl dient der Operator `^` (hoch), Beispiele siehe Tabelle 2.4.

Ausdruck	Ergebnis
2 ^ 5	32
3 ^ 2 ^ 3	729
2 ^ 5.4	42.2242531447326
(-2) ^ 5	–32

Tabelle 2.4 Potenzierung

Multiplikation und Division innerhalb eines Ausdrucks sind gleichrangig und werden von links nach rechts in der Reihenfolge ihres Auftretens ausgewertet. Dasselbe gilt für Additionen und Subtraktionen, die zusammen in einem Ausdruck auftreten. Multiplikation und Division werden vor Addition und Subtraktion ausgeführt.

Klammern

Mit Klammern können Sie diese Rangfolge außer Kraft setzen, damit bestimmte Teilausdrücke vor anderen Teilausdrücken ausgewertet werden.

In Klammern gesetzte Operationen haben grundsätzlich Vorrang. Innerhalb der Klammern gilt jedoch die normale Rangfolge der Operatoren.

Projekt

Alle Berechnungen innerhalb dieses Abschnitts können Sie auch mithilfe des Codes im Projekt *Rechenoperatoren* nachvollziehen.

Übung

Übung ÜRechenoperatoren

Berechnen Sie die beiden folgenden Ausdrücke, speichern Sie das Ergebnis in einer Variablen eines geeigneten Datentyps und zeigen Sie es an:

- 1. Ausdruck: `3 * -2.5 + 4 * 2`
- 2. Ausdruck: `3 * (-2.5 + 4) * 2`

2.2.2 Vergleichsoperatoren

Vergleich

Vergleichsoperatoren (siehe Tabelle 2.5) dienen dazu festzustellen, ob bestimmte Bedingungen zutreffen oder nicht. Das Ergebnis nutzt man u. a. zur Ablaufsteuerung von Programmen. Abschnitt 2.4 geht hierauf genauer ein.

Operator	Beschreibung
<	kleiner als
<=	kleiner als oder gleich
>	größer als
>=	größer als oder gleich
=	gleich
<>	ungleich

Tabelle 2.5 Vergleichsoperatoren

Einige Beispiele sehen Sie in Tabelle 2.6.

Ausdruck	Ergebnis
5 > 3	True
3 = 3.2	False
5 + 3 * 2 >= 12	False

Tabelle 2.6 Nutzung von Vergleichsoperatoren

Like

Darüber hinaus gibt es noch den Operator `Like`, der zum Mustervergleich dient. Dabei können Sie u. a. die Platzhalter * (eines oder mehrere Zeichen) und ? (genau ein Zeichen) einsetzen. Tabelle 2.7 zeigt einige Beispiele.

Ausdruck	Ergebnis
"abxba" Like "a*a"	True
"abxba" Like "a?a"	False
"aba" Like "a?a"	True
"asdlfigc" Like "a?d?f*c"	True

Tabelle 2.7 Mustervergleich

Projekt

Alle Vergleiche innerhalb dieses Abschnitts können Sie auch mithilfe des Codes im Projekt *Vergleichsoperatoren* nachvollziehen.

Übung

Übung ÜVergleichsoperatoren

Ermitteln Sie das Ergebnis der beiden folgenden Ausdrücke, speichern Sie es in einer Variablen eines geeigneten Datentyps und zeigen Sie es an:

- 1. Ausdruck: `12 – 3 >= 4 * 2.5`
- 2. Ausdruck: `"Maier" Like "M??er"`

2.2.3 Logische Operatoren

Logik

Logische Operatoren dienen dazu, mehrere Bedingungen zusammenzufassen. Das Ergebnis nutzt man ebenfalls u. a. zur Ablaufsteuerung von Programmen (siehe hierzu auch Abschnitt 2.4). Die logischen Operatoren sehen Sie in Tabelle 2.8.

Operator	Beschreibung	Das Ergebnis ist True, wenn ...
Not	Nicht	... der Ausdruck False ist.
And	Und	... beide Ausdrücke True sind.
Or	Inklusives Oder	... mindestens ein Ausdruck True ist.
Xor	Exklusives Oder	... genau ein Ausdruck True ist.

Tabelle 2.8 Logische Operatoren

Es seien die Variablen A = 1, B = 3 und C = 5 gesetzt. Die Ausdrücke in der ersten Spalte von Tabelle 2.9 ergeben dann jeweils die Ergebnisse in der zweiten Spalte.

Ausdruck	Ergebnis
Not (A < B)	False
(B > A) And (C > B)	True
(B < A) Or (C < B)	False
(B < A) Xor (C > B)	True

Tabelle 2.9 Ausdrücke mit logischen Operatoren

Alle Berechnungen innerhalb dieses Abschnitts können Sie auch mithilfe des Codes im Projekt *LogischeOperatoren* nachvollziehen.

Projekt

Übung

Ermitteln Sie das Ergebnis der beiden folgenden Ausdrücke, speichern Sie es in einer Variablen eines geeigneten Datentyps und zeigen Sie es an:

Übung ÜLogische Operatoren

- 1. Ausdruck: 4 > 3 And -4 > -3
- 2. Ausdruck: 4 > 3 Or -4 > -3

2.2.4 Verkettungsoperator

Der Operator & dient der Verkettung von Zeichenfolgen. Ist einer der Ausdrücke keine Zeichenfolge, sondern eine Zahl oder Datumsangabe, wird er in einen String verwandelt. Das Gesamtergebnis ist dann wiederum eine Zeichenfolge. Beispiel:

Umwandlung in String

```
Public Class Form1
    Private Sub cmdAnzeige_Click(...) Handles ...
        Dim a As String
        Dim s As Single
        Dim d As Date
        d = "18.02.2014"
        s = 4.6
        a = "t " & s & " " & d
        lblAnzeige.Text = a
```

```
    End Sub
End Class
```

Listing 2.5 Projekt »Verkettungsoperator«

Das Ergebnis ist in Abbildung 2.10 zu sehen. Ein weiteres Beispiel stand bereits in Abschnitt 1.5.5.

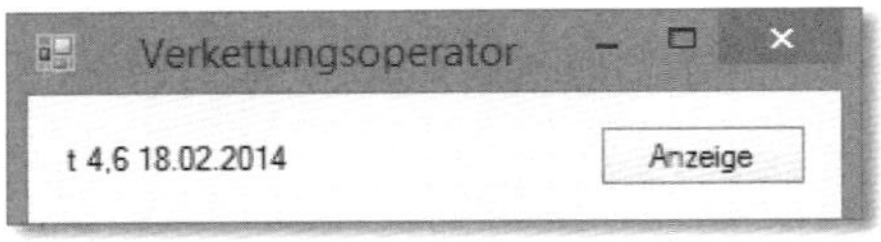

Abbildung 2.10 Verkettung

2.2.5 Zuweisungsoperatoren

Zeichen =

Der einfachste Zuweisungsoperator, das Gleichheitszeichen, wurde bereits genutzt. Es gibt zur Verkürzung von Anweisungen noch einige weitere Zuweisungsoperatoren, siehe Tabelle 2.10.

Operator	Beispiel	Ergebnis
=	x = 7	x erhält den Wert 7.
+=	x += 5	Der Wert von x wird um 5 erhöht.
-=	x -= 5	Der Wert von x wird um 5 verringert.
*=	x *= 3	Der Wert von x wird auf das Dreifache erhöht.
/=	x /= 3	Der Wert von x wird auf ein Drittel verringert.
\=	x \= 3	Der Wert von x wird auf ein Drittel verringert. Nachkommastellen werden abgeschnitten.
^=	x ^= 3	Der Wert von x wird auf x hoch 3 erhöht.
&=	z &= "abc"	Die Zeichenkette z wird um den Text abc verlängert.

Tabelle 2.10 Zuweisungsoperatoren

2.2.6 Rangfolge der Operatoren

Priorität

Enthält ein Ausdruck mehrere Operationen, werden die einzelnen Teilausdrücke in einer bestimmten Rangfolge ausgewertet und aufgelöst, die als

Rangfolge bzw. Priorität der Operatoren bezeichnet wird. Es gilt die Rangfolge in Tabelle 2.11.

Operator	Beschreibung
`^`	Exponentialoperator
`-`	negatives Vorzeichen
`*, /`	Multiplikation, Division
`\`	Ganzzahl-Division
`Mod`	Modulo
`+, -`	Addition, Subtraktion
`&`	Verkettung
`=, <>, <, >, <=, >=, Like`	Vergleichsoperatoren (Das Zeichen = steht für den Vergleich, nicht für die Zuweisung.)
`Not`	logisches Nicht
`And`	logisches Und
`Or`	logisches Oder

Tabelle 2.11 Rangfolge der Operatoren

Die Operatoren, die in der Tabelle weiter oben stehen, haben die höchste Priorität.

Klammern

Wie schon bei den Rechenoperatoren erwähnt: Mit Klammern können Sie diese Rangfolge außer Kraft setzen, damit bestimmte Teilausdrücke vor anderen Teilausdrücken ausgewertet werden.

In Klammern gesetzte Operationen haben grundsätzlich Vorrang. Innerhalb der Klammern gilt jedoch wieder die normale Rangfolge der Operatoren.

Übung

Übung ÜOperatoren

Sind die Bedingungen in Tabelle 2.12 wahr oder falsch? Lösen Sie die Aufgabe möglichst ohne PC.

Nr.	Werte	Bedingung
1	a=5 b=10	a>0 And b<>10
2	a=5 b=10	a>0 Or b<>10
3	z=10 w=100	z<>0 Or z>w Or w-z=90
4	z=10 w=100	z=11 And z>w Or w-z=90
5	x=1.0 y=5.7	x>=.9 And y<=5.8
6	x=1.0 y=5.7	x>=.9 And Not(y<=5.8)
7	n1=1 n2=17	n1>0 And n2>0 Or n1>n2 And n2<>17
8	n1=1 n2=17	n1>0 And (n2>0 Or n1>n2) And n2<>17

Tabelle 2.12 Übung ÜOperatoren

2.3 Einfache Steuerelemente

Windows-Programmierung mit Visual Basic besteht aus zwei Teilen: der Arbeit mit visuellen Steuerelementen und der Programmierung mit der Sprache. Beides soll in diesem Buch parallel vermittelt werden, damit die eher theoretischen Abschnitte zur Programmiersprache durch eine anschauliche Praxis vertieft werden können.

Daher wird in diesem Abschnitt mit vier weiteren Steuerelementen gearbeitet, bevor im nächsten Abschnitt die Verzweigungen zur Programmsteuerung vorgestellt werden: Panel, Zeitgeber, Textfeld und Zahlenauswahlfeld.

2.3.1 Panel

Container

Ein Panel dient normalerweise als Container für andere Steuerelemente. In diesem Abschnitt wird es zur visuellen Darstellung eines Rechtecks und für eine kleine Animation genutzt.

Die Eigenschaften `BackColor` (Hintergrundfarbe), `Location` (Position) und `Size` (Größe) sind schon von anderen Steuerelementen bekannt.

Mithilfe des nachfolgenden Programms im Projekt *Panel* wird ein Panel durch Betätigung von vier Buttons um 10 Pixel nach oben, unten, links oder rechts verschoben. Es hat die Größe 100 × 100 Pixel, die Startposition

X=145 und Y=80 sowie eine eigene Hintergrundfarbe. Die Bewegung wird mithilfe der Struktur Point durchgeführt.

In Abbildung 2.11 und Abbildung 2.12 ist das Panel im Startzustand bzw. nach einigen Klicks zu sehen.

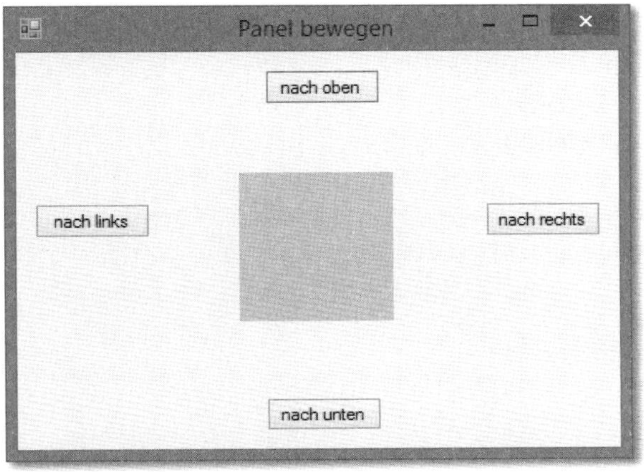

Abbildung 2.11 Panel, Startzustand

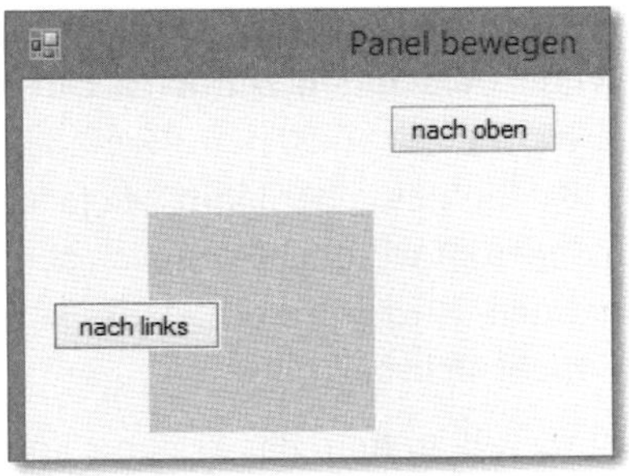

Abbildung 2.12 Panel, nach Verschiebung

Der Programmcode:

```
Public Class Form1
    Private Sub cmdOben_Click(...) Handles ...
        panMove.Location = New Point(
            panMove.Location.X,
            panMove.Location.Y - 10)
    End Sub
```

```
    Private Sub cmdUnten_Click(...) Handles ...
        panMove.Location = New Point(
            panMove.Location.X,
            panMove.Location.Y + 10)
    End Sub

    Private Sub cmdLinks_Click(...) Handles ...
        panMove.Location = New Point(
            panMove.Location.X - 10,
            panMove.Location.Y)
    End Sub

    Private Sub cmdRechts_Click(...) Handles ...
        panMove.Location = New Point(
            panMove.Location.X + 10,
            panMove.Location.Y)
    End Sub
End Class
```

Listing 2.6 Projekt »Panel«

2.3.2 Zeitgeber

Timer

Ein Zeitgeber (Timer) erzeugt in festgelegten Abständen Zeittakte. Diese Zeittakte sind Ereignisse, die Sie als Entwickler mit Aktionen verbinden können. Das zugehörige Ereignis heißt `Tick`. Ein Zeitgeber kann wie jedes andere Steuerelement zum Formular hinzugefügt werden. Da es sich aber um ein nicht sichtbares Steuerelement handelt, wird er unterhalb des Formulars angezeigt. Auch zur Laufzeit ist er nicht sichtbar.

Intervall

Seine wichtigste Eigenschaft ist das Zeitintervall, in dem das Ereignis auftreten soll. Dieses Zeitintervall wird in Millisekunden angegeben.

Enabled

Die Eigenschaft `Enabled` dient der Aktivierung bzw. Deaktivierung des Zeitgebers. Sie kann zur Entwicklungszeit oder zur Laufzeit auf `True` oder `False` gestellt werden.

Im nachfolgenden Programm im Projekt *Zeitgeber* erscheint zunächst ein Formular mit zwei Buttons. Betätigt man den Start-Button, erscheint ein *x* in einem Bezeichnungsfeld. Alle 0,5 Sekunden erscheint automatisch ein weiteres *x*, siehe Abbildung 2.13. Das wird durch den Timer gesteuert, bei dem der Wert für die Eigenschaft `Interval` auf 500 gesetzt wurde. Nach Betätigung des Stop-Buttons kommt kein weiteres *x* hinzu.

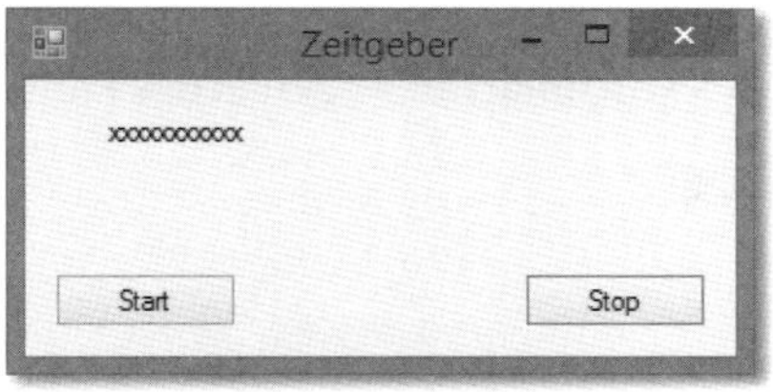

Abbildung 2.13 Nach einigen Sekunden

Der zugehörige Code:

```
Public Class Form1
    Private Sub timAnzeige_Tick(...
            ) Handles timAnzeige.Tick
        lblAnzeige.Text &= "x"
    End Sub

    Private Sub cmdStart_Click(...) Handles ...
        timAnzeige.Enabled = True
    End Sub

    Private Sub cmdStop_Click(...) Handles ...
        timAnzeige.Enabled = False
    End Sub
End Class
```

Listing 2.7 Projekt »Zeitgeber«

Übung

Übung ÜPanelZeitgeber

Erstellen Sie eine Windows-Anwendung. In der Mitte eines Formulars sollen zu Beginn vier Panels verschiedener Farbe der Größe 20 × 20 Pixel platziert werden, siehe Abbildung 2.14.

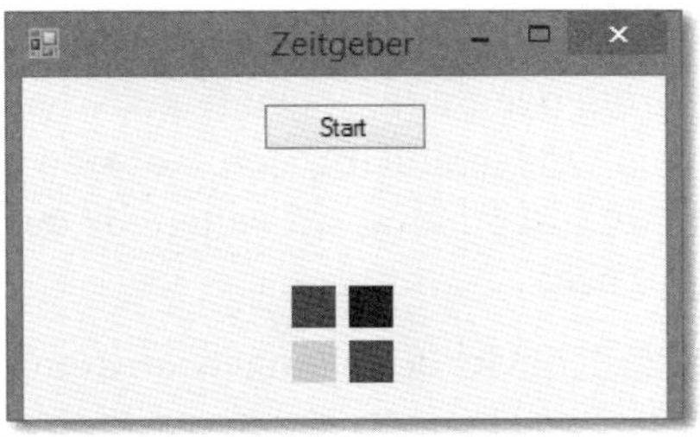

Abbildung 2.14 Startzustand

Sobald ein Start-Button betätigt wurde, sollen diese vier Panels sich diagonal in ca. 5–10 Sekunden zu den Ecken des Formulars bewegen, jedes Panel in eine andere Ecke, siehe Abbildung 2.15.

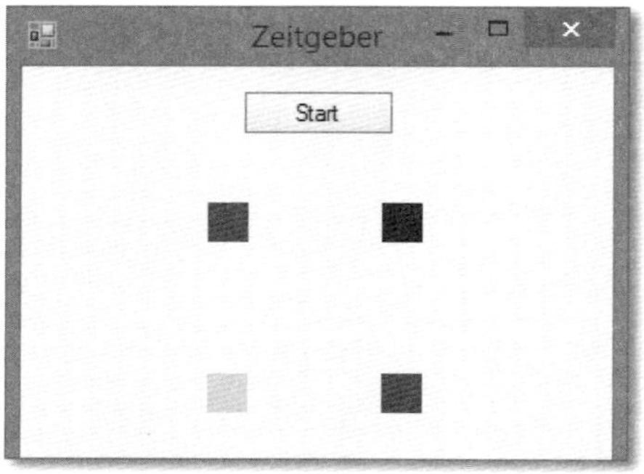

Abbildung 2.15 Nach einigen Sekunden

Übung

Übung ÜKran

Diese Übung gehört nicht zum Pflichtprogramm. Sie ist etwas umfangreicher, verdeutlicht aber die Möglichkeiten einer schnellen Visualisierung von Prozessen durch Visual Basic mit wenigen Programmzeilen.

Konstruieren Sie aus mehreren Panels einen Kran (Fundament, senkrechtes Hauptelement, waagerechter Ausleger, senkrechter Haken am Ausleger). Der Benutzer soll die Möglichkeit haben, über insgesamt acht Buttons die folgenden Aktionen auszulösen:

- Haken um 10 Pixel ausfahren bzw. einfahren
- Ausleger um 10 Pixel ausfahren bzw. einfahren
- Kran um 10 Pixel nach rechts bzw. links fahren
- Kran um 10 Pixel in der Höhe ausfahren bzw. einfahren

Denken Sie daran, dass bei vielen Bewegungen mehrere Steuerelemente bewegt werden müssen, da der Kran sonst seinen Zusammenhalt verliert. Manche Aktionen resultieren nur aus Größenveränderungen (Eigenschaften `Width` und `Height`), manche nur aus Ortsveränderungen (`Location`), manche aus beidem. In Abbildung 2.16 und Abbildung 2.17 sehen Sie den Kran im Startzustand bzw. nach einigen Klicks.

Es können natürlich immer noch widersprüchliche Bewegungen auftreten. Mit weiter zunehmendem Programmierwissen können Sie diesen Problemen später noch abhelfen.

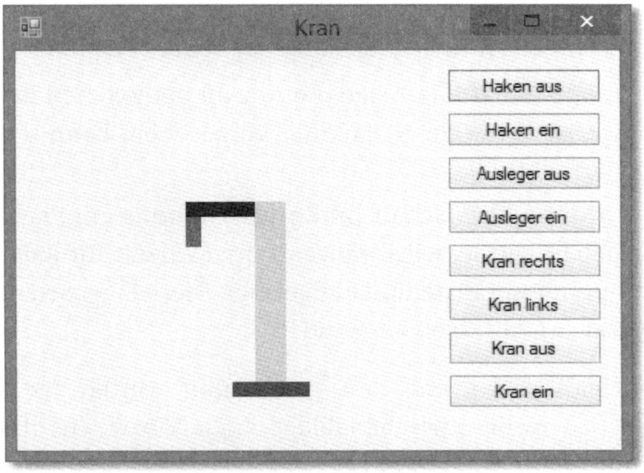

Abbildung 2.16 Startzustand

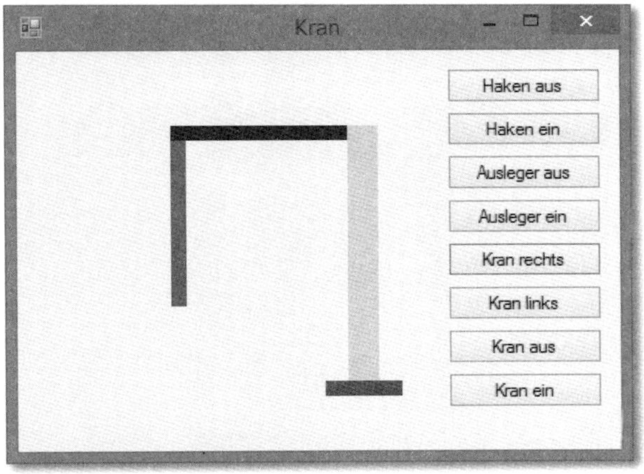

Abbildung 2.17 Nach einigen Aktionen

2.3.3 Textfelder

Eingabefeld

Ein Textfeld dient in erster Linie dazu, die Eingabe von Text oder Zahlen vom Benutzer entgegenzunehmen. Diese Eingaben werden in der Eigenschaft `Text` des Textfelds gespeichert. Das Aussehen und das Verhalten eines Textfelds werden u. a. durch folgende Eigenschaften gekennzeichnet:

- `MultiLine`: Steht `MultiLine` auf `True`, kann bei der Eingabe und bei der Anzeige mit mehreren Textzeilen gearbeitet werden.

- `ScrollBars`: Man kann ein Textfeld mit vertikalen und/oder horizontalen Bildlaufleisten zur Eingabe und Anzeige längerer Texte versehen.
- `MaxLength`: Mit dieser Eigenschaft lässt sich die Anzahl der Zeichen des Textfelds beschränken. Ist keine Beschränkung vorgesehen, kann das Textfeld 32K Zeichen aufnehmen.

Passwort

- `PasswordChar`: Falls für diese Eigenschaft im Entwurfsmodus ein Platzhalter-Zeichen eingegeben wurde, wird während der Laufzeit für jedes eingegebene Zeichen nur dieser Platzhalter angezeigt. Diese Eigenschaft wird vor allem bei Passwort-Abfragen verwendet.

Der Inhalt eines Textfelds kann mit den gewohnten Mitteln (z.B. [Strg]+[C] und [Strg]+[V]) in die Zwischenablage kopiert bzw. aus der Zwischenablage eingefügt werden.

Im nachfolgenden Programm im Projekt *Textfelder* kann der Benutzer in einem Textfeld einen Text eingeben. Nach Betätigung des Buttons AUSGABE wird der eingegebene Text in einem zusammenhängenden Satz ausgegeben, siehe Abbildung 2.18.

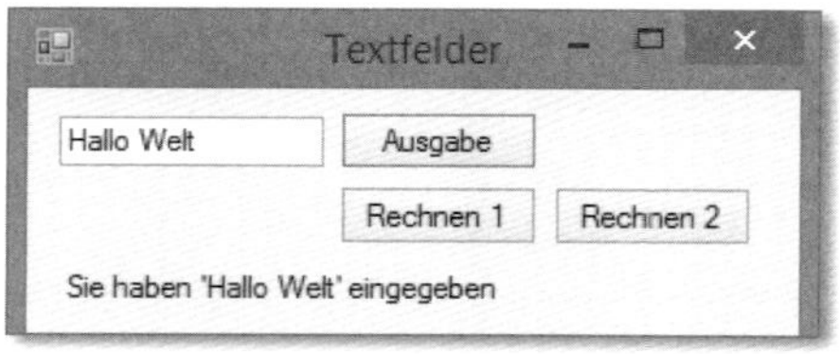

Abbildung 2.18 Eingabe in Textfeld

Der Code lautet wie folgt:

```
Public Class Form1
    Private Sub cmdAusgabe_Click(...) Handles ...
        lblAusgabe.Text = "Sie haben '" &
            txtEingabe.Text & "' eingegeben"
    End Sub
End Class
```

Listing 2.8 Projekt »Textfelder«

Zur Erläuterung:

- In der Eigenschaft `Text` des Textfelds wird die Eingabe gespeichert. Die Eigenschaft wird in einen längeren Ausgabetext eingebettet.

Zahlen eingeben

Bei der Eingabe und Auswertung von Zahlen sind einige Besonderheiten zu beachten. Im nachfolgenden Programm, ebenfalls im Projekt *Textfelder*, kann der Benutzer in einem Textfeld eine Zahl eingeben. Nach Betätigung des Buttons RECHNEN wird der Wert dieser Zahl verdoppelt, das Ergebnis wird in einem Label darunter ausgegeben.

```
Public Class Form1
[...]
    Private Sub cmdRechnen1_Click(...) Handles ...
        lblAusgabe.Text = txtEingabe.Text * 2
    End Sub
End Class
```

Listing 2.9 Projekt »Textfelder«, Zahleneingabe

Zur Erläuterung:

- Wenn eine Zeichenkette eingegeben wurde, die eine Zahl darstellt, dann wird sie implizit, d.h. automatisch, in eine Zahl umgewandelt, mit der dann gerechnet werden kann.
- Stellt die eingegebene Zeichenkette keine Zahl dar, kommt es zu einem Laufzeitfehler. Diese Situation sollten Sie natürlich vermeiden:
  - Sie können vorher überprüfen, ob es sich bei der Zeichenkette um eine gültige Zahl handelt und entsprechend reagieren. Das wird möglich, sobald Sie Verzweigungen zur Programmsteuerung beherrschen.
  - Allgemein können Sie Programme so schreiben, dass ein Programmabbruch abgefangen werden kann. Das wird möglich, sobald Sie die Ausnahmebehandlung (siehe hierzu Kapitel 3) beherrschen.

Ausnahmebehandlung

Einige Beispiele:

Abbildung 2.19 zeigt die Eingabe einer Zahl mit Nachkommastellen.

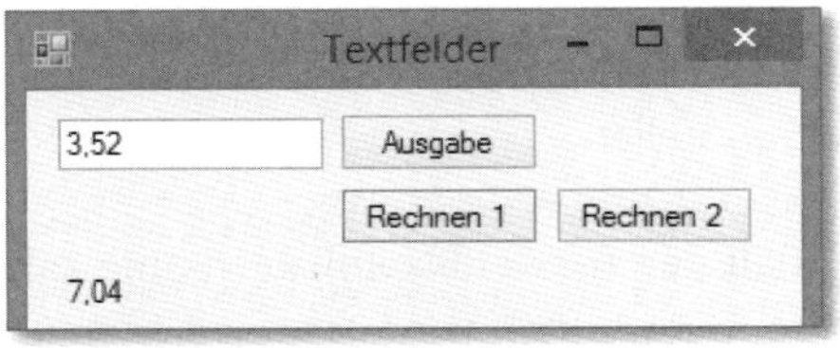

Abbildung 2.19 Eingabe einer Zahl mit Nachkommastellen

Debugging beenden Die Eingabe einer Zeichenkette, z. B. *abc*, führt zur Anzeige einer nicht behandelten Ausnahme. Die Zeile, in der der Fehler auftritt, wird im Code markiert, damit der Fehler beseitigt werden kann (siehe Abbildung 2.20).

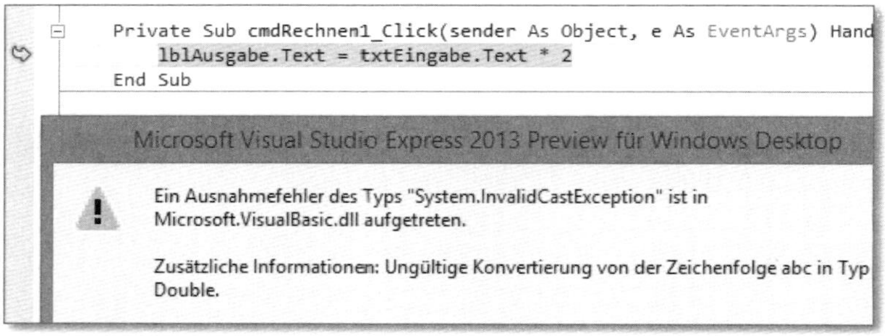

Abbildung 2.20 Anzeige des Fehlers

Es wird ein zusätzliches Dialogfeld angezeigt. Darin kann man den Button WEITER betätigen, dann wird das Programm beendet. Falls man den Button UNTERBRECHEN betätigt, wird das Programm unterbrochen. Bei einem unterbrochenen Programm können Sie die aktuellen Werte von Variablen kontrollieren, indem Sie die Maus über dieser Variablen platzieren. Anschließend muss das Programm über den Menüpunkt DEBUGGEN • DEBUGGING BEENDEN beendet werden, bevor es neu gestartet werden kann.

Die Eingabe einer Zahl, bei der ein Punkt statt einem Komma zur Abtrennung von Nachkommastellen eingegeben wird, führt zu einem ganz anderen Rechenergebnis, siehe Abbildung 2.21. Der Punkt wird ignoriert, die Zahl wird als 352 angesehen und führt so zu dem Ergebnis 704.

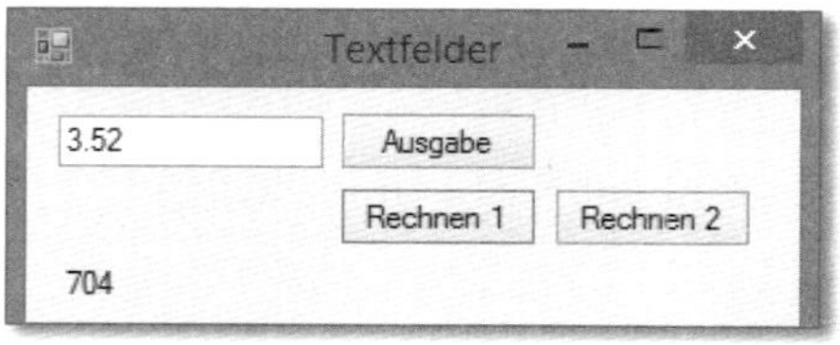

Abbildung 2.21 Punkt vor den Nachkommastellen

ToDouble() Sie sollten dafür sorgen, dass der Inhalt des Textfelds explizit in eine Zahl (mit möglichen Nachkommastellen) umgewandelt wird. Das erreichen Sie mithilfe der Methode `ToDouble()` aus der Klasse `Convert`. Die Klasse `Convert` bietet eine Reihe von Methoden für die Umwandlung (= Konvertierung) in andere Datentypen.

```
Public Class Form1
[...]
    Private Sub cmdRechnen2_Click(...) Handles ...
        lblAusgabe.Text =
            Convert.ToDouble(txtEingabe.Text) * 2
    End Sub
End Class
```

Listing 2.10 Projekt »Textfelder«, Methode ToDouble()

Zur Erläuterung:

- Der eingegebene Text wird mit der Methode ToDouble() in eine Zahl umgewandelt.
- Allerdings ist nach wie vor ein Programmabbruch bei falscher Eingabe möglich.

2.3.4 Zahlenauswahlfeld

NumericUpDown

Das Steuerelement *Zahlenauswahlfeld* (NumericUpDown) bietet eine andere Möglichkeit, Zahlenwerte an ein Programm zu übermitteln. Die Zahlenwerte können innerhalb selbst gewählter Grenzen und in selbst definierten Schritten über zwei kleine Pfeiltasten ausgewählt werden. Sie können aber auch weiterhin eingegeben werden, wie bei einem Textfeld.

Wichtige Eigenschaften des Steuerelements sind die folgenden:

Value

- Value bezeichnet zur Entwicklungszeit den Startwert und zur Laufzeit den vom Benutzer aktuell eingestellten Wert.
- Maximum, Minimum bestimmen den größtmöglichen Wert und den kleinstmöglichen Wert der Eigenschaft Value. Es handelt sich also um die Werte, die durch die Auswahl mit den Pfeiltasten ganz oben und ganz unten erreicht werden können.
- Increment stellt die Schrittweite ein, mit der sich der Wert (Eigenschaft Value) ändert, wenn der Benutzer eine der kleinen Pfeiltasten betätigt.
- DecimalPlaces bestimmt die Anzahl der Nachkommastellen in der Anzeige des Zahlenauswahlfelds.

ValueChanged

Das wichtigste Ereignis dieses Steuerelements ist ValueChanged. Es tritt bei der Veränderung der Eigenschaft Value ein und sollte anschließend zur Programmsteuerung verwendet werden.

Im nachfolgenden Programm im Projekt *Zahlenauswahlfeld* werden alle diese Eigenschaften und das genannte Ereignis genutzt. Der Benutzer kann Zahlenwerte zwischen –5,0 und +5,0 in Schritten von 0,1 über ein Zahlenauswahlfeld einstellen. Der ausgewählte Wert wird unmittelbar in einem Label angezeigt, siehe Abbildung 2.22.

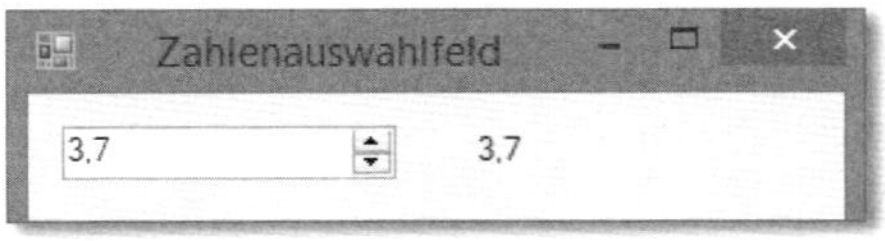

Abbildung 2.22 Zahlenauswahlfeld

Die Eigenschaften wurden zur Entwicklungszeit wie folgt eingestellt:

- `Value`: Wert 2, die Anwendung startet also bei dem Wert 2,0 für das Zahlenauswahlfeld
- `Maximum`, `Minimum`: Werte –5 und +5
- `Increment`: Wert 0,1
- `DecimalPlaces`: Wert 1, zur Anzeige einer einzelnen Nachkommastelle

Der Code lautet:

```
Public Class Form1
    Private Sub numEingabe_ValueChanged(...
            ) Handles numEingabe.ValueChanged
        lblAusgabe.Text = numEingabe.Value
    End Sub
End Class
```

Listing 2.11 Projekt »Zahlenauswahlfeld«

2.4 Verzweigungen

Der Programmcode wurde bisher rein sequenziell abgearbeitet, d.h. eine Anweisung nach der anderen. Kontrollstrukturen ermöglichen eine Steuerung dieser Reihenfolge. Die Kontrollstrukturen unterteilen sich in Verzweigungen und Schleifen. Verzweigungen gestatten dem Programm, in verschiedene alternative Anweisungsblöcke zu verzweigen.

Es gibt die beiden Verzweigungsstrukturen `If...Then...Else` und `Select Case...`. Diese Auswahlmöglichkeiten übergeben u. a. aufgrund von Bedingungen die Programmausführung an einen bestimmten Anweisungsblock. Bedingungen erstellen Sie mithilfe der bereits vorgestellten Vergleichsoperatoren.

Seltener genutzt werden außerdem noch die Auswahlfunktionen `IIf()` und `Choose()`.

2.4.1 Einzeiliges If...Then...Else

Das einzeilige `If...Then...Else` hat folgenden Aufbau:

```
If Bedingung Then Anweisungen1 [ Else Anweisungen2 ]
```

If...Then...Else

Die Bedingung wird ausgewertet, sie ist entweder wahr oder falsch (`True` oder `False`). Ist das Ergebnis der Auswertung `True`, wird der `Then`-Teil mit den `Anweisungen1` ausgeführt. Ist das Ergebnis der Auswertung `False` und gibt es einen `Else`-Teil, wird der `Else`-Teil mit den `Anweisungen2` ausgeführt.

Dabei kann es sich sowohl um eine einzelne Anweisung als auch um mehrere Anweisungen handeln, die dann durch einen Doppelpunkt (`:`) voneinander getrennt sind. In jedem Fall muss der gesamte Block in einer Zeile untergebracht werden. `If`-Strukturen können auch ineinander verschachtelt werden.

Unterstrich

Im nachfolgenden Programm im Projekt *EinzeiligesIf* wird das einzeilige `If` in vier verschiedenen Beispielen genutzt. Beachten Sie dabei, dass die einzelnen Anweisungen zu lang für den Druck in diesem Buch sind und daher auf mehrere Zeilen verteilt wurden, teilweise auch mithilfe des Zeichens _ (Unterstrich). Es handelt sich aber in jedem Fall um einzeilige `If`-Verzweigungen.

```
Public Class Form1
    Private Sub cmdAnzeige_Click(...) Handles ...
        Dim x As Integer
        x = -1
        If x < 0 Then lblAnz1.Text = "Negativ"
    End Sub

    Private Sub cmdAnzeige2_Click(...) Handles ...
        Dim x As Integer
        x = -1
        If x > 0 Then lblAnz2.Text =
```

```
            "Positiv" Else lblAnz2.Text =
            "Negativ oder Null"
    End Sub

    Private Sub cmdAnzeige3_Click(...) Handles ...
        Dim x As Integer
        x = -1
        If x > 0 Then lblAnz3.Text =
            "Positiv" Else If x = 0 Then _
            lblAnz3.Text =
            "Null" Else lblAnz3.Text = "Negativ"
    End Sub

    Private Sub cmdAnzeige4_Click(...) Handles ...
        Dim x As Integer
        x = -1
        If x > 0 Then x = x + 1 : lblAnz4.Text =
            "Positiv " & x Else _
            x = x - 1 : lblAnz4.Text =
            "Negativ oder Null, x = " & x
    End Sub
End Class
```

Listing 2.12 Projekt »EinzeiligesIf«

Zur Erläuterung:

- Die Integer-Variable x erhält jeweils den Wert –1. Für die Tests in den einzelnen Beispielen sollten Sie diesen Wert natürlich auch einmal ändern.
- Beim ersten Beispiel wird nur etwas angezeigt, falls die Variable x negativ ist.
- Beim zweiten Beispiel wird in jedem Fall etwas angezeigt.
- Beim dritten Beispiel wird für den Fall, dass die Variable x nicht positiv ist, eine weitere Verzweigung durchlaufen. Man nennt diese Verzweigung auch eine innere Verzweigung, im Gegensatz zu einer äußeren Verzweigung. Ist die Variable x = 0, wird wegen der inneren Verzweigung *Null* angezeigt, anderenfalls wird *Negativ* angezeigt.
- Beim vierten Beispiel werden für beide möglichen Fälle jeweils zwei Anweisungen durchlaufen, die durch einen : (Doppelpunkt) voneinander getrennt sind.

In Abbildung 2.23 sehen Sie die Ausgabe nach Betätigung aller vier Buttons.

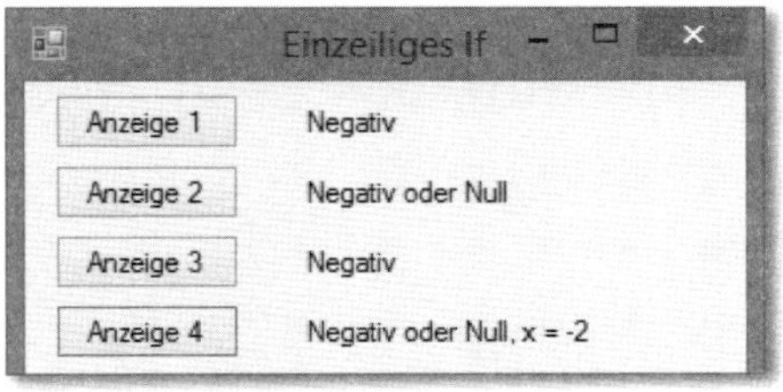

Abbildung 2.23 Einzeiliges If

2.4.2 If...Then...Else-Block

Mehrzeilig, Block

Bei einfachen Entscheidungen und einzelnen Anweisungen ist das einzeilige `If` geeignet. Sobald mehrere Anweisungen auszuführen sind, wird der Programmcode schnell unübersichtlich. Für diese Zwecke ist ein `If...Then...Else`-Block wesentlich besser geeignet. Der Block hat folgenden Aufbau:

```
If Bedingung1 Then
   Anweisungen1
[ ElseIf Bedingung2
   Anweisungen2 ] ...
[ Else
   AnweisungenX ]
End If
```

Das Programm verzweigt zu den Anweisungen hinter der ersten zutreffenden Bedingung. Falls keine Bedingung zutrifft, werden die Anweisungen hinter dem `Else` ausgeführt, sofern es diesen `Else`-Zweig gibt. Anderenfalls wird keine Anweisung durchgeführt. Ein `If...Then...Else`-Block endet immer mit einem `End If`.

Im nachfolgenden Programm im Projekt *BlockIf* werden vier verschiedene Fälle geprüft. Trifft keiner dieser Fälle zu, wird der `Else`-Zweig ausgeführt:

```
Public Class Form1
    Private Sub cmdAnzeige_Click(...) Handles ...
        Dim x, y As Integer
        x = 0
        y = 0
        If x >= 0 And y >= 0 Then
            lblAnzeige.Text =
```

```
                "Beide größer oder gleich Null"
        ElseIf x >= 0 And y < 0 Then
            lblAnzeige.Text =
                "Nur X größer oder gleich Null"
        ElseIf x < 0 And y >= 0 Then
            lblAnzeige.Text =
                "Nur Y größer oder gleich Null"
        ElseIf x >= 0 Then
            lblAnzeige.Text =
                "Wird nie angezeigt"
        Else
            lblAnzeige.Text =
                "Beide kleiner Null"
        End If
    End Sub
End Class
```

Listing 2.13 Projekt »BlockIf«

In Abbildung 2.24 sehen Sie die Ausgabe nach Betätigung des Buttons.

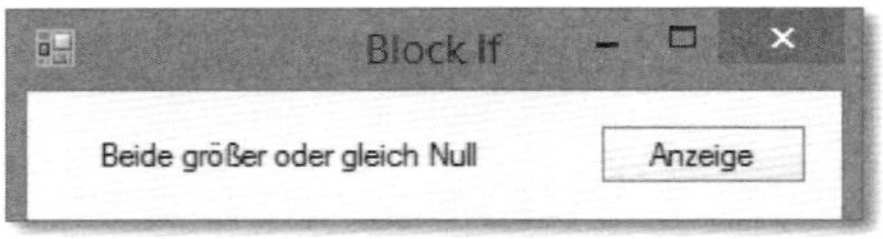

Abbildung 2.24 If ... Then ... Else-Block

2.4.3 Select Case

Mehrfachauswahl

Eine Verzweigung kann in bestimmten Fällen auch mit `Select Case ...` gebildet werden. Diese Struktur vereinfacht eine Mehrfachauswahl, wenn nur ein Wert untersucht werden muss, und ist wie folgt aufgebaut:

```
Select Case Testausdruck
   [ Case Ausdrucksliste1
      Anweisungen1 ]
   [ Case Ausdrucksliste2
      Anweisungen2 ] ...
   [ Case Else
      AnweisungenX ]
End Select
```

Die Struktur Select Case ... verwendet nur einen Testausdruck, der am Beginn der Struktur ausgewertet wird. Sein Wert wird anschließend der Reihe nach mit den Werten der Ausdruckslisten verglichen. Eine Ausdrucksliste kann aus mehreren Ausdrücken oder einer Bereichsangabe mit dem Schlüsselwort To bestehen. Ein Ausdruck kann aus einem Wert oder einer Bedingung mit dem Schlüsselwort Is bestehen. **To, Is**

Bei der ersten Übereinstimmung wird der zugehörige Anweisungsblock ausgeführt und dann mit der nächsten Anweisung hinter dem End Select fortgefahren. **End Select**

Der optionale Anweisungsblock hinter dem Case Else wird ausgeführt, falls vorher keine Übereinstimmung gefunden wurde. Im nachfolgenden Programm im Projekt *SelectCase* werden ebenfalls vier verschiedene Fälle geprüft. Trifft keiner dieser Fälle zu, wird der Case Else-Zweig ausgeführt: **Case Else**

```
Public Class Form1
    Private Sub cmdAnzeige_Click(...) Handles ...
        Dim x As Integer
        x = 16
        Select Case x
            Case 1, 3, 5, 7, 9
                lblAnzeige.Text =
                    "Ungerade, Einstellig"
            Case 2, 4, 6, 8
                lblAnzeige.Text =
                    "Gerade, Einstellig"
            Case Is < 1, Is > 20
                lblAnzeige.Text =
                    "Kleiner 1 oder größer 20"
            Case 11 To 15
                lblAnzeige.Text =
                    "Größer gleich 11 und" &
                    " kleiner gleich 15"
            Case Else
                lblAnzeige.Text =
                    "Größer 15 und kleiner 21"
        End Select
    End Sub
End Class
```

Listing 2.14 Projekt »SelectCase«

In diesem Beispiel sind nur die Zahlen größer 15 und kleiner 21 in keiner Ausdrucksliste enthalten. Der entsprechende Text ist also im `Case Else`-Zweig zu finden, wie Sie in Abbildung 2.25 sehen.

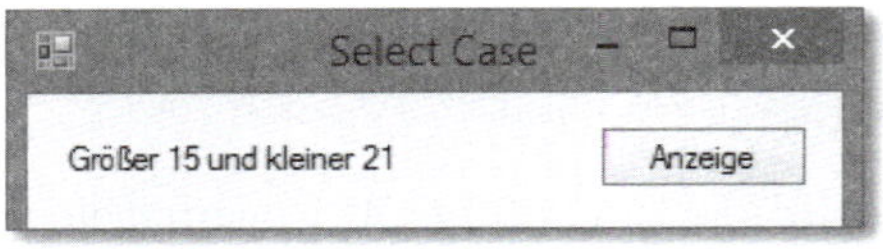

Abbildung 2.25 Auswahl mit Select ... Case

2.4.4 Funktion IIf

Liefert Wert

Die Funktion `IIf()` ähnelt dem einzeiligen `If...Then...Else`, liefert aber im Unterschied zu diesem direkt einen Wert zurück. Ihre Syntax lautet:

```
IIf(Bedingung, True-Ausdruck, False-Ausdruck)
```

Sowohl `True`-Ausdruck als auch `False`-Ausdruck müssen angegeben werden. Im nachfolgenden Programm im Projekt *FunktionIIf* wird das Maximum der beiden Zahlen `x` und `y` ermittelt und ausgegeben:

```
Public Class Form1
    Private Sub cmdAnzeige_Click(...) Handles ...
        Dim x, y As Integer
        x = 5
        y = 3
        lblAnzeige.Text = IIf(x > y, x, y)
    End Sub
End Class
```

Listing 2.15 Projekt »FunktionIIf«

2.4.5 Funktion Choose

Wert aus Liste

Die Funktion `Choose()` gibt den Wert aus einer Liste zurück, dessen Position dem Indexwert entspricht. Die Positionen in der Liste beginnen allerdings bei 1, nicht bei 0. Die Syntax lautet:

```
Choose(Index, Ausdruck1, [Ausdruck2] ...)
```

Im nachfolgenden Programm im Projekt *FunktionChoose* wird eine Währung aus einer Liste von Währungen ausgewählt und ausgegeben:

```
Public Class Form1
    Private Sub cmdAnzeige_Click(...) Handles ...
        Dim x As Integer
        x = 2
        lblAnzeige.Text =
            Choose(x, "US Dollar", "Pfund", "Euro")
    End Sub
End Class
```

Listing 2.16 Projekt »FunktionChoose«

Zur Erläuterung:

- Der Wert x = 2 führt zur Ausgabe von *Pfund*.

2.4.6 Übungen

Übung ÜSteuerbetrag

Übung ÜSteuerbetrag

Schreiben Sie ein Programm, das zu einem eingegebenen Gehalt den Steuerbetrag berechnet und ausgibt, siehe Abbildung 2.26. In Tabelle 2.13 sind die Steuersätze angegeben. Es wird davon ausgegangen, dass das gesamte Gehalt zum angegebenen Satz versteuert wird.

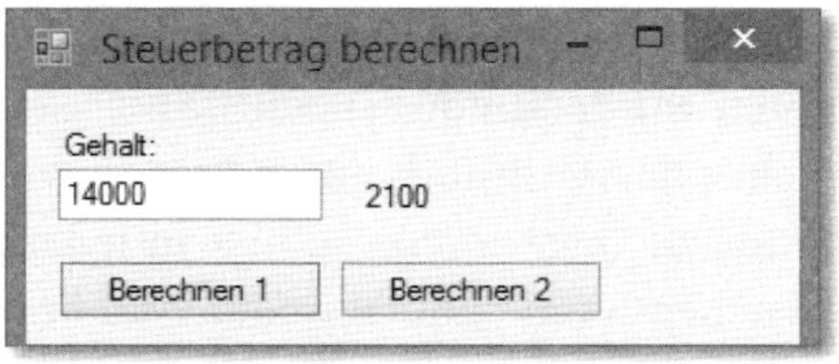

Abbildung 2.26 Übung ÜSteuerbetrag

Gehalt	Steuersatz
bis einschl. 12.000 €	12 %
von 12.000 bis einschl. 20.000 €	15 %
von 20.000 bis einschl. 30.000 €	20 %
über 30.000 €	25 %

Tabelle 2.13 Übung ÜSteuerbetrag

Übung ÜKranVerzweigung

Übung ÜKranVerzweigung

Erweitern Sie die Übung *ÜKran*. Die Bewegung des Krans soll kontrolliert werden. Kein Teil des Krans darf zu groß oder zu klein werden. Der Kran darf sich nicht über die sinnvollen Begrenzungen hinausbewegen. Nutzen Sie Bedingungen und Verzweigungen, um das zu verhindern.

2.5 Verzweigungen und Steuerelemente

In diesem Abschnitt werden Kontrollkästchen und Optionsschaltflächen bzw. Gruppen von Optionsschaltflächen eingeführt. Damit können Sie Zustände unterscheiden bzw. Eigenschaften einstellen. Dazu benötigen Sie Verzweigungen, die Gegenstand des vorherigen Abschnitts waren.

2.5.1 Kontrollkästchen

CheckBox

Das Kontrollkästchen (CheckBox) bietet dem Benutzer die Möglichkeit, zwischen zwei Zuständen zu wählen, z. B. *An* oder *Aus*, wie bei einem Schalter. Sie können damit auch kennzeichnen, ob Sie eine bestimmte optionale Erweiterung wünschen oder nicht. Der Benutzer bedient ein Kontrollkästchen, indem er ein Häkchen setzt oder entfernt.

CheckedChanged

Das wichtigste Ereignis ist beim Kontrollkästchen nicht der `Click`, sondern das Ereignis `CheckedChanged`. Dieses Ereignis zeigt nicht nur an, dass das Kontrollkästchen vom Benutzer bedient wurde, sondern auch, dass es seinen Zustand geändert hat. Das kann beispielsweise auch durch Programmcode geschehen. Eine Ereignisprozedur zu `CheckedChanged` löst in jedem Fall etwas aus, sobald das Kontrollkästchen (vom Benutzer oder vom Programmcode) geändert wurde.

An/Aus

Allerdings wird der Programmablauf meist so gestaltet, dass bei einem anderen Ereignis der aktuelle Zustand des Kontrollkästchens (An/Aus) abgefragt und anschließend entsprechend reagiert wird.

Die wichtigen Eigenschaften des Kontrollkästchens sind:

Checked

- `Checked` – der Zustand der CheckBox, mit den Werten `True` und `False`
- `Text` – die Beschriftung neben dem Kontrollkästchen

Im Projekt *Kontrollkästchen* werden alle oben genannten Möglichkeiten genutzt, siehe Abbildung 2.27.

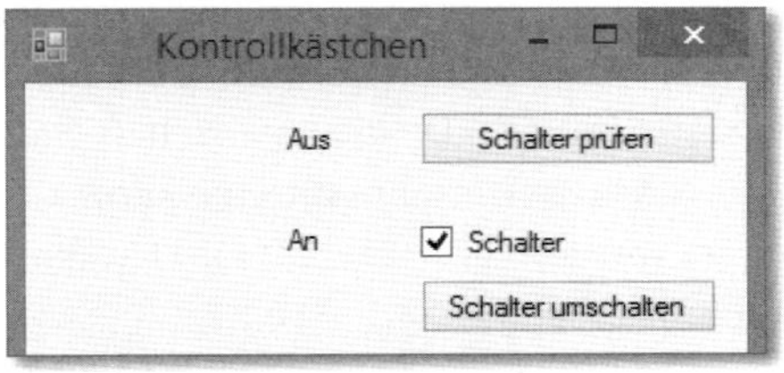

Abbildung 2.27 Zustand nach Klick auf Kontrollkästchen

Der Programmcode:

```
Public Class Form1
    Private Sub cmdPrüfen_Click(...) Handles ...
        If chkSchalter.Checked Then
            lblTest1.Text = "An"
        Else
            lblTest1.Text = "Aus"
        End If
    End Sub

    Private Sub chkSchalter_CheckedChanged(...
            ) Handles chkSchalter.CheckedChanged
        If chkSchalter.Checked Then
            lblTest2.Text = "An"
        Else
            lblTest2.Text = "Aus"
        End If
    End Sub

    Private Sub cmdUmschalten_Click(...) Handles ...
        chkSchalter.Checked =
            Not chkSchalter.Checked
    End Sub
End Class
```

Listing 2.17 Projekt »Kontrollkästchen«

Zur Erläuterung:

- Den Zustand eines Kontrollkästchens (Häkchen gesetzt oder nicht) können Sie im Programm mithilfe einer einfachen Verzweigung auswerten.

Wahrheitswert

- Normalerweise werden bei einer Bedingung in einer Verzweigung zwei Werte durch Vergleichsoperatoren miteinander verglichen und eines der beiden Ergebnisse `True` oder `False` ermittelt. Da die Eigenschaft `Checked` aber bereits einem solchen Wahrheitswert entspricht, kann die Bedingung auch verkürzt formuliert werden. `If chkSchalter.Checked = True ...` hätte also das gleiche Ergebnis erzeugt.
- Die Prozedur `cmdPrüfenClick()` wird aufgerufen, wenn der Benutzer den Button SCHALTER PRÜFEN betätigt. Erst in diesem Moment wird der Zustand des Kontrollkästchens (Eigenschaft `Checked` gleich `True` oder `False`) abgefragt und im ersten Label ausgegeben. Es kann also sein, dass das Kontrollkästchen vor längerer Zeit oder noch nie benutzt wurde.
- Dagegen wird die Prozedur `chkSchalter_CheckedChanged()` sofort aufgerufen, wenn der Benutzer das Kontrollkästchen benutzt, also ein Häkchen setzt oder entfernt. Die Prozedur wird auch dann aufgerufen, wenn der Benutzer den Zustand des Kontrollkästchens durch Programmcode ändert. Hier wird der Zustand des Kontrollkästchens also unmittelbar nach der Änderung ausgegeben (im zweiten Label).
- Die Prozedur `cmdUmschalten_Click()` dient zum Umschalten des Kontrollkästchens per Programmcode. Das kommt in Windows-Anwendungen häufig vor, wenn es logische Zusammenhänge zwischen mehreren Steuerelementen gibt. Die Eigenschaft `Checked` wird mithilfe des logischen Operators `Not` auf `True` bzw. auf `False` gesetzt. Das führt wiederum zum Ereignis `chkSchalter_CheckedChanged` und dem Ablauf der zugehörigen, oben erläuterten Ereignisprozedur.

2.5.2 Optionsschaltfläche

RadioButton

Optionsschaltflächen (RadioButtons) treten immer in Gruppen auf und bieten dem Benutzer die Möglichkeit, zwischen zwei oder mehr Möglichkeiten zu wählen, etwa zwischen den Farben Rot, Grün oder Blau. Bei zusammengehörigen Optionsschaltflächen kann der Benutzer genau eine per Klick auswählen. Alle anderen werden dann unmittelbar als *Nicht ausgewählt* gekennzeichnet.

CheckedChanged

Analog zum Kontrollkästchen ist das wichtigste Ereignis bei einer Optionsschaltfläche `CheckedChanged`. Dieses Ereignis zeigt an, dass die betreffende Optionsschaltfläche ihren Zustand geändert hat. Das kann auch durch Programmcode geschehen.

Der Programmablauf wird hier meist so gestaltet, dass bei einem anderen Ereignis die aktuelle Auswahl innerhalb der Gruppe abgefragt wird und anschließend je nach Zustand unterschiedlich reagiert wird.

Es ist guter Programmierstil und verringert Folgefehler, wenn Sie eine der Optionsschaltflächen der Gruppe bereits zur Entwicklungszeit auf `True` setzen. Das muss nicht notwendigerweise die erste Optionsschaltfläche der Gruppe sein.

Checked

Die wichtigen Eigenschaften der Optionsschaltflächen sind `Checked` (mit den Werten `True` und `False`) und `Text` (zur Beschriftung). Im nachfolgenden Programm im Projekt *Optionen* werden alle genannten Möglichkeiten genutzt. Es wird der Zustand angezeigt, nachdem der Benutzer

- Blau gewählt,
- den Button PRÜFEN betätigt,
- Grün gewählt hat (siehe Abbildung 2.28).

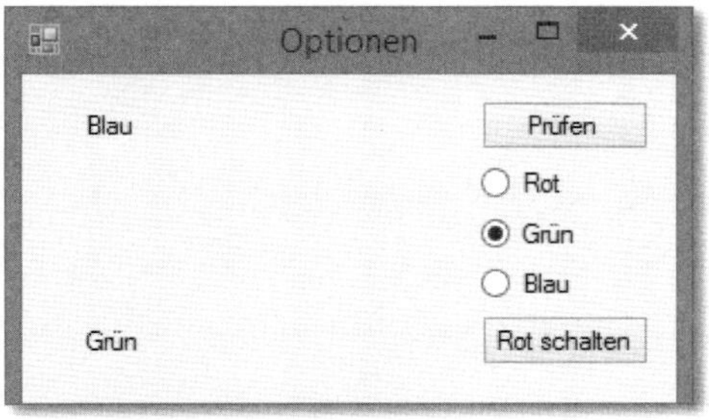

Abbildung 2.28 Zustand nach den genannten Aktionen

Der Programmcode:

```
Public Class Form1
    Private Sub cmdPrüfen_Click(...) Handles ...
        If optFarbeRot.Checked Then
            lblAnzeige1.Text = "Rot"
        ElseIf optFarbeGrün.Checked Then
            lblAnzeige1.Text = "Grün"
        Else
            lblAnzeige1.Text = "Blau"
        End If
    End Sub
```

```
    Private Sub optFarbeRot_CheckedChanged(...
            ) Handles optFarbeRot.CheckedChanged
        If optFarbeRot.Checked Then
            lblAnzeige2.Text = "Rot"
        End If
    End Sub

    Private Sub optFarbeGrün_CheckedChanged(...
            ) Handles optFarbeGrün.CheckedChanged
        If optFarbeGrün.Checked Then
            lblAnzeige2.Text = "Grün"
        End If
    End Sub

    Private Sub optFarbeBlau_CheckedChanged(...
            ) Handles optFarbeBlau.CheckedChanged
        If optFarbeBlau.Checked Then
            lblAnzeige2.Text = "Blau"
        End If
    End Sub

    Private Sub cmdSchalter_Click(...) Handles ...
        optFarbeRot.Checked = True
    End Sub
End Class
```

Listing 2.18 Projekt »Optionen«

Zur Erläuterung:

Auswahl oder Abwahl

- Den Zustand einer einzelnen Optionsschaltfläche können Sie im Programm mithilfe einer einfachen Verzweigung auswerten. Es muss festgestellt werden, ob diese Optionsschaltfläche ausgewählt oder abgewählt wurde. In beiden Fällen tritt das Ereignis `CheckedChanged` auf.
- Den Zustand einer Gruppe von Optionsschaltflächen können Sie im Programm mithilfe einer mehrfachen Verzweigung auswerten.
- Die Prozedur `cmdPrüfen_Click()` wird aufgerufen, wenn der Benutzer den Button PRÜFEN betätigt. Erst in diesem Moment wird der Zustand der Gruppe abgefragt und im ersten Label ausgegeben.
- Dagegen wird eine der Prozeduren `optFarbeRot_CheckedChanged()` (bzw. `...Grün...` oder `...Blau...`) sofort aufgerufen, wenn der Benutzer eine

der Optionsschaltflächen auswählt. Diese Prozeduren werden jeweils auch dann aufgerufen, wenn der Benutzer den Zustand der zugehörigen Optionsschaltfläche durch Programmcode ändert. Hier wird der Zustand der Gruppe also unmittelbar nach der Änderung ausgegeben (im zweiten Label).

- Die Prozedur `cmdSchalter_Click()` dient der Auswahl einer bestimmten Optionsschaltfläche per Programmcode. Das kommt in Windows-Anwendungen häufig vor, wenn es logische Zusammenhänge zwischen mehreren Steuerelementen gibt. Die Eigenschaft `Checked` wird auf `True` gesetzt. Das führt wiederum zum Ereignis `CheckedChanged` der jeweiligen Optionsschaltfläche und zum Ablauf der zugehörigen, oben erläuterten Ereignisprozedur.

Innerhalb eines Formulars oder einer GroupBox (siehe Abschnitt 2.5.4) kann immer nur bei einer Optionsschaltfläche die Eigenschaft `Checked` den Wert `True` haben. Sobald eine andere Optionsschaltfläche angeklickt wird, ändert sich der Wert der Eigenschaft bei der bisher gültigen Optionsschaltfläche.

2.5.3 Mehrere Ereignisse in einer Prozedur behandeln

Im folgenden Projekt *MehrereEreignisse* wird eine häufig verwendete Technik vorgestellt. Gibt es mehrere Ereignisse, die auf die gleiche oder auf ähnliche Weise behandelt werden sollen, ist es vorteilhaft, diese Ereignisse mit einer gemeinsamen Ereignisprozedur aufzurufen.

Handles

Das ist möglich, da nach dem Schlüsselwort `Handles` zu Beginn der Ereignisprozedur mehrere Ereignisse genannt werden können. Im nachfolgenden Programm wird diese Technik verwendet, um den Zustand einer Gruppe von Optionsschaltflächen sofort anzuzeigen, wenn der Benutzer eine der Optionsschaltflächen auswählt, siehe Abbildung 2.29.

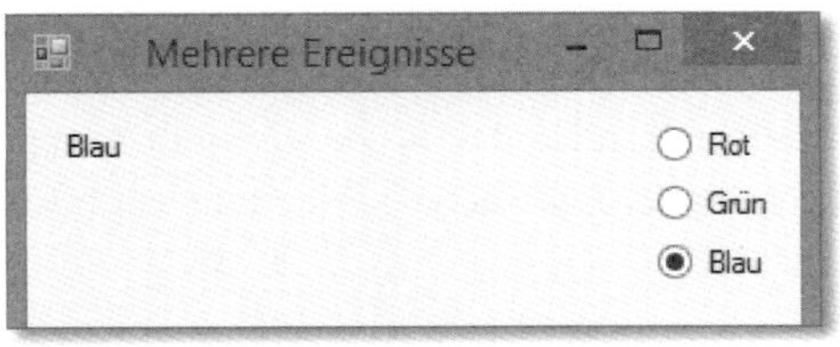

Abbildung 2.29 Mehrere Ereignisse in einer Prozedur

Der Programmcode:

```
Public Class Form1
    Private Sub optFarbeRot_CheckedChanged(...
            ) Handles optFarbeRot.CheckedChanged,
            optFarbeGrün.CheckedChanged,
            optFarbeBlau.CheckedChanged
        If optFarbeRot.Checked Then
            lblAnzeige.Text = "Rot"
        ElseIf optFarbeGrün.Checked Then
            lblAnzeige.Text = "Grün"
        Else
            lblAnzeige.Text = "Blau"
        End If
    End Sub
End Class
```

Listing 2.19 Projekt »MehrereEreignisse«

Zur Erläuterung:

- Die Prozedur `optFarbeRot_CheckedChanged()` wird durch alle drei `CheckedChanged`-Ereignisse aufgerufen.

2.5.4 Mehrere Gruppen von Optionsschaltflächen

Falls in den beiden letzten Programmen weitere Optionsschaltflächen hinzugefügt wurden, gilt nach wie vor: Nur eine der Optionsschaltflächen ist ausgewählt.

Container Benötigen Sie aber innerhalb eines Formulars mehrere voneinander unabhängige Gruppen von Optionsschaltflächen, wobei in jeder der Gruppen jeweils nur eine Optionsschaltfläche ausgewählt sein soll, müssen Sie jede Gruppe einzeln in einen Container setzen. Ein Formular ist bereits ein Container, wir benötigen also einen weiteren Container.

GroupBox Als ein solcher Container kann beispielsweise das Steuerelement `Gruppe` (GroupBox) dienen. Mit der Zuweisung der Eigenschaft `Text` der GroupBox geben Sie eine Beschriftung an.

Zuordnung Falls eine GroupBox markiert ist, dann wird eine neu erzeugte Optionsschaltfläche dieser GroupBox zugeordnet und reagiert gemeinsam mit den anderen Optionsschaltflächen in dieser GroupBox. Anderenfalls wird sie dem Formular zugeordnet und reagiert gemeinsam mit den anderen Optionsschaltflächen, die im Formular außerhalb von GroupBoxen stehen. Sie können eine bereits erzeugte Optionsschaltfläche auch im Nachhinein ausschneiden, das Ziel markieren und sie wieder einfügen, um die Zuordnung zu ändern.

Im Projekt *Optionsgruppen* werden zwei voneinander unabhängige Gruppen von Optionen verwendet, siehe Abbildung 2.30.

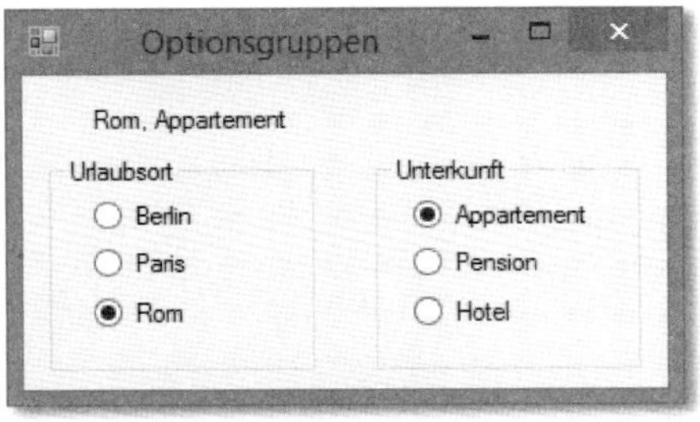

Abbildung 2.30 Zwei Gruppen von RadioButtons

Der zugehörige Code:

```
Public Class Form1
    Dim AusgabeUrlaubsort As String
    Dim AusgabeUnterkunft As String

    Private Sub optBerlin_CheckedChanged(...
            ) Handles optBerlin.CheckedChanged,
            optParis.CheckedChanged,
            optRom.CheckedChanged
        ' Urlaubsort
        If optBerlin.Checked Then
            AusgabeUrlaubsort = "Berlin"
        ElseIf optParis.Checked Then
            AusgabeUrlaubsort = "Paris"
        Else
            AusgabeUrlaubsort = "Rom"
        End If

        lblAnzeige.Text = AusgabeUrlaubsort &
            ", " & AusgabeUnterkunft
    End Sub
```

```
    Private Sub optAppartement_CheckedChanged(...
            ) Handles optAppartement.CheckedChanged,
            optPension.CheckedChanged,
            optHotel.CheckedChanged
        ' Unterkunft
        If optAppartement.Checked Then
            AusgabeUnterkunft = "Appartement"
        ElseIf optPension.Checked Then
            AusgabeUnterkunft = "Pension"
        Else
            AusgabeUnterkunft = "Hotel"
        End If
        lblAnzeige.Text = AusgabeUrlaubsort &
            ", " & AusgabeUnterkunft
    End Sub
End Class
```

Listing 2.20 Projekt »Optionsgruppen«

Zur Erläuterung:

- Bei einer Urlaubsbuchung können Zielort und Art der Unterkunft unabhängig voneinander gewählt werden. Es gibt also zwei Gruppen von Optionsschaltflächen, jede in einer eigenen GroupBox.
- Bei Auswahl einer der drei Optionsschaltflächen in einer Gruppe wird jeweils die gleiche Prozedur aufgerufen. In den Prozeduren wird den klassenweit gültigen Variablen `AusgabeUrlaubsort` bzw. `AusgabeUnterkunft` ein Wert zugewiesen. Anschließend werden die beiden Variablen ausgegeben.
- Die Variablen mussten klassenweit gültig deklariert werden, damit sie in der jeweils anderen Prozedur zur Verfügung stehen.

Übung

Übung ÜKranOptionen

Erweitern Sie die Übung *ÜKranVerzweigung*. Die Bewegung des Krans soll per Zeitgeber (Timer) gesteuert werden. Der Benutzer wählt zunächst über eine Gruppe von Optionsschaltflächen aus, welche Bewegung der Kran ausführen soll. Anschließend betätigt er den Start-Button, siehe Abbildung 2.31. Die Bewegung wird so lange ausgeführt, bis er den Stop-Button drückt oder eine Begrenzung erreicht wurde.

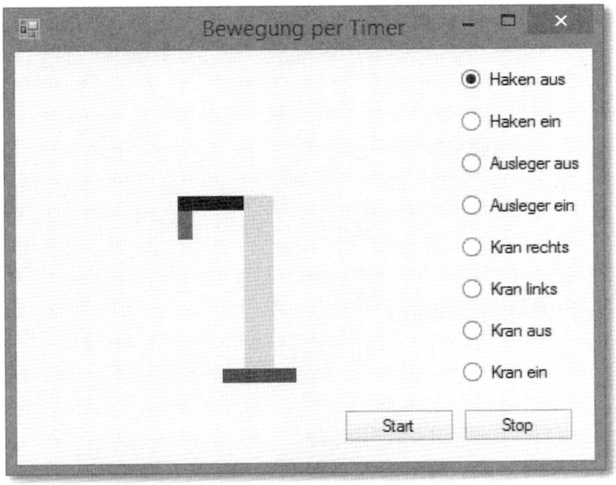

Abbildung 2.31 Übung ÜKranOptionen

2.5.5 Prozedur ohne Ereignis, Modularisierung

Allgemeine Prozedur

Bisher wurden nur Prozeduren behandelt, die mit einem Ereignis zusammenhingen. Darüber hinaus können Sie aber auch unabhängige, allgemeine Prozeduren schreiben, die von anderen Stellen des Programms aus aufgerufen werden. Diese Prozeduren können Sie direkt im Codefenster eingeben.

Nachfolgend das Programm im Projekt *ProzedurOhneEreignis*, es handelt sich dabei um eine geänderte Version des Programms im Projekt *Optionsgruppen*:

```
Public Class Form1
    Dim AusgabeUrlaubsort, AusgabeUnterkunft As String
[...]
    Private Sub optUnterkunft_CheckedChanged(...
            ) Handles ...
        ' Unterkunft
        If optAppartement.Checked Then
            AusgabeUnterkunft = "Appartement"
        ElseIf optPension.Checked Then
            AusgabeUnterkunft = "Pension"
        Else
            AusgabeUnterkunft = "Hotel"
        End If
```

```
        Anzeigen()
    End Sub

    Private Sub Anzeigen()
        lblAnzeige.Text = AusgabeUrlaubsort &
            ", " & AusgabeUnterkunft
    End Sub
End Class
```

Listing 2.21 Projekt »ProzedurOhneEreignis«

Zur Erläuterung:

- Abgebildet wird nur der zweite Teil der Klasse.
- Am Ende der beiden Ereignisprozeduren `optUnterkunft_CheckedChanged()` und `optUrlaubsort_CheckedChanged()` steht jeweils die Anweisung `Anzeigen()`. Dabei handelt es sich um einen Aufruf der Prozedur `Anzeigen()`.
- Diese Prozedur steht weiter unten. Sie ist nicht direkt an ein Ereignis gekoppelt.

Vorteil dieser Vorgehensweise: Gemeinsam genutzte Programmteile können ausgelagert werden und müssen nur einmal geschrieben werden. Man nennt diesen Vorgang bei der Programmierung auch Modularisierung. In Abschnitt 4.8 wird dieses Thema noch genauer behandelt.

2.6 Schleifen

Schleifen werden in Programmen häufig benötigt. Sie ermöglichen den mehrfachen Durchlauf von Anweisungen. Darin liegt eine besondere Stärke der Programmierung allgemein: die schnelle wiederholte Bearbeitung ähnlicher Vorgänge. Es gibt die Schleifenstrukturen: `Do...Loop`, `For...Next`, `For Each...In...` und `With`.

Mithilfe der Strukturen steuern Sie die Wiederholungen eines Anweisungsblocks (die Anzahl der Schleifendurchläufe). Dabei wird der Wahrheitswert eines Ausdrucks (der Schleifenbedingung) oder der Wert eines numerischen Ausdrucks (Wert des Schleifenzählers) benötigt.

Collection

Die Schleife `For Each...In...` wird meist bei Feldern oder Collections (Auflistungen) eingesetzt, siehe Abschnitt 4.5.8. Die Anweisung `With` dient der Steuerung einer besonderen Schleife mit nur einem Durchlauf.

2.6.1 For ... Next

Falls die Anzahl der Schleifendurchläufe bekannt oder vor Beginn der Schleife berechenbar ist, sollten Sie die `For... Next`-Schleife verwenden. Ihr Aufbau sieht wie folgt aus:

```
For Zähler = Anfang To Ende [ Step Schritt ]
   [ Anweisungen ]
   [ Exit For ]
   [ Anweisungen ]
Next [ Zähler ]
```

Step

Die Zahlen-Variable `Zähler` wird zunächst auf den Wert von `Anfang` gesetzt. Nach jedem Durchlauf wird sie um den Wert von `Schritt` verändert, also vergrößert oder verkleinert. Falls `Step Schritt` nicht angegeben wurde, wird die Variable um 1 vergrößert. Der neue Wert von `Zähler` wird mit dem Wert von `Ende` verglichen.

- Falls die Schrittweite positiv ist und der Wert von `Zähler` nicht größer als der Wert von `Ende` ist, wird die Schleife wiederum durchlaufen.
- Falls die Schrittweite negativ ist und der Wert von `Zähler` nicht kleiner als der Wert von `Ende` ist, wird die Schleife ebenfalls wiederum durchlaufen.
- Falls die Schrittweite positiv ist und der Wert von `Zähler` größer als der Wert von `Ende` ist oder falls die Schrittweite negativ ist und der Wert von `Zähler` kleiner als der Wert von `Ende` ist, wird die Schleife beendet.

Exit For

Die Anweisung `Exit For` können Sie einsetzen, um die Schleife aufgrund einer speziellen Bedingung sofort zu verlassen.

In dem folgenden Programm im Projekt *ForNext* werden durch Aufruf von vier Buttons vier unterschiedliche Schleifen durchlaufen, siehe Abbildung 2.32.

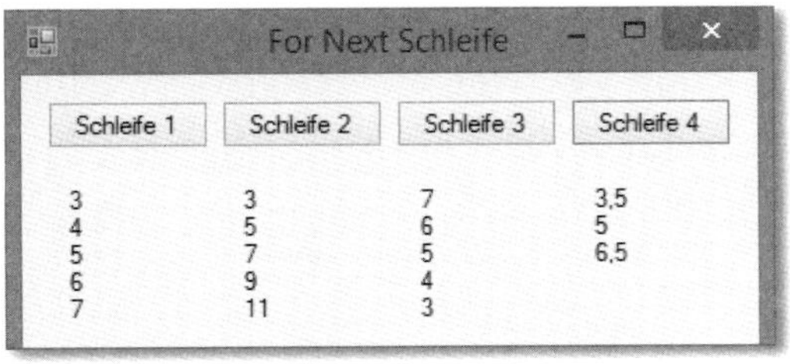

Abbildung 2.32 Verschiedene For-Schleifen

Der Programmcode:

```
Public Class Form1
    Private Sub cmdSchleife1_Click(...) Handles ...
        Dim i As Integer
        lblA1.Text = ""

        For i = 3 To 7
            lblA1.Text &= i & vbCrLf
        Next
    End Sub

    Private Sub cmdSchleife2_Click(...) Handles ...
        Dim i As Integer
        lblA2.Text = ""

        For i = 3 To 11 Step 2
            lblA2.Text &= i & vbCrLf
        Next
    End Sub

    Private Sub cmdSchleife3_Click(...) Handles ...
        Dim i As Integer
        lblA3.Text = ""

        For i = 7 To 3 Step -1
            lblA3.Text &= i & vbCrLf
        Next
    End Sub

    Private Sub cmdSchleife4_Click(...) Handles ...
        Dim d As Double
        lblA4.Text = ""

        For d = 3.5 To 7.5 Step 1.5
            lblA4.Text &= d & vbCrLf
        Next
    End Sub
End Class
```

Listing 2.22 Projekt »ForNext«

Zur Erläuterung der ersten Schleife:

- Als Zählervariable dient `i`.
- Die Schleife wird erstmalig mit `i = 3` und letztmalig mit `i = 7` durchlaufen.
- Es ist keine Schrittweite angegeben, also wird als Schrittweite 1 genommen.
- Statt `Next` hätte man zur größeren Deutlichkeit auch `Next i` schreiben können.

Zur Erläuterung der restlichen Schleifen:

- Bei der zweiten Schleife wurde die Schrittweite 2 gewählt.
- Die dritte Schleife läuft abwärts, daher muss eine negative Schrittweite gewählt werden.
- In der vierten Schleife wird gezeigt, dass eine Schleife auch nicht ganzzahlige Werte durchlaufen kann.

2.6.2 Do ... Loop

Steuerung über Bedingung

Ist die Anzahl der Schleifendurchläufe nicht bekannt bzw. vor Beginn der Schleife nicht berechenbar, sollten Sie die `Do ... Loop`-Schleife verwenden. Es gibt sie in fünf verschiedenen Varianten:

While

- `Do While...Loop` prüft die Bedingung zum Weiterlaufen der Schleife am Anfang der Schleife.
- `Do...Loop While` prüft die Bedingung zum Weiterlaufen der Schleife am Ende der Schleife.

Until

- `Do Until...Loop` prüft die Bedingung zum Abbruch der Schleife am Anfang der Schleife.
- `Do...Loop Until` prüft die Bedingung zum Abbruch der Schleife am Ende der Schleife.
- `Do...Loop`: Die Bedingung zum Weiterlaufen oder Abbruch der Schleife wird nicht geprüft, daher ist eine Verzweigung in der Schleife und ein `Exit Do` zur Beendigung der Schleife notwendig.

Der allgemeine Aufbau sieht wie folgt aus:

```
Do { While | Until } Bedingung
   [ Anweisungen ]
   [ Exit Do ]
   [ Anweisungen ]
Loop
```

oder

```
Do
   [ Anweisungen ]
   [ Exit Do ]
   [ Anweisungen ]
Loop { While | Until } Bedingung
```

Zufallsgenerator

Im folgenden Programm im Projekt *DoLoop* werden alle fünf Möglichkeiten genutzt. Es werden Zahlen addiert, solange die Summe der Zahlen kleiner als 5 ist, siehe Abbildung 2.33. Da die Zahlen durch einen Zufallsgenerator erzeugt werden, ist die Anzahl der Schleifendurchläufe nicht vorhersagbar.

Randomize(), Rnd()

Der Zufallszahlengenerator wird mithilfe der Funktion `Rnd()` realisiert. Diese liefert quasizufällige Zahlen zwischen 0 und 1. Der Zufallszahlengenerator muss mithilfe der Prozedur `Randomize()` vor der Benutzung initialisiert werden, da anderenfalls immer die gleichen *Zufallszahlen* geliefert würden. Die Initialisierung wird pro Programmaufruf einmalig beim Laden des Formulars vorgenommen.

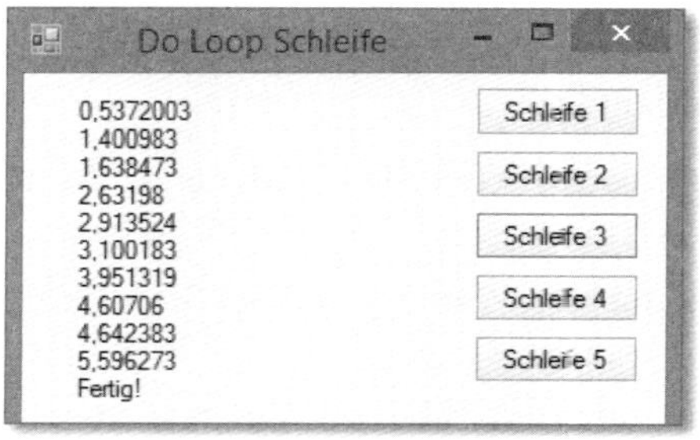

Abbildung 2.33 Bedingungsgesteuerte Schleife

Load, MyBase

Dieser Zeitpunkt wird durch das Ereignis `Load` gekennzeichnet. Sie erstellen den Rahmen dieser Ereignisprozedur, indem Sie einen Doppelklick auf einer freien Stelle des Formulars ausführen. Die zugehörige Ereignisprozedur behandelt das Ereignis `MyBase.Load`. Mit `MyBase` können Sie auf die Basisklasse der Klasse zugreifen, in der Sie sich befinden; in diesem Fall ist das die Klasse des Formulars `Form1`. Mehr zum Begriff `MyBase` finden Sie in Abschnitt 5.8.

```
Public Class Form1
   Private Sub Form1_Load(...) Handles MyBase.Load
      Randomize()
```

```
End Sub

Private Sub cmdSchleife1_Click(...) Handles ...
    Dim Summe As Single
    lblAnzeige.Text = ""
    Summe = 0
    Do While Summe < 5
        Summe += Rnd()
        lblAnzeige.Text &= Summe & vbCrLf
    Loop
    lblAnzeige.Text &= "Fertig!"
End Sub

Private Sub cmdSchleife2_Click(...) Handles ...
    Dim Summe As Single
    lblAnzeige.Text = ""
    Summe = 0
    Do
        Summe += Rnd()
        lblAnzeige.Text &= Summe & vbCrLf
    Loop While Summe < 5
    lblAnzeige.Text &= "Fertig!"
End Sub

Private Sub cmdSchleife3_Click(...) Handles ...
    Dim Summe As Single
    lblAnzeige.Text = ""
    Summe = 0
    Do Until Summe >= 5
        Summe += Rnd()
        lblAnzeige.Text &= Summe & vbCrLf
    Loop
    lblAnzeige.Text &= "Fertig!"
End Sub

Private Sub cmdSchleife4_Click(...) Handles ...
    Dim Summe As Single
    lblAnzeige.Text = ""
    Summe = 0
    Do
```

```
            Summe += Rnd()
            lblAnzeige.Text &= Summe & vbCrLf
        Loop Until Summe >= 5
        lblAnzeige.Text &= "Fertig!"
    End Sub
    Private Sub cmdSchleife5_Click(...) Handles ...
        Dim Summe As Single
        lblAnzeige.Text = ""
        Summe = 0
        Do
            Summe += Rnd()
            lblAnzeige.Text &= Summe & vbCrLf
            If Summe >= 5 Then Exit Do
        Loop
        lblAnzeige.Text &= "Fertig!"
    End Sub
End Class
```

Listing 2.23 Projekt »DoLoop«

Zur Erläuterung:

- Im Folgenden wird nur die erste Ereignisprozedur `cmdSchleife1_Click()` erläutert. Die anderen sind vergleichbar aufgebaut. Auf die unterschiedliche Schleifensteuerung wurde bereits weiter oben eingegangen.
- Der Inhalt des Labels wird von alten Ausgaben gelöscht.

Summe berechnen

- Die Variable `Summe` wird zunächst mit dem Wert 0 initialisiert. Das ist in Visual Basic eigentlich nicht nötig, gehört aber zum guten Programmierstil, da Sie auf diese Weise den Wert der Variablen zu Beginn der Schleife sicherstellen können.
- Zu Beginn der Schleife wird geprüft, ob die Summe der Zahlen kleiner als 5 ist. Trifft das zu, kann die Schleife durchlaufen werden.

  Hinweis: Bei einer solchen kopfgesteuerten Schleife (d.h., die Abbruchbedingung wird im Kopf der Schleife geprüft) kann es vorkommen, dass sie niemals durchlaufen wird.
- Der Wert der Variablen `Summe` wird um eine Zufallszahl zwischen 0 und 1 erhöht.
- Der Inhalt des Labels wird um den aktuellen Wert der `Summe` und einen Zeilenumbruch verlängert.

- Sie kommen zum Ende der Schleife, zur Anweisung Loop. Sie führt dazu, dass das Programm wieder zu Beginn der Schleife fortgesetzt wird. Es wird wiederum geprüft, ob die Summe der Zahlen kleiner als 5 ist. Sobald das nicht mehr zutrifft, läuft das Programm hinter der Anweisung Loop weiter.
- Es wird die Ausgabe *Fertig!* erzeugt.

2.6.3 With

Mithilfe von With führen Sie eine Reihe von Anweisungen für ein einzelnes Objekt durch. Dabei wird der einmal erstellte Bezug zum Objekt mehrfach verwendet. Bei einem längeren Objektnamen ist das sehr nützlich und übersichtlich. Der Aufbau sieht wie folgt aus:

```
With Objekt
   [ Anweisungen ]
End With
```

Ein Beispiel im Projekt *WithBlock*:

```
Public Class Form1
    Private Sub cmdAnzeige_Click(...) Handles ...
        With lblAnzeige
            .BorderStyle = BorderStyle.Fixed3D
            .BackColor = Color.Yellow
            .Text = "Test"
            .Location = New Point(20, 50)
        End With
    End Sub
End Class
```

Listing 2.24 Projekt »WithBlock«

Zur Erläuterung:

- Die Eigenschaften des Labels lblAnzeige werden mithilfe von With geändert.
- Die Eigenschaften Rahmenstil, Hintergrundfarbe, Textinhalt und Position werden nacheinander gesetzt. Dabei muss zu Beginn der Anweisung jeweils nur ein Punkt angegeben werden. Da das Programm sich innerhalb des With-Blocks befindet, ist es klar, auf welches Objekt sich die Änderungen beziehen.

2.6.4 Übungen

Anhand einer Reihe von Übungsaufgaben zu Schleifen (und Verzweigungen) werden im Folgenden einige typische Probleme der Programmierung in Visual Basic trainiert. Der visuelle Teil der Lösung enthält in der Regel nur ein einfaches Textfeld zur Eingabe, einen oder zwei Buttons zum Durchführen der Aufgabe und ein einfaches Label zur Ausgabe.

Übung ÜForNext1

Übung ÜForNext1

`For`-Schleife: Schreiben Sie ein Programm mit einer einfachen Schleife, das nacheinander die folgenden Zahlen ausgibt: 35; 32,5; 30; 27,5; 25; 22,5; 20.

Übung ÜForNext2

Übung ÜForNext2

`For`-Schleife: Erweitern Sie die vorherige Aufgabe. Am Ende der Zeile sollen Summe und Mittelwert aller Zahlen angezeigt werden, siehe Abbildung 2.34.

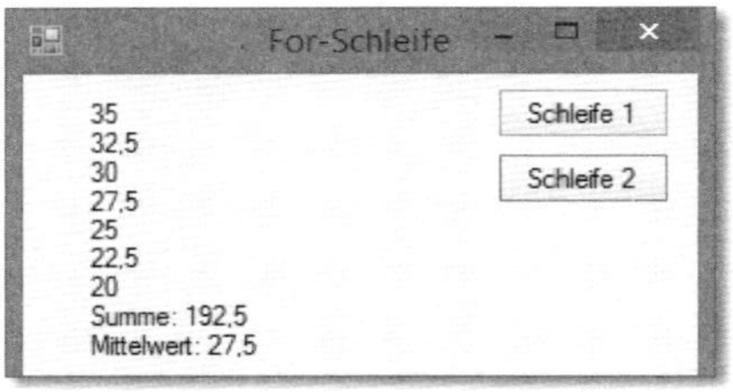

Abbildung 2.34 Übung ÜForNext1 und 2

Übung ÜDoLoop

Übung ÜDoLoop

`Do...Loop`-Schleife: Schreiben Sie ein Programm, mit dessen Hilfe eine eingegebene Zahl wiederholt halbiert und ausgegeben wird. Das Programm soll beendet werden, wenn das Ergebnis der Halbierung kleiner als 0,001 ist, siehe Abbildung 2.35.

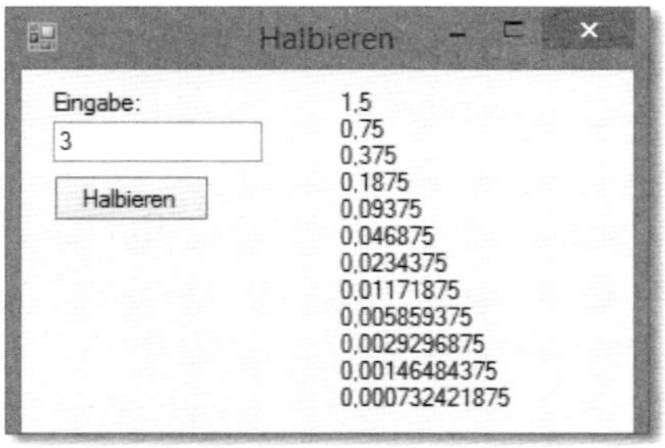

Abbildung 2.35 Übung ÜDoLoop

Übung ÜZahlenraten

Übung ÜZahlenraten

`If...Else`: Schreiben Sie ein Programm, mit dem das Spiel *Zahlenraten* gespielt werden kann: Per Zufallsgenerator wird eine Zahl zwischen 1 und 100 erzeugt, aber nicht angezeigt. Der Benutzer soll so lange Zahlen eingeben, bis er die Zahl erraten hat. Als Hilfestellung soll jedes Mal ausgegeben werden, ob die eingegebene Zahl größer oder kleiner als die zu ratende Zahl ist, siehe Abbildung 2.36.

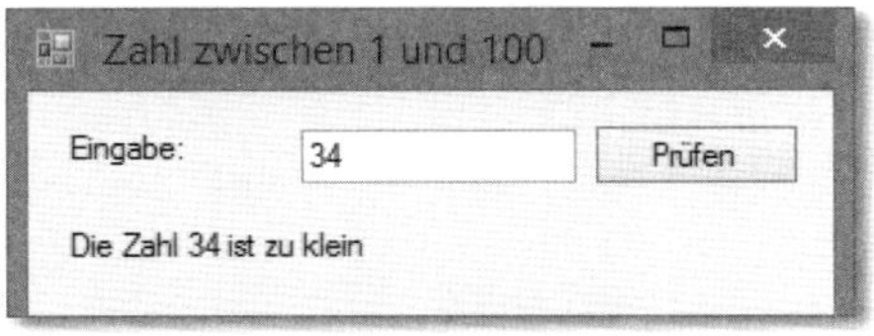

Abbildung 2.36 Übung ÜZahlenraten

Übung ÜSteuertabelle

Übung ÜSteuertabelle

`For`-Schleife, `If...Else` oder `Select Case`: Erweitern Sie das Programm aus Übung *ÜSteuerbetrag*. Schreiben Sie ein Programm, das zu einer Reihe von Gehältern u. a. den Steuerbetrag berechnet und ausgibt. In Tabelle 2.14 sind die Steuersätze angegeben.

Gehalt	Steuersatz
bis einschl. 12.000 €	12 %
von 12.000 bis einschl. 20.000 €	15 %
von 20.000 bis einschl. 30.000 €	20 %
über 30.000 €	25 %

Tabelle 2.14 Übung ÜSteuertabelle

Es sollen für jedes Gehalt von 5.000 € bis 35.000 € in Schritten von 3.000 € folgende vier Werte ausgegeben werden: Gehalt, Steuersatz, Steuerbetrag, Gehalt abzüglich Steuerbetrag. Jedes Gehalt soll mit den zugehörigen Werten in einer eigenen Zeile ausgegeben werden, siehe Abbildung 2.37. Auch hier wird davon ausgegangen, dass das gesamte Gehalt zum angegebenen Satz versteuert wird.

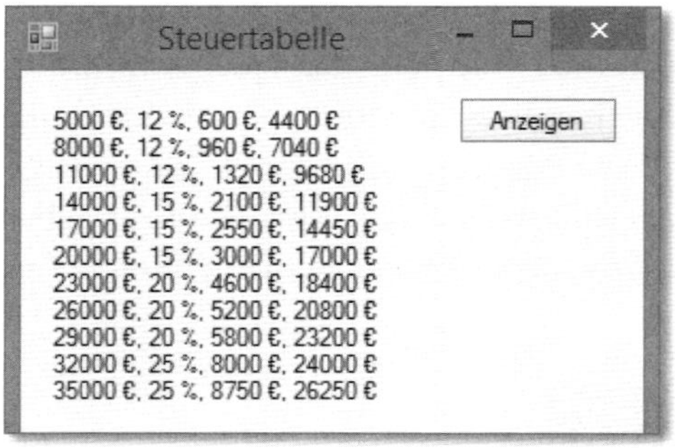

Abbildung 2.37 Übung ÜSteuertabelle

2.7 Schleifen und Steuerelemente

In diesem Abschnitt werden die beiden Steuerelemente *Listenfeld* und *Kombinationsfeld* eingeführt. Damit können Sie eine einfache oder mehrfache Auswahl aus mehreren Möglichkeiten treffen. Im Zusammenhang mit diesen Steuerelementen werden häufig Schleifen benötigt, wie sie im vorherigen Abschnitt behandelt wurden.

2.7.1 Listenfeld

ListBox

Ein Listenfeld (ListBox) zeigt eine Liste mit Einträgen an, aus denen der Benutzer einen oder mehrere auswählen kann. Enthält das Listenfeld mehr Einträge, als gleichzeitig angezeigt werden können, erhält es automatisch einen Scrollbalken.

Items

Die wichtigste Eigenschaft des Steuerelements ListBox ist die Collection `Items`. Sie enthält die einzelnen Listeneinträge. Listenfelder können zur Entwurfszeit gefüllt werden, indem der Eigenschaft `Items` in einem eigenen kleinen Dialogfeld die Einträge hinzugefügt werden. In der Regel werden Sie ein Listenfeld aber zur Laufzeit füllen.

2.7.2 Listenfeld füllen

Items.Add()

Bisher wurden die Eigenschaften und Ereignisse von Steuerelementen behandelt. Darüber hinaus gibt es jedoch auch spezifische Methoden, die auf diese Steuerelemente bzw. auf deren Eigenschaften angewendet werden können. Beim Listenfeld ist das u.a. die Methode `Add()` der

Eigenschaft `Items`. Diese wird am sinnvollsten zum Zeitpunkt des Ladens des Formulars genutzt.

Im nachfolgenden Programm im Projekt *ListenfeldFüllen* wird ein Listenfeld für italienische Speisen zu Beginn des Programms mit den folgenden Werten gefüllt: *Spaghetti, Grüne Nudeln, Tortellini, Pizza, Lasagne*, siehe Abbildung 2.38.

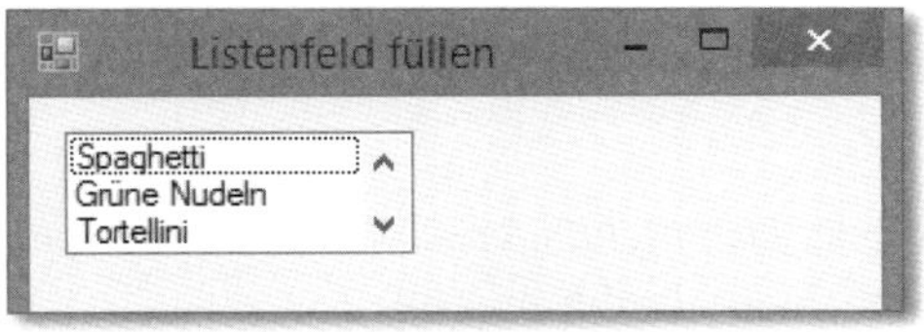

Abbildung 2.38 Listenfeld mit Scrollbalken

Der zugehörige Code:

```
Public Class Form1
    Private Sub Form1_Load(...) Handles MyBase.Load
        lstSpeisen.Items.Add("Spaghetti")
        lstSpeisen.Items.Add("Grüne Nudeln")
        lstSpeisen.Items.Add("Tortellini")
        lstSpeisen.Items.Add("Pizza")
        lstSpeisen.Items.Add("Lasagne")
    End Sub
End Class
```

Listing 2.25 Projekt »ListenfeldFüllen«

Zur Erläuterung:

- Das Ereignis `Form1_Load` wird ausgelöst, wenn das Formular geladen wird.
- Die einzelnen Speisen werden der Reihe nach dem Listenfeld hinzugefügt. *Lasagne* steht anschließend ganz unten.

2.7.3 Wichtige Eigenschaften

Die folgenden Eigenschaften eines Listenfelds bzw. der Collection `Items` werden in der Praxis häufig benötigt:

- `Items.Count` gibt die Anzahl der Elemente in der Liste an.

SelectedItem

- `SelectedItem` beinhaltet das aktuell vom Benutzer ausgewählte Element der Liste. Falls kein Element ausgewählt wurde, ergibt `SelectedItem` nichts.
- `SelectedIndex` gibt die laufende Nummer des aktuell vom Benutzer ausgewählten Elements an, beginnend bei 0 für das oberste Element. Falls kein Element ausgewählt wurde, ergibt `SelectedIndex` den Wert –1.

Items(i)

- Über `Items (Index)` können Sie die einzelnen Elemente ansprechen, das oberste Element ist `Items(0)`.

Das folgende Programm im Projekt *ListenfeldEigenschaften* veranschaulicht alle diese Eigenschaften (siehe auch Abbildung 2.39).

```
Public Class Form1
[...]
    Private Sub cmdAnzeige_Click(...) Handles ...
        Dim i As Integer

        lblAnzeige1.Text =
            "Anzahl: " & lstSpeisen.Items.Count
        lblAnzeige2.Text = "Ausgewählter Eintrag: " &
            lstSpeisen.SelectedItem
        lblAnzeige3.Text = "Nummer des ausgewählten" &
            " Eintrags: " & lstSpeisen.SelectedIndex

        lblAnzeige4.Text = "Alle Einträge:" & vbCrLf
        For i = 0 To lstSpeisen.Items.Count - 1
            lblAnzeige4.Text &=
                lstSpeisen.Items(i) & vbCrLf
        Next
    End Sub
End Class
```

Listing 2.26 Projekt »ListenfeldEigenschaften«

Zur Erläuterung:

- Das Listenfeld ist bereits gefüllt, siehe Projekt *ListenfeldFüllen*.
- Die Anzahl der Elemente wird über `lstSpeisen.Items.Count` ausgegeben, in diesem Fall sind es 5.

- Der ausgewählte Eintrag steht in `lstSpeisen.SelectedItem`, seine Nummer in `lstSpeisen.SelectedIndex`.
- Eine `For`-Schleife dient der Ausgabe aller Elemente. Sie läuft von 0 bis `lstSpeisen.Items.Count – 1`. Das liegt daran, dass bei einer Liste mit fünf Elementen die Elemente mit 0 bis 4 nummeriert sind.
- Die einzelnen Elemente werden mit `lstSpeisen.Items(i)` angesprochen. Die Variable `i` beinhaltet bei der Schleife die aktuelle laufende Nummer.

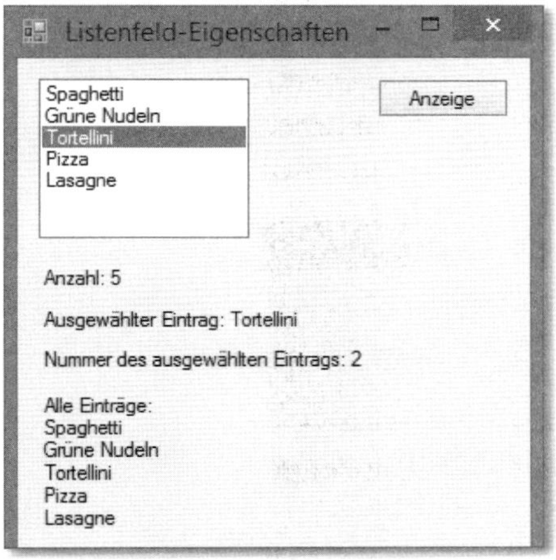

Abbildung 2.39 Anzeige nach Auswahl eines Elements

2.7.4 Wechsel der Auswahl

SelectedIndex-Changed

Ähnlich wie beim Kontrollkästchen oder bei der Optionsschaltfläche ist das wichtigste Ereignis einer ListBox nicht der `Click`, sondern das Ereignis `SelectedIndexChanged`. Dieses Ereignis zeigt nicht nur an, dass die ListBox vom Benutzer bedient wurde, sondern auch, dass sie ihren Zustand geändert hat. Das kann z. B. auch durch Programmcode geschehen. Eine Ereignisprozedur zu `SelectedIndexChanged()` wird in jedem Fall durchlaufen, sobald die ListBox (vom Benutzer oder vom Programmcode) geändert wurde.

Allerdings wird der Programmablauf meist so gestaltet, dass bei einem anderen Ereignis die aktuelle Auswahl der ListBox abgefragt wird und anschließend je nach Zustand unterschiedlich reagiert wird.

Das nachfolgende Programm im Projekt *ListenfeldEreignis* veranschaulicht diesen Zusammenhang, siehe Abbildung 2.40.

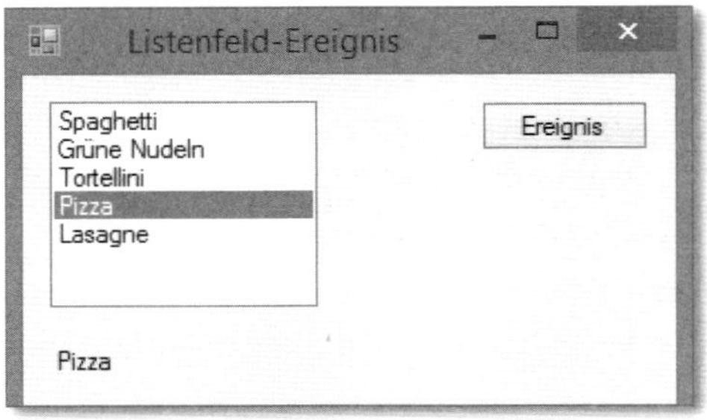

Abbildung 2.40 Anzeige nach dem Ereignis

Der Programmcode:

```
Public Class Form1
[...]
    Private Sub cmdEreignis_Click(...) Handles ...
        lstSpeisen.SelectedIndex = 3
    End Sub

    Private Sub lstSpeisen_SelectedIndexChanged(...
            ) Handles lstSpeisen.SelectedIndexChanged
        lblAnzeige.Text = lstSpeisen.SelectedItem
    End Sub
End Class
```

Listing 2.27 Projekt »ListenfeldEreignis«

Zur Erläuterung:

- Das Listenfeld ist bereits gefüllt, siehe Projekt *ListenfeldFüllen*.
- In der Ereignisprozedur `cmdEreignis_Click()` wird die Nummer des ausgewählten Elements auf 3 gesetzt. Dadurch wird in der ListBox *Pizza* ausgewählt. Im Label wird die geänderte Auswahl sofort angezeigt, da das Ereignis `lstSpeisen_SelectedIndexChanged` ausgelöst wurde.
- In der dazugehörigen Ereignisprozedur `lstSpeisen_SelectedIndexChanged()` wird die Anzeige des ausgewählten Elements ausgelöst. Dieses wird unmittelbar nach der Auswahl angezeigt. Die Auswahl kann durch einen Klick des Benutzers in der Liste oder auch durch Programmcode ausgelöst werden.

2.7.5 Wichtige Methoden

Die Methoden `Insert()` und `RemoveAt()` können Sie zur Veränderung der Inhalte des Listenfelds nutzen:

- Mithilfe der Methode `Insert()` können Sie Elemente zum Listenfeld an einer gewünschten Stelle hinzufügen. **Insert()**
- Die Methode `RemoveAt()` löscht ein Element an der gewünschten Stelle. **RemoveAt()**

Im nachfolgenden Programm im Projekt *ListenfeldMethoden* werden die beiden Methoden eingesetzt, um ein Listenfeld zu verwalten, siehe Abbildung 2.41. Es können Elemente eingefügt, gelöscht und geändert werden. Um sicherzustellen, dass es sich hierbei um sinnvolle Operationen handelt, müssen Sie jeweils bestimmte Bedingungen beachten.

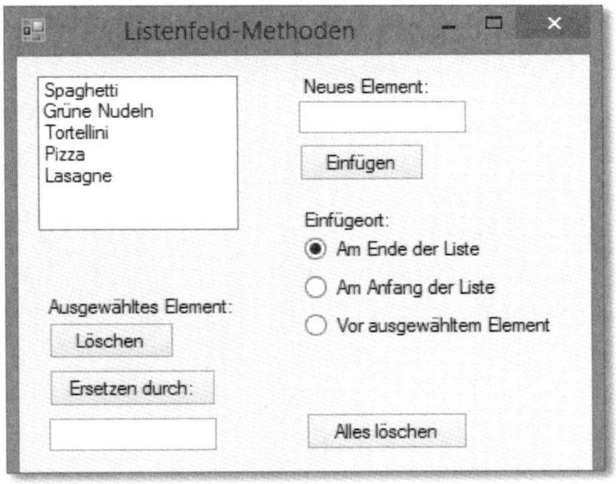

Abbildung 2.41 Verwaltung eines Listenfelds

```
Public Class Form1
[...]
    Private Sub cmdLöschen_Click(...) Handles ...
        Dim X As Integer
        X = lstSpeisen.SelectedIndex
        If X <> -1 Then
            lstSpeisen.Items.RemoveAt(X)
        End If
    End Sub

    Private Sub cmdEinfügen_Click(...) Handles ...
        If txtNeu.Text = "" Then
```

```
            Exit Sub
        End If
        If optAnfang.Checked Then
            lstSpeisen.Items.Insert(0, txtNeu.Text)
        ElseIf optAuswahl.Checked And
                lstSpeisen.SelectedIndex <> -1 Then
            lstSpeisen.Items.Insert(
                lstSpeisen.SelectedIndex,
                txtNeu.Text)
        Else
            lstSpeisen.Items.Add(txtNeu.Text)
        End If
        txtNeu.Text = ""
    End Sub

    Private Sub cmdErsetzen_Click(...) Handles ...
        Dim X As Integer
        If txtErsetzen.Text <> "" And
                lstSpeisen.SelectedIndex <> -1 Then
            X = lstSpeisen.SelectedIndex
            lstSpeisen.Items.RemoveAt(X)
            lstSpeisen.Items.Insert(
                X, txtErsetzen.Text)
            txtErsetzen.Text = ""
        End If
    End Sub

    Private Sub cmdAllesLöschen_Click(...) Handles ...
        lstSpeisen.Items.Clear()
    End Sub
End Class
```

Listing 2.28 Projekt »ListenfeldMethoden«

Zur Erläuterung:

- Das Listenfeld ist bereits gefüllt, siehe Projekt *ListenfeldFüllen*.
- In der Prozedur `cmdLöschen_Click()` wird der Wert von `SelectedIndex` in der Variablen `X` gespeichert. Anschließend wird untersucht, ob ein Element ausgewählt wurde, ob also der Wert von `X` ungleich –1 ist. Ist das

der Fall, wird dieses Element mit der Methode `RemoveAt()` gelöscht. Wurde kein Element ausgewählt, geschieht nichts.

- In der Prozedur `cmdEinfügen_Click()` wird zunächst untersucht, ob in der TextBox etwas zum Einfügen steht. Ist das der Fall, wird untersucht, welcher Einfügeort über die Optionsschaltflächen ausgesucht wurde.
  - Wurde als Einfügeort das Ende der Liste gewählt, wird der Inhalt mit der bekannten Methode `Add()` am Ende der Liste angefügt.
  - In den beiden anderen Fällen wird die Methode `Insert()` zum Einfügen des Inhalts der TextBox vor einem vorhandenen Listeneintrag genutzt. Diese Methode benötigt den Index des Elements, vor dem eingefügt werden soll. Das ist entweder der Wert 0, falls am Anfang der Liste eingefügt werden soll, oder der Wert von `SelectedIndex`, falls vor dem ausgewählten Element eingefügt werden soll.
- Anschließend wird die TextBox gelöscht, damit nicht versehentlich zweimal das gleiche Element eingefügt wird.
- In der Prozedur `cmdErsetzen_Click()` wird untersucht, ob in der TextBox etwas zum Ersetzen steht und ob ein Element zum Ersetzen ausgewählt wurde. Ist das der Fall, wird
  - der Wert von `SelectedIndex` in der Variablen `X` gespeichert,
  - das zugehörige Element mit der Methode `RemoveAt()` gelöscht,
  - der neue Text an der gleichen Stelle mit der Methode `Insert()` eingefügt
  - und die TextBox gelöscht, damit nicht versehentlich zweimal das gleiche Element eingefügt wird.
- In der Prozedur `cmdAllesLöschen_Click()` dient die Methode `Clear()` zum Leeren der ListBox.

So sieht das Dialogfeld nach einigen Veränderungen aus (siehe Abbildung 2.42).

Abbildung 2.42 Nach einigen Änderungen

2.7.6 Mehrfachauswahl

SelectionMode

Sie können es dem Benutzer ermöglichen, gleichzeitig mehrere Einträge aus einer Liste auszuwählen, wie er das auch aus anderen Windows-Programmen kennt. Dazu wird zur Entwicklungszeit die Eigenschaft `SelectionMode` auf den Wert `MultiExtended` gesetzt. Der Benutzer kann anschließend mithilfe der `Strg`-Taste mehrere einzelne Elemente auswählen oder mithilfe der ⇧-Taste (wie für Großbuchstaben) einen zusammenhängenden Bereich von Elementen markieren.

Hinweis: Nach dem Einfügen einer neuen ListBox in ein Formular steht die Eigenschaft `SelectionMode` zunächst auf dem Standardwert `One`, d. h., es kann nur ein Element ausgewählt werden.

SelectedIndices

Die Eigenschaften `SelectedIndices` und `SelectedItems` beinhalten die Nummern bzw. die Einträge der ausgewählten Elemente. Sie ähneln in ihrem Verhalten der Eigenschaft `Items`. Das nachfolgende Programm im Projekt *ListenfeldMehrfachauswahl* verdeutlicht das, siehe auch Abbildung 2.43.

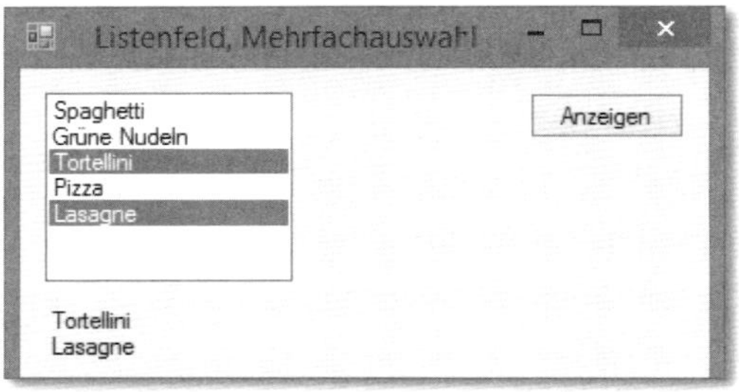

Abbildung 2.43 Mehrere ausgewählte Elemente

Der Programmcode:

```
Public Class Form1
[...]
    Private Sub cmdAnzeigen_Click(...) Handles ...
        Dim i As Integer
        lblAnzeige.Text = ""
        For i = 0 To lstSpeisen.SelectedItems.Count - 1
            lblAnzeige.Text &=lstSpeisen.SelectedItems(i) & vbCrLf
        Next
    End Sub
End Class
```

Listing 2.29 Projekt »ListenfeldMehrfachauswahl«

Zur Erläuterung:

SelectedItems(i)

- Das Listenfeld ist bereits gefüllt, siehe Projekt *ListenfeldFüllen*.
- In der Prozedur `cmdAnzeigen_Click()` werden alle ausgewählten Elemente mithilfe einer Schleife durchlaufen. Diese Schleife läuft von `0` bis `SelectedItems.Count – 1`. Die ausgewählten Elemente selbst werden über `SelectedItems(i)` angesprochen.

2.7.7 Kombinationsfelder

Das Steuerelement Kombinationsfeld (ComboBox) vereinigt die Merkmale eines Listenfelds mit denen eines Textfelds. Der Benutzer kann einen Eintrag aus dem Listenfeldbereich auswählen oder im Textfeldbereich eingeben. Das Kombinationsfeld hat im Wesentlichen die Eigenschaften und Methoden des Listenfelds.

DropDownStyle

Sie können mithilfe der Eigenschaft `DropDownStyle` zwischen drei Typen von Kombinationsfeldern wählen:

- `DropDown`: Das ist der Standard – die Auswahl aus einer Liste (Aufklappen der Liste mit der Pfeiltaste) oder Eingabe in das Textfeld. Das Kombinationsfeld hat die Größe einer TextBox.
- `DropDownList`: Die Auswahl ist begrenzt auf die Einträge der aufklappbaren Liste, also ohne eigene Eingabemöglichkeit. Dieser Typ Kombinationsfeld verhält sich demnach wie ein Listenfeld, ist allerdings so klein wie eine TextBox. Ein Listenfeld könnte zwar auch auf diese Größe verkleinert werden, aber die Scrollpfeile sind dann sehr klein.
- `Simple`: Die Liste ist immer geöffnet und wird bei Bedarf mit einer Bildlaufleiste versehen. Wie beim Typ `DropDown` ist die Auswahl aus der Liste oder die Eingabe in das Textfeld möglich. Beim Erstellen eines solchen Kombinationsfelds kann die Höhe wie bei ListBoxen eingestellt werden.

Die Eigenschaft `SelectionMode` gibt es bei Kombinationsfeldern nicht. Das folgende Programm im Projekt *Kombinationsfeld* führt alle drei Typen von Kombinationsfeldern vor, siehe auch Abbildung 2.44.

```
Public Class Form1
    Private Sub Form1_Load(...) Handles MyBase.Load
        cmbWerkzeug1.Items.Add("Zange")
```

```
        cmbWerkzeug1.Items.Add("Hammer")
        cmbWerkzeug1.Items.Add("Bohrer")
        cmbWerkzeug1.Items.Add("Schraubendreher")
```

[... Das Gleiche für die beiden anderen Kombinationsfelder ...]

```
   End Sub

    Private Sub cmdAnzeigen1_Click(...) Handles ...
        lblAnzeige1.Text = cmbWerkzeug1.Text
    End Sub

    Private Sub cmdAnzeigen2_Click(...) Handles ...
        lblAnzeige2.Text = cmbWerkzeug2.SelectedItem
    End Sub

    Private Sub cmdAnzeigen3_Click(...) Handles ...
        lblAnzeige3.Text = cmbWerkzeug3.Text
    End Sub
End Class
```

Listing 2.30 Projekt »Kombinationsfeld«

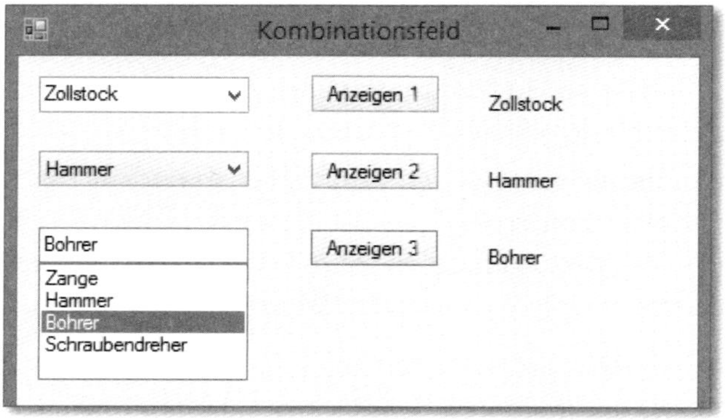

Abbildung 2.44 Drei verschiedene Kombinationsfelder

Zur Erläuterung:

- Das erste Kombinationsfeld hat den `DropDownStyle` `DropDown`. Hat der Benutzer einen Eintrag ausgewählt, erscheint dieser in der TextBox des Kombinationsfelds. Falls er selber einen Eintrag eingibt, wird dieser ebenfalls dort angezeigt. Die Eigenschaft `Text` enthält den Inhalt dieser TextBox, also immer den *Wert* des Kombinationsfelds.

- Das zweite Kombinationsfeld hat den `DropDownStyle` `DropDownList`. Es gibt also keine TextBox. Wie beim Listenfeld ermitteln Sie die Auswahl des Benutzers über die Eigenschaft `SelectedItem`.
- Das dritte Kombinationsfeld hat den `DropDownStyle` `Simple`. Im Programm kann es genauso wie das erste Kombinationsfeld behandelt werden. Die Eigenschaft `Text` beinhaltet also immer den *Wert* des Kombinationsfelds.

Übung

Übung ÜListenfeld

Schreiben Sie ein Programm, das zwei Listenfelder beinhaltet, in denen jeweils mehrere Elemente markiert werden können. Zwischen den beiden Listenfeldern befinden sich zwei Buttons, jeweils mit einem Pfeil nach rechts bzw. nach links, siehe Abbildung 2.45. Bei Betätigung eines der beiden Buttons sollen die ausgewählten Elemente in Pfeilrichtung aus der einen Liste in die andere Liste verschoben werden, siehe Abbildung 2.46.

Abbildung 2.45 Liste vor dem Verschieben

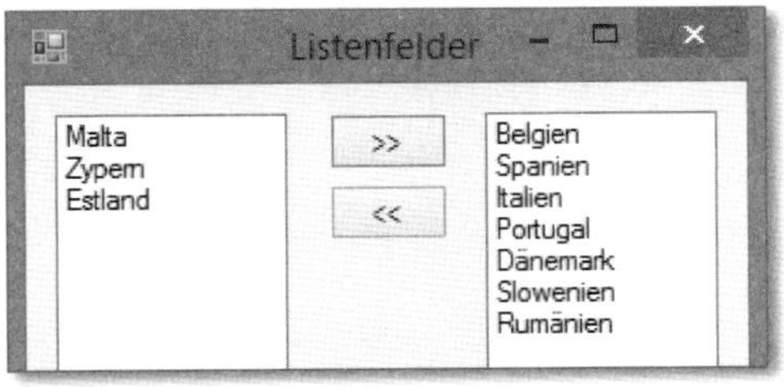

Abbildung 2.46 Liste nach dem Verschieben

Bei der Lösung kann neben der Eigenschaft `SelectedItems` z. B. auch die Eigenschaft `SelectedIndices` genutzt werden. Eine solche Collection beinhaltet dann nicht die ausgewählten Einträge, sondern deren Indizes. Mit dem Löschen mehrerer Einträge aus einem Listenfeld sollten Sie vom Ende der Liste her beginnen. Der Grund hierfür ist: Löschen Sie eines der vorderen Elemente zuerst, stimmen die Indizes in der Collection `SelectedIndices` nicht mehr.

Kapitel 3

Fehlerbehandlung

Vieles lernen Sie nur aus Fehlern, auch das Programmieren.
In diesem Kapitel werden die verschiedenen Arten von Fehlern und ihre Behandlung vorgestellt.

In den folgenden Abschnitten lernen Sie verschiedene Arten von Programmierfehlern kennen. Visual Basic bietet Ihnen zahlreiche Hilfsmittel, Fehler möglichst zu vermeiden, aufgetretene Fehler zu erkennen und die Folgen der Fehler zu verhindern.

3.1 Entwicklung eines Programms

Bei der Entwicklung Ihrer eigenen Programme sollten Sie Schritt für Schritt vorgehen. Machen Sie zuerst einige Überlegungen, wie das gesamte Programm und seine Benutzeroberfläche aufgebaut sein sollten, und zwar auf Papier. Welche Aufgabe soll das Programm erfüllen? Welche Steuerelemente können eingesetzt werden? Was soll passieren, wenn eines davon genutzt wird?

Versuchen Sie dann nicht, das gesamte Programm mit all seinen komplexen Bestandteilen auf einmal zu entwickeln! Das ist der größte Fehler, den Einsteiger (und manchmal auch Fortgeschrittene) machen können.

Entwickeln Sie zunächst eine einfache Version, mit nur wenigen Steuerelementen und wenigen Codezeilen. Anschließend testen Sie diese Version. Erst nach einem erfolgreichen Test fügen Sie weitere Steuerelemente und Code hinzu. Nach jeder Änderung wird wiederum getestet. Sollte sich ein Fehler zeigen, wissen Sie, dass er aufgrund der letzten Änderung aufgetreten ist. Nach dem letzten Hinzufügen haben Sie eine einfache Version Ihres gesamten Programms.

Nun ändern Sie den Code für ein Steuerelement in eine komplexere Version ab. Auf diese Weise machen Sie Ihr Programm Schritt für Schritt komplexer, bis Sie schließlich das gesamte Programm so erstellt haben, wie es Ihren anfänglichen Überlegungen auf Papier entspricht.

Manchmal ergibt sich während der praktischen Entwicklung noch die eine oder andere Änderung gegenüber Ihrem Entwurf. Das ist kein Problem, solange sich nicht der gesamte Aufbau ändert. Sollte das allerdings der Fall sein, kehren Sie noch einmal kurz zum Papier zurück und überdenken den Aufbau. Das bedeutet nicht, dass Sie die bisherigen Programmbestandteile löschen müssen, sondern möglicherweise nur ein wenig ändern und anders anordnen.

Schreiben Sie Ihre Programme übersichtlich. Falls Sie gerade überlegen, wie Sie drei, vier bestimmte Schritte Ihres Programms auf einmal machen können: Machen Sie daraus einfach einzelne Anweisungen, die der Reihe nach ausgeführt werden. Das vereinfacht eine eventuelle Fehlersuche. Falls Sie (oder eine andere Person) Ihr Programm später einmal ändern oder erweitern möchten, dann gelingt der Einstieg in den Aufbau des Programms wesentlich schneller.

Sie haben auch bereits gesehen, wie man `MessageBox.Show()` zur Kontrolle von Werten und zur Suche von logischen Fehlern einsetzen kann. Sie können zusätzlich einzelne Teile Ihres Programms in Kommentarklammern setzen, um festzustellen, welcher Teil des Programms fehlerfrei läuft und welcher Teil demnach fehlerbehaftet ist. In diesem Kapitel werden Sie weitere Methoden zum Finden von Fehlern kennenlernen.

3.2 Fehlerarten

Während Sie ein Programm entwickeln und testen, treten normalerweise noch häufig Fehler auf. Diese Fehler lassen sich in drei Gruppen untergliedern: Syntaxfehler, Laufzeitfehler und logische Fehler.

Syntaxfehler können mithilfe des Editors und der Entwicklerunterstützung IntelliSense vermieden werden. Laufzeitfehler, also Fehler zur Laufzeit des Programms, die einen Programmabsturz zur Folge haben, gibt es streng genommen in Visual Basic nicht mehr. Stattdessen werden Ausnahmen (Exceptions) erzeugt, die Sie mit einer Ausnahmebehandlung (Exception Handling) umgehen sollten. Logische Fehler sind erfahrungsgemäß am schwersten zu finden. Hier bietet das Debugging eine gute Hilfestellung.

3.3 Syntaxfehler und IntelliSense

Syntaxfehler treten zur Entwicklungszeit des Programms auf und haben ihre Ursache in falsch oder unvollständig geschriebenem Programmcode. Bereits beim Schreiben des Codes werden Sie von Visual Basic auf Syntaxfehler aufmerksam gemacht. Ein nicht korrekt geschriebenes Schlüsselwort, ein Block `If` ohne `End If` oder andere Fehler werden sofort erkannt und markiert.

Fehler werden markiert

Sie als Programmierer erhalten eine Warnmeldung, häufig wird eine Information mit Hilfestellung zur Fehlerkorrektur angeboten. Manchmal wird die Fehlerkorrektur sogar schon automatisch ausgeführt. Wird der Fehler nicht behoben, wird eine Übersetzung und Ausführung des Programms abgelehnt.

Die Entwicklerunterstützung IntelliSense trägt in hohem Maße dazu bei, solche Syntaxfehler erst gar nicht auftreten zu lassen. Während des Schreibens einer Anweisung werden zahlreiche Hilfestellungen angeboten.

IntelliSense

Einige Beispiele:

- Sobald Sie den Punkt hinter den Namen eines Objekts, z. B. eines Steuerelements, gesetzt haben, erscheinen die Eigenschaften und Methoden dieses Elements zur Auswahl. Das ausgewählte Listenelement wird in den Code eingefügt, wenn Sie die [Tab]-Taste betätigen.
- Beginnen Sie einen beliebigen Namen zu schreiben, wird sofort eine Hilfsliste mit Anweisungen oder Objekten angeboten, die im Zusammenhang mit der aktuellen Anwendung stehen und die gleichen Anfangsbuchstaben haben.

  Hilfsliste
- Zu dem aktuell verwendeten Programmierelement (Klasse, Objekt, Eigenschaft, Methode usw.) wird ein QuickInfo eingeblendet, das Sie als Entwickler über die Einsatzmöglichkeiten des jeweiligen Elements informiert.
- Sobald Sie den Cursor auf eine öffnende Klammer setzen, wird sie zusammen mit der zugehörigen schließenden Klammer hervorgehoben und umgekehrt.

  Klammern
- Das Gleiche gilt für Kontrollstrukturen: Falls Sie den Cursor z. B. auf ein `Else` setzen, dann werden alle Bestandteile der betreffenden Verzweigung (`If`, `Then`, `Else`, `End If`) hervorgehoben.

  If-Else
- Wird der Cursor auf ein Objekt oder eine Variable gesetzt, dann werden alle Vorkommen des Objekts bzw. der Variablen in der gleichen Prozedur hervorgehoben.

  Variable

Einrückung

- Kontrollstrukturen, also z. B. Verzweigungen und Schleifen, werden automatisch richtig eingerückt. Sie als Entwickler können sie dadurch leichter erkennen und Fehler vermeiden.

Auskommentieren

- Besonders gut sehen Sie den Einrückungseffekt, falls Sie z. B. einen ganzen `If`-Block mithilfe des entsprechenden Symbols auskommentieren bzw. anschließend wieder aktivieren. Die auskommentierten Zeilen rücken alle nach vorne, die wiederum aktivierten Zeilen werden gemäß dem Aufbau der Kontrollstruktur eingerückt.

Die letztgenannten Hilfen gibt es erst seit Visual Basic 2010. Haben Sie sich einmal an dieses Verhalten gewöhnt, bietet IntelliSense eine wertvolle Hilfe zur Codierung und Fehlervermeidung.

Syntaxfehler und IntelliSense sollen mithilfe des nachfolgenden Programms im Projekt *Syntaxfehler* verdeutlicht werden. Das Programm soll eigentlich zur Überprüfung dienen, ob eine eingegebene Zahl positiv, negativ oder gleich 0 ist.

In den Programmcode wurde allerdings eine Reihe von typischen Fehlern eingebaut. Diese werden bereits während der Codierung automatisch kenntlich gemacht, siehe Abbildung 3.1.

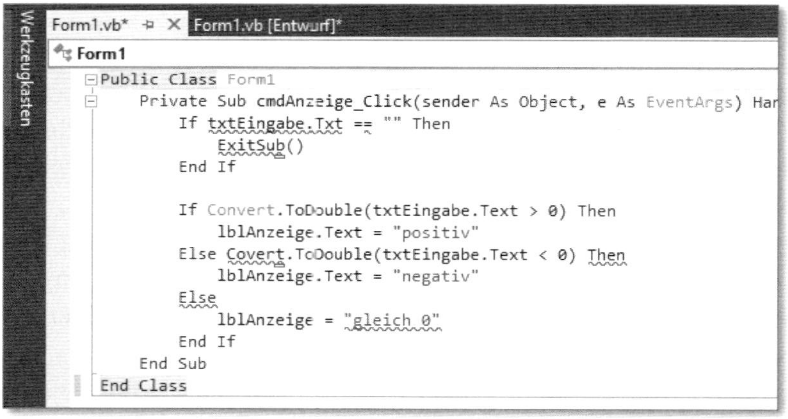

Abbildung 3.1 Programmcode mit Fehlern

Zur Erläuterung:

- In der Zeile `If txtEingabe.Txt == "" Then` verbergen sich zwei Fehler. Die Eigenschaft `Text` der TextBox und der Vergleichsoperator `=` wurden falsch geschrieben.

- Falls die TextBox leer ist, soll die Prozedur sofort verlassen werden. Die zugehörige Anweisung `Exit Sub` wurde ebenfalls falsch geschrieben.
- Die Klasse mit den Konvertierungsmethoden heißt korrekt `Convert` und nicht `Covert`.
- Das `Then` in der gleichen Zeile und das `Else` zwei Zeilen tiefer werden angemerkt, weil der `If`-Block zwei `Else`-Zweige hat. In der Zeile mit `Co(n)vert` müsste folglich ein `ElseIf` stehen.
- In der Zeile vor dem `End If` wird der Text `gleich 0` markiert, da er einem Objekt (`lblAnzeige`) und nicht der Eigenschaft des Objekts (`Text`) zugewiesen werden soll.
- Einige Fehler wurden während der Codierung bereits automatisch behoben und sind in Abbildung 3.1 gar nicht mehr zu sehen:
  - Am Ende einer Zeile, die mit `If` beginnt, wurde beim Zeilenwechsel das Schlüsselwort `Then` eingefügt.
  - Am Ende einer Zeile, die mit einer Zeichenkette endet, wurde beim Zeilenwechsel der zunächst fehlende Anführungsstrich ergänzt.

QuickInfo

Bewegen Sie den Cursor über eine der Fehlerstellen im Code, erscheint eine QuickInfo mit einer Fehlermeldung. Erst nach Korrektur der Fehler sollten Sie einen erneuten Versuch zum Übersetzen und Ausführen starten.

3.4 Laufzeitfehler und Exception Handling

Ausnahmen

Das Exception Handling dient zum Abfangen von Laufzeitfehlern und zum Behandeln von Ausnahmen. Diese treten auf, wenn das Programm versucht, eine unzulässige Operation durchzuführen, beispielsweise eine Division durch Null oder das Öffnen einer nicht vorhandenen Datei.

Es ist natürlich besser, Laufzeitfehler von Anfang an zu unterbinden. Das ist allerdings unmöglich, da es Vorgänge gibt, auf die Sie als Programm-Entwickler keinen Einfluss haben, etwa die fehlerhafte Eingabe eines Benutzers oder ein beim Druckvorgang ausgeschalteter Drucker.

3.4.1 Programm mit Laufzeitfehlern

Im nachfolgenden Beispiel im Projekt *Laufzeitfehler* werden verschiedene Arten von Exceptions hervorgerufen und mit dem Exception Handling von Visual Basic behandelt.

Der Benutzer soll zwei Zahlen eingeben. Nach Betätigung des Buttons Rechnen wird die erste Zahl durch die zweite geteilt und das Ergebnis der Division in einem Label ausgegeben.

```
Public Class Form1
    Private Sub cmdRechnen_Click(...) Handles ...
        Dim x, y, z As Integer
        x = txtEingabe1.Text
        y = txtEingabe2.Text
        z = x / y
        lblAusgabe.Text = z
    End Sub
End Class
```

Listing 3.1 Projekt »Laufzeitfehler«

OverFlow-Exception

Gibt der Benutzer die Zahlen 12 und 3 ein, erscheint als Ergebnis erwartungsgemäß die Zahl 4, siehe Abbildung 3.2.

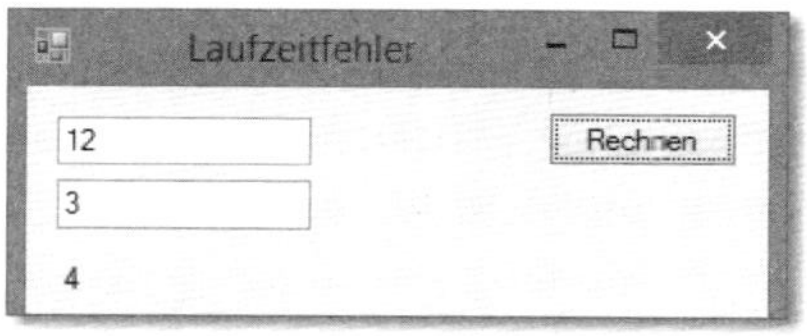

Abbildung 3.2 Eingabe korrekter Zahlen

Wenn er dagegen die Zahlen 12 und 0 eingibt, dann tritt eine unbehandelte Ausnahme des Typs *OverFlowException* auf. In Abbildung 3.3 ist die Zeile zu sehen, in der der Fehler auftritt.

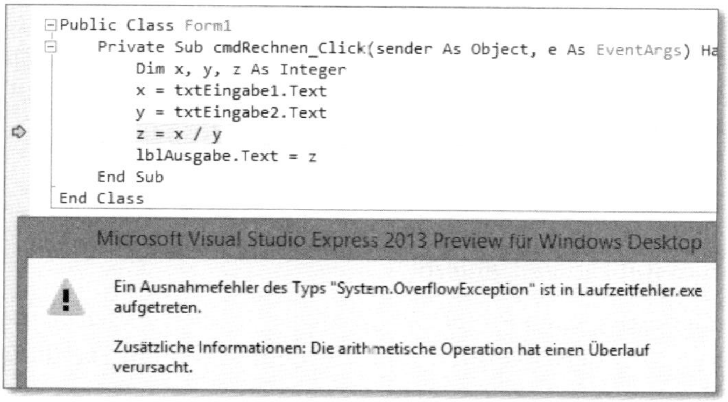

Abbildung 3.3 OverFlowException in der markierten Zeile

Die Division einer Zahl durch 0 ergibt *unendlich*. Dieser Wert liegt außerhalb des Zahlenbereichs des Datentyps `Integer`, daher wurde der Zahlenbereich überschritten (Overflow).

InvalidCast-Exception

Gibt der Benutzer eine der beiden Zahlen gar nicht ein, tritt eine unbehandelte Ausnahme des Typs *InvalidCastException* auf. In Abbildung 3.4 ist wiederum die Zeile zu sehen, in der der Fehler auftritt.

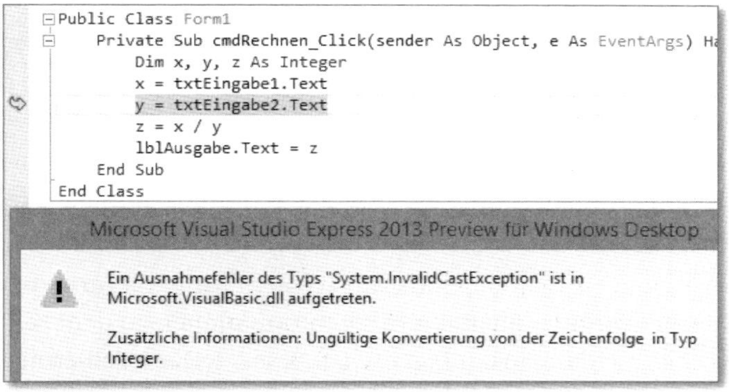

Abbildung 3.4 InvalidCastException in der markierten Zeile

Die leere Zeichenkette im Eingabefeld konnte nicht in eine Zahl vom Typ `Integer` umgewandelt werden.

Debuggen beenden

Nach der Anzeige einer unbehandelten Ausnahme muss das Programm mithilfe des Menüpunkts DEBUGGEN • DEBUGGING BEENDEN beendet werden, bevor es erneut gestartet werden kann.

3.4.2 Einfaches Exception Handling

Es folgt im Projekt *ExceptionHandling* eine verbesserte Version des Projekts *Laufzeitfehler*.

```
Public Class Form1
    Private Sub cmdRechnen_Click(...) Handles ...
        Dim x, y, z As Integer
        Try
            x = txtEingabe1.Text
            y = txtEingabe2.Text
            z = x / y
            lblAusgabe.Text = z
        Catch ex As Exception
```

```
            lblAusgabe.Text = "Fehler: " & ex.Message
        End Try
    End Sub
End Class
```

Listing 3.2 Projekt »ExceptionHandling«

Zur Erläuterung:

Try
- Das Schlüsselwort `Try` leitet das Exception Handling ein. Ab diesem Punkt *versucht* das Programm, einen Anweisungsblock auszuführen.

Catch
- Tritt während der nachfolgenden Anweisungen eine Exception auf, wird sie mithilfe von `Catch` *abgefangen*: Das Programm wechselt sofort bei Auftreten der Exception in einen `Catch`-Block und führt die dort angegebenen Anweisungen aus.
- Im `Catch`-Block steht ein Objekt der Klasse *Exception* zur Verfügung, hier ist das `ex`. Dieses Objekt beinhaltet weitere Informationen zu dem Fehler, u. a. die Fehlermeldung in der Eigenschaft `Message`. Diese Fehlermeldung wird im vorliegenden Fall ausgegeben.

Falls der Benutzer die Zahlen 12 und 3 eingibt, erscheint nach wie vor die Zahl 4. Im `Try`-Block ist keine Exception aufgetreten. Bei Eingabe der Zahlen 12 und 0 erscheint eine Fehlermeldung im Label, siehe Abbildung 3.5. Gibt der Benutzer eine der beiden Zahlen gar nicht ein, erscheint die andere Fehlermeldung im Label, siehe Abbildung 3.6.

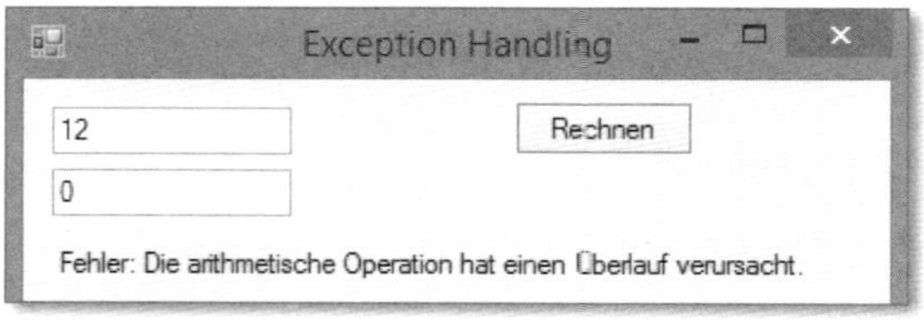

Abbildung 3.5 Überlauf abgefangen

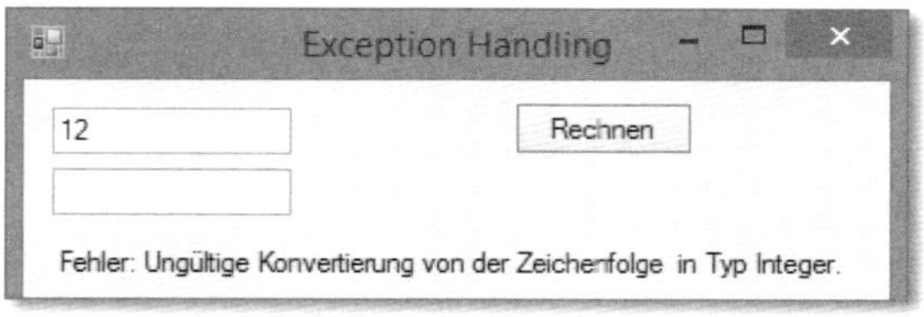

Abbildung 3.6 Umwandlungsfehler abgefangen

Anders als in der ersten Version kann das Programm trotz der Fehlermeldungen weiterlaufen.

3.4.3 Erweitertes Exception Handling

Exception-Klassen

Die Klasse `Exception` ist die Basis mehrerer Exception-Klassen. Das bedeutet, dass ein Fehler wesentlich spezifischer abgefangen und behandelt werden kann. Eine weitere Verbesserung des Programms folgt im Projekt *ExceptionHandlingErweitert*:

```
Public Class Form1
    Private Sub cmdRechnen_Click(...) Handles ...
        Dim x, y, z As Integer
        Try
            x = txtEingabe1.Text
            y = txtEingabe2.Text
            z = x / y
            lblAusgabe.Text = z
        Catch ex As InvalidCastException
            lblAusgabe.Text =
                "Fehler: Konvertierung"
        Catch ex As OverflowException
            lblAusgabe.Text =
                "Fehler: Überlauf"
        Catch ex As Exception
            lblAusgabe.Text =
                "Fehler: allgem. Exception"
        End Try
    End Sub
End Class
```

Listing 3.3 Projekt »ExceptionHandlingErweitert«

Zur Erläuterung:

- Es gibt nunmehr drei `Catch`-Blöcke, die in der Lage sind, drei verschiedene Fehler durch unterschiedliche Anweisungen zu behandeln.
- Im ersten `Catch`-Block wird der Konvertierungsfehler mit Unterstützung eines Objekts der Klasse `InvalidCastException` abgefangen.
- Im zweiten `Catch`-Block wird der Überlauf-Fehler mit Unterstützung eines Objekts der Klasse `OverFlowException` abgefangen.

Klasse Exception

- Im dritten `Catch`-Block werden alle nicht spezifisch abgefangenen Fehler mit Unterstützung eines Objekts der allgemeinen Klasse `Exception` behandelt.

Die Reihenfolge der `Catch`-Blöcke ist wichtig, da die Blöcke bei Auftreten eines Fehlers der Reihe nach durchlaufen werden. Der erste zutreffende `Catch`-Block wird genutzt. Hätten Sie also den dritten Block mit der allgemeinen Klasse `Exception` nach vorne gesetzt, wäre in jedem Fehlerfall die Meldung *Fehler: allgemeine Exception* erschienen.

IntelliSense

Die Entwicklerunterstützung IntelliSense bemerkt und markiert eine falsche Reihenfolge der `Catch`-Blöcke aber bereits zur Entwicklungszeit und ermöglicht so die rechtzeitige Korrektur.

3.5 Logische Fehler und Debugging

Logische Fehler treten auf, wenn eine Anwendung zwar ohne Syntaxfehler übersetzt und ohne Laufzeitfehler ausgeführt wird, aber nicht das geplante Ergebnis liefert. Das liegt daran, dass die Programmlogik falsch aufgebaut wurde.

Debugging

Die Ursache logischer Fehler zu finden, ist oft schwierig und kann nur durch intensives Testen und Analysieren der Abläufe und Ergebnisse durchgeführt werden. Visual Basic stellt im Zusammenhang mit dem Debugging einige wertvolle Hilfen zur Verfügung.

3.5.1 Haltepunkte und Einzelschrittverfahren

Sie können mit Haltepunkten (Breakpoints) arbeiten. Das Programm durchläuft dann alle Anweisungen bis zu einem solchen Haltepunkt. Sie setzen einen Haltepunkt in die Nähe der Stelle, an der Sie den Ursprung eines Fehlers vermuten. Als Beispiel dient wiederum das Programm im Projekt *Laufzeitfehler* zur Division zweier Zahlen.

Taste F9

Das Setzen eines Haltepunkts geschieht im Codefenster mithilfe des Menüpunkts DEBUGGEN • HALTEPUNKT UMSCHALTEN (Funktionstaste [F9]). Es wird ein Haltepunkt in der Zeile gesetzt, in der sich der Cursor befindet. Im Beispiel bietet sich hierfür die Zeile an, in der `z = x / y` berechnet wird, siehe Abbildung 3.7.

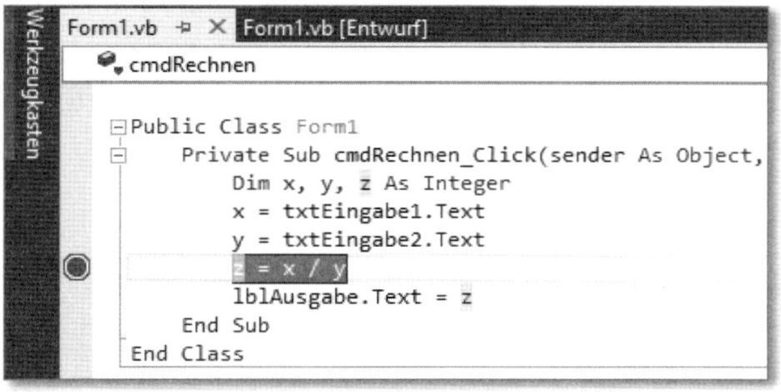

Abbildung 3.7 Haltepunkt gesetzt

Taste F11

Das Programm wird nun über die Funktionstaste F5 gestartet. Es unterbricht vor der Ausführung der Zeile mit dem Haltepunkt. Ab diesem Punkt können Sie das Programm im Einzelschrittverfahren ablaufen lassen. Das machen Sie mithilfe des Menüpunkts DEBUGGEN • EINZELSCHRITT (Funktionstaste F11). Bei jedem einzelnen Schritt können Sie die aktuellen Inhalte von Variablen und Steuerelementen kontrollieren. Ein gelber Pfeil vor einer gelb markierten Anweisung kennzeichnet den Punkt, an dem das Programm gerade steht, siehe Abbildung 3.8.

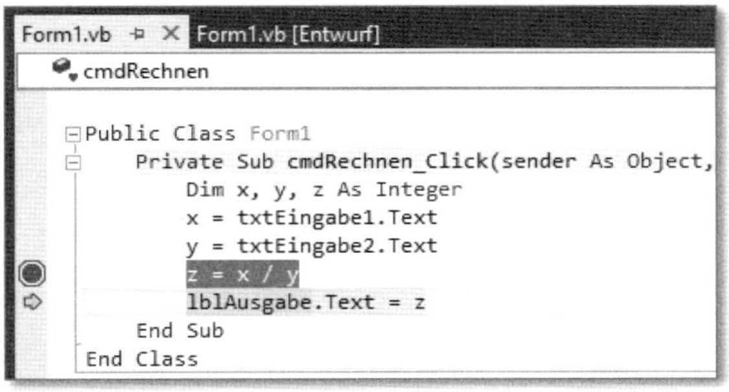

Abbildung 3.8 Ein Einzelschritt weiter

Platzieren Sie den Cursor über einer Variablen oder einer Steuerelementeigenschaft (z. B. über der Variablen x), sehen Sie den aktuellen Wert (hier der Wert 12 für x). Nach Durchführung aller Einzelschritte erscheint das Ergebnis des Programms wie gewohnt in der Anwendung.

Taste F9

Es können auch mehrere Haltepunkte gesetzt werden. Ein Haltepunkt wird wieder entfernt, indem Sie den Cursor in die betreffende Zeile setzen und wiederum die Funktionstaste F9 betätigen.

Dieses einfache Beispiel zeigt, dass Sie mit Haltepunkten und dem Einzelschrittverfahren den Ablauf eines Programms stückweise verfolgen können und so den Ursprung eines logischen Fehlers leichter lokalisieren.

3.5.2 Überwachungsfenster

Das Überwachungsfenster bietet während des Debuggens eine weitere komfortable Möglichkeit der Variablenkontrolle. Es kann während des Debuggens über den Menüpunkt DEBUGGEN • FENSTER • ÜBERWACHEN eingeblendet werden.

Werte anzeigen

Hier haben Sie die Möglichkeit, die Namen von Variablen oder von Steuerelementeigenschaften in der Spalte NAME einzugeben. In der Spalte WERT erscheint dann jeweils der aktuelle Wert beim Ablauf der Einzelschritte, siehe Abbildung 3.9. Auf diese Weise lässt sich die Entwicklung mehrerer Werte gleichzeitig komfortabel verfolgen.

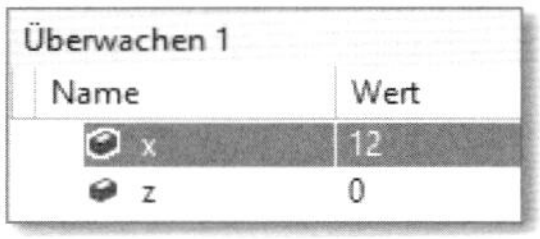

Abbildung 3.9 Überwachung von Werten

Kapitel 4
Erweiterte Grundlagen

Dieses Kapitel widmet sich einigen fortgeschrittenen Themen: dem Umgang mit Ereignissen, Feldern und Strukturen sowie der Modularisierung von Programmen.

Bei der Bedienung von Windows-Programmen finden immer wieder Ereignisse statt, deren Erkennung, Behandlung und Steuerung Thema dieses Kapitels ist. Hinzu kommen wichtige Programmierelemente wie Felder, Strukturen, Prozeduren und Funktionen.

4.1 Steuerelemente aktivieren

Benutzerführung

Neben so offensichtlichen Eigenschaften und Ereignissen wie `Text` oder `Click` gibt es weitere Eigenschaften, Methoden und Ereignisse von Steuerelementen, die den Ablauf und die Benutzerführung innerhalb eines Windows-Programms verbessern können. Einige von ihnen sollen im Folgenden vorgestellt werden.

4.1.1 Ereignis Enter

Das Ereignis `Enter` eines Steuerelements tritt immer dann auf, wenn der Benutzer das betreffende Steuerelement angewählt, also zum aktuellen Steuerelement gemacht hat.

Enter

Steuerelemente können per Maus oder per Tastatur angewählt werden. Wird z. B. ein Kontrollkästchen per Maus angewählt, ändert sich auch sein Zustand (Häkchen an/aus). Wird es jedoch per Tastatur angewählt, ändert sich der Zustand nicht. In beiden Fällen wurde es aber zum aktuellen Steuerelement, es ist also das Ereignis `Enter` eingetreten.

Im nachfolgenden Programm im Projekt *EreignisEnter* soll mithilfe des Ereignisses `Enter` zu einzelnen Elementen eines Eingabeformulars jeweils eine passende Hilfestellung erscheinen, siehe Abbildung 4.1.

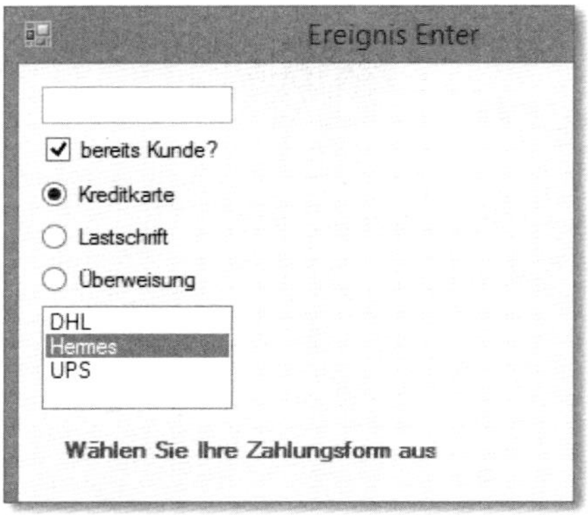

Abbildung 4.1 Ereignis Enter

Der Programmcode:

```
Public Class Form1
    Private Sub Form1_Load(...) Handles MyBase.Load
        lstPaketdienst.Items.Add("DHL")
        lstPaketdienst.Items.Add("Hermes")
        lstPaketdienst.Items.Add("UPS")
    End Sub

    Private Sub Form1_Activated(...
            ) Handles MyBase.Activated
        lblHilfe.Text = ""
    End Sub

    Private Sub txtName_Enter(...
            ) Handles txtName.Enter
        lblHilfe.Text =
            "Bitte geben Sie Nachname, Vorname ein"
    End Sub

    Private Sub chkKunde_Enter(...
            ) Handles chkKunde.Enter
        lblHilfe.Text = "Kreuzen Sie hier an," &
            " ob Sie bereits Kunde sind"
    End Sub
```

```
    Private Sub optKreditkarte_Enter(...
            ) Handles optKreditkarte.Enter,
            optLastschrift.Enter,
            optÜberweisung.Enter
        lblHilfe.Text =
            "Wählen Sie Ihre Zahlungsform aus"
    End Sub

    Private Sub lstPaketdienst_Enter(...
            ) Handles lstPaketdienst.Enter
        lblHilfe.Text = "Wählen Sie Ihren" &
            " bevorzugten Paketdienst aus"
    End Sub
End Class
```

Listing 4.1 Projekt »EreignisEnter«

Zur Erläuterung:

- Das Listenfeld wird wie gewohnt beim Ereignis `Form1_Load` gefüllt.
- Das Ereignis `Form1_Activated` tritt kurze Zeit darauf ein, wenn das Formular zur Benutzung bereitsteht. In diesem Moment wird das Label mit dem Hilfetext geleert. Dadurch wird gewährleistet, dass es leer ist, unabhängig davon, welches Steuerelement zu Beginn das aktuelle ist.

  Activated
- Zum Ereignis `Enter` der einzelnen Steuerelemente (Textfeld, Kontrollkästchen, Optionsschaltflächen und Listenfeld) gibt es jeweils eine eigene Ereignisprozedur. Sie sorgt dafür, dass der zugehörige Hilfetext angezeigt wird. Der Hilfetext zu den drei Optionsschaltflächen wird in einer gemeinsamen Ereignisprozedur erzeugt.

Ansicht »Ereignisse«

Die bisher genutzten Ereignisprozeduren wurden einfach per Doppelklick auf das Steuerelement bzw. das Formular erzeugt. In diesem Abschnitt wurde eine weitere Möglichkeit dazu genutzt: Im Eigenschaften-Fenster können Sie auf die Ansicht Ereignisse wechseln, indem Sie das Symbol mit dem Blitz anklicken.

Doppelklick

Es erscheint dann eine Liste aller Ereignisse, die zu dem aktuellen Steuerelement eintreten können. Unterhalb der Liste steht eine Erläuterung zu dem jeweiligen Ereignis (siehe Abbildung 4.2). Falls Sie einen Doppelklick auf einem Ereignis ausführen, dann wird der Rahmen der zugehörigen Ereignisprozedur erzeugt (siehe Abbildung 4.3).

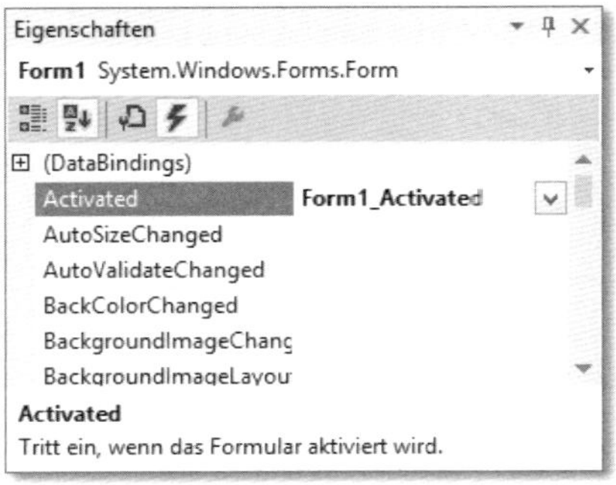

Abbildung 4.2 Liste der Ereignisse

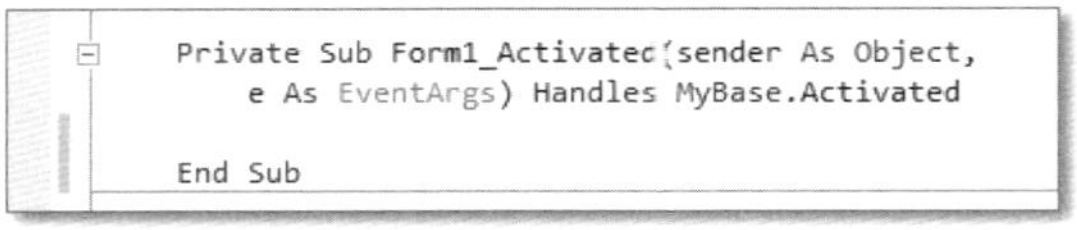

Abbildung 4.3 Rahmen der Ereignisprozedur

4.1.2 Eigenschaften Enabled und Visible

Fast jedes Steuerelement verfügt über die Eigenschaften `Enabled` (= anwählbar, benutzbar) und `Visible` (= sichtbar). Weisen Sie der Eigenschaft `Enabled` eines Steuerelements den Wert `False` zu, wird es vorübergehend gesperrt, wenn seine Benutzung nicht sinnvoll oder riskant ist.

Benutzerführung

Ein gesperrtes Steuerelement ist nur noch abgeblendet sichtbar. Dadurch erreichen Sie eine bessere Benutzerführung, da der Benutzer immer jeweils nur diejenigen Steuerelemente verwenden kann, die zu einem sinnvollen Ergebnis führen.

In diesem Zusammenhang wird auch, allerdings seltener, die Eigenschaft `Visible` auf den Wert `False` gesetzt, um ein Steuerelement ganz unsichtbar zu machen.

Im nachfolgenden Programm im Projekt *EnabledVisible* hat der Benutzer die Möglichkeit, zwei Zahlen in zwei Textfeldern einzugeben. Erst wenn beide Textfelder nicht mehr leer sind,

- wird der zuvor abgeblendete erste Button zum Addieren der beiden Zahlen aktiviert
- und der zuvor unsichtbare zweite Button zum Addieren der beiden Zahlen sichtbar gemacht.

```
Public Class Form1
    Private Sub txtEingabe1_TextChanged(...
            ) Handles txtEingabe1.TextChanged,
            txtEingabe2.TextChanged
        If txtEingabe1.Text <> "" And
                txtEingabe2.Text <> "" Then
            cmdRechnen1.Enabled = True
            cmdRechnen2.Visible = True
        Else
            cmdRechnen1.Enabled = False
            cmdRechnen2.Visible = False
        End If
    End Sub

    Private Sub cmdRechnen1_Click(...
            ) Handles cmdRechnen1.Click,
            cmdRechnen2.Click
        Try
            lblAusgabe.Text =
                Convert.ToDouble(txtEingabe1.Text) +
                Convert.ToDouble(txtEingabe2.Text)
        Catch ex As Exception
            lblAusgabe.Text = 0
        End Try
    End Sub
End Class
```

Listing 4.2 Projekt »EnabledVisible«

Zur Erläuterung:

- Zu Beginn ist nur ein deaktivierter Button sichtbar, siehe Abbildung 4.4.

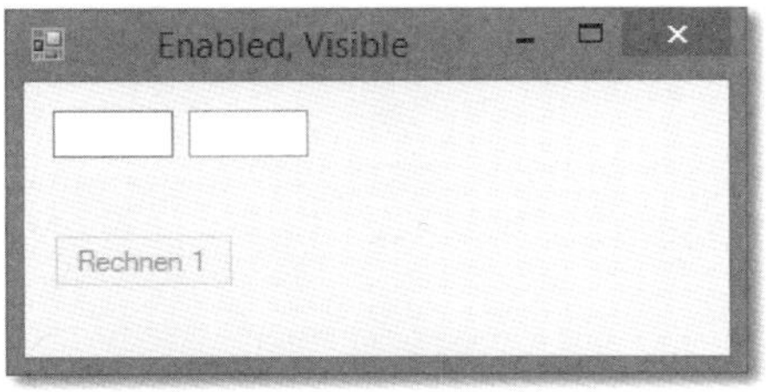

Abbildung 4.4 Enabled und Visible vor der Eingabe

- Das Ereignis TextChanged eines Textfelds zeigt an, dass sich der Inhalt geändert hat. Da beide Textfelder zu Beginn leer sind, wird dieses Ereignis aufgerufen, sobald in einem der beiden Textfelder eine Eingabe vorgenommen wurde.
- Die TextChanged-Ereignisse führen zum Aufruf derselben Prozedur (Handles txtEingabe1.TextChanged, txtEingabe2.TextChanged). Innerhalb der Prozedur wird der Inhalt beider Textfelder geprüft.
- Sind beide Textfelder gefüllt, werden die Eigenschaft Enabled des ersten Buttons und die Eigenschaft Visible des zweiten Buttons auf True gesetzt. Der erste Button wird also aktiviert und der zweite Button sichtbar gemacht, siehe Abbildung 4.5.

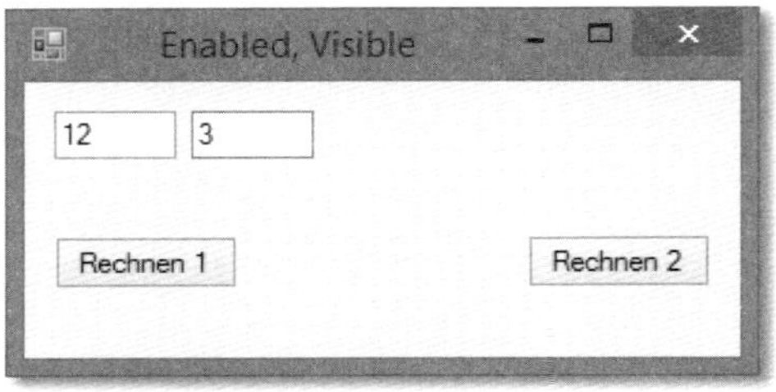

Abbildung 4.5 Enabled und Visible nach der Eingabe

- Der Vorgang wird wieder rückgängig gemacht, falls mindestens eines der beiden Textfelder leer ist.

Übung

Übung ÜEnabled

Erstellen Sie eine Anwendung mit einem Listenfeld, das mit einigen Elementen gefüllt und mit einem deaktivierten Button ausgestattet ist, siehe Abbildung 4.6. Der Button soll nur aktiviert sein, wenn ein Element markiert ist, siehe Abbildung 4.7.

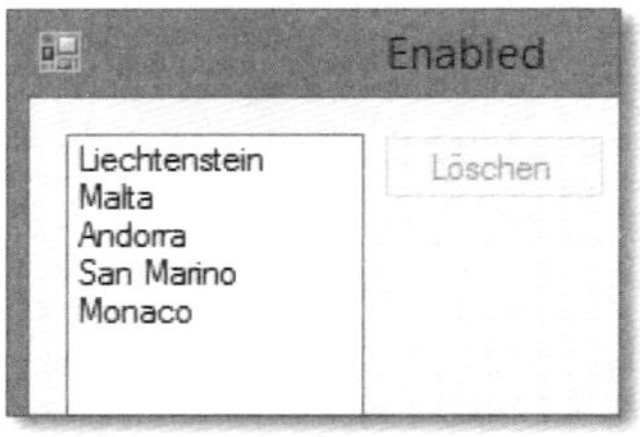

Abbildung 4.6 Oberfläche vor dem Markieren

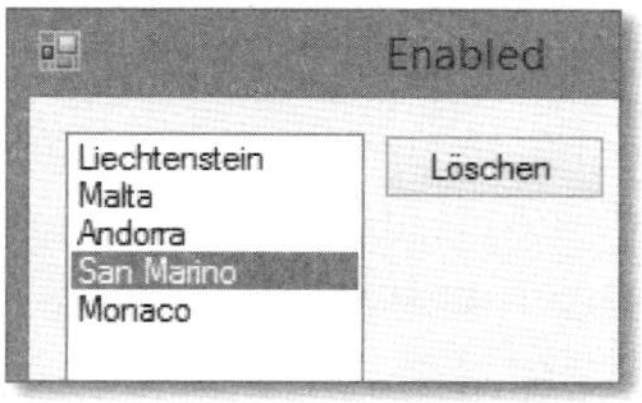

Abbildung 4.7 Oberfläche nach dem Markieren

Sobald der Benutzer den Button drückt, wird das aktuell markierte Element aus dem Listenfeld gelöscht. Sobald die Liste leer ist, wird der Button deaktiviert. Er wird auch deaktiviert, wenn kein Element im Listenfeld markiert ist.

4.2 Bedienung per Tastatur

In manchen Situationen kann ein Windows-Programm schneller per Tastatur als per Maus bedient werden. Der Benutzer muss dann nicht immer zwischen Maus und Tastatur hin und her wechseln.

4.2.1 Eigenschaften TabIndex und TabStop

Tabulator-Taste

Bei der Bedienung eines Windows-Programms mit der Tastatur ist die Aktivierungsreihenfolge wichtig. Das ist die Reihenfolge, in der Sie mit der [⇆]-Taste von einem Steuerelement zum nächsten gelangen.

TabIndex

Die Eigenschaft `TabIndex` legt die Position eines Elements in der Aktivierungsreihenfolge fest. Das aktivierte Steuerelement kann dann unmittelbar über die Tastatur angesprochen werden. Ein Button kann dann z.B. direkt durch die Taste [↵] betätigt werden; in ein Textfeld kann unmittelbar eingegeben werden, ohne dass man es vorher anklicken muss. Den aktiven Button erkennt man am gestrichelten Rahmen, das aktive Textfeld am blinkenden Cursor.

Beim Einfügen in ein neues Formular erhalten die Steuerelemente zunächst automatisch die Nummern 0 bis n-1 für die Eigenschaft `TabIndex` (bei insgesamt n Steuerelementen). Sie als Entwickler können die Eigenschaft `TabIndex` für Steuerelemente auf andere Werte setzen und dadurch die Aktivierungsreihenfolge ändern.

TabStop Die Eigenschaft TabStop legt fest, ob ein Steuerelement überhaupt in die Aktivierungsreihenfolge eingebunden wird. Wird der Wert dieser Eigenschaft auf False gesetzt, wird das betreffende Steuerelement beim Betätigen der [Tab]-Taste übersprungen. Setzen Sie den Wert auf True, nimmt es wieder seine ursprüngliche Position in der Aktivierungsreihenfolge ein.

Im nachfolgenden Beispiel im Projekt *BedienungTastatur* wurden vier Textfelder eingeführt. Die Eigenschaften werden vom Entwickler eingestellt wie in Tabelle 4.1.

Name	TabIndex	TabStop
txtEingabe1	0	True
txtEingabe2	3	True
txtEingabe3	1	False
txtEingabe4	2	True

Tabelle 4.1 Eigenschaften TabIndex, TabStop

Wenn der Benutzer die [Tab]-Taste bedient, werden der Reihe nach aktiviert: txtEingabe1, txtEingabe4, txtEingabe2. Falls keine weiteren Elemente vorhanden sind, beginnt die Reihenfolge wieder bei txtEingabe1. Das Element txtEingabe3 wird nie per [Tab]-Taste erreicht, kann jedoch mit der Maus angewählt werden.

4.2.2 Tastenkombination für Steuerelemente

Taste Alt Bei einem Steuerelement können Sie in der Eigenschaft Text vor einem beliebigen Buchstaben das Zeichen & setzen. Der Buchstabe, der diesem Zeichen folgt, wird unterstrichen. Nach Betätigung der [Alt]-Taste werden die anwählbaren Buchstaben sichtbar. Nach der Eingabe des betreffenden Buchstabens wird das Click-Ereignis dieses Steuerelements ausgeführt.

Sie sollten vermeiden, dass auf einem Formular mehrere Steuerelemente den gleichen Auswahl-Buchstaben haben. Sollte das dennoch der Fall sein, werden sie in der Aktivierungsreihenfolge ausgewählt.

Das Programm im Projekt *BedienungTastatur* wurde um einige Steuerelemente erweitert, die die Start-Eigenschaften in Tabelle 4.2 haben.

Typ	(Name)	Checked	Text	Tastenkombination
Button	cmdBestellen		&Bestellen	Alt + B
Optionsschaltfläche	optBerlin	True	Berl&in	Alt + I
Optionsschaltfläche	optParis	False	&Paris	Alt + P
Optionsschaltfläche	optPrag	False	P&rag	Alt + R
Kontrollkästchen	chkMietwagen	False	Miet&wagen	Alt + W

Tabelle 4.2 Beschriftung und Tastenkombination

Die Benutzeroberfläche nach Bedienung der Taste Alt sieht man in Abbildung 4.8.

Abbildung 4.8 Mit unterstrichenen Buchstaben

4.3 Ereignisgesteuerte Programmierung

In diesem Abschnitt wird das Verständnis für die ereignisgesteuerte Programmierung vertieft. In Windows-Programmen löst der Benutzer Ereignisse aus, die der Entwickler mit Ereignisprozeduren besetzt hat. In diesen Ereignisprozeduren wird der Programmcode zu diesem Ereignis ausgeführt.

4.3.1 Eine Ereigniskette

Ereignis simulieren

Sie haben auch die Möglichkeit, Ereignisse statt durch den Benutzer durch Programmcode auszulösen, indem die Ereignisprozedur mit ihrem Namen aufgerufen wird. Sie simulieren sozusagen die Tätigkeit des Benutzers. Das kann die Programmentwicklung vereinfachen, weil dadurch die Folgen mehrerer Ereignisse zusammengefasst werden können, die aber auch nach wie vor einzeln ausgelöst werden können.

Das Programm im nachfolgenden Projekt *Ereigniskette* beinhaltet drei Buttons und zwei Labels. Bei Betätigung des Buttons EREIGNIS 1 erscheint ein Text in *Label 1*, bei Betätigung des Buttons EREIGNIS 2 erscheint ein Text in *Label 2*. Bei Betätigung des Buttons EREIGNIS 1+2 soll beides gleichzeitig passieren, siehe Abbildung 4.9. Ein weiterer Button soll zum Löschen der Label-Inhalte führen.

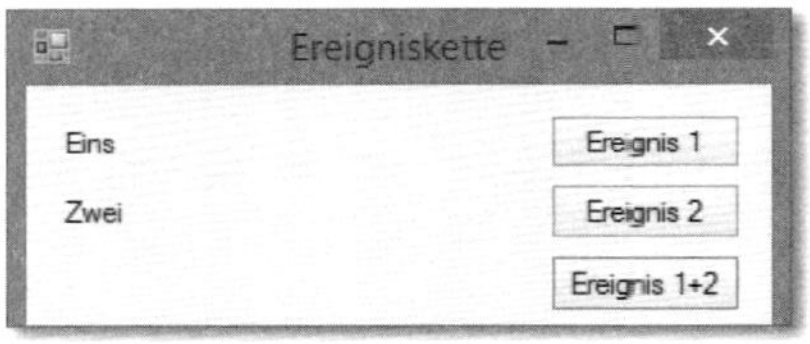

Abbildung 4.9 Zwei Ereignisse gleichzeitig auslösen

Der zugehörige Programmcode lautet:

```
Public Class Form1
    Private Sub cmdEreignis1_Click(sender As Object,
            e As EventArgs) Handles cmdEreignis1.Click
        lblAnzeige1.Text = "Eins"
    End Sub

    Private Sub cmdEreignis2_Click(sender As Object,
            e As EventArgs) Handles cmdEreignis2.Click
        lblAnzeige2.Text = "Zwei"
    End Sub

    Private Sub cmdEreignis3_Click(sender As Object,
            e As EventArgs) Handles cmdEreignis3.Click
        cmdEreignis1_Click(sender, e)
        cmdEreignis2_Click(sender, e)
    End Sub
```

```
    Private Sub cmdLöschen_Click(...) Handles ...
        lblAnzeige1.Text = ""
        lblAnzeige2.Text = ""
    End Sub
End Class
```

Listing 4.3 Projekt »Ereigniskette«

Zur Erläuterung:

- In der Prozedur `cmdEreignis3_Click()` werden die beiden Ereignisse `cmdEreignis1_Click` und `cmdEreignis2_Click` per Programmcode aufgerufen. Die beiden Parameter `sender` und `e` werden dabei vom Button Ereignis 1+2 übernommen. In beiden Labels wird anschließend `Text` angezeigt.

4.3.2 Endlose Ereignisketten

StackOverFlow

Sie können durch Aufrufe von Ereignisprozeduren allerdings auch (unbeabsichtigt) endlose Ereignisketten auslösen. Dabei stapeln sich die Prozeduraufrufe, und das Programm endet mit der Ausnahme *StackOverFlowException*. Solche endlosen Ereignisketten sind natürlich zu vermeiden. Nachfolgend sind zwei Beispiele angegeben.

Beispiel im Projekt *ButtonEndlos*: Zwei Buttons rufen sich gegenseitig auf:

```
Public Class Form1
    Private Sub cmdEreignis1_Click(...) Handles ...
        cmdEreignis2_Click(sender, e)
    End Sub

    Private Sub cmdEreignis2_Click(...) Handles ...
        cmdEreignis1_Click(sender, e)
    End Sub
End Class
```

Listing 4.4 Projekt »ButtonEndlos«

Zur Erläuterung:

- Die Betätigung eines der Buttons *simuliert* die Betätigung des jeweils anderen Buttons.

Beispiel im Projekt *TextfeldEndlos*: zwei Textfelder ändern sich gegenseitig:

```
Public Class Form1
    Private Sub txtEingabe1_TextChanged(...
            ) Handles txtEingabe1.TextChanged
        txtEingabe2_TextChanged(sender, e)
    End Sub

    Private Sub txtEingabe2_TextChanged(...
            ) Handles txtEingabe2.TextChanged
        txtEingabe1_TextChanged(sender, e)
    End Sub
End Class
```

Listing 4.5 Projekt »TextfeldEndlos«

Zur Erläuterung:

- Die Eingabe in eines der Textfelder *simuliert* die Änderung des Inhalts des jeweils anderen Textfelds. Das *simuliert* wiederum die Änderung des Inhalts des ersten Textfelds usw.

4.3.3 Textfelder koppeln

Eine nützliche Simulation eines Ereignisses ist dagegen das Kopieren von einem Textfeld in ein anderes Textfeld während der Eingabe. Sie können dieses Verhalten beobachten, wenn Sie in Visual Studio ein Projekt speichern.

Textfelder simultan

Im Dialog *Projekt speichern* ist das Textfeld PROJEKTMAPPENNAME zunächst an das Textfeld NAME gekoppelt. Geben Sie im Textfeld NAME etwas ein, wird der eingegebene Text parallel in das andere Textfeld übernommen. Dieses Verhalten ändert sich allerdings, sobald Sie den Cursor in das Textfeld PROJEKTMAPPENNAME setzen: Nun sind die beiden Textfelder wieder entkoppelt.

Das beschriebene Verhalten soll mithilfe des folgenden Programms im Projekt *TextfeldKoppeln* vorgeführt werden.

```
Public Class Form1
    Dim Kopplung As Boolean

    Private Sub Form1_Load(...) Handles MyBase.Load
        txtName.SelectAll()
```

```
        Kopplung = True
    End Sub

    Private Sub txtName_TextChanged(...
            ) Handles txtName.TextChanged
        If Kopplung Then
            txtProjektmappenname.Text = txtName.Text
        End If
    End Sub

    Private Sub txtProjektmappenname_Click(...
            ) Handles txtProjektmappenname.Click
        Kopplung = False
    End Sub
End Class
```

Listing 4.6 Projekt »TextfeldKoppeln«

Zur Erläuterung:

- Es wird eine klassenweit gültige Variable vom Typ `Boolean` deklariert. Diese Variable repräsentiert den Zustand der Kopplung. Sie wird beim Ereignis `Form1_Load` auf `True` gesetzt, da das dem Anfangszustand entspricht: Die beiden Textfelder sind gekoppelt, siehe Abbildung 4.10.

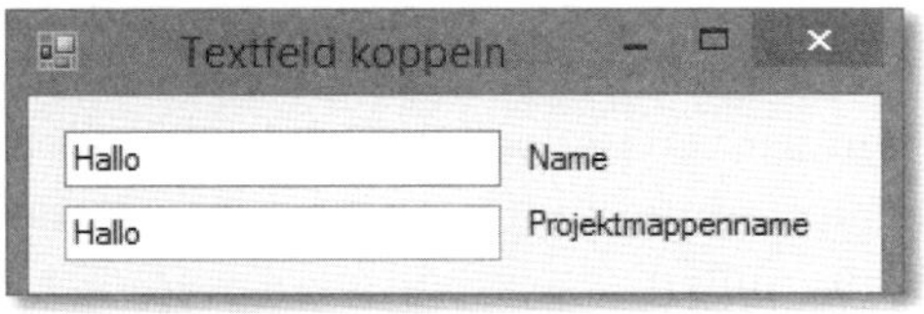

Abbildung 4.10 Gekoppelte Textfelder

SelectAll()

- Außerdem wird mit der Methode `SelectAll()` der gesamte voreingetragene Inhalt des Textfelds (das Wort *Standardtext*) selektiert, also markiert. Dadurch erreichen Sie, dass der Inhalt durch eine Eingabe des Benutzers unmittelbar überschrieben werden kann.
- Ändert sich der Inhalt des Textfelds NAME, wird in der Ereignisprozedur `txtName_TextChanged()` geprüft, ob die beiden Textfelder noch gekoppelt sind. Ist das der Fall, wird der Inhalt unmittelbar in das Textfeld PROJEKTMAPPENNAME kopiert.

- Klickt der Benutzer in das Textfeld PROJEKTMAPPENNAME, wird die Kopplung gelöst, siehe Abbildung 4.11. Die Variable `Kopplung` wird auf `False` gestellt.

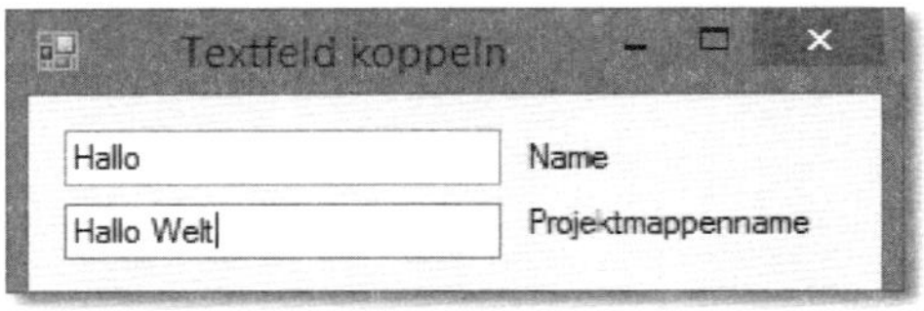

Abbildung 4.11 Entkoppelte Textfelder

4.4 Mehrere Formulare

Anwendungen bestehen häufig aus mehreren Formularen. Dabei gibt es ein Hauptformular, mit dem die Anwendung startet, und Unterformulare, die von diesem Hauptformular aus gestartet werden. Nach Beendigung eines Unterformulars erscheint wieder das Hauptformular.

Datentransport

Das größte Problem in diesem Zusammenhang ist der Datentransport zwischen den verschiedenen Formularen. Betrachten wir die Anwendung Microsoft Word (= Hauptformular) und das Unterformular Schrifteigenschaften:

- Falls der Benutzer das Unterformular aufruft, sollen die aktuellen Schrifteigenschaften dort angezeigt werden (Daten vom Hauptformular zum Unterformular).
- Falls der Benutzer das Unterformular verlässt, sollen die neu eingestellten Schrifteigenschaften im Hauptformular angewandt werden (Daten vom Unterformular zum Hauptformular).

Es folgt ein Beispiel (Projekt *MehrereFormulare*), in dem der Datentransport sowohl für Steuerelemente als auch für Variablen beschrieben wird. Sie müssen zunächst ein weiteres Formular zur Anwendung hinzufügen. Dazu rufen Sie im PROJEKTMAPPEN-EXPLORER für das Projekt *MehrereFormulare* mithilfe der rechten Maustaste das Kontextmenü auf.

Formular hinzufügen

Im Kontextmenü wählen Sie den Punkt HINZUFÜGEN • WINDOWS FORM. Im nachfolgenden Dialogfeld NEUES ELEMENT HINZUFÜGEN ist bereits der Typ WINDOWS FORM markiert. Der vorgeschlagene Name `Form2` kann von Ihnen beibehalten werden.

Nach Betätigung des Buttons HINZUFÜGEN erscheint das neue Formular *Form2* im PROJEKTMAPPEN-EXPLORER (siehe Abbildung 4.12). Die beiden Formulare werden gestaltet wie in Abbildung 4.13 und Abbildung 4.14.

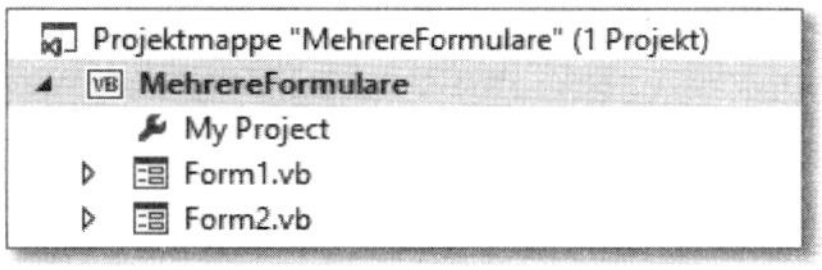

Abbildung 4.12 Mehrere Formulare im Projektmappen-Explorer

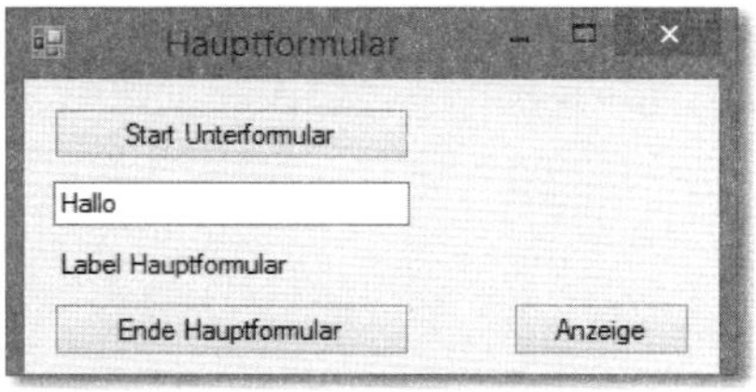

Abbildung 4.13 Hauptformular

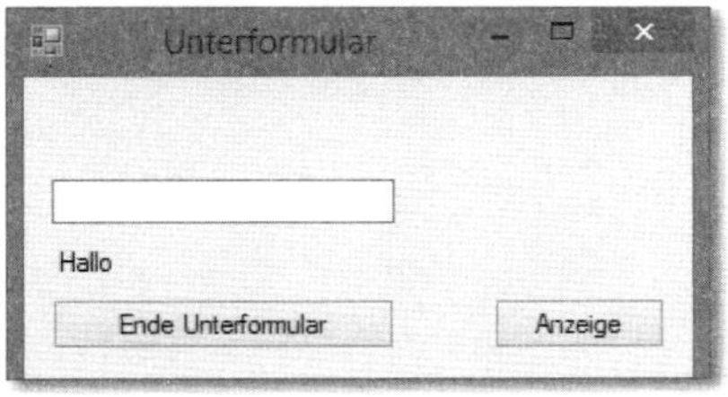

Abbildung 4.14 Unterformular

Der Ablauf des Programms:

- Die Anwendung erscheint mit dem Hauptformular.
- Die Betätigung des Buttons ANZEIGE führt zur Darstellung des Werts der in diesem Formular deklarierten, öffentlichen Variablen Px.
- Der Button START UNTERFORMULAR führt zur Anzeige des Unterformulars.
- Im Label des Unterformulars wird automatisch der Text aus der TextBox des Hauptformulars angezeigt (falls vorhanden).
- Die Betätigung des Buttons ANZEIGE führt zur Erhöhung des Werts der öffentlichen Variablen Px und zur Anzeige dieses neuen Werts. Es wird also auf eine Variable des Hauptformulars sowohl lesend als auch schreibend zugegriffen.

- Die Variable Mx des Hauptformulars ist nur innerhalb der Klasse des Hauptformulars gültig, daher kann sie im Unterformular nicht erreicht werden.
- Der Button ENDE UNTERFORMULAR beendet das Unterformular.
- Im Label des Hauptformulars wird der Text aus der TextBox des Unterformulars angezeigt (falls vorhanden).
- Der Button ENDE HAUPTFORMULAR beendet das Hauptformular und damit die Anwendung.

Zunächst der Code des Hauptformulars:

```
Public Class Form1
    Private Mx As Integer
    Public Px As Integer

    Private Sub Form1_Load(...) Handles MyBase.Load
        Mx = 1
        Px = 2
    End Sub

    Private Sub cmdStartUnterformular_Click(...
            ) Handles ...
        Form2.ShowDialog()
    End Sub

    Private Sub cmdEndeHauptformular_Click(...
            ) Handles ...
        Me.Close()
    End Sub
    Private Sub cmdAnzeige_Click(...) Handles ...
        lblHauptformular.Text = "Px: " & Px
    End Sub
End Class
```

Listing 4.7 Projekt »MehrereFormulare«, Hauptformular

Zur Erläuterung:

Gültigkeit von Variablen

- Die öffentliche Variable Px und die klassenweit gültige Variable Mx werden erzeugt und bekommen zum Ladezeitpunkt des Hauptformulars Startwerte zugewiesen.

- Das Unterformular wird mithilfe der Methode `ShowDialog()` modal angezeigt. Modal bedeutet: Das Hauptformular kann nicht mehr bedient werden, bis das Unterformular geschlossen wird.

modal

- Die Methode `Close()` schließt das Hauptformular und damit die Anwendung.

Es folgt der Code des Unterformulars:

```
Public Class Form2
    Private Sub Form2_Load(...) Handles MyBase.Load
        lblUnterformular.Text =
            Form1.txtHauptformular.Text
    End Sub

    Private Sub cmdEndeUnterformular_Click(...
            ) Handles ...
        Form1.lblHauptformular.Text =
            txtUnterformular.Text
        Me.Close()
    End Sub

    Private Sub cmdAnzeige_Click(...) Handles ...
        Form1.Px = Form1.Px + 1
        lblUnterformular.Text = "Px: " & Form1.Px
        'lblUnterformular.Text = "Mx: " & Form1.Mx
    End Sub
End Class
```

Listing 4.8 Projekt »MehrereFormulare«, Unterformular

Zur Erläuterung:

- Zum Ladezeitpunkt des Unterformulars wird der Inhalt der TextBox des Hauptformulars dem Label des Unterformulars zugewiesen.
- Vor dem Beenden des Unterformulars wird der Inhalt der TextBox des Unterformulars dem Label des Hauptformulars zugewiesen.

4.4.1 Allgemeine Code-Module

Öffentliche Elemente

Neben Formular-Modulen können Sie auch allgemeine Code-Module verwenden. Darin können öffentliche Variablen, Felder, Prozeduren und Funktionen untergebracht werden.

Das Projekt *MehrereFormulare* wurde um ein solches Code-Modul ergänzt. Darin wurde eine öffentliche Variable `Zx` deklariert. In den Formular-Modulen wird auf diese Variable sowohl lesend als auch schreibend zugegriffen.

Modul hinzufügen

Sie müssen zunächst das Code-Modul zum Projekt hinzufügen. Dazu rufen Sie im PROJEKTMAPPEN-EXPLORER für das Projekt *MehrereFormulare* mithilfe der rechten Maustaste das Kontextmenü auf. Darin wird der Punkt HINZUFÜGEN • MODUL gewählt.

Im nachfolgenden Dialogfeld NEUES ELEMENT HINZUFÜGEN ist bereits der Typ MODUL markiert. Der vorgeschlagene Name `Module1` kann beibehalten werden. Nach Betätigung des Buttons HINZUFÜGEN erscheint das neue Code-Modul im PROJEKTMAPPEN-EXPLORER (siehe Abbildung 4.15).

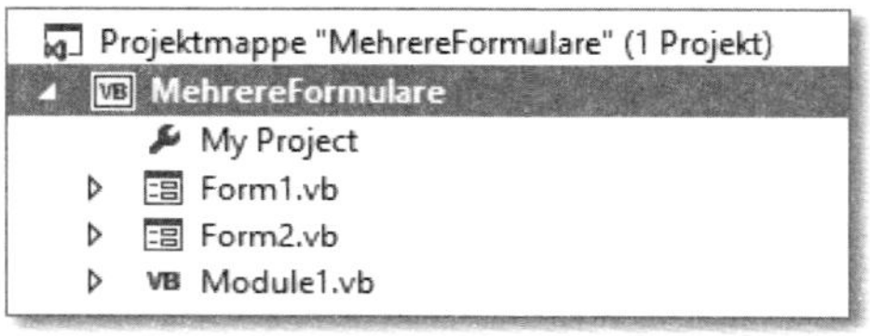

Abbildung 4.15 Code-Modul im Projektmappen-Explorer

Zunächst der Code im Code-Modul:

```
Module Module1
    Public Zx
End Module
```

Listing 4.9 Projekt »MehrereFormulare«, Code-Modul

Zur Erläuterung:

- Es wurde eine öffentliche Variable deklariert.

Es folgen die Änderungen im Hauptformular:

```
Public Class Form1
    Private Mx As Integer
    Public Px As Integer

    Private Sub Form1_Load(...) Handles MyBase.Load
        Mx = 1
        Px = 2
```

```
        Zx = 3
    End Sub
 [...]
    Private Sub cmdAnzeige_Click(...) Handles ...
        lblHauptformular.Text = "Px: " & Px &
            ", Zx: " & Zx
    End Sub
End Class
```

Listing 4.10 Projekt »MehrereFormulare«, geändertes Hauptformular

Als Letztes folgen die Änderungen im Unterformular:

```
Public Class Form2
[...]
    Private Sub cmdAnzeige_Click(...) Handles ...
        Form1.Px = Form1.Px + 1
        Zx = Zx + 1
        lblUnterformular.Text = "Px: " & Form1.Px &
            ", Zx: " & Zx
    End Sub
End Class
```

Listing 4.11 Projekt »MehrereFormulare«, geändertes Unterformular

Zur Erläuterung:

- Sowohl im Hauptformular als auch im Unterformular kann die öffentliche Variable Zx aus dem Code-Modul direkt über ihren Namen erreicht werden.

4.5 Datenfelder

Man verwendet Datenfelder, um eine größere Menge zusammengehöriger Daten des gleichen Datentyps mit dem gleichen Variablennamen anzusprechen und zu speichern. Datenfelder können ein- oder mehrdimensional sein.

Im Zusammenhang mit Feldern werden häufig Schleifen eingesetzt. Diese ermöglichen es, alle Elemente eines Felds anzusprechen.

4.5.1 Eindimensionale Datenfelder

Im nachfolgenden Beispiel im Projekt *DatenfeldEindimensional* werden sieben Werte aus einer Reihe von Temperaturmessungen in einem Feld vom Typ `Integer` gespeichert und in einem Listenfeld ausgegeben, siehe Abbildung 4.16.

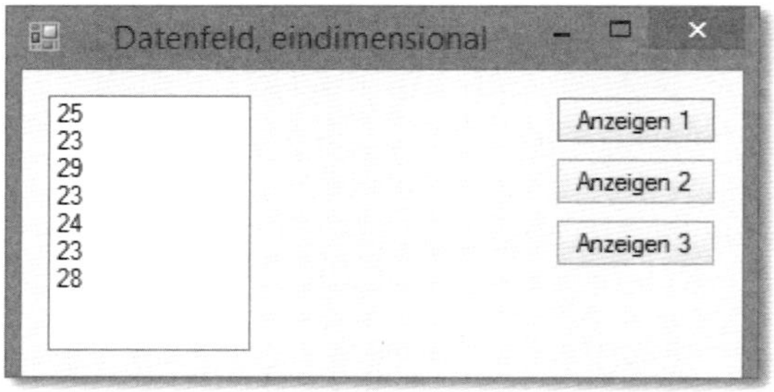

Abbildung 4.16 Eindimensionales Feld

Der Programmcode:

```
Public Class Form1
    Private Sub Form1_Load(...) Handles MyBase.Load
        Randomize()
    End Sub

    Private Sub cmdAnzeigen1_Click(...) Handles ...
        Dim T(6) As Integer
        Dim i As Integer
        lstFeld.Items.Clear()
        For i = 0 To 6
            T(i) = Rnd() * 10 + 20
            lstFeld.Items.Add(T(i))
        Next i
    End Sub
End Class
```

Listing 4.12 Projekt »DatenfeldEindimensional«, Feld erzeugen

Zur Erläuterung:

- Die Werte sollen per Zufallsgenerator ermittelt werden. Daher wird der Zufallsgenerator in der Prozedur `Form1_Load()` initialisiert.

- Mit der Anweisung `Dim T(6) As Integer` wird ein eindimensionales Feld mit sieben (!) Elementen deklariert. Jedes einzelne Element entspricht einer einzelnen `Integer`-Variablen. **Anzahl Elemente**
- Sie können ein Feld nicht mit einem anderen Startindex als 0 erzeugen. Die Deklaration `Dim T(10 To 15) As Integer` ist daher nicht möglich. **Startindex**
- Die einzelnen Elemente werden durch eine laufende Nummer, den sogenannten Index, voneinander unterschieden. Der Index beginnt immer bei 0. Das erste Element des Felds hat die Bezeichnung `T(0)`, das nächste `T(1)` usw. bis `T(6)`. **Index**
- Es können Felder aller bereits genannten Datentypen deklariert werden.
- Das Listenfeld wird zunächst gelöscht. Das ist sinnvoll, falls man den Button mehrmals hintereinander betätigt.
- Innerhalb einer `For`-Schleife wird jedem Element des Felds ein Wert zugewiesen. Innerhalb der Schleife wird das aktuelle Element mit `T(i)` angesprochen, da die Schleifenvariable `i` die Werte von 0 bis 6 durchläuft, die als Index benötigt werden.
- Der Wert für das Feldelement wird per Zufallsgenerator ermittelt. Dieser liefert Zahlen (mit Nachkommastellen) zwischen 0 und 1. Multipliziert man diese mit 10, ergeben sich Zahlen zwischen 0 und 10. Addiert man 20 hinzu, erhält man Zahlen zwischen 20 und 30. Da diese Zahlen einer `Integer`-Variablen zugewiesen werden, werden die Nachkommastellen abgeschnitten, und es ergeben sich ganze Zahlen zwischen 20 und 30.
- Mit der Methode `Add()` der Eigenschaft `Items` des Listenfelds werden diese Zahlen einem Listenfeld hinzugefügt, sodass nach dem Ablauf der Ereignisprozedur alle Elemente des Felds im Listenfeld angezeigt werden.

Hinweis: Ein typischer Laufzeitfehler im Zusammenhang mit Feldern ist die Benutzung eines Index, der außerhalb des Felds liegt. Es folgt dann eine Ausnahme vom Typ `IndexOutOfRangeException`.

4.5.2 Ein Feld durchsuchen

Im folgenden Beispiel geht es um eine typische Operation mit einem Feld: Sie möchten wissen, welches das größte und welches das kleinste Element des Felds ist (Maximum bzw. Minimum). Das soll mithilfe des nachfolgenden Programms (ebenfalls im Projekt *DatenfeldEindimensional*) ermittelt werden, siehe Abbildung 4.17.

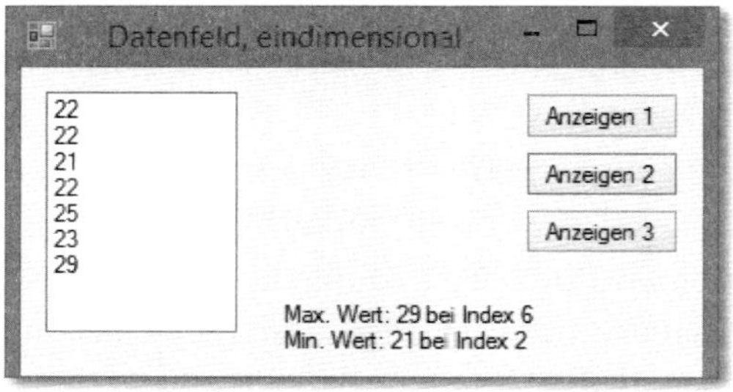

Abbildung 4.17 Maximum und Minimum

Der zugehörige Code:

```
Public Class Form1
[...]
    Private Sub cmdAnzeigen2_Click(...) Handles ...
        Dim T(6) As Integer
        Dim MaxWert, MinWert As Integer
        Dim i, MaxWertIndex, MinWertIndex As Integer

        ' Feld füllen
        lstFeld.Items.Clear()
        For i = 0 To 6
            T(i) = Rnd() * 10 + 20
            lstFeld.Items.Add(T(i))
        Next i

        ' Max/Min initialisieren
        MaxWert = T(0)
        MinWert = T(0)
        MaxWertIndex = 0
        MinWertIndex = 0

        ' Max/Min suchen
        For i = 0 To 6
            If T(i) > MaxWert Then
                MaxWert = T(i)
                MaxWertIndex = i
            End If
            If T(i) < MinWert Then
                MinWert = T(i)
                MinWertIndex = i
```

```
            End If
        Next i

        ' Max/Min ausgeben
        lblAnzeige.Text = "Max. Wert: " & MaxWert &
            " bei Index " & MaxWertIndex & vbCrLf &
            "Min. Wert: " & MinWert &
            " bei Index " & MinWertIndex
    End Sub
End Class
```

Listing 4.13 Projekt »DatenfeldEindimensional«, Maximum, Minimum

Zur Erläuterung:

- Es werden insgesamt vier Variablen vorgesehen, die den größten und den kleinsten Wert sowie deren Feld-Indizes speichern sollen.
- Nach dem Füllen und Anzeigen des Felds werden die oben angegebenen vier Variablen initialisiert. Es werden die Werte des ersten Feld-Elements als größtes und als kleinstes Element vorbesetzt. Dessen Index (also 0) wird als Index des größten und als Index des kleinsten Elements vorbesetzt.
- Anschließend wird das restliche Feld (ab Index 1) untersucht. Wenn eines der Elemente größer ist als das bisherige Maximum, dann haben wir ein neues Maximum. Wert und Index des neuen Maximums werden gespeichert. Die analoge Operation wird für das Minimum durchgeführt.
- Zum Abschluss werden die ermittelten Werte und ihre Indizes ausgegeben.

4.5.3 Weitere Feld-Operationen

Klasse Array

Visual Basic stellt für Datenfelder automatisch eine Reihe von Möglichkeiten (über die Klasse `Array`) zur Verfügung. Diese werden teilweise über den Namen des Felds, teilweise auch über den Klassennamen selber (`Array`) aufgerufen.

Als Beispiel für die zahlreichen Möglichkeiten soll im nachfolgenden Programm (ebenfalls im Projekt *DatenfeldEindimensional*) ein Feld geklont werden. Anschließend wird das geklonte Feld sortiert und nach einem bestimmten Wert durchsucht, siehe Abbildung 4.18.

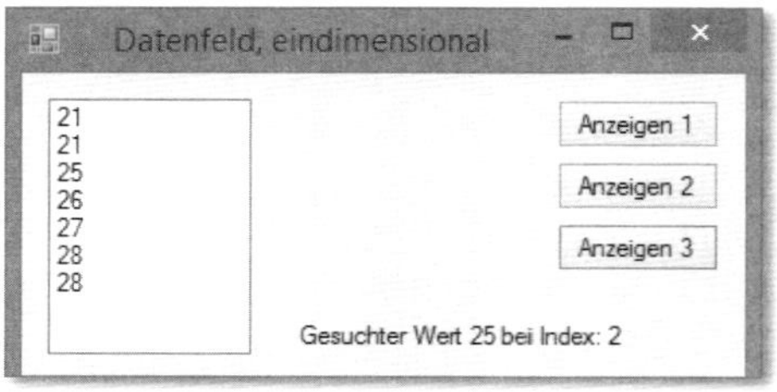

Abbildung 4.18 Wert gesucht und gefunden

Der Programmcode:

```
Public Class Form1
[...]
    Private Sub cmdAnzeigen3_Click(...) Handles ...
        Dim T(6), U(6) As Integer
        Dim SuchIndex As Integer
        Dim i As Integer

        For i = 0 To 6
            T(i) = Rnd() * 10 + 20
        Next i
        U = T.Clone()
        Array.Sort(U)
        lstFeld.Items.Clear()
        For i = 0 To 6
            lstFeld.Items.Add(U(i))
        Next i
        SuchIndex = Array.IndexOf(U, 25)
        lblAnzeige.Text = "Gesuchter Wert 25" &
            " bei Index: " & SuchIndex
    End Sub
End Class
```

Listing 4.14 Projekt »DatenfeldEindimensional«, Feld-Operationen

Zur Erläuterung:

- Es wird ein zweites Feld `U` mit der gleichen Größe wie das Originalfeld `T` deklariert.

Clone()

- Die Methode `Clone()` dient zum Kopieren eines ganzen Felds. Anschließend stehen im Feld `U` die gleichen Werte wie im Feld `T` zur Verfügung.

- Hinweis: Die einfache Zuweisung `U = T` dient nicht zum Kopieren des Felds `T`. Stattdessen wäre damit nur ein zweiter Verweis auf das Feld `T` zur Verfügung gestellt worden.
- Die Methode `Sort()` der Klasse `Array` wird zur aufsteigenden Sortierung des Felds `U` genutzt. **Sort()**
- Die Elemente des sortierten Felds werden ausgegeben.
- Die Methode `IndexOf()` der Klasse `Array` liefert zu einem Suchwert (25) den ersten Index im Suchfeld `U`. Das ist die Position, bei der der gesuchte Wert erstmalig im Feld gefunden wird. Falls der Wert nicht existiert, wird –1 zurückgegeben, siehe Abbildung 4.19. **IndexOf()**

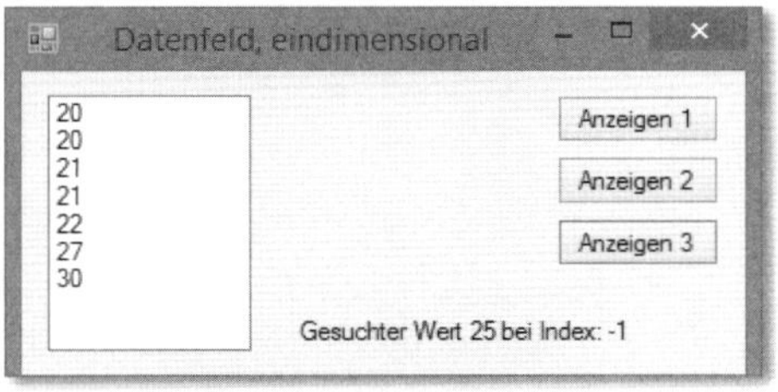

Abbildung 4.19 Wert gesucht und nicht gefunden

4.5.4 Mehrdimensionale Datenfelder

Haben Sie nicht nur sieben Temperaturwerte, die Sie speichern möchten, sondern wurden die Temperaturwerte darüber hinaus an drei verschiedenen Orten aufgenommen, bietet sich ein zweidimensionales Feld an. Die Elemente eines solchen Felds werden über zwei Indizes angesprochen. Der erste Index steht für die laufende Nummer der Messung, der zweite Index für den Ort, an dem die Messung durchgeführt wurde.

Das nachfolgende Programm im Projekt *DatenfeldMehrdimensional*, bei dem die Werte eines Ortes jeweils in einem eigenen Listenfeld angezeigt werden, veranschaulicht das, siehe Abbildung 4.20.

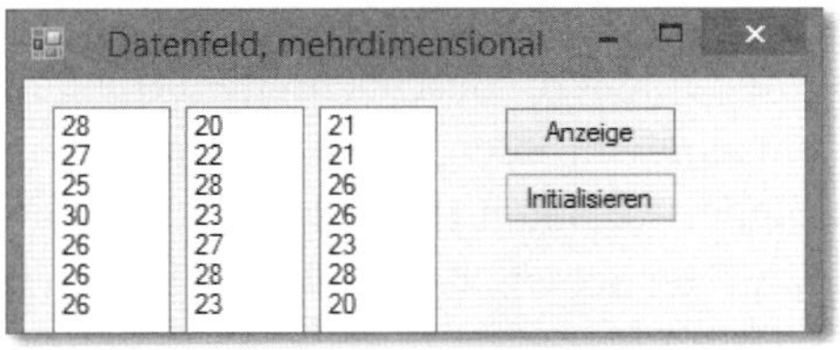

Abbildung 4.20 Zweidimensionales Feld

Der zugehörige Code:

```
Public Class Form1
    Private Sub Form1_Load(...) Handles MyBase.Load
        Randomize()
    End Sub

    Private Sub cmdAnzeige_Click(...) Handles ...
        Dim T(6, 2) As Integer
        Dim i, k As Integer

        lstSpalte0.Items.Clear()
        lstSpalte1.Items.Clear()
        lstSpalte2.Items.Clear()

        For i = 0 To 6
            For k = 0 To 2
                T(i, k) = Rnd() * 10 + 20
            Next k
            lstSpalte0.Items.Add(T(i, 0))
            lstSpalte1.Items.Add(T(i, 1))
            lstSpalte2.Items.Add(T(i, 2))
        Next i
    End Sub
End Class
```

Listing 4.15 Projekt »DatenfeldMehrdimensional«, Feld erzeugen

Zur Erläuterung:

Mehrere Indizes

- In der Prozedur `cmdAnzeige_Click()` wird mit `Dim T(6, 2) As Integer` ein zweidimensionales Feld der Größe 7 x 3 Elemente vom Datentyp `Integer` deklariert. Der Index beginnt in jeder Dimension bei 0.
- Die drei Listenfelder werden zunächst gelöscht. Das ist sinnvoll, wenn man den Button mehrmals hintereinander betätigt.
- Es folgen zwei geschachtelte `For`-Schleifen. Geschachtelte Schleifen bestehen aus einer äußeren und einer inneren Schleife. Die äußere Schleife arbeitet hier mit der Schleifenvariablen `i`, die von 0 bis 6 läuft. Die innere Schleife arbeitet hier mit der Schleifenvariablen `k`, die von 0 bis 2 läuft.

Geschachtelte Schleife

- Eine solche geschachtelte Schleife hat folgenden Ablauf: `i` erhält den Wert 0, `k` durchläuft dann die Werte 0 bis 2, dann erhält `i` den Wert 1, und `k` erhält wieder die Werte von 0 bis 2 usw.
- Auf diese Weise werden alle 21 Elemente des zweidimensionalen Felds erreicht. Das jeweils aktuelle Element `T(i,k)` erhält seinen Wert wieder über den Zufallsgenerator.
- Anschließend werden die drei neuen Werte ihren jeweiligen Listenfeldern mit `Items.Add()` hinzugefügt.
- Das Feld wird auf diese Weise vollständig erzeugt und angezeigt.

Wählt der Benutzer eines der Elemente per Mausklick an, werden dessen Indizes in einem Label angezeigt, siehe Abbildung 4.21.

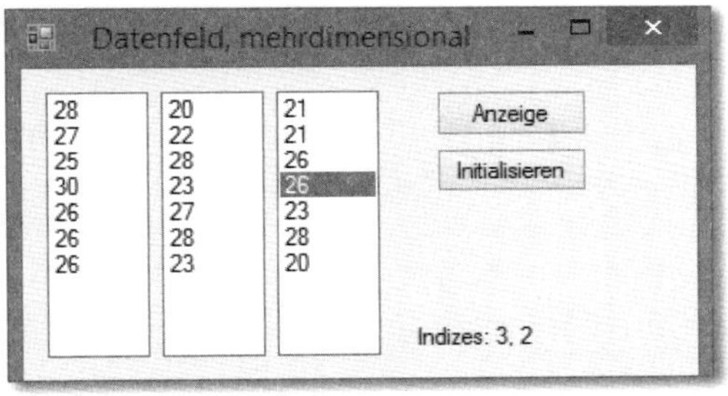

Abbildung 4.21 Indizes des ausgewählten Elements

Zur Anzeige der Indizes dienen die drei folgenden Prozeduren (ebenfalls im Projekt *DatenfeldMehrdimensional*):

```
Public Class Form1
[...]
    Private Sub lstSpalte0_Click(...) Handles ...
        lstSpalte1.SelectedIndex = -1
        lstSpalte2.SelectedIndex = -1
        lblAnzeige.Text = "Indizes: " &
            lstSpalte0.SelectedIndex & ", 0"
    End Sub

    Private Sub lstSpalte1_Click(...) Handles ...
        lstSpalte0.SelectedIndex = -1
        lstSpalte2.SelectedIndex = -1
        lblAnzeige.Text = "Indizes: " &
            lstSpalte1.SelectedIndex & ", 1"
    End Sub
```

```
    Private Sub lstSpalte2_Click(...) Handles ...
        lstSpalte0.SelectedIndex = -1
        lstSpalte1.SelectedIndex = -1
        lblAnzeige.Text = "Indizes: " &
            lstSpalte2.SelectedIndex & ", 2"
    End Sub
End Class
```

Listing 4.16 Projekt »DatenfeldMehrdimensional«, Indizes anzeigen

Zur Erläuterung:

- Bei einem Mausklick auf ein Element der ersten Liste werden zunächst eventuell vorhandene Markierungen in der zweiten oder dritten Liste entfernt, indem Sie die Eigenschaft `SelectedIndex` der beiden Listen jeweils auf –1 setzen.
- Anschließend werden der Index des markierten Elements und der Index des Listenfelds (0, 1 oder 2) im Label angezeigt.

Weitere Möglichkeiten:

- Wie bereits erwähnt, können ein- oder mehrdimensionale Felder beliebiger Datentypen deklariert werden.

Dreidimensional

- Haben Sie nicht nur sieben Messungen an drei Orten, sondern auch noch Messungen an z. B. 31 Tagen, benötigen Sie eine dritte Dimension. Die Deklaration sähe dann wie folgt aus: `Dim T(6, 2, 30) As Integer`. Es ergeben sich also 7 × 3 × 31 Elemente.

Vierdimensional

- Dieses Beispiel lässt sich leicht erweitern: Wie bisher haben wir sieben Messungen an drei Orten an 31 Tagen. Es wird aber jeweils nicht nur die Temperatur, sondern auch die Windrichtung, die Windgeschwindigkeit und die Luftfeuchtigkeit gemessen. Dazu benötigen Sie ein vierdimensionales Feld, das wie folgt deklariert wird: `Dim T(6, 2, 30, 3) As Integer` (oder besser: `As Single`).
- Sie sehen, dass Datenfelder nahezu unbegrenzte Möglichkeiten zur Speicherung und Verarbeitung größerer Datenmengen bieten. Der Begriff *Speicherung* ist hier natürlich nur bedingt, nämlich für die Speicherung während der Verarbeitung zu verstehen. Für eine dauerhafte Speicherung auf Festplatte benötigen Sie Dateien (siehe Abschnitt 6.3) oder besser noch Datenbanken (siehe Kapitel 8).

Übung

Übung ÜDatenfeld-Eindimensional

Schreiben Sie ein Programm, in dem den Elementen eines eindimensionalen Felds, das zehn `Integer`-Werte beinhaltet, zufällige Werte zugewiesen werden. Anschließend sollen alle Positionen des kleinsten Feldelements ermittelt und ausgegeben werden, wie in Abbildung 4.22.

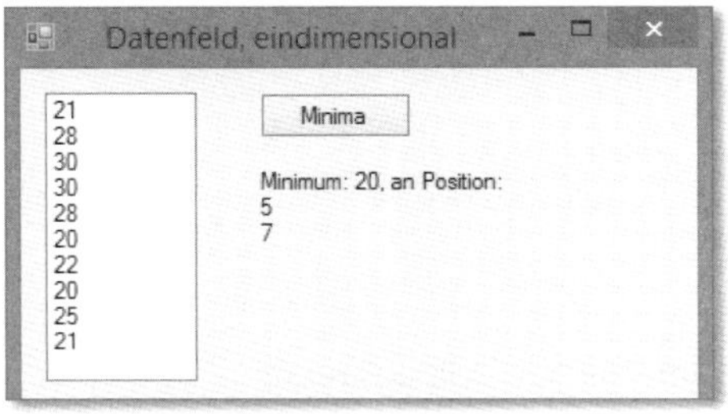

Abbildung 4.22 Übung ÜDatenfeldEindimensional

Übung

Übung ÜDatenfeld-Mehrdimensional

Schreiben Sie ein Programm, in dem den Elementen eines dreidimensionalen Felds, das 6 × 3 × 4 `Integer`-Werte beinhaltet, zufällige Werte zugewiesen werden. Anschließend sollen alle Positionen des kleinsten Elements des Felds ermittelt und ausgegeben werden, wie in Abbildung 4.23.

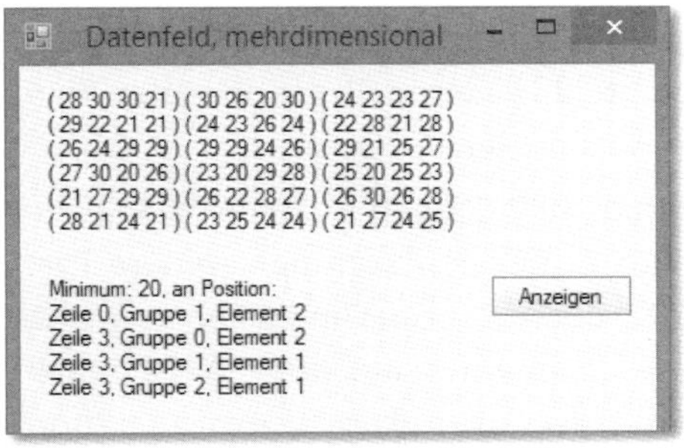

Abbildung 4.23 Übung ÜDatenfeldMehrdimensional

4.5.5 Datenfelder initialisieren

Geschweifte Klammern

Datenfelder können auch direkt bei ihrer Erzeugung mit Werten besetzt werden. Statt der Größe der einzelnen Dimensionen gibt man die Elemente an. Für jede Dimension wird dabei ein Paar geschweifter Klammern `{ }` benötigt. Siehe hierzu das folgende Beispiel (ebenfalls im Projekt *DatenfeldMehrdimensional*):

```
Public Class Form1
[...]
    Private Sub cmdInit_Click(...) Handles ...
        Dim T() As Integer = {0, 5, -2, 7}
        Dim U(,) As Integer =
            {{6, 2, 8}, {9, 6, -3}}
        Dim V(,,) As Integer =
            {{{9, -3, 2}, {2, 1, -5}},
             {{3, 9, 8}, {6, 3, -8}}}
        lblAnzeige.Text = U(1, 2) & ", " & V(1, 1, 2)
    End Sub
End Class
```

Listing 4.17 Projekt »DatenfeldMehrdimensional«, Initialisierung

Zur Erläuterung:

- Das Feld T ist eindimensional und hat vier Elemente. Die einzelnen Elemente werden durch Kommata voneinander getrennt. Das gesamte Feld steht innerhalb eines Paares geschweifter Klammern. Das erste Element hat den Index 0 usw.
- Das Feld U ist zweidimensional und hat 2 Zeilen × 3 Spalten mit insgesamt 6 Elementen. Die Elemente einer Zeile stehen in geschweiften Klammern. Die beiden Zeilen des Felds sind durch ein Komma voneinander getrennt. Das gesamte Feld steht wiederum in geschweiften Klammern. Angezeigt wird der letzte Wert der letzten Zeile: –3.
- Das Feld V ist dreidimensional und hat 2 Ebenen × 2 Zeilen × 3 Spalten mit insgesamt 12 Elementen. Pro Dimension kommen weitere Paare geschweifter Klammern hinzu. Mit der Anzahl an Dimensionen wird die Zuordnung der Werte zu den Feldelementen auf diese Weise zunehmend schwieriger. Empfehlenswert ist daher eher die explizite Zuordnung durch einzelne Zuweisungen. Angezeigt wird der letzte Wert der letzten Zeile der letzten Ebene: –8.

4.5.6 Datenfelder sind dynamisch

Steht zum Zeitpunkt des Programmstarts noch nicht fest, wie viele Variablen in einem Feld gespeichert werden sollen, können Sie auch dafür sorgen, dass sich die Größe zur Laufzeit verändern lässt. Das gilt sowohl für eindimensionale als auch für mehrdimensionale Felder.

ReDim, Preserve

Die Größenveränderung (Redimensionierung, Schlüsselwort `ReDim`) kann mehrmals geschehen. Mithilfe von `Preserve` vereinbaren Sie, dass die bereits vorhandenen Werte erhalten bleiben sollen.

Im folgenden Beispiel wird ein Feld mit klassenweiter Gültigkeit deklariert und ausgegeben, siehe Abbildung 4.24. Seine gewünschte Größe kann anschließend vom Benutzer mit (siehe Abbildung 4.25) oder ohne (siehe Abbildung 4.26) `Preserve` geändert werden (Projekt *DatenfeldDynamisch*).

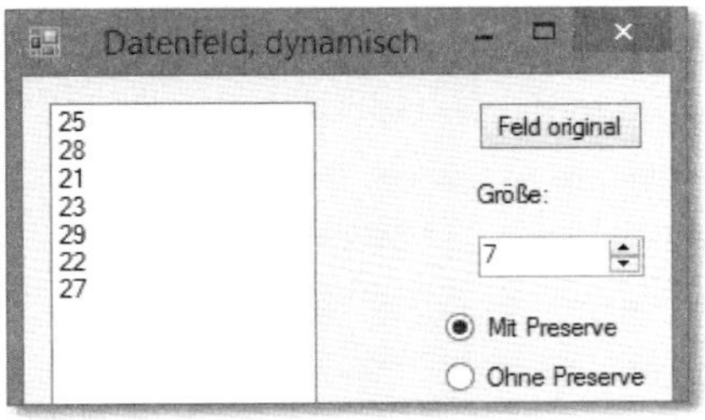

Abbildung 4.24 Feld in ursprünglicher Größe

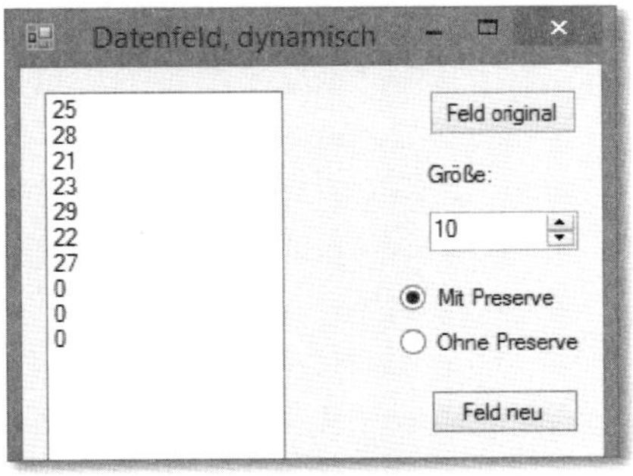

Abbildung 4.25 Vergrößerung auf zehn Elemente, mit Preserve

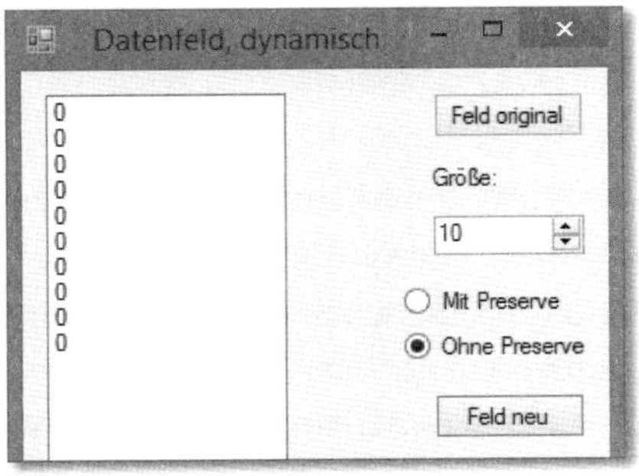

Abbildung 4.26 Vergrößerung auf zehn Elemente, ohne Preserve

Der Programmcode:

```
Public Class Form1
    Dim T(6) As Integer

    Private Sub Form1_Load(...) Handles MyBase.Load
        Randomize()
    End Sub

    Private Sub cmdOriginal_Click(...) Handles ...
        Dim i As Integer
        lstFeld.Items.Clear()
        For i = 0 To 6
            T(i) = Rnd() * 10 + 20
            lstFeld.Items.Add(T(i))
        Next i
    End Sub

    Private Sub cmdNeu_Click(...) Handles ...
        If optMitPreserve.Checked Then
            ReDim Preserve T(numGröße.Value - 1)
        Else
            ReDim T(numGröße.Value - 1)
        End If
        lstFeld.Items.Clear()
        For i = 0 To T.GetUpperBound(0)
            lstFeld.Items.Add(T(i))
        Next i
    End Sub
End Class
```

Listing 4.18 Projekt »DatenfeldDynamisch«

Zur Erläuterung:

- Das Feld `T` wird zunächst *original* klassenweit gültig mit sieben Elementen deklariert, damit es in allen Prozeduren zur Verfügung steht.
- Die aktuelle Anzahl der Elemente wird im Zahlenauswahlfeld angezeigt. Dieses Feld ist hier auf die Eigenschaftswerte `Minimum = 1` bzw. `Maximum = 30` begrenzt. Ein Feld mit weniger als einem Element ergibt keinen Sinn.

- In der Prozedur `cmdOriginal_Click()` wird das Feld gefüllt und ausgegeben.
- In der Prozedur `cmdNeu_Click()` wird zunächst geprüft, ob die Größenänderung *mit Preserve* oder *ohne Preserve* erfolgen soll.
- Hat der Benutzer *mit Preserve* gewählt, wird der eingestellte Wert des Zahlenauswahlfelds (Eigenschaft `Value`) ermittelt. Das Feld `T` wird in der gewünschten Größe mit der Anweisung `ReDim Preserve T(numGröße.Value - 1)` geändert und neu angezeigt.

ReDim

4

- Zur Anzeige wird wiederum eine Schleife verwendet. Diese Schleife läuft von `0` bis `T.GetUpperBound(0)`. Die Methode `GetUpperBound()` ermittelt den größten Index eines Felds für die angegebene Dimension. Bei einem eindimensionalen Feld gibt es ausschließlich die Dimension 0. Da die Feldgröße durch den Benutzer eingestellt wurde, ist sie zur Entwicklungszeit unbekannt und muss auf diese Weise ermittelt werden.

GetUpperBound()

- Wurde das Feld vergrößert, werden die bereits vorhandenen Werte, ergänzt um die Werte der neuen Elemente, angezeigt. Den neuen Elementen wurde noch kein Wert zugewiesen, daher haben sie den Wert 0.
- Wenn das Feld verkleinert wurde, dann werden nur noch die Werte der verbliebenen Elemente angezeigt. Die restlichen Elemente wurden gelöscht.
- Wenn der Benutzer *ohne Preserve* gewählt hat, dann wird das Feld ebenfalls in seiner neuen Größe angezeigt. Alle Elemente haben den Wert 0, die Originalwerte sind verloren.

4.5.7 Collections initialisieren

Oberbegriff

Collections ist ein Oberbegriff für Datenstrukturen, die mehrere Variablen bzw. Objekte umfassen. Die in den vorherigen Abschnitten behandelten Datenfelder gehören ebenfalls zu den Collections. Mit Visual Basic 2010 wurde eine vereinfachte Vorgehensweise zur Initialisierung von Collections eingeführt.

Das soll im Projekt *CollectionInitialisierer* mithilfe einiger Datenfelder erläutert werden. Es ist nun möglich, sowohl die Größe als auch den Datentyp der Datenstruktur *implizit*, also mithilfe der gelieferten Werte, festzulegen.

```
Public Class Form1
    Private Sub cmdAnzeige_Click(...) Handles ...
        Dim It = {3, 4, 5}
        Dim Db = {3.2, 4, 5.8}
```

```
        Dim St = {"Bern", "Genf", "Lausanne"}
        Dim Gem = {5, 6.2, "Basel"}
        Dim ZweiDim = {{3, 4, 5}, {8, 7, 6}}
        Dim i, j As Integer

        lblA.Text = ""
        For i = 0 To It.Count - 1
            lblA.Text &= "It(" & i & "): " &
                It(i) & vbCrLf
        Next
        For i = 0 To Db.Count - 1
            lblA.Text &= "Db(" & i & "): " &
                Db(i) & vbCrLf
        Next

        For i = 0 To St.Count - 1
            lblA.Text &= "St(" & i & "): " &
                St(i) & vbCrLf
        Next

        For i = 0 To Gem.Count - 1
            lblA.Text &= "Gem(" & i & "): " &
                Gem(i) & vbCrLf
        Next

        For i = 0 To ZweiDim.GetUpperBound(0)
            For j = 0 To ZweiDim.GetUpperBound(1)
                lblA.Text &=
                    "ZweiDim(" & i & "," & j & "): " &
                    ZweiDim(i, j) & vbCrLf
            Next j
        Next i
    End Sub
End Class
```

Listing 4.19 Projekt »CollectionInitialisierer«

Zur Erläuterung:

Datentyp erkannt

- Das Datenfeld It hat drei Elemente und wird als Feld vom Datentyp Integer erkannt, da innerhalb der geschweiften Klammern nur ganze Zahlen stehen.

- Das Datenfeld `Db` wird als Feld vom Datentyp `Double` erkannt, da innerhalb der geschweiften Klammern nur Zahlen stehen, davon mindestens eine Zahl mit Nachkommastellen.
- Das Datenfeld `St` wird als Feld vom Datentyp `String` erkannt, da innerhalb der geschweiften Klammern mindestens eine Zahl mit Nachkommastellen steht.
- Das Datenfeld `Gem` wird als Feld vom Datentyp `Object` erkannt. Das ist der Datentyp, der allen Datentypen zugrunde liegt. Da sowohl Zahlen als auch Zeichenketten innerhalb der geschweiften Klammern stehen, wird dieser Datentyp gewählt.
- Mit einem Datenfeld vom Typ `Object` ist es also möglich, Daten unterschiedlichen Typs in einem Feld zu vereinigen. Allerdings wird die Verarbeitung der Daten erschwert, da die jeweiligen datentyp-spezifischen Operationen nur über einen Umweg bereitstehen.
- Mehrdimensionale Felder sind ebenfalls möglich, wie das Feld `ZweiDim` zeigt. Die Initialisierung des zweidimensionalen Datenfelds vom Typ `Integer` gelingt mit geschachtelten, geschweiften Klammern, ähnlich wie in Abschnitt 4.5.5 gezeigt.

Die Ausgabe wird in Abbildung 4.27 gezeigt.

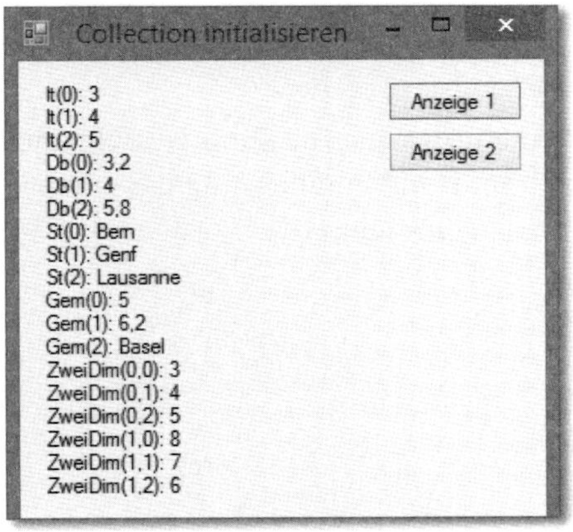

Abbildung 4.27 Collections initialisieren

4.5.8 For-Each-Schleife

Im Zusammenhang mit Collections können Sie auch die `For...Each`-Schleife anwenden. Ein Beispiel, ebenfalls im Projekt *CollectionInitialisierer*:

```
Public Class Form1
[...]
    Private Sub cmdAnzeige2_Click(...) Handles ...
        Dim Db = {3.2, 4, 5.8}
        Dim DbZahl As Double

        lblA.Text = ""
        For Each DbZahl In Db
            lblA.Text &= "DbZahl: " & DbZahl
            DbZahl = DbZahl + 10
            lblA.Text &= ", verändert: " & DbZahl & vbCrLf
        Next
        For i = 0 To Db.Count - 1
            lblA.Text &= "Db(" & i & "): " &
                Db(i) & vbCrLf
        Next
    End Sub
End Class
```

Listing 4.20 Projekt »CollectionInitialisierer«, For-Each-Schleife

Zur Erläuterung:

For-Each

- Bei der Ausgabe wird als Alternative diesmal die `For-Each`-Schleife verwendet. Ein einzelnes Element der Collection `Db` wird in die Variable `DbZahl` kopiert. Diese wird anschließend ausgegeben.

Kopie

- Sie können in Abbildung 4.28 erkennen, dass es eine Kopie ist, denn eine Veränderung der Variablen `DbZahl` hat keine Veränderung des entsprechenden Elements aus der Collection `Db` zur Folge.

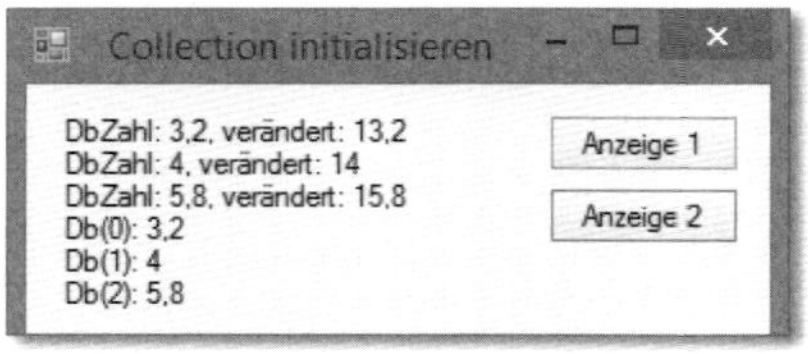

Abbildung 4.28 For-Each-Schleife

4.6 Datenstruktur ArrayList

Leichter ändern

Eine *ArrayList* ähnelt einem Datenfeld. Allerdings können Elemente leichter hinzugefügt, eingefügt oder entfernt werden. Eine ArrayList kann außerdem Elemente ganz unterschiedlichen Typs enthalten. Das können z. B. auch Verweise auf Steuerelemente oder auf andere Objekte sein. Die einzelnen Elemente haben einen Index.

4.6.1 ArrayList mit einfachen Typen

Im Projekt *DSArrayList* (siehe auch Abbildung 4.29) werden zunächst einige Operationen mit ArrayLists verdeutlicht, die Variablen einfacher Typen wie Zahlen oder Zeichenketten beinhalten.

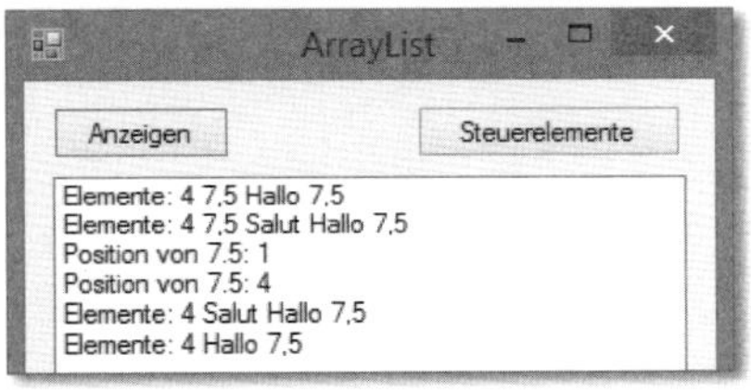

Abbildung 4.29 Operationen mit einer ArrayList

Der Programmcode:

```
Public Class Form1
    Dim a As New ArrayList

    Private Sub cmdAnzeigen_Click(...) Handles ...
        lstA.Items.Clear()
        a.Clear()

        ' Elemente hinzufügen
        a.Add(4)
        a.Add(7.5)
        a.Add("Hallo")
        a.Add(7.5)
        Ausgabe()

        ' Elemente einfügen
        a.Insert(2, "Salut")
        Ausgabe()

        ' Elemente suchen
        lstA.Items.Add("Position von 7.5: " &
```

```
            a.IndexOf(7.5))
        lstA.Items.Add("Position von 7.5: " &
            a.LastIndexOf(7.5))

        ' Element mit bestimmtem Wert entfernen
        a.Remove(7.5)
        Ausgabe()

        ' Element an bestimmter Position entfernen
        a.RemoveAt(1)
        Ausgabe()
    End Sub

    Private Sub Ausgabe()
        Dim aus As String
        Dim i As Integer

        aus = "Elemente: "
        For i = 0 To a.Count - 1
            aus &= a(i) & " "
        Next
        lstA.Items.Add(aus)
    End Sub
End Class
```

Listing 4.21 Projekt »DSArrayList«, Teil 1

Zur Erläuterung:

- Die ArrayList a wurde mit klassenweiter Gültigkeit deklariert. ArrayLists können aber auch innerhalb einer Prozedur deklariert werden.
- Die ListBox zur Ausgabe und die ArrayList werden jeweils mithilfe der Methode `Clear()` geleert. Das ist nützlich, falls der Benutzer mehrmals den Button betätigt.
- **Add()** Die Methode `Add()` dient zum Hinzufügen von Elementen an das Ende der ArrayList.
- In der allgemeinen Prozedur `Ausgabe()` wird die ArrayList mithilfe einer `For`-Schleife durchlaufen.
- **Insert()** Mit Hilfe der Methode `Insert()` können Elemente an beliebiger Stelle mit Hilfe des Index eingefügt werden. Alle Elemente hinter dem eingefügten Element rücken nach hinten, der Index wird jeweils um 1 erhöht.

- Die Methode `Remove()` dient zum Löschen des ersten Elements, das den angegebenen Wert hat. Alle Elemente hinter dem gelöschten Element rücken nach vorne, der Index wird jeweils um 1 vermindert. **Remove()**
- Durch die Methode `RemoveAt()` können Elemente mithilfe des Index gelöscht werden. Wie bei `Remove()` rücken alle Elemente hinter dem gelöschten Element nach vorne, der Index wird um 1 vermindert. **RemoveAt()**

4.6.2 ArrayList mit Objekten

Es folgt eine ArrayList mit Verweisen auf Objekte. In diesem Falle handelt es sich um Verweise auf Steuerelemente, ebenfalls im Projekt *DSArrayList*. Zunächst das Programm:

```
Private Sub cmdSteuerelemente_Click(...) Handles ...
    lstA.Items.Clear()
    a.Clear()

    a.Add(cmdAnzeigen)
    a.Add(lstA)
    a.Add(Me)

    For i = 0 To a.Count - 1
        lstA.Items.Add(a(i).Size.Width)
    Next
End Sub
```

Listing 4.22 Projekt »DSArrayList", Teil 2

In der ArrayList werden nacheinander Verweise auf den ersten Button, die ListBox und das Formular aufgenommen. Innerhalb der Schleife wird die Breite der einzelnen Steuerelemente ausgegeben, siehe Abbildung 4.30.

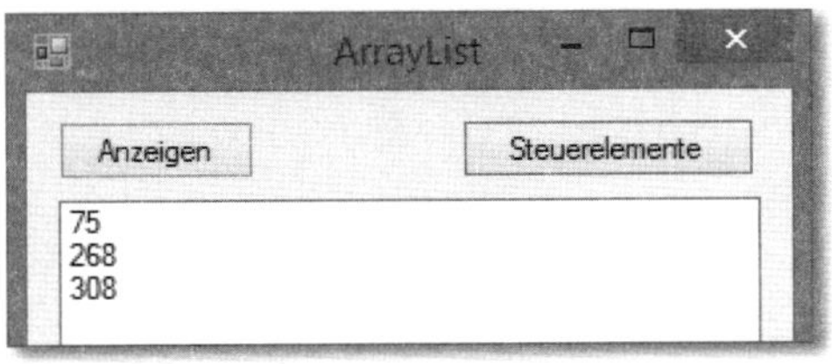

Abbildung 4.30 ArrayList mit Verweisen auf Steuerelemente

4.7 Benutzerdefinierte Datentypen

Strukturen

Benutzerdefinierte Datentypen werden auch Strukturen genannt. In Strukturen werden Variablen unterschiedlichen Datentyps zusammengefasst, die sachlich zusammengehören. Der Entwurf eines benutzerdefinierten Datentyps geschieht im Deklarationsteil eines Moduls, der Gültigkeitsbereich kann mit `Private` oder `Public` geregelt werden.

Daten zusammenfassen

Strukturen können in Visual Basic .NET allerdings noch wesentlich mehr. Sie ähneln eher einer Klasse. Klassen werden in Kapitel 5, »Objektorientierte Programmierung«, noch ausführlich vorgestellt. Möchten Sie zunächst aber nur Daten unterschiedlichen Typs zu einer logischen Einheit zusammenfassen, reichen die hier vorgestellten Möglichkeiten aus.

Im folgenden Beispiel im Projekt *Strukturen* wird eine Struktur klassenweit gültig definiert. Innerhalb einer Prozedur werden zwei Variablen dieses benutzerdefinierten Datentyps deklariert. Den Komponenten (also Bestandteilen) einer Variablen dieses Typs werden Werte zugewiesen, anschließend wird der gesamte *Datensatz* in eine andere Variable des gleichen Typs kopiert. Diese Variable wird ausgegeben, siehe Abbildung 4.31.

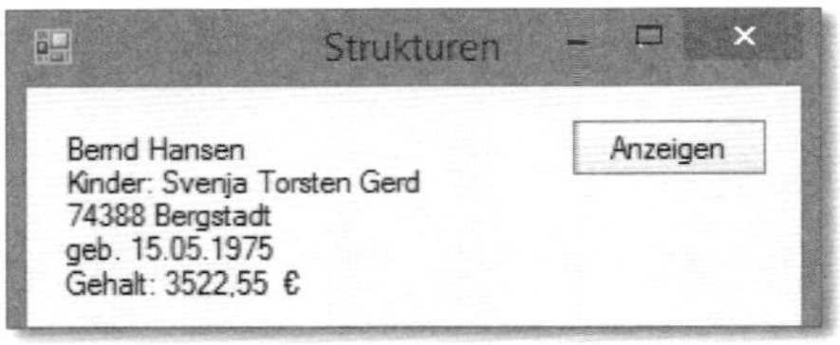

Abbildung 4.31 Strukturen

Der zugehörige Code:

```
Public Class Form1
    Structure Person
        Dim Nachname As String
        Dim Vorname As String
        Dim Kind() As String
        Dim PLZ As Integer
        Dim Ort As String
        Dim GebDatum As Date
        Dim Gehalt As Single
    End Structure
```

```
    Private Sub cmdAnzeigen_Click(...) Handles ...
        Dim PA As Person
        Dim PB As Person
        Dim i As Integer

       ' Zuweisung zu PA
        PA.Nachname = "Hansen"
        PA.Vorname = "Bernd"
        ReDim PA.Kind(3)
        PA.Kind(0) = "Svenja"
        PA.Kind(1) = "Torsten"
        PA.Kind(2) = "Gerd"
        PA.PLZ = 74388
        PA.Ort = "Bergstadt"
        PA.GebDatum = "15.05.1975"
        PA.Gehalt = 3522.55

        ' Zuweisung zu PB
        PB = PA

        ' Ausgabe
        lblAnzeige.Text = PB.Vorname & " " &
            PB.Nachname & vbCrLf & "Kinder: "
        For i = 0 To PB.Kind.GetUpperBound(0)
            lblAnzeige.Text &= PB.Kind(i) & " "
        Next
        lblAnzeige.Text &= vbCrLf & PB.PLZ & " " &
            PB.Ort & vbCrLf & "geb. " & PB.GebDatum &
            vbCrLf & "Gehalt: " & PB.Gehalt & "  €"
    End Sub
End Class
```

Listing 4.23 Projekt »Strukturen«

Zur Erläuterung:

Structure

- Innerhalb von `Structure ... End Structure` wird der Aufbau des benutzerdefinierten Datentyps festgelegt. Eine Strukturdefinition muss immer klassenweit gültig vorgenommen werden. Im vorliegenden Beispiel handelt es sich um die Definition für einen Datensatz für Personendaten.

- Ein solcher Datensatz besteht aus sieben Elementen. Diese haben unterschiedliche Datentypen (`Integer`, `String`, `Date`, `Single`). Eines der Elemente ist ein Datenfeld. Bei der Definition eines Datenfelds innerhalb einer Struktur darf die Größe noch nicht festgelegt werden. Das kann erst bei der Deklaration einer Variablen dieses Datentyps erfolgen.
- In der Prozedur `cmdAnzeigen_Click()` werden zwei Variablen (`PA` und `PB`) des benutzerdefinierten Datentyps deklariert. Diese Deklaration wird analog zur Deklaration einer Variablen eines Basis-Datentyps vorgenommen.
- Hinweis: Sie können auch Felder von Variablen eines benutzerdefinierten Datentyps deklarieren.
- Den Komponenten der ersten Variablen werden Werte zugewiesen. Dabei werden die Komponenten in der Form `Variablenname.Komponentenname` angesprochen, damit klar ist, welcher Variablen ein Vorname, ein Nachname usw. zugewiesen wird.
- Der Eigenschaft eines Steuerelements wird mit der gleichen Schreibweise ein Wert zugewiesen. Tatsächlich handelt es sich auch aus der objektorientierten Sicht um nichts anderes: *Objekt.Eigenschaft = Wert*. Steuerelemente oder Variablen eines benutzerdefinierten Datentyps sind Objekte, die gemäß einer (Klassen-)Definition erstellt wurden.

ReDim

- Eine Besonderheit: Bei der Komponente `Kind` handelt es sich um ein Feld, dessen Größe noch nicht festgelegt wurde. Vor der Zuweisung einzelner Feldelemente muss die Größe allerdings gewählt werden, mithilfe von `ReDim`. Natürlich kann auch ein solches Feld noch seine Größe zu einem späteren Zeitpunkt der Laufzeit verändern (siehe Abschnitt 4.5.6).

Einfaches Kopieren

- Die Zuweisung `PB = PA` sorgt dafür, dass der gesamte Datensatz `PA` mit allen Komponenten in `PB` kopiert wird.
- Zu guter Letzt werden alle Komponenten von `PB` ausgegeben.
- Bei der Komponente `Kind` werden die einzelnen Feldelemente mithilfe einer Schleife ausgegeben. Dabei kommt die Methode `GetUpperBound()` zur Ermittlung des höchsten Feld-Index zum Einsatz.

With

Als übersichtliche Alternative hätte sich auch die Benutzung von `With` angeboten (siehe Abschnitt 2.6.3). Die Komponenten der ersten Variablen hätten dann wie folgt ihre Werte erhalten:

```
ReDim PA.Kind(3)
With PA
    .Nachname = "Hansen"
    .Vorname = "Bernd"
    .Kind(0) = "Svenja"
    .Kind(1) = "Torsten"
    .Kind(2) = "Gerd"
    .PLZ = 74388
    .Ort = "Bergstadt"
    .GebDatum = "15.05.1975"
    .Gehalt = 3522.55
End With
```


4.8 Prozeduren und Funktionen

In Visual Basic haben Sie als Entwickler die Möglichkeit, eigene Prozeduren und Funktionen zu schreiben. Das hat folgende Vorteile:

- Gleiche oder ähnliche Vorgänge müssen nur einmal beschrieben werden und können dann beliebig oft ausgeführt werden.
- Umfangreiche Programme werden modularisiert, d.h., sie werden in kleinere Bestandteile zerlegt, die übersichtlicher sind und einfacher gewartet werden können.

Modularisierung

Im Wesentlichen unterscheiden sich Funktionen von Prozeduren dadurch, dass sie nicht nur eine Reihe von Anweisungen ausführen, sondern auch einen Funktionswert, beispielsweise das Ergebnis einer Berechnung, zurückliefern können.

Methoden

Im Zusammenhang mit der Objektorientierung wurde bereits der Begriff der *Methode* verwendet. Methoden sind Funktionen, die auf ein bestimmtes Objekt oder eine bestimmte Klasse bezogen sind. Sie verfügen über die Möglichkeiten von Prozeduren und Funktionen und weitergehende Möglichkeiten.

4.8.1 Prozeduren

In einer Prozedur sind Anweisungen zusammengefasst, die als logische Einheit zusammen ausgeführt werden sollen. Durch eine klare Aufgabenteilung zwischen verschiedenen Prozeduren wird der Programmcode übersichtlicher und kann einfacher gewartet werden. Wir haben bereits Ereignisprozeduren und (in einem kleinen Beispiel) allgemeine Prozeduren kennengelernt.

Allgemeine Prozedur Allgemeine Prozeduren sind nicht mit Ereignissen verbunden und haben folgenden (vereinfachten) Aufbau:

```
Sub Prozedurname (Argumentliste)
   [ Anweisungsblock ]
   [ Exit Sub ]
   [ Anweisungsblock ]
End Sub
```

Argumente Besteht die Argumentliste aus mehreren Argumenten, werden diese durch Kommata voneinander getrennt.

Exit Sub Die Anweisung `Exit Sub` kann eingesetzt werden, um die Prozedur aufgrund einer speziellen Bedingung sofort und nicht erst am Ende zu verlassen.

Der Aufruf erfolgt üblicherweise wie folgt:

```
Prozedurname(Argumentliste)
```

Parameter Hinweis: Statt des Begriffs *Argument* (bzw. *Argumentliste*) wird auch häufig der Begriff *Parameter* (bzw. *Parameterliste*) verwendet.

Im nachfolgenden Beispiel wird die Prozedur `ZeigeMaximum()` von zwei verschiedenen Stellen aus aufgerufen. Sie berechnet jeweils das Maximum der beiden übergebenen Argumente und gibt dieses aus (Projekt *Prozeduren*).

```
Public Class Form1
    Private Sub cmdAnzeige1_Click(...) Handles ...
        Dim a As Double
        Dim b As Double
        a = 4.5
        b = 7.2
        ZeigeMaximum(a, b)
    End Sub

    Private Sub cmdAnzeige2_Click(...) Handles ...
        Dim c As Double
        Dim d As Double
```

```
        c = 23.9
        d = 5.6
        ZeigeMaximum(c, d)
    End Sub

    Sub ZeigeMaximum(x As Double, y As Double)
        If x > y Then
            lblAnzeige.Text = x
        Else
            lblAnzeige.Text = y
        End If
    End Sub
End Class
```

Listing 4.24 Projekt »Prozeduren«

Zur Erläuterung:

- Die Prozedur `ZeigeMaximum()` hat zwei Argumente, die beiden `Double`-Variablen `x` und `y`. Folglich muss die Prozedur auch mit zwei (möglichst `Double`-)Variablen aufgerufen werden, denn sie erwartet das.
- In der ersten Ereignisprozedur wird die Prozedur `ZeigeMaximum()` mit den Variablen `a` und `b`, in der zweiten Ereignisprozedur mit den Variablen `c` und `d` aufgerufen. Genauer gesagt werden der Prozedur `ZeigeMaximum()` nicht die Variablen selbst, sondern deren Werte übergeben. Das nennt man auch Übergabe per Wert (engl.: *By Value*). Im Unterschied dazu gibt es auch eine Übergabe per Referenz (siehe hierzu Abschnitt 4.8.2).

Übergabe per Wert

- In beiden Fällen werden also zwei Zahlenwerte an `x` und `y` übergeben. Innerhalb der Prozedur wird mithilfe einer Verzweigung das Maximum dieser beiden Zahlen ermittelt und ausgegeben. Anschließend endet die Prozedur `ZeigeMaximum()`, und der Programmablauf kehrt zur aufrufenden Ereignisprozedur zurück.
- Die Variablen, mit denen eine Prozedur aufgerufen wird, müssen also nicht die gleichen Namen haben wie die Variablen, die zur Speicherung der übergebenen Werte bereitstehen. Prozeduren werden im Allgemeinen von beliebigen Stellen des Programms aus mit unterschiedlichen Argumenten wiederholt aufgerufen.
- Wichtig ist hierbei, dass Anzahl, Reihenfolge und Datentyp der Argumente übereinstimmen.

Anzahl, Reihenfolge und Datentyp

An dieser Stelle soll noch einmal das Thema *Gültigkeitsbereich von Variablen* verdeutlicht werden:

Lokal

- Die beiden lokalen Variablen a und b sind nur innerhalb der ersten Ereignisprozedur bekannt und gültig. Bezogen auf die zweite Ereignisprozedur trifft das für die beiden lokalen Variablen c und d zu.
- Ebenso gilt das für die beiden Parameter x und y, bezogen auf die allgemeine Prozedur `ZeigeMaximum()`.
- Somit kann es nicht zu Verwechslungen kommen. Selbst wenn einzelne Variablennamen in mehr als einer Prozedur vorkommen, ist die Eindeutigkeit aufgrund des Gültigkeitsbereichs gegeben.

4.8.2 Übergabe per Referenz

Visual Basic geht auf Nummer sicher: Argumente werden standardmäßig per Wert übergeben. Dadurch wird dafür gesorgt, dass bei den Basis-Datentypen eine Veränderung der Argumente in der Prozedur (oder Funktion) keine Rückwirkung auf die Originalvariable hat.

ByRef

Wenn Sie allerdings wünschen, dass es solche Rückwirkungen gibt, dann müssen Sie vor der betreffenden Variablen das Schlüsselwort `ByRef` einfügen. Das bedeutet, dass eine Referenz auf die Original-Variable an die Prozedur (oder Funktion) übergeben wird. Über diese Referenz kann die Original-Variable verändert werden.

Im nachfolgenden Programm im Projekt *ReferenzÜbergabe* werden beide Möglichkeiten einander gegenübergestellt, siehe Abbildung 4.32 und Abbildung 4.33.

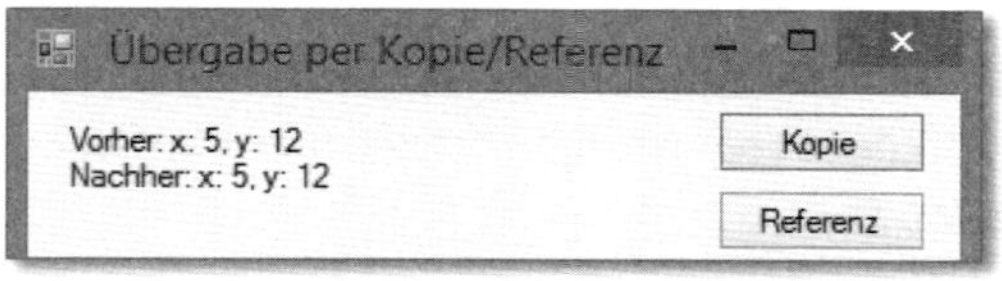

Abbildung 4.32 Übergabe per Kopie

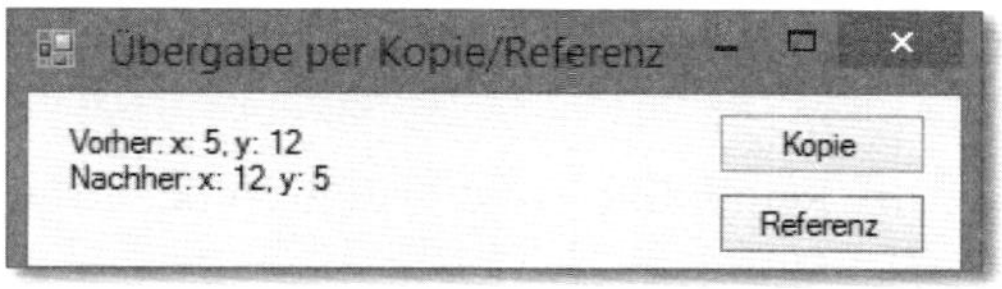

Abbildung 4.33 Übergabe per Referenz

Der Programmcode:

```
Public Class Form1
    Private Sub cmdKopie_Click(...) Handles ...
        Dim x, y As Integer
        x = 5
        y = 12
        lblAnzeige.Text = "Vorher: x: " & x &
            ", y: " & y
        TauscheKopie(x, y)
        lblAnzeige.Text &= vbCrLf &
            "Nachher: x: " & x & ", y: " & y
    End Sub

    Private Sub cmdReferenz_Click(...) Handles ...
        Dim x, y As Integer
        x = 5
        y = 12
        lblAnzeige.Text = "Vorher: x: " & x &
            ", y: " & y
        TauscheReferenz(x, y)
        lblAnzeige.Text &= vbCrLf &
            "Nachher: x: " & x & ", y: " & y
    End Sub

    Sub TauscheKopie(a As Integer, b As Integer)
        Dim c As Integer
        c = a
        a = b
        b = c
    End Sub

    Sub TauscheReferenz(ByRef a As Integer,
                        ByRef b As Integer)
        Dim c As Integer
        c = a
        a = b
        b = c
    End Sub
End Class
```

Listing 4.25 Projekt »ReferenzÜbergabe«

Zur Erläuterung:

- In den beiden Ereignisprozeduren cmdKopie() und cmdReferenz() werden jeweils zwei Integer-Variablen mit Startwerten belegt. Anschließend wird jeweils eine Prozedur aufgerufen (TauscheKopie() bzw. TauscheReferenz()). Schließlich werden die Endwerte der beiden Variablen ausgegeben.
- In den beiden aufgerufenen Prozeduren werden jeweils die beiden übergebenen Variablen mithilfe einer dritten Variablen vertauscht (Ringtausch).
- ByVal — Im Fall der Prozedur TauscheKopie() wurden die Argumente per Wert übergeben. Man hätte auch das Schlüsselwort ByVal vor die Variablennamen setzen können. Das ist aber der Standard, daher kann man es weglassen. Die Endwerte stimmen mit den Startwerten überein, denn der Tausch hat nur intern in der Prozedur TauscheKopie() stattgefunden, er hat keine Wirkung nach außen.
- Im Kopf der Prozedur TauscheReferenz() wurde ByRef verwendet. Die Endwerte stimmen nicht mehr mit den Startwerten überein, der Tausch hat eine dauerhafte Auswirkung auf die beiden Original-Variablen.

4.8.3 Funktionen

Funktionen haben folgenden (vereinfachten) Aufbau:

```
Function Funktionsname (Argumentliste) As Typ
   [ Anweisungsblock ]
   [ Exit Function ]
   [ Anweisungsblock ]
   [ Return ... ]
End Function
```

As — Jede Funktion besitzt wie eine Variable einen bestimmten Datentyp, der hinter As angegeben wird. Funktionen werden im Allgemeinen dazu verwendet, einen Wert zu berechnen.

Return — Sie liefern diesen Wert, den sogenannten Rückgabewert, entweder in ihrem Namen zurück, nachdem er ihnen innerhalb der Prozedur zugewiesen wurde, oder mithilfe des Schlüsselworts Return.

Exit Function — Die Anweisung Exit Function kann eingesetzt werden, um die Funktion aufgrund einer speziellen Bedingung sofort und nicht erst am Ende zu verlassen.

Im nachfolgenden Beispiel werden die beiden Funktionen `MaxWert1()` und `MaxWert2()` aufgerufen. Sie berechnen jeweils das Maximum der beiden übergebenen Argumente und geben dieses an die aufrufende Stelle (Projekt *Funktionen*) zurück, siehe Abbildung 4.34.

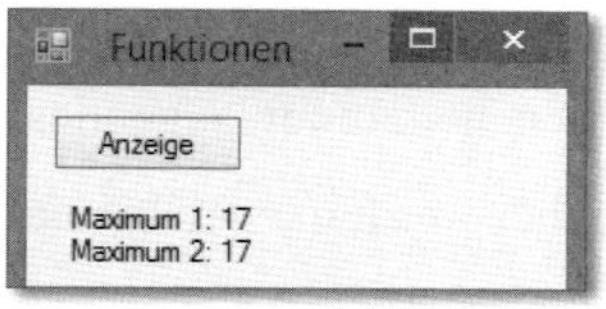

Abbildung 4.34 Darstellung des Rückgabewerts

Der zugehörige Code:

```
Public Class Form1
    Private Sub cmdAnzeigen_Click(...) Handles ...
        Dim a, b, c, d As Integer
        a = 12
        b = 17

        c = MaxWert1(a, b)
        lblAnzeige.Text = "Maximum 1: " & c

        d = MaxWert2(a, b)
        lblAnzeige.Text &= vbCrLf & "Maximum 2: " & d
    End Sub

    Function MaxWert1(x As Integer, y As Integer) As Integer
        If x > y Then
            MaxWert1 = x
        Else
            MaxWert1 = y
        End If
    End Function

    Function MaxWert2(x As Integer, y As Integer)
        If x > y Then
            Return x
        Else
            Return y
        End If
```

```
    End Function
End Class
```

Listing 4.26 Projekt »Funktionen«

Zur Erläuterung:

Durch die Anweisung `c = MaxWert1(a, b)` passiert nacheinander Folgendes:

- Die Funktion `MaxWert1()` wird aufgerufen, dabei werden zwei Zahlenwerte an die Funktion übergeben.
- Rückgabewert
- Innerhalb der Funktion wird mithilfe einer Verzweigung das Maximum dieser beiden Zahlen ermittelt und als Rückgabewert der Funktion gespeichert. Die Funktion endet und der Programmablauf kehrt zu der Zeile mit dem Aufruf zurück.
- Dort wird der ermittelte Wert über die Zuweisung der Variablen `c` übergeben. Diese Variable wird anschließend ausgegeben.
- Hätte die Anweisung nur `MaxWert1(a, b)` gelautet, hätten alle diese Schritte stattgefunden, außer der Übergabe an `c`. Der Funktionsaufruf wäre in diesem Fall vergeblich gewesen – ein häufiger Fehler bei Programmier-Einsteigern.
- Bezüglich der Übergabe (per Wert oder per Referenz) und auch bezüglich der Inhalte der nachfolgenden Abschnitte unterscheiden sich Prozedur und Funktion nicht.
- Die Methode `MaxWert1()` hat den Datentyp `Integer`, es muss also eine `Integer`-Variable zurückgeliefert werden.

Return

In der Funktion `MaxWert2()` wird der Rückgabewert durch das Schlüsselwort `Return` zurückgeliefert. Die Funktion wird dann auch unmittelbar verlassen, und der Programmablauf kehrt zu der Zeile mit dem Aufruf zurück.

Hinweis: Sie sollten darauf achten, dass eine Funktion in jedem Fall einen Wert zurückliefert (siehe auch 4.8.5). Das ist besonders bei Durchlauf unterschiedlicher Codepfade (Ausführungswege), z. B. aufgrund von Verzweigungen oder Ausnahmebehandlungen, zu beachten.

4.8.4 Optionale Argumente

Optional

Normalerweise muss die Zahl der Argumente in Aufruf und Deklaration einer Prozedur (oder Funktion) übereinstimmen. Sie können allerdings auch optionale Argumente verwenden. Diese müssen beim Aufruf nicht angegeben werden. Sie werden in der Argumentliste durch das Schlüsselwort `Optional` gekennzeichnet, müssen immer am Ende der Argumentliste stehen und mit einem Wert initialisiert werden. Sinnvoll ist der Einsatz von optionalen Argumenten, falls eine Methode viele häufig vorkommende Standardwerte hat.

Im nachfolgenden Beispiel wird die Funktion `Addiere()` insgesamt dreimal aufgerufen, einmal mit zwei Argumenten, einmal mit drei Argumenten und einmal mit vier Argumenten. Sie berechnet jeweils die Summe der übergebenen Argumente und liefert diese zurück (Projekt *OptionaleArgumente*).

```
Public Class Form1
    Private Sub cmdAnzeigen1_Click(...) Handles ...
        Dim a As Double = 4.5,
            b As Double = 7.2,
            c As Double = 10.3,
            d As Double = 9.2
        lblAnzeige.Text = Addiere(a, b, c, d)
    End Sub

    Private Sub cmdAnzeigen2_Click(...) Handles ...
        Dim a As Double = 4.5,
            b As Double = 7.2,
            c As Double = 10.3
        lblAnzeige.Text = Addiere(a, b, c)
    End Sub

    Private Sub cmdAnzeigen3_Click(...) Handles ...
        Dim a As Double = 4.5,
            b As Double = 7.2
        lblAnzeige.Text = Addiere(a, b)
    End Sub

    Function Addiere(x As Double, y As Double,
                     Optional z As Double = 0,
                     Optional q As Double = 0
                    ) As Double
        Addiere = x + y + z + q
    End Function
End Class
```

Listing 4.27 Projekt »OptionaleArgumente«

Zur Erläuterung:

- Die Funktion `Addiere()` erwartet insgesamt vier Parameter vom Datentyp `Double`. Die beiden letzten Parameter sind optional und werden mit dem Wert 0 initialisiert.
- Werden also die beiden letzten Parameter bei einem Aufruf der Funktion nicht angegeben, haben sie den Wert 0. Da innerhalb der Funktion eine Addition der vier Parameter stattfindet, ist das der geeignete Wert; das Ergebnis der Funktion wird nicht verfälscht.
- Bei Prozeduren oder Funktionen mit optionalen Argumenten, die andere Aufgaben zu erfüllen haben, können andere Werte zur Initialisierung sinnvoll sein.
- In den drei Ereignisprozeduren wird die Funktion `Addiere()` mit vier, drei oder zwei Parametern aufgerufen. In allen Fällen führt das erfolgreich zur Addition und Ausgabe der Werte.
- Ein Aufruf mit nur einem Parameter hätte zu einer Fehlermeldung geführt, da der Parameter `y` nicht optional ist.
- Der Anweisungsteil `Optional z As Double = 0` vereinbart `z` als optionales Argument vom Datentyp `Double` und initialisiert ihn mit 0. Alle anderen Variablen können ebenfalls bei ihrer Deklaration mit einem Wert initialisiert werden. Das wurde in den verschiedenen Ereignisprozeduren vorgenommen.

4.8.5 Beliebig viele Argumente

ParamArray

Mithilfe des Schlüsselwortes `ParamArray` können Sie eine Prozedur formulieren, an die beliebig viele Parameter übergeben werden können. `ParamArray` verträgt sich nicht mit `Optional`, Sie müssen sich also für eine der beiden Lösungen entscheiden.

Im nachfolgenden Beispiel wird die Funktion `Mittelwert()` insgesamt dreimal aufgerufen, einmal ohne Argument, einmal mit zwei Argumenten und einmal mit vier Argumenten. Sie berechnet jeweils den Mittelwert der übergebenen Argumente und liefert diesen zurück (Projekt *BeliebigVieleArgumente*).

```
Public Class Form1
    Private Sub cmdAnzeigen1_Click(...) Handles ...
        lblAnzeige.Text = Mittelwert()
    End Sub
```

```
    Private Sub cmdAnzeigen2_Click(...) Handles ...
        Dim a As Double = 4.5, b As Double = 7.2
        lblAnzeige.Text = Mittelwert(a, b)
    End Sub

    Private Sub cmdAnzeigen3_Click(...) Handles ...
        Dim a As Double = 4.5, b As Double = 7.2,
            c As Double = 10.3, d As Double = 9.2
        lblAnzeige.Text = Mittelwert(a, b, c, d)
    End Sub

    Function Mittelwert(ParamArray x() As Double) As Double

        Dim Summe As Double = 0

        For Each zahl As Double In x
            Summe += zahl
        Next

        If x.Count > 0 Then
            Mittelwert = Summe / x.Count
        Else
            Mittelwert = 0
        End If
    End Function
End Class
```

Listing 4.28 Projekt »BeliebigVieleArgumente«

Zur Erläuterung:

- Die Funktion `Mittelwert()` wird mit unterschiedlichen Anzahlen von Parametern aufgerufen (0, 2 und 4).
- Zur Aufnahme der Parameter steht der Parameter-Array `x` zur Verfügung. Dabei handelt es sich um ein Feld, dessen Größe nicht festgelegt ist.
- Innerhalb der Funktion werden die Parameter mithilfe einer `For Each`-Schleife summiert, in der alle Elemente des Arrays durchlaufen werden. **For Each**
- Der Mittelwert einer Reihe von Zahlen ist bekanntlich die Summe der Zahlen geteilt durch ihre Anzahl. Wird die Funktion ohne Parameter aufgerufen, hat die Eigenschaft `Count` des Arrays, die für die Anzahl der Elemente steht, den Wert 0. Es würde dann eine Division durch 0 durchgeführt werden. Das gilt es zu vermeiden. **Count**

- Konnte innerhalb einer Funktion kein Wert für die Funktion ermittelt werden, gilt wie bei Variablen auch hier der Startwert 0. Im Sinne eines sauberen Programmierstils sollten Sie das ebenfalls vermeiden. Eine Funktion sollte während ihres Verlaufs immer explizit einen Wert erhalten.
- Die Entwicklungsumgebung macht auch darauf aufmerksam: Falls Sie den `Else`-Zweig weglassen würden, dann würde die Warnung angezeigt werden, dass nicht in jedem Code-Pfad ein Rückgabewert für die Funktion ermittelt wird.

4.8.6 Datenfelder als Argumente

Datenfelder können auch an Prozeduren oder Funktionen in der Argumentliste übergeben werden. Beachten Sie hierbei einige Besonderheiten:

Per Referenz

- Der Name eines Felds stellt lediglich eine Referenz auf das Feld dar. Daher haben Veränderungen von Elementen eines Felds in einer Prozedur immer Rückwirkungen auf das Originalfeld.
- Bei einem Feld in der Argumentliste muss keine Dimensionsgröße angegeben werden, ähnlich wie bei `ParamArray`. Dadurch ist eine Funktion flexibler und kann unterschiedliche Felder verarbeiten.
- Allerdings müssen Sie die Anzahl der Dimensionen kennzeichnen. Sie können also kein eindimensionales Feld an ein zweidimensionales Feld übergeben.

Das nachfolgende Programm (Projekt *DatenfeldAlsArgument*) veranschaulicht eine solche Übergabe. Es wird eine Funktion `Verdoppeln()` aufgerufen, die alle Elemente des Originalfelds verdoppelt, siehe Abbildung 4.35.

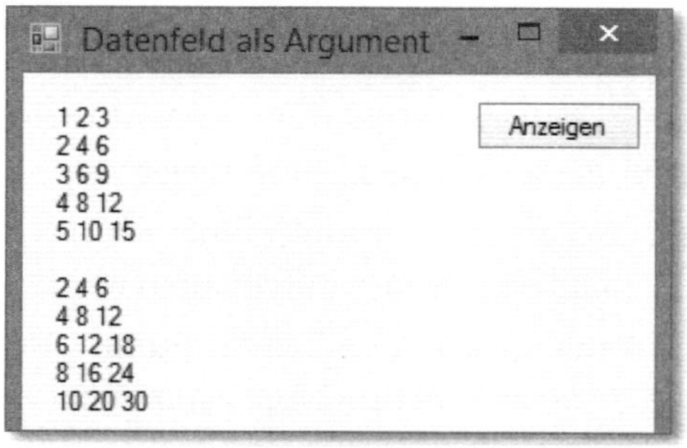

Abbildung 4.35 Feld an Prozedur übergeben

Der zugehörige Code:

```
Public Class Form1
    Private Sub cmdAnzeige_Click(...) Handles ...
        Dim x(4, 2) As Integer
        Dim i, k As Integer

        For i = 0 To 4
            For k = 0 To 2
                x(i, k) = (i + 1) * (k + 1)
                lblAnzeige.Text &= x(i, k) & " "
            Next k
            lblAnzeige.Text &= vbCrLf
        Next i
        lblAnzeige.Text &= vbCrLf

        Verdoppeln(x)

        For i = 0 To 4
            For k = 0 To 2
                lblAnzeige.Text &= x(i, k) & " "
            Next k
            lblAnzeige.Text &= vbCrLf
        Next i
    End Sub

    Sub Verdoppeln(z(,) As Integer)
        For i = 0 To z.GetUpperBound(0)
            For k = 0 To z.GetUpperBound(1)
                z(i, k) = z(i, k) * 2
            Next k
        Next i
    End Sub
End Class
```

Listing 4.29 Projekt »DatenfeldAlsArgument«

Zur Erläuterung:

- In der Ereignisprozedur wird ein Feld mit 5 × 3 Elementen mit Zahlen gefüllt. Es wird dann zweimal vollständig angezeigt, einmal vor dem

Aufruf der Prozedur `Verdoppeln()`, einmal danach. Sie sehen, dass alle Elemente verdoppelt wurden.

- Im Kopf der Prozedur `Verdoppeln()` wird mit `z(,)` angezeigt, dass diese Prozedur ein zweidimensionales Feld erwartet, ohne Festlegung auf die Größe der beiden Dimensionen.
- Die Prozedur könnte also mit einem Feld der Größe 5 × 3 Elemente, aber auch mit einem Feld der Größe 1.000 × 1.000 Elemente aufgerufen werden.
- Innerhalb der Prozedur wird eine geschachtelte Schleife durchlaufen. Die Methode `GetUpperBound()` wird dabei eingesetzt, um die unterschiedlichen Obergrenzen (aufgrund der unterschiedlichen Dimensionsgrößen) für den Index der inneren bzw. äußeren Schleife zu ermitteln.

4.8.7 Rekursiver Aufruf

Funktionen und Prozeduren können jederzeit andere Funktionen oder Prozeduren aufrufen. Man spricht hier von geschachtelten Aufrufen. Das Programm kehrt jeweils – aus einer beliebigen *Schachtelungstiefe* – zur aufrufenden Stelle zurück.

Rekursion

Funktionen und Prozeduren können sich auch selbst aufrufen. Dieser Vorgang wird als Rekursion bezeichnet. Eine rekursive Funktion muss eine Verzweigung beinhalten, die die Rekursion wieder beendet, da es sonst zu einer endlosen Kette von Selbst-Aufrufen kommt, ähnlich wie bei einer endlosen Ereigniskette (siehe Abschnitt 4.3.2). Bestimmte Problemstellungen können Sie programmiertechnisch am elegantesten durch eine Rekursion lösen.

Im nachfolgenden Programm (Projekt *RekursiverAufruf*) wird eine Zahl so lange halbiert, bis ein bestimmter Grenzwert erreicht oder unterschritten wird. Zur Verdeutlichung der unterschiedlichen Abläufe wird der Halbierungsvorgang einmal mithilfe einer Schleife, einmal mithilfe einer Rekursion durchgeführt.

Der Programmcode:

```
Public Class Form1
    Private Sub cmdSchleife_Click(...) Handles ...
        Dim x As Double
        x = 22
        lblAnzeige.Text = "x: " & x & vbCrLf
```

```
        Do
            x = x / 2
            lblAnzeige.Text &= "x: " & x & vbCrLf
        Loop While x > 0.1
    End Sub

    Private Sub cmdRekursion_Click(...) Handles ...
        Dim x As Double
        x = 22
        lblAnzeige.Text = "x: " & x & vbCrLf
        Halbieren(x)
        lblAnzeige.Text &= "x: " & x & vbCrLf
    End Sub

    Sub Halbieren(ByRef z As Double)
        z = z / 2
        If z > 0.1 Then
            lblAnzeige.Text &= "z: " & z & vbCrLf
            Halbieren(z)
        End If
    End Sub
End Class
```

Listing 4.30 Projekt »RekursiverAufruf«

Zur Erläuterung der Schleife:

- In der Ereignisprozedur `cmdSchleife_Click()` wird die Variable `x` mit 22 initialisiert. Anschließend wird sie in einer `Do ... Loop While`-Schleife so lange halbiert, bis sie den Wert 0,1 erreicht oder unterschritten hat. Bei jedem Durchlauf der Schleife wird der aktuelle Wert angezeigt, sodass man die fortlaufende Halbierung verfolgen kann, siehe Abbildung 4.36.

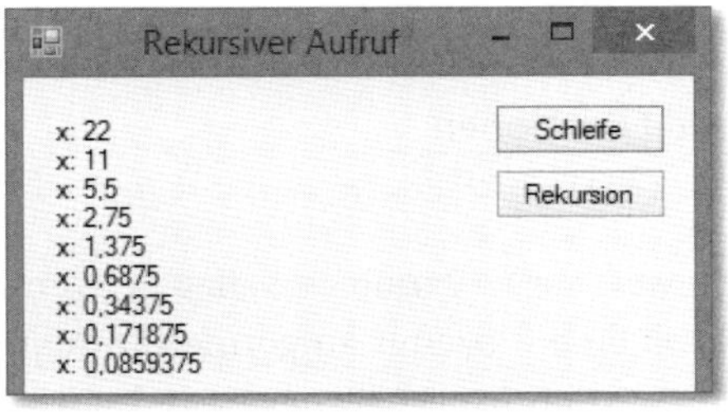

Abbildung 4.36 Halbierung per Schleife

Zur Erläuterung der Rekursion:

- In der Ereignisprozedur `cmdRekursion_Click()` wird die Variable `x` ebenfalls mit 22 initialisiert. Anschließend wird allerdings die Prozedur `Halbieren()` aufgerufen. Diese führt eine Halbierung durch.
- Anschließend wird geprüft, ob der Grenzwert erreicht oder unterschritten wurde.
- Ist das der Fall, endet die Prozedur `Halbieren()`, und das Programm endet mit der letzten Anweisung in der Ereignisprozedur `cmdRekursion_Click()`.
- Ist der Grenzwert noch nicht erreicht, ruft die Prozedur `Halbieren()` sich selbst wieder auf. Dieser Vorgang kann sich mehrmals wiederholen.
- Sobald der Grenzwert erreicht oder unterschritten wird, wird die Prozedur `Halbieren()` beendet, ggf. mehrmals nacheinander, und das Programm endet mit der letzten Anweisung in der Ereignisprozedur `cmdRekursion_Click()`.
- Hätte sich der rekursive Aufruf nicht innerhalb einer Verzweigung befunden, hätte sich die Prozedur endlos aufgerufen.
- Die Variable `x` (in der Prozedur heißt sie `z`) wurde jeweils per Referenz übergeben, daher wurde immer die Originalvariable `x` halbiert. Das kann man auch an der Ausgabe in Abbildung 4.37 erkennen.

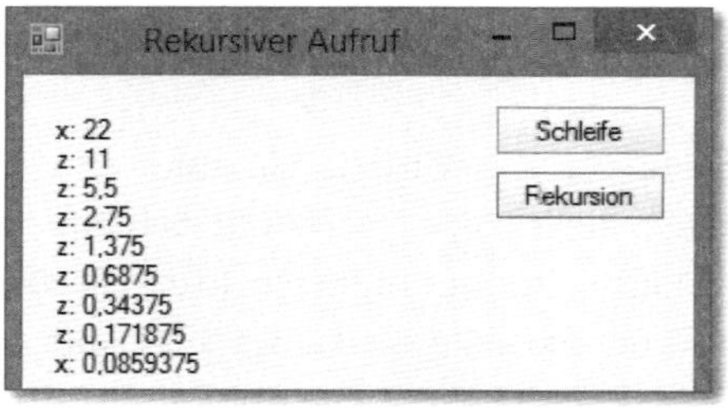

Abbildung 4.37 Halbierung per Rekursion

4.8.8 Übungen zu Prozeduren und Funktionen

Übung ÜProzeduren

Übung ÜProzeduren

Schreiben Sie ein Programm, in der zwei `Double`-Variablen beliebige Werte zugewiesen werden. Anschließend soll eine Prozedur aufgerufen werden, der diese beiden Variablen übergeben werden. Innerhalb der Prozedur wird der Mittelwert der beiden Zahlen berechnet und ausgegeben.

Übung ÜFunktionen

Übung ÜFunktionen

Schreiben Sie ein Programm, in der zwei `Double`-Variablen beliebige Werte zugewiesen werden. Anschließend soll eine Funktion aufgerufen werden, in der der Mittelwert der beiden Zahlen berechnet und zurückgeliefert wird. Die Ausgabe soll in der aufrufenden Prozedur erfolgen.

4.9 Konsolenanwendung

Einfache Ein- und Ausgabe

Bisher wurden in diesem Buch ausschließlich Windows-Anwendungen entwickelt, also Programme mit der gewohnten und komfortabel bedienbaren Benutzeroberfläche. Je nach Einsatzzweck kann aber auch eine sogenannte Konsolenanwendung genügen, bei der nur einfache Eingaben und Ausgaben in Textform vorkommen. Konsolenanwendungen benötigen wesentlich weniger Programmcode und Speicher.

Den Konsolenanwendungen stehen natürlich auch alle Möglichkeiten der Sprache Visual Basic und des .NET Frameworks zur Verfügung, z. B. der Zugriff auf Dateien oder Datenbanken.

4.9.1 Anwendung erzeugen

Andere Vorlage

Zur Erzeugung einer Konsolenanwendung gehen Sie zunächst wie gewohnt vor, also über das Menü DATEI, Menüpunkt NEUES PROJEKT. Im Dialogfeld NEUES PROJEKT wählen Sie allerdings statt der Vorlage WINDOWS FORMS-ANWENDUNG die Vorlage KONSOLEN-ANWENDUNG aus. Tragen Sie im Feld NAME einen Projektnamen ein, z. B. *KonsoleEinAus*.

Module1.vb

Im Codefenster erscheint die Datei *Module1.vb* mit folgendem Code:

```
Module Module1
    Sub Main()
    End Sub
End Module
```

Listing 4.31 Projekt »KonsoleEinAus«, noch ohne eigenen Code

Code-Modul

In diesem Code-Modul MODULE1 steht die Methode mit dem Namen `Main()`, mit dem jedes VB-Projekt startet.

Hinweis: Die Methode `Main()` könnte einen Parameter haben: einen Verweis auf ein Feld von Zeichenketten. Damit ist es möglich, eine Anwendung von der Kommandozeile aus mit Startparametern zu versorgen, siehe Abschnitt 4.9.6.

4.9.2 Ein- und Ausgabe von Text

Die Methode `Main()` des Projekts *KonsoleEinAus* wird jetzt mit eigenem Code gefüllt:

```
Module Module1
    Sub Main()
        Dim s As String
        Console.Write("Bitte einen Text eingeben: ")
        s = Console.ReadLine()
        Console.WriteLine("Es wurde der Text " &
                          s & " eingegeben")
    End Sub
End Module
```

Listing 4.32 Projekt »KonsoleEinAus«, Ein- und Ausgabe

Zur Erläuterung:

Console

- Im Namensraum `System` gibt es die Klasse `Console` zur Ein- und Ausgabe auf einem Textbildschirm.

Write()

- Die statische Methode `Write()` schreibt einen Text auf den Bildschirm.

ReadLine()

- Die statische Methode `ReadLine()` führt dazu, dass das Programm anhält und auf eine Eingabe wartet. Nach der Eingabe betätigt der Benutzer die Taste [↵]. Die Methode liefert als Rückgabewert die eingegebene Zeichenkette. Diese kann z. B. in einer Variablen vom Datentyp `String` gespeichert werden.

WriteLine()

- Auch die Methode `WriteLine()` schreibt einen Text auf den Bildschirm, diesmal gefolgt von einem Zeilenumbruch.

Die Bedienung des Programms:

Konsolenfenster

- Nach dem Start des Programms, wie gewohnt mit der Taste [F5], wird ein Konsolenfenster geöffnet.
- Nach der Eingabe des Textes ist die anschließende Ausgabe allerdings nur sehr kurz zu sehen, bevor sich das Konsolenfenster wieder von selbst schließt.

- Es empfiehlt sich daher, dass Sie das Programm mit der Tastenkombination [Strg]+[F5] starten. Das führt dazu, dass das Programm nach Ablauf auf einen Tastendruck wartet, wie nachfolgend zu sehen: **Strg + F5**

```
Bitte einen Text eingeben: Hallo
Es wurde der Text Hallo eingegeben
Drücken Sie eine beliebige Taste ...
```

4.9.3 Eingabe einer Zahl

Zur Verdeutlichung der besonderen Problematik bei der Eingabe von Zahlen wird die Methode `Main()` des Projekts *KonsoleEinAus* um weiteren Programmcode ergänzt:

```
Module Module1
    Sub Main()
        Dim x As Double
        ...

        Try
            Console.Write(
                "Bitte eine Zahl eingeben: ")
            x = Convert.ToDouble(Console.ReadLine())
            Console.WriteLine("Es wurde die Zahl " &
                    x & " eingegeben")
        Catch
            Console.WriteLine(
                "Es wurde keine Zahl eingegeben")
        End Try
    End Sub
End Module
```

Listing 4.33 Projekt »KonsoleEinAus«, Eingabe einer Zahl

Zur Erläuterung:

- Es soll eine Zahl eingegeben werden. Bei der Umwandlung der eingegebenen Zeichenkette in eine Zahl kann eine Ausnahme auftreten, daher wird mit einer Ausnahmebehandlung gearbeitet. **Try-Catch**
- Der Rückgabewert der Methode `ReadLine()` wird mithilfe der Methode `ToDouble()` der Klasse `Convert` in eine `Double`-Zahl verwandelt. Falls das nicht gelingt, erscheint eine entsprechende Fehlermeldung. **ToDouble()**

ToInt32()

- Falls es sich um eine ganze Zahl handeln soll, muss die Methode `ToInt32()` statt der Methode `ToDouble()` genutzt werden.

Nachfolgend die Ausgabe nach einer richtigen Eingabe:

```
...
Bitte eine Zahl eingeben: 2,4
Es wurde die Zahl 2,4 eingegeben
Drücken Sie eine beliebige Taste ...
```

Es folgt die Ausgabe nach einer falschen Eingabe:

```
...
Bitte eine Zahl eingeben: 123abc
Es wurde keine Zahl eingegeben
Drücken Sie eine beliebige Taste ...
```

4.9.4 Erfolgreiche Eingabe einer Zahl

Wiederholte Eingabe

Im nachfolgenden Programmteil wird der Benutzer so lange aufgefordert, eine ganze Zahl einzugeben, bis das erfolgreich war. Die Methode `Main()` des Projekts *KonsoleEinAus* wird um weiteren Programmcode ergänzt:

```
Module Module1
    Sub Main()
        Dim a As Integer
        ...

        Console.WriteLine()
        Do
            Try
                Console.Write(
                    "Bitte eine ganze Zahl eingeben: ")
                a = Convert.ToInt32(Console.ReadLine())
                Exit Do
            Catch
                Console.WriteLine(
                    "Fehler, bitte noch einmal")
            End Try
        Loop
```

```
        Console.WriteLine("Es wurde die ganze Zahl " &
                a & " eingegeben")
    End Sub
End Module
```

Listing 4.34 Projekt »KonsoleEinAus«, wiederholte Eingabe

Zur Erläuterung:

- Die Ausnahmebehandlung für die Eingabe einer ganzen Zahl ist zusätzlich in eine endlose `Do-Loop`-Schleife eingebettet. **Endlos-Schleife**
- Falls die Eingabe erfolgreich war, wird diese Schleife mithilfe von `Exit Do` verlassen. **Exit Do**
- Falls die Eingabe nicht erfolgreich war, wird ein Fehler gemeldet, und es ist eine erneute Eingabe erforderlich.

Nachfolgend die Ausgabe mit zwei falschen und einer richtigen Eingabe:

```
...
Bitte eine ganze Zahl eingeben: 123abc
Fehler, bitte noch einmal
Bitte eine ganze Zahl eingeben: 2,4
Fehler, bitte noch einmal
Bitte eine ganze Zahl eingeben: 5
Es wurde die ganze Zahl 5 eingegeben
Drücken Sie eine beliebige Taste ...
```

Hinweis: Sie können eine Konsolenanwendung mit der Tastenkombination [Strg]+[C] vorzeitig abbrechen. **Abbruch**

4.9.5 Ausgabe formatieren

Die Ausgabe eines Konsolenprogramms kann formatiert werden. Das ist vor allem bei der Ausgabe von Tabellen wichtig. Ein Beispiel, im Projekt *KonsoleFormat*: **Tabellenausgabe**

```
Module Module1
    Sub Main()
        Dim i As Integer
        Dim stadt() As String = {"München", "Berlin",
                "Bonn", "Bremerhaven", "Ulm"}
        For i = 0 To 4
```

```
                Console.WriteLine(
                    "{0,-15}{1,9:0.0000}{2,12:#,##0.0}",
                    stadt(i), i / 7, i * 10000.0 / 7)
            Next i
        End Sub
    End Module
```

Listing 4.35 Projekt »KonsoleFormat«

Zur Erläuterung:

Formatierung

- Die überladene Ausgabemethode `WriteLine()` kann mit einer Formatierungszeichenkette als erstem Parameter aufgerufen werden. Darin stehen:
  - die Nummer der Variablen, beginnend mit 0
  - ein Doppelpunkt
  - die zugehörige Formatierung

Breite

- `{0,-15}`: Als Erstes wird eine Zeichenkette ausgegeben, in der Mindestgesamtbreite 15. Sie erscheint linksbündig, wegen des Minuszeichens vor der 15.

Nachkommastellen

- `{1,9:0.0000}`: Es folgt eine Zahl, in der Mindestgesamtbreite 9, gerundet auf vier Nachkommastellen. Sie erscheint rechtsbündig, das ist der Standard.

Tausenderpunkt

- `{2,12:#,##0.0}`: Als Letztes folgt wiederum eine Zahl, in der Mindestgesamtbreite 12, gerundet auf eine Nachkommastelle, rechtsbündig. Falls die Zahl mehr als drei Stellen vor dem Komma hat, wird ein Tausenderpunkt angezeigt.

0, #

- Zur Erinnerung: das Formatierungszeichen `0` steht für eine Ziffer, die auf jeden Fall angezeigt wird, das Formatierungszeichen `#` steht für eine Ziffer, die nur dann angezeigt wird, falls die Zahl diese Ziffer hat.

Die Ausgabe des Programms:

```
München           0,0000         0,0
Berlin            0,1429     1.428,6
Bonn              0,2857     2.857,1
Bremerhaven       0,4286     4.285,7
Ulm               0,5714     5.714,3
```

4.9.6 Aufruf von der Kommandozeile

Startparameter

Jede Anwendung lässt sich durch Eingabe des Namens auch von der Kommandozeile aus aufrufen. Besonders bei Konsolen-Anwendungen kommt es vor, dass man dabei die Anwendung mit Startparametern aufruft.

Diese Parameter können dazu dienen, eine Anwendung auf unterschiedliche Arten aufzurufen, ohne dass dazu der Code geändert werden muss. Ein Parameter könnte z. B. der Name einer Datei sein, die geöffnet und gelesen werden soll, falls es bei jedem Aufruf der Anwendung eine andere Datei sein soll.

Übernahme

Die Übernahme der Startparameter in die Anwendung soll mithilfe des Projekts *KonsoleStartparameter* verdeutlicht werden:

```
Module Module1
    Sub Main(args() As String)
        Dim i As Integer
        Dim summe As Double = 0

        For i = 0 To args.Length - 1
            Console.WriteLine(i & ": " & args(i))
        Next

        For i = 0 To args.Length - 1
            Try
                summe += Convert.ToDouble(args(i))
            Catch
            End Try
        Next
        Console.WriteLine("Summe: " & summe)
    End Sub
End Module
```

Listing 4.36 Projekt »KonsoleStartparameter«

Zur Erläuterung:

args

- Die einzelnen Startparameter sind Zeichenketten, sie werden bei einem Aufruf im Datenfeld `args` gespeichert.
- Die erste `For`-Schleife dient der einfachen Ausgabe der Startparameter.
- Die zweite `For`-Schleife soll verdeutlichen, dass die Startparameter auch Zahlen sein können. Sie werden in diesem Falle einfach nur summiert.

exe-Datei

Falls Sie diese Anwendung mit der Taste [F5] aus der Entwicklungsumgebung heraus aufrufen, werden ohne besondere Einstellung (siehe unten) keine Startparameter mitgeliefert. Allerdings ist der einmalige Aufruf notwendig, da Ihnen ansonsten keine aufrufbare *exe*-Datei zur Verfügung steht.

Kommandozeile

Daher müssen Sie sie von der Kommandozeile aus aufrufen. Unter Windows 7 rufen Sie im Startmenü den Menüpunkt ZUBEHÖR • EINGABEAUFFORDERUNG auf. Wechseln Sie in das Verzeichnis, das die *exe*-Datei beinhaltet, mit:

```
cd\Users\[Benutzername]\"Eigene Dateien"\"Visual Studio 2013"\
Projects\KonsoleStartparameter\KonsoleStartparameter\bin\Debug
```

Unter Windows 8 rufen Sie auf dem Startbildschirm die App DEVELOPER-EINGABEAUFFORDERUNG FÜR VS2013 auf. Hier wechseln Sie wie folgt in das richtige Verzeichnis:

```
cd\Users\[Benutzername]\Documents\"Visual Studio 2013"\Projects\
KonsoleStartparameter\KonsoleStartparameter\bin\Debug
```

Nun können Sie die Anwendung aufrufen, z. B. mit:

```
KonsoleStartparameter 3 2,5 hallo 7
```

Es erscheint die Ausgabe:

```
0: 3
1: 2,5
2: hallo
3: 7
Summe: 12,5
```

Die Zeichenkette *hallo* wurde nur ausgegeben und bei der Summenbildung ignoriert. Sie können anschließend das Kommandozeilenfenster ordnungsgemäß durch die Eingabe von `exit` schließen.

Sie können die Startparameter aber auch innerhalb des Visual Studio eingeben, über das Menü DEBUGGEN • [PROJEKTNAME]-EIGENSCHAFTEN • DEBUGGEN • STARTOPTIONEN • BEFEHLSZEILENARGUMENTE. Der Vorteil dieser Methode: Sie können die Anwendung debuggen.

Kapitel 5
Objektorientierte Programmierung

Visual Basic .NET ist rein objektorientiert.
Was das genau bedeutet, erfahren Sie in diesem Kapitel.

In den folgenden Abschnitten lernen Sie die objektorientierte Denkweise kennen und erzeugen eigene Klassen und Objekte.

5.1 Was ist Objektorientierung?

Die Objektorientierung ist ein Denkansatz, der Ihnen als Programmierer dabei hilft, die Abläufe der realen Welt in einem Programm nachzubilden. Sie dient der Klassifizierung der Objekte und Daten, die in einem Programm behandelt werden sollen. Die Eigenschaften und Methoden ähnlicher Objekte werden durch gemeinsame Definitionen, die Klassen, zusammengefasst und besser handhabbar.

Visual Basic .NET ist eine rein objektorientierte Sprache. Wir haben eigentlich schon die ganze Zeit in diesem Buch mit Objekten gearbeitet:

Eigenschaften

- Zum einen wurden Steuerelemente und ihre Eigenschaften genutzt. Jeder Button, jedes Textfeld usw. ist ein Objekt einer speziellen Klasse, in der die Eigenschaften von Buttons bzw. Textfeldern festgelegt sind.
- Zum anderen wurde sowohl mit einzelnen Variablen als auch mit Datenfeldern gearbeitet. Einzelne Variablen sind Objekte ihres Datentyps (`Double`, `Integer`, ...). Es können festgelegte Operationen mit ihnen ausgeführt werden (Addition, Subtraktion usw.). Objekten der Klasse `Array` (Datenfeld) stehen vordefinierte Methoden zur Verfügung (`Clone()`, `Sort()`, ...).

Der nächste Schritt, die Erzeugung eigener Klassen und der zugehörigen Objekte, sollte Ihnen also nicht schwerfallen.

Hinweis: Die in diesem Kapitel dargestellten Programme sind ein Kompromiss, denn sie erklären zwar die sprachlichen Elemente der Objektorientierung in Visual Basic .NET, erreichen das aber nicht anhand von umfangreichen Programmen, bei denen sich der Vorteil der Objektorientierung besonders auswirken würde.

Stattdessen werden eigene, kleine und übersichtliche Klassen definiert und genutzt. Dadurch verbessert sich das Verständnis für die Objektorientierung allgemein und gleichzeitig für die Nutzung der bereits vorhandenen Klassen von Visual Basic .NET.

5.2 Klasse, Eigenschaft, Methode, Objekt

Methoden

In einer Klassendefinition werden die Eigenschaften und Methoden gleichartiger Objekte festgelegt. Die Eigenschaften kennzeichnen das Objekt. Den Methoden entsprechen Prozeduren und Funktionen, die auf eine bestimmte Klasse bezogen sind.

Diese Begriffe sollen anhand eines kleinen Programms gemeinsam eingeführt werden. Es wird eine Klasse für Fahrzeuge definiert. Die Fahrzeuge haben eine Geschwindigkeit, man kann sie beschleunigen, und man kann ihre Eigenschaft auf dem Bildschirm ausgeben.

Eigene Datei

Zunächst wird eine Windows-Anwendung (Projekt *KlasseObjekt*) wie gewohnt erzeugt. Anschließend wird eine eigene Datei für die Definition der Klasse genutzt. Das erleichtert die Übersicht und die spätere Wiederverwendbarkeit der Klasse.

Klassendefinition

Über den Menüpunkt PROJEKT • KLASSE HINZUFÜGEN gelangen Sie zu einem Dialogfeld mit Vorlagen. Hier wählen Sie die bereits voreingestellte Vorlage KLASSE. Diese beinhaltet eine leere Klassendefinition. Im Feld NAME sollten Sie den Namen der zu erzeugenden Klasse (hier: `Fahrzeug`) eintragen. Die Datei erhält dadurch den Namen *Fahrzeug.vb* und die neue, leere Klasse in der Datei den Namen `Fahrzeug`.

Class

Es erscheint ein Codefenster mit einem leeren Klassenrahmen, zwischen `Public Class Fahrzeug` und `End Class`. Die Klasse `Fahrzeug` soll nun wie folgt aussehen:

```
Public Class Fahrzeug
    Dim geschwindigkeit As Integer

    Function ausgabe() As String
        ausgabe = "Geschwindigkeit: " &
```

```
        geschwindigkeit
    End Function

    Sub beschleunigen(wert As Integer)
        geschwindigkeit += wert
    End Sub
End Class
```


Listing 5.1 Projekt »KlasseObjekt«, Definition der Klasse »Fahrzeug«

Zur Erläuterung:

- Die Klassendefinition steht in der Datei *Fahrzeug.vb*.
- Eine Klasse sollte öffentlich sein (`Public`), damit sie von anderen Klassen aus erreichbar ist. Sie sollte z. B. von der Klasse des Formulars, in dem das eigentliche Hauptprogramm steht und in dem mit Objekten der neu vereinbarten Klasse gearbeitet wird, aus erreicht werden können.
- Ein Fahrzeug hat die Eigenschaft `geschwindigkeit`, hier vom Datentyp `Integer`.
- Eigenschaften sind innerhalb einer Klasse gekapselt. Das bedeutet, dass sie von einem Programm außerhalb der Klasse aus nicht direkt erreichbar sind. Das ist eines der wichtigen Konzepte der objektorientierten Programmierung: Eigenschaften sollen nur über definierte Zugänge erreichbar bzw. veränderbar sein.

Kapselung

- In anderen Teilen dieses Buchs, in denen der Schwerpunkt nicht auf der Erklärung der objektorientierten Programmierung liegt, werden Eigenschaften auch vereinfacht als klassenweit gültige Variablen bezeichnet.
- Die Deklaration `Public geschwindigkeit As Integer` würde diesem Prinzip der Datenkapselung widersprechen.
- Die Funktion `ausgabe()` dient der kommentierten Ausgabe des Werts der Eigenschaft `geschwindigkeit`. Daher wird ihrem Namen eine Zeichenkette zugewiesen, die u. a. den Wert der Eigenschaft beinhaltet.
- Funktionen (Methoden) und Prozeduren einer Klasse sind zunächst einmal öffentlich (`Public`), d.h., sie sind von einem Programm, das außerhalb der Klasse steht, erreichbar. Soll es klasseninterne Funktionen oder Prozeduren geben, die nur von anderen Funktionen oder Prozeduren innerhalb der Klasse erreichbar sind, können Sie sie mit dem Schlüsselwort `Private` aber ebenso kapseln wie Eigenschaften.

Öffentliche Methoden

- Die Prozedur beschleunigen() soll dazu dienen, den Wert der Eigenschaft geschwindigkeit zu verändern. Beim Aufruf wird der Prozedur ein (positiver oder negativer) Wert übergeben, der zu dem bisherigen Wert der Eigenschaft geschwindigkeit hinzuaddiert wird.

Damit steht eine Klasse zur Benutzung bereit. In der Ereignisprozedur des eigentlichen Programms im Projekt *KlasseObjekt* wird nun ein Objekt dieser Klasse erzeugt. Seine Eigenschaft wird ausgegeben, verändert und wieder ausgegeben, siehe Abbildung 5.1.

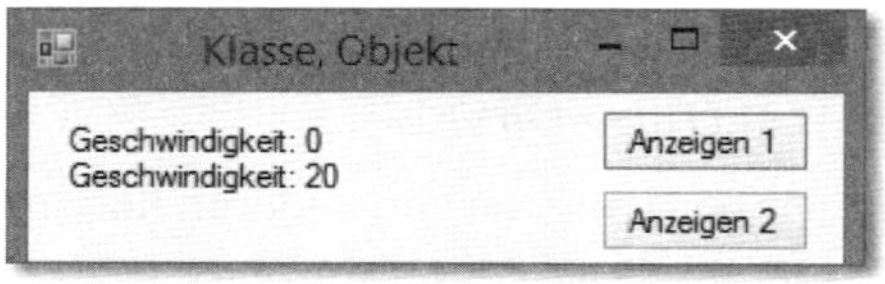

Abbildung 5.1 Objekt erzeugen, verändern, ausgeben

Der zugehörige Code:

```
Public Class Form1
    Private Sub cmdAnzeigen1_Click(...) Handles ...
        Dim vespa As New Fahrzeug
        lblAnzeige.Text = vespa.ausgabe()
        vespa.beschleunigen(20)
        lblAnzeige.Text &= vbCrLf & vespa.ausgabe()
        'lblAnzeige.Text = vespa.geschwindigkeit
    End Sub
End Class
```

Listing 5.2 Projekt »KlasseObjekt«, Benutzung der Klasse »Fahrzeug«

Zur Erläuterung:

New

- Die Anweisung Dim vespa As New Fahrzeug erzeugt ein Objekt der Klasse Fahrzeug, das über den Namen vespa erreicht werden kann.

Instanziierung

- Dieses Objekt verfügt über die Eigenschaften und Methoden, die in der Klassendefinition festgelegt wurden. Man spricht auch von einer Instanz der Klasse Fahrzeug bzw. vom Instanziieren dieser Klasse.
- Mit der Anweisung lblAnzeige.Text = vespa.ausgabe() wird die Methode ausgabe() für das Objekt vespa aufgerufen. Diese Methode liefert gemäß Definition den Wert der Geschwindigkeit. Dieser Wert wird dem Label zugewiesen.

- Die Anweisung `vespa.beschleunigen(20)` ruft die Methode `beschleunigen()` für das Objekt `vespa` auf. In dieser Methode wird die Eigenschaft `geschwindigkeit` um den übergebenen Wert erhöht.
- Anschließend folgt wieder die Ausgabe. Sie sehen, wie das Objekt sich verändert hat.
- In der letzten Zeile steht (auskommentiert) eine Anweisung, die nicht durchgeführt werden kann. Das Objekt `vespa` hat zwar eine Eigenschaft `geschwindigkeit`, diese ist aber nicht öffentlich erreichbar. Daher wird ein Fehler gemeldet. Ein Hinweis ist bereits die Tatsache, dass diese Eigenschaft nicht in der IntelliSense-Liste enthalten ist, die sich im Editor nach Eingabe des Punkts hinter `vespa` öffnet.

5.2.1 Objektverweis und Instanz

Mit der Anweisung `Dim vespa As New Fahrzeug` wurde in der oben genannten Ereignisprozedur ein Objekt erzeugt und benannt. Das ist die gängigste Form der Instanziierung eines Objekts und kann so auch beibehalten werden. Streng genommen besteht diese Anweisung allerdings aus zwei einzelnen Anweisungen:

Objektverweis

- Es wird ein Objektverweis erzeugt. Dieser ist in der Lage, auf Objekte der Klasse `Fahrzeug` zu verweisen.
- Es wird ein Objekt der Klasse `Fahrzeug` (eine Instanz) erzeugt. Diese Instanz kann über den Objektverweis erreicht werden.

In der folgenden Ereignisprozedur (ebenfalls im Projekt *KlasseObjekt*) werden die beiden genannten Vorgänge einzeln durchgeführt:

```
Public Class Form1
[...]
    Private Sub cmdAnzeigen2_Click(...) Handles ...
        Dim vespa As Fahrzeug
        ' vespa = New Fahrzeug
        Try
            vespa.beschleunigen(10)
        Catch ex As Exception
            MessageBox.Show(ex.Message)
        End Try
    End Sub
End Class
```

Listing 5.3 Projekt »KlasseObjekt«, Verweis und Objekt einzeln

Zur Erläuterung:

- Die Anweisung `Dim vespa As Fahrzeug` erzeugt den Objektverweis.
- Die Anweisung `vespa = New Fahrzeug` erzeugt das Objekt und weist es dem Objektverweis zu. Wird diese Anweisung weggelassen oder auskommentiert, erscheint aufgrund der auftretenden Ausnahme die Fehlermeldung in Abbildung 5.2.
- Diese Situation gilt es natürlich zu vermeiden. In den meisten Fällen ist es möglich und auch sinnvoll, die Objekterzeugung wie in der ersten Ereignisprozedur vorzunehmen.

MessageBox.Show()

- Zur Anzeige der Fehlermeldung wird die Methode `Show()` der Klasse `MessageBox` verwendet. Diese zeigt ein kleines Infofenster mit einer Meldung an. Mehr zur Klasse `MessageBox` in Abschnitt 7.6.

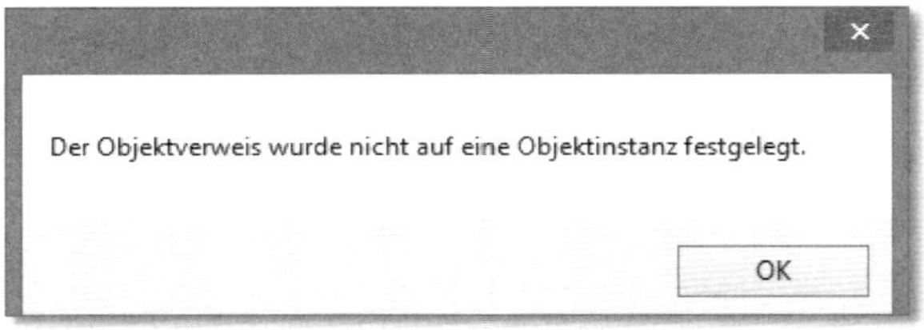

Abbildung 5.2 Objektverweis ohne Objekt

5.3 Eigenschaftsmethode

Kontrolle

Eigenschaftsmethoden (Properties) ermöglichen einen verbesserten Schutz von Klassen-Eigenschaften und eine weitergehende Kontrolle bei den Veränderungen der Eigenschaften. Um das zu verdeutlichen, wurde die Klasse `Fahrzeug` im folgenden Programm (Projekt *Eigenschaftsmethode*) verändert.

Zunächst die neue Klassendefinition:

```
Public Class Fahrzeug
    Dim geschwindigkeit As Integer

    Property PGeschwindigkeit() As Integer
        Get
            Return geschwindigkeit
        End Get
```

```
        Private Set(value As Integer)
            If value > 100 Then
                geschwindigkeit = 100
            ElseIf value < 0 Then
                geschwindigkeit = 0
            Else
                geschwindigkeit = value
            End If
        End Set
    End Property

    Sub beschleunigen(wert As Integer)
        PGeschwindigkeit += wert
    End Sub
End Class
```

Listing 5.4 Projekt »Eigenschaftsmethode«, Definition der Klasse

Zur Erläuterung:

- Es gibt nach wie vor die geschützte Eigenschaft geschwindigkeit.
- Zu dieser Eigenschaft wurde die Eigenschaftsmethode (Property) PGeschwindigkeit() hinzugefügt.

Property

- Eigenschaftsmethoden werden mit dem Schlüsselwort Property eingeleitet und sind zunächst öffentlich. Sie bestehen aus sogenannten Accessoren, einem Get-Accessor und einem Set-Accessor. Der Get-Accessor ist verantwortlich für das Lesen der Eigenschaft geschwindigkeit. Der Set-Accessor ist verantwortlich für das Schreiben in die Eigenschaft geschwindigkeit.

Get, Set

- Die Accessoren Get und Set sind öffentlich, wenn die Eigenschaftsmethode öffentlich ist. In diesem Fall können Sie aber einen der beiden Accessoren kapseln. Die Accessoren sind gekapselt, wenn die gesamte Eigenschaftsmethode gekapselt ist.

Gültigkeitsbereich

- Im vorliegenden Programm wurde der Set-Accessor mit Private gekapselt. Die Eigenschaft geschwindigkeit soll also nach wie vor nur über die öffentliche Methode beschleunigen() verändert werden können.
- Im Set-Accessor wird durch eine Verzweigung dafür gesorgt, dass der Wert der Eigenschaft geschwindigkeit nicht kleiner als 0 und nicht grö-

ßer als 100 werden darf (eine Geschwindigkeitsbegrenzung). Eine solche Kontrolle ist einer der Einsatzzwecke einer Eigenschaftsmethode.

- In der Methode beschleunigen() wird der gelieferte Wert zu der Eigenschaftsmethode hinzuaddiert. Auf diese Weise wird dafür gesorgt, dass sich auch bei Aufruf der Methode beschleunigen() der Wert der Eigenschaft geschwindigkeit nur innerhalb der erlaubten Grenzen bewegt.

Es folgt das Programm, in dem die veränderte Klasse benutzt wird:

```
Public Class Form1
    Private Sub cmdAnzeigen_Click(...) Handles ...
        Dim vespa As New Fahrzeug
        lblAnzeige.Text = vespa.PGeschwindigkeit
        vespa.beschleunigen(120)
        ' vespa.PGeschwindigkeit = 50
        lblAnzeige.Text &= vbCrLf &
            vespa.PGeschwindigkeit
    End Sub
End Class
```

Listing 5.5 Projekt »Eigenschaftsmethode«, Benutzung der Klasse

Zur Erläuterung:

- Zur Ausgabe wird der öffentlich zugängliche Get-Accessor PGeschwindigkeit() benutzt.
- Es wird *versucht*, das Fahrzeug um 120 zu beschleunigen. Das gelingt allerdings nicht, da der Set-Accessor PGeschwindigkeit() das verhindert, siehe Abbildung 5.3.

Abbildung 5.3 Kontrolle durch Eigenschaftsmethode

- In der vorletzten Zeile steht (auskommentiert) eine Anweisung, die nicht durchgeführt werden kann. Der Set-Accessor PGeschwindigkeit() ist gekapselt, daher führt die Anweisung vespa.PGeschwindigkeit = 50 zu einem Fehler.

5.4 Konstruktor

Objekterzeugung

Konstruktoren dienen dazu, Objekte bei ihrer Erzeugung mit Werten zu versehen. Es kann pro Klasse mehrere Konstruktoren geben, wenn Sie es dem Benutzer der Klasse ermöglichen möchten, seine Objekte auf verschiedene Art und Weise zu erzeugen.

New()

Ein Konstruktor wird in der Klasse wie eine Methode vereinbart. Er hat immer den Namen `New`. Im nachfolgenden Beispiel (Projekt *Konstruktor*) wurde die Klasse `Fahrzeug` wiederum verändert, mit dem besonderen Augenmerk auf Konstruktoren.

Zunächst die Klasse:

```
Public Class Fahrzeug
    Dim bezeichnung As String
    Dim geschwindigkeit As Integer

    Sub New()
        bezeichnung = "(leer)"
        geschwindigkeit = 0
    End Sub

    Sub New(b As String)
        bezeichnung = b
        geschwindigkeit = 0
    End Sub

    Sub New(g As Integer)
        bezeichnung = "(leer)"
        geschwindigkeit = g
    End Sub

    Sub New(b As String, g As Integer)
        bezeichnung = b
        geschwindigkeit = g
    End Sub

    Function ausgabe() As String
        ausgabe = "Bezeichnung: " & bezeichnung &
            vbCrLf & "Geschwindigkeit: " &
            geschwindigkeit & vbCrLf
    End Function
```

```
    Sub beschleunigen(wert As Integer)
        geschwindigkeit += wert
    End Sub
End Class
```

Listing 5.6 Projekt »Konstruktor«, Definition der Klasse

Zur Erläuterung:

- Fahrzeuge haben nun zwei Eigenschaften: eine Bezeichnung (mit dem Datentyp `String`) und eine Geschwindigkeit (mit dem Datentyp `Integer`).

Mehrere Konstruktoren

- Es sind vier Konstruktormethoden vereinbart, diese unterscheiden sich nicht durch ihren Namen (`New`), aber durch Anzahl und Datentyp der Parameter. Durch diese Unterscheidung kann das Programm bei der Objekterzeugung erkennen, welche der vier Konstruktormethoden verwendet werden soll.

Überladung

- Man bezeichnet das als Methodenüberladung. Außer der Konstruktormethode können auch andere Methoden auf diese Weise überladen werden. Das ist eine häufige Vorgehensweise: Man *macht* etwas mit dem Objekt, sendet dabei bestimmte Daten, und das Objekt weiß aufgrund der Klassendefinition und der verschiedenen Methodendefinitionen, wie es mit den Daten verfahren soll.
- Der erste Konstruktor erwartet keine Parameter. Die beiden Eigenschaften werden mit *(leer)* und 0 vorbesetzt.
- Der zweite Konstruktor erwartet eine Zeichenkette. Diese wird der Bezeichnung zugewiesen. Die Geschwindigkeit wird mit 0 vorbesetzt.
- Analog dazu erwartet der dritte Konstruktor eine `Integer`-Zahl. Diese wird der Geschwindigkeit zugewiesen. Die Bezeichnung wird mit *(leer)* vorbesetzt.
- Im vierten Konstruktor, der eine Zeichenkette und eine `Integer`-Zahl erwartet, werden beide Eigenschaften mit den gewünschten Werten vorbesetzt.
- Mithilfe der Ausgabemethode werden beide Eigenschaften kommentiert ausgegeben.

Das Programm (Projekt *Konstruktor*) kann diese Klasse jetzt wie folgt nutzen:

```
Public Class Form1
    Private Sub cmdAnzeigen_Click(...) Handles ...
        Dim vespa As New Fahrzeug
        Dim schwalbe As New Fahrzeug("Moped")
        Dim yamaha As New Fahrzeug(50)
        Dim honda As New Fahrzeug("Motorrad", 75)
        lblAnzeige.Text = vespa.ausgabe() & vbCrLf &
            schwalbe.ausgabe() & vbCrLf &
            yamaha.ausgabe() & vbCrLf &
            honda.ausgabe()
    End Sub
End Class
```

Listing 5.7 Projekt »Konstruktor«, Benutzung der Klasse

Zur Erläuterung:

- Es werden vier Objekte der Klasse `Fahrzeug` erzeugt und ausgegeben, siehe Abbildung 5.4. Jedes der Objekte nutzt einen anderen Konstruktor.
- **IntelliSense** Während der Codierung erscheint nach Eingabe von `New Fahrzeug` ein IntelliSense-QuickInfo. Darin werden dem Entwickler die vier Möglichkeiten zur Objekterzeugung, also die vier Konstruktoren mit Anzahl und Typ der Parameter, zur Auswahl angeboten. Dieses Verhalten kennen wir schon von der Benutzung der vordefinierten Methoden.
- Sobald eigene Konstruktoren definiert sind, können nur noch diese genutzt werden. Falls es keine eigenen Konstruktoren gibt, wird ein interner, parameterloser Konstruktor verwendet, wie im ersten Beispiel dieses Abschnitts.
- **Keine Klammern** Bei der Nutzung des eigenen, parameterlosen Konstruktors (siehe Objekt `vespa`) werden gar keine Klammern hinter dem Namen der Klasse angegeben.

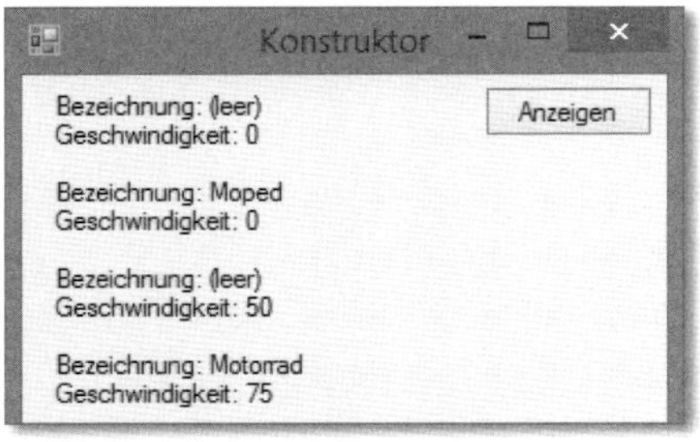

Abbildung 5.4 Vier Objekte nach der Konstruktion

5.5 Referenzen, Vergleiche und Typen

Objektverweis

Mithilfe einer Zuweisung kann einem Objektverweis A ein gleichartiger Objektverweis B zugewiesen werden. Beachten Sie dabei allerdings, dass nicht das Objekt, sondern nur eine Referenz (der Objektverweis) zugewiesen wurde. Die Objektverweise A und B verweisen nach der Zuweisung auf dasselbe Objekt. Falls im weiteren Verlauf des Programms eine Veränderung über einen der beiden Objektverweise vorgenommen wird, hat das Auswirkungen auf dasselbe Objekt.

Referenztyp

Bei der Übergabe von Parametern an eine Prozedur oder Funktion haben wir bereits ein ähnliches Verhalten kennengelernt. Wenn ein Parameter mit `ByRef` übergeben wurde, dann hatte eine Änderung Auswirkungen auf die Original-Variable. Dieser Vorgang wurde daher auch als *Übergabe per Referenz* bezeichnet.

Werttyp

Anders verhält es sich bekanntlich bei der Zuweisung einer Variablen eines Basis-Datentyps (z. B. `Integer` oder `Double`). Nach der Zuweisung einer Variablen `A` an eine Variable `B` haben zwar beide zunächst den gleichen Wert, es handelt sich aber um zwei verschiedene Variablen, die im weiteren Verlauf des Programms unabhängig voneinander agieren können. Bezüglich dieses Verhaltens spricht man auch von Referenztypen (Objekte) und Werttypen (Variablen der Basis-Datentypen).

Is

Mithilfe des Operators `Is` können Sie feststellen, ob zwei Objektverweise auf dasselbe Objekt verweisen.

Es folgt ein Beispielprogramm (Projekt *ReferenzenVergleicheTypen*), das diese Zusammenhänge verdeutlicht. Die Definition der Klasse ähnelt derjenigen im vorherigen Projekt *Konstruktor*, daher muss sie hier nicht mehr gesondert dargestellt werden.

```
Public Class Form1
    Private Sub cmdReferenzZuweisen_Click(...) Handles ...
        Dim vespa As New Fahrzeug("Moped", 50)
        Dim schwalbe As Fahrzeug
        schwalbe = vespa
        MessageBox.Show(vespa.ausgabe() &
            " / " & schwalbe.ausgabe())
        vespa.beschleuniger(35)
        MessageBox.Show(vespa.ausgabe() &
            " / " & schwalbe.ausgabe())
```

```
    End Sub

    Private Sub cmdReferenzenVergleichen_Click(...) Handles ...
        Dim vespa As New Fahrzeug("Roller", 35)
        Dim schwalbe As New Fahrzeug("Roller", 35)

        If vespa Is schwalbe Then
            MessageBox.Show("Die beiden Objekt" &
                "verweise zeigen auf dasselbe Objekt")
        Else
            MessageBox.Show("Die beiden Objekt" &
                "verweise zeigen nicht auf dasselbe Objekt")
        End If
    End Sub
    ...
End Class
```

Listing 5.8 Projekt »ReferenzenVergleicheTypen«, Teil 1

Zur Erläuterung:

- Nach der Erzeugung eines Objekts (mit New) und eines Objektverweises (ohne New) der Klasse Fahrzeug erfolgt die Zuweisung des Objekts zum zweiten Objektverweis.
- Damit sind schwalbe und vespa Verweise auf dasselbe Objekt. Wird vespa *beschleunigt*, erfährt man auch über schwalbe diese Veränderung, siehe Abbildung 5.5.

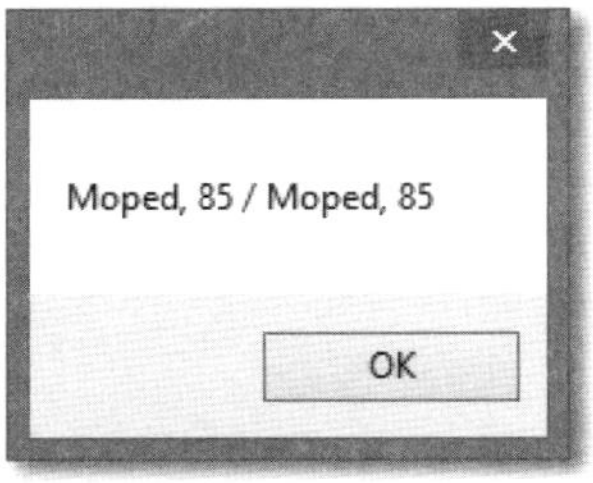

Abbildung 5.5 Zwei Verweise auf ein Objekt

- In der zweiten Prozedur werden zwei Objekte mit denselben Eigenschaftswerten erzeugt. Der Vergleich mithilfe des Operators Is zeigt, dass es sich aber nicht um dasselbe Objekt handelt, siehe Abbildung 5.6. Is

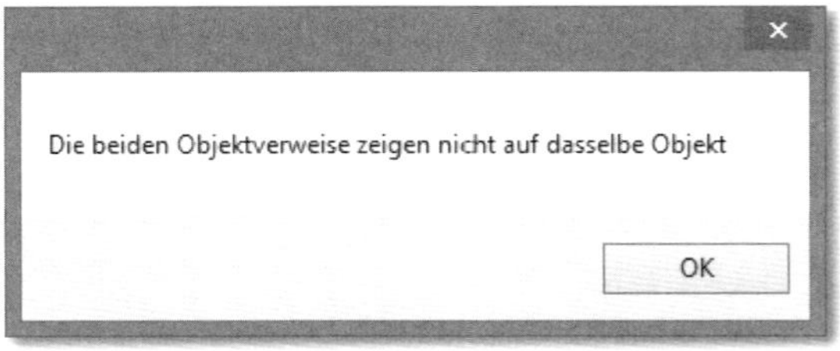

Abbildung 5.6 Zwei verschiedene Objekte

5.5.1 Objekte vergleichen

Equals()

In diesem Zusammenhang ist auch die Methode `Equals()` der Basisklasse `Object` von Interesse. Diese Methode erbt jede Klasse, weil jede Klasse von der Basisklasse `Object` abgeleitet wird. Das Thema *Vererbung* wird in Abschnitt 5.8 noch vertieft.

Falls Sie die geerbte Methode `Equals()` auf zwei Objektverweise einer Klasse anwenden, dann wird damit festgestellt, ob die Verweise auf dasselbe Objekt verweisen. Es handelt sich also um das gleiche Verhalten wie beim Operator `Is`.

Die Methode `Equals()` ist aber eigentlich dazu vorgesehen festzustellen, ob zwei Objekte identisch sind. Dazu muss sie in der betreffenden Klasse überschrieben werden.

Dazu wird die Klasse `Fahrzeug` im Projekt *ReferenzenVergleicheTypen* wie folgt ergänzt:

```
Public Class Fahrzeug
[ ... ]
    Overloads Function Equals(x As Fahrzeug) As Boolean
        If bezeichnung = x.bezeichnung And
                geschwindigkeit = x.geschwindigkeit Then
            Equals = True
        Else
            Equals = False
        End If
    End Function
End Class
```

Listing 5.9 Projekt »ReferenzenVergleicheTypen«, Methode »Equals()«

Zur Erläuterung:

- Die Funktion liefert `True`, wenn die Werte der beiden Eigenschaften `bezeichnung` und `geschwindigkeit` gleich sind.

Das folgende Beispielprogramm (ebenfalls im Projekt *ReferenzenVergleicheTypen*) verwendet die veränderte Klasse `Fahrzeug`:


```
Public Class Form1
[...]
    Private Sub cmdObjekteVergleichen_Click(...) Handles ...
        Dim vespa As New Fahrzeug("Roller", 35)
        Dim schwalbe As New Fahrzeug("Roller", 35)

        If vespa.Equals(schwalbe) Then
            MessageBox.Show("Die beiden Objekte" &
             " sind gleich")
        Else
            MessageBox.Show("Die beiden Objekte" &
             " sind nicht gleich")
        End If
    End Sub
End Class
```

Listing 5.10 Projekt »ReferenzenVergleicheTypen«, Nutzung der Methode »Equals()«

Zur Erläuterung:

- Beim Vergleich wird nun die eigene Methode `Equals()` der Klasse `Fahrzeug` aufgerufen.
- Es werden die Werte der Eigenschaften verglichen. Diese sind gleich, also liefert die Methode `Equals()` den Wert `True`.

5.5.2 Typ eines Objekts ermitteln

GetType()

Die Methode `GetType()` der Basisklasse `Object` liefert die Bezeichnung des Typs, also der Klasse eines Objekts. Diese Bezeichnung kann mithilfe der Methode `ToString()` ausgegeben werden. Das folgende Beispielprogramm (ebenfalls im Projekt *ReferenzenVergleicheTypen*) zeigt das:

```
Private Sub cmdKlasseErmitteln_Click(...) Handles ...
    Dim vespa As New Fahrzeug("Roller", 35)
    Dim schwalbe As Fahrzeug

    MessageBox.Show("Objekt vespa ist vom Typ " &
        vespa.GetType().ToString())
    If Not schwalbe Is Nothing Then
       MessageBox.Show("Objekt schwalbe ist vom Typ " &
           schwalbe.GetType().ToString())
    End If

    MessageBox.Show("Der Button ist vom Typ " &
        cmdKlasseErmitteln.GetType().ToString())
End Sub
```

Listing 5.11 Projekt »ReferenzenVergleicheTypen«, Typ ermitteln

Zur Erläuterung:

- Es wird das Objekt `vespa` vom Typ `Fahrzeug` erzeugt. Die Methode `GetType()` liefert dann die Bezeichnung `ReferenzenVergleicheTypen.Fahrzeug`, also den Namen der eigenen Klasse `Fahrzeug` innerhalb des Namensraums des Projekts.

Is Nothing

- Es wird der Objektverweis `schwalbe` erzeugt. Dieser verweist auf kein Objekt, also kann `GetType()` nicht angewendet werden. Der Verweis `Nothing` ist ein Verweis auf »Nichts«. `Is Nothing` stellt fest, ob der betreffende Verweis auf nichts verweist. `Not Is Nothing` ist die Umkehrung. Es stellt also fest, ob der betreffende Verweis auf »Etwas« verweist. Nur dann kann `GetType()` angewandt werden.
- Die Methode `GetType()` liefert für den Button die Bezeichnung `System.Windows.Forms.Button`, also den Namen der Klasse `Button` innerhalb des Namensraums `System.Windows.Forms`.

5.5.3 Typ eines Objekts durch Vergleich ermitteln

TypeOf ... Is

Falls Sie wissen möchten, ob ein Objekt von einem bestimmten Typ ist, können Sie die Operatorenkombination `TypeOf ... Is` anwenden. Das folgende Beispielprogramm (ebenfalls im Projekt *ReferenzenVergleicheTypen*) zeigt das:

```
Private Sub cmdKlasseVergleichen_Click(...) Handles ...
    Dim vespa As New Fahrzeug("Roller", 35)
    Dim schwalbe As Fahrzeug

    If TypeOf vespa Is Fahrzeug Then
        MessageBox.Show("Objekt vespa ist" &
            " vom Typ Fahrzeug")
    End If

    If Not TypeOf schwalbe Is Fahrzeug Then
        MessageBox.Show("Objekt schwalbe ist" &
            " (noch) nicht vom Typ Fahrzeug")
    End If
End Sub
```

Listing 5.12 Projekt »ReferenzenVergleicheTypen«, Typ durch Vergleich ermitteln

Zur Erläuterung:

- Es wird das Objekt `vespa` vom Typ `Fahrzeug` erzeugt. `TypeOf ... Is` liefert dann `True`.
- Umgekehrt verhält es sich beim Objektverweis `schwalbe`, der auf kein Objekt des Typs `Fahrzeug` verweist. `TypeOf ... Is` liefert dann `False`.

5.6 Delegates

Ereignismethoden

Mithilfe von Delegates kann man Verweise auf Ereignismethoden erstellen. Sie werden sich fragen, wozu das nötig ist, da wir Methoden zu den verschiedenen Ereignissen unserer Steuerelemente ja einfach über das Eigenschaften-Fenster erzeugen können. Was ist aber mit Steuerelementen, die erst zur Laufzeit des Programms erzeugt werden? Hier kommen die Delegates ins Spiel.

Steuerelemente erzeugen und löschen

Im nachfolgenden Beispiel im Projekt *Delegates* können wir im Formular per Klick auf den oberen Button beliebig viele, zusätzliche Buttons erzeugen. Zu jedem dieser Buttons gibt es dann auch eine Ereignismethode. Diese dient hier im Beispiel dazu, den Button wieder aus dem Formular zu löschen. In Abbildung 5.7 sehen Sie das Formular nach dem Erzeugen von vier zusätzlichen Buttons und dem Löschen der ersten beiden zusätzlichen Buttons.

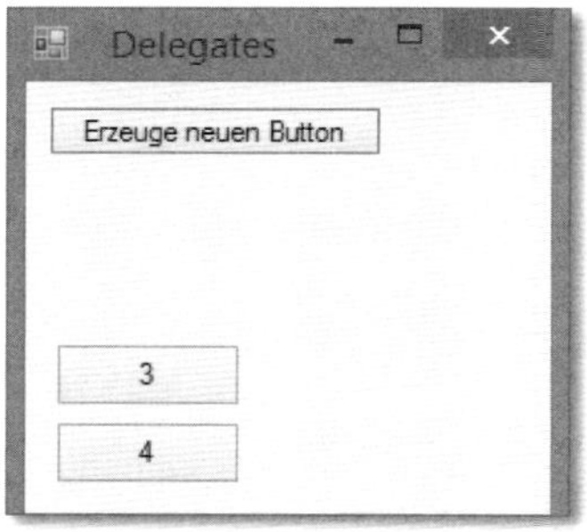

Abbildung 5.7 Buttons, zur Laufzeit erzeugt bzw. gelöscht

Zunächst das Programm:

```
Public Class Form1
    Dim YPos As Integer = 52
    Dim Nr As Integer = 1

    Private Sub cmdErzeugen_Click(...) Handles ...
        Dim neuerButton As New Button
        neuerButton.Location = New Point(12, YPos)
        neuerButton.Size = New Size(75, 26)
        neuerButton.Text = Nr

        AddHandler neuerButton.Click,
            AddressOf neuerButton_Click
        Controls.Add(neuerButton)

        YPos = YPos + 32
        Nr = Nr + 1
    End Sub

    Private Sub neuerButton_Click(
            sender As Object, e As EventArgs)
        Controls.Remove(sender)
        Dim senderButton As Button
        senderButton = sender
        MessageBox.Show("Button " & senderButton.Text &
            " wurde gelöscht")
    End Sub
End Class
```

Listing 5.13 Projekt »Delegates«

Zur Erläuterung:

- Die beiden Eigenschaften `YPos` und `Nr` der Klasse `Form1` dienen für die Y-Position und die laufende Nummer der neuen Buttons. Der erste Button wird bei Y = 44 erscheinen und die Nummer 1 tragen.
- In der Ereignismethode `cmdErzeugen_Click()` wird ein neues Objekt des Typs `Button` erzeugt. Über die Eigenschaften `Location`, `Size` und `Text` bekommt es Lage, Größe und Aufschrift zugewiesen.

- Dem Ereignis `Click` dieses neuen Buttons wird mithilfe von `AddHandler` ein Ereignishandler zugeordnet. Das ist die Methode `neuerButton_Click()`. Die Adresse dieser Methode wird mithilfe von `AddressOf` zugewiesen. Das bedeutet: Falls auf den neuen Button geklickt wird, dann startet der Code in `neuerButton_Click()`. Lassen Sie sich nicht irritieren: Solange diese Methode noch nicht existiert, wird ein Fehler gemeldet.

Controls.Add()

- Die Methode `Add()` fügt der Auflistung `Controls` den neuen Button hinzu. Damit erscheint er im Formular. Die Auflistung `Controls` ist eine Eigenschaft des Formulars und umfasst alle darin vorhandenen Steuerelemente.
- Die beiden Eigenschaften `YPos` und `Nr` der Klasse `Form1` bekommen neue Werte für den nächsten Button.
- Es folgt die Methode `neuerButton_Click()`, die für das Ereignis `Click` aller zusätzlichen Buttons dient. Im Methodenkopf stehen, wie bisher, die beiden Objekte der Klasse `Object` bzw. `EventArgs`. `Handles` entfällt, da bereits bekannt ist, welches Ereignis durch diese Methode behandelt wird.

Controls.Remove()

- Der betreffende Button wird mithilfe der Methode `Remove()` wieder aus der Auflistung `Controls` gelöscht, er verschwindet also wieder.

sender

- Damit wir eine Information bekommen können, welcher Button gelöscht wurde, wird zunächst ein neuer Verweis auf einen Button angelegt. Mit `senderButton = sender` verweist dieser Verweis auf den auslösenden Button. Dessen Aufschrift ist die laufende Nummer.

5.7 Statische Elemente

Bisher haben wir nur Eigenschaften kennengelernt, die bestimmten Objekten zugeordnet sind, und Methoden, die für ein bestimmtes Objekt ausgeführt werden. Darüber hinaus gibt es aber auch klassenbezogene Eigenschaften und Methoden:

Statische Eigenschaften

- Klassenbezogene Eigenschaften, sogenannte statische Eigenschaften, sind thematisch mit der Klasse verbunden. Ihre Werte stehen allen Objekten der Klasse zur Verfügung. Falls sie öffentlich deklariert werden, stehen sie auch außerhalb der Klasse zur Verfügung.

Statische Methoden

- Klassenbezogene Methoden, sogenannte statische Methoden, sind ebenfalls thematisch mit der Klasse verbunden.

Im nachfolgenden Beispiel im Projekt *StatischeElemente* werden zwei statische Eigenschaften genutzt, eine ist in der Klasse gekapselt, die andere öffentlich. Außerdem kommt noch eine statische Methode zum Einsatz. Zunächst die Klassendefinition:

```
Public Class Zahl
    Dim wert As Double
    Dim nummer As Integer
    Shared anzahl As Integer = 0
    Public Shared pi As Double = 3.1415926

    Sub New(x As Double)
        anzahl += 1
        nummer = anzahl
        wert = x
    End Sub

    Sub maldrei()
        wert = wert * 3
    End Sub

    Shared Function verdoppeln(x As Double) As Double
        verdoppeln = x * 2
    End Function

    Function ausgabe() As String
        ausgabe = "Objekt Nr. " & nummer &
            ", Wert: " & wert
    End Function
End Class
```

Listing 5.14 Projekt »StatischeElemente«, Klassendefinition

Zur Erläuterung:

- Es wurde die Klasse `Zahl` definiert, mit deren Hilfe einige einfache Zahlenoperationen ausgeführt werden sollen.
- Die beiden Variablen `wert` und `nummer` sind objektbezogene Eigenschaften. Jedes Objekt hat also seinen eigenen Wert und seine eigene laufende Nummer.
- Die Variable `anzahl` ist eine klassenbezogene und gekapselte Eigenschaft. Diese statische Eigenschaft gibt es insgesamt nur einmal, unabhängig von der Anzahl der erzeugten Objekte. Sie steht innerhalb der Klasse allen Objekten gemeinsam zur Verfügung, sie wird also von den Objekten gemeinsam genutzt bzw. »geshared«. Das Schlüsselwort `Shared` kennzeichnet die Variable als eine statische Eigenschaft.

Shared

- Innerhalb des Konstruktors der Klasse wird die statische Eigenschaft `anzahl` bei jeder Erzeugung eines Objekts um 1 erhöht. Diese Eigenschaft repräsentiert also die Anzahl der Objekte. Darüber hinaus wird sie genutzt, um jedem Objekt bei seiner Erzeugung eine individuelle, laufende Nummer zu geben.
- Die Variable `pi` ist eine klassenbezogene und öffentliche Eigenschaft. Sie ist ebenfalls einmalig, steht aber nicht nur innerhalb, sondern auch außerhalb der Klasse zur Verfügung. Sie ist aber thematisch mit der Klasse `Zahl` verbunden, daher wird sie in der Klasse deklariert.
- Die Prozedur `maldrei()` ist eine objektbezogene Methode. Sie kann auf ein Objekt angewendet werden und verändert dieses Objekt gegebenenfalls.
- Die Funktion `verdoppeln()` ist eine klassenbezogene Methode. Sie wird nicht auf ein individuelles Objekt angewendet. Sie ist aber thematisch mit der Klasse `Zahl` verbunden und wird daher in der Klasse definiert. Innerhalb der Methode steht keine objektbezogene Eigenschaft (wie `wert` oder `nummer`) zur Verfügung.

Im folgenden Programm im Projekt *StatischeElemente* werden alle genannten statischen Elemente genutzt, siehe Abbildung 5.8.

```
Public Class Form1
    Private Sub cmdAnzeigen_Click(...) Handles ...
        Dim x As New Zahl(2.5)
        Dim p As New Zahl(-5)
        Dim y, r As Double
```

```
        ' Objektbezogene Methoden
        x.maldrei()
        lblAnzeige.Text = x.ausgabe() & vbCrLf &
            p.ausgabe()

        ' Klassenbezogene Methode
        y = 4
        lblAnzeige.Text &= vbCrLf & "Zahl: " & y &
            vbCrLf & "Nach Verdopplung: " &
            Zahl.verdoppeln(y)

        ' Klassenbezogene und öffentl. Eigenschaft
        r = 6
        lblAnzeige.Text &= vbCrLf & "Radius: " & r &
            vbCrLf & "Fläche: " & r * r * Zahl.pi
    End Sub
End Class
```

Listing 5.15 Projekt »StatischeElemente«, Hauptprogramm

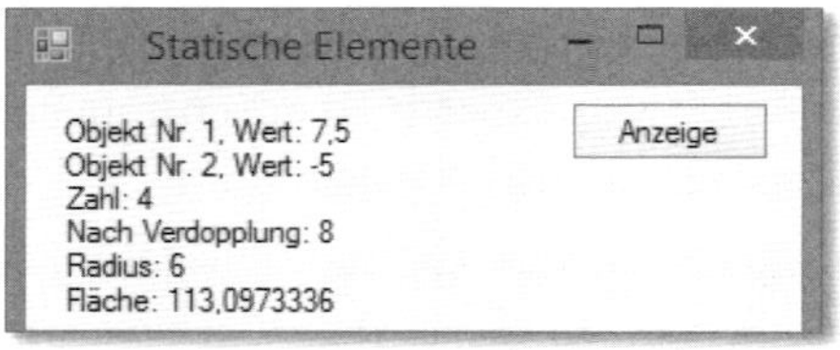

Abbildung 5.8 Statische Elemente

Zur Erläuterung:

- Es werden die beiden Objekte `x` und `p` der Klasse `Zahl` erzeugt. Dabei wird jeweils der Konstruktor durchlaufen, die Objekte erhalten ihre Startwerte sowie eine laufende Nummer.
- Auf das Objekt `x` wird eine objektbezogene Methode angewendet. Anschließend werden beide Objekte mit ihren Eigenschaften ausgegeben.
- Die statische Methode `verdoppeln()` wird auf eine `Double`-Variable angewendet.
- Die statische und öffentliche Eigenschaft `pi` der Klasse wird genutzt, um aus dem Radius eines Kreises die Fläche zu berechnen.

5.8 Vererbung

Eine Klasse kann ihre Elemente an eine andere Klasse vererben. Dieser Mechanismus wird häufig angewendet, um bereits vorhandene Definitionen übernehmen zu können. Man erzeugt durch Vererbung eine Hierarchie von Klassen, die die Darstellung von Objekten mit teils übereinstimmenden, teils unterschiedlichen Merkmalen ermöglichen.

Erben

Visual Basic stellt bereits eine große Menge an Klassen zur Verfügung, die in eigenen Programmen geerbt werden können. Dadurch können Sie komplexe Objekte mit ihrem Verhalten, ihren Eigenschaften und Möglichkeiten in Ihr eigenes Programm einfügen.

In den Beispielen dieses Buchs wurde das bereits vielfach praktiziert. So wurde beim Einfügen eines Formulars von der Klasse für Formulare geerbt. Alle Eigenschaften eines Formulars (`Text`, `BackColor`, `Size`, ...), alle Methoden eines Formulars (`Close()`, ...) und alle Ereignisse eines Formulars (`Click`, `Load`, `Activated`, ...) stehen nach dem Einfügen zur Verfügung.

Im nachfolgenden Beispiel im Projekt *Vererbung* wird eine Klasse `PKW` definiert, mit deren Hilfe die Eigenschaften und Methoden von Personenkraftwagen dargestellt werden sollen. Bei der Erzeugung bedienen Sie sich der existierenden Klasse `Fahrzeug`, in der ein Teil der gewünschten Eigenschaften und Methoden bereits vorhanden ist. Bei der Klasse `PKW` kommen noch einige Merkmale hinzu.

Basisklasse, abgeleitete Klasse

In diesem Zusammenhang nennt man die Klasse `PKW` auch eine spezialisierte Klasse. Die Klasse `Fahrzeug` nennt man eine allgemeine Klasse. Von der Klasse `PKW` aus gesehen ist die Klasse `Fahrzeug` eine Basisklasse. Von der Klasse `Fahrzeug` aus gesehen ist die Klasse `PKW` eine abgeleitete Klasse.

Bei der Projekterzeugung werden beide Klassen in eigenen Klassendateien gespeichert, jeweils über den Menüpunkt PROJEKT • KLASSE HINZUFÜGEN.

Zunächst die Basisklasse `Fahrzeug`:

```
Public Class Fahrzeug
    Dim geschwindigkeit As Integer

    Sub beschleunigen(wert As Integer)
        geschwindigkeit += wert
    End Sub
```

```
    Function ausgabe() As String
        ausgabe = "Geschwindigkeit: " &
            geschwindigkeit & vbCrLf
    End Function
End Class
```

Listing 5.16 Projekt »Vererbung«, Basisklasse »Fahrzeug«

Davon abgeleitet wird die Klasse PKW:

```
Public Class PKW
    Inherits Fahrzeug

    Dim insassen As Integer

    Sub einsteigen(anzahl As Integer)
        insassen += anzahl
    End Sub

    Overloads Function ausgabe() As String
        ausgabe = "Insassen: " & insassen &
            vbCrLf & MyBase.ausgabe()
    End Function
End Class
```

Listing 5.17 Projekt »Vererbung«, abgeleitete Klasse »PKW«

Zur Erläuterung:

Inherits

- Nach dem Beginn der Klassendefinition (Public Class PKW) folgt in der nächsten Zeile Inherits Fahrzeug. Dadurch wird gekennzeichnet, dass die Klasse PKW alle Elemente von der Klasse Fahrzeug erbt.
- Die Klasse PKW verfügt nun über zwei Eigenschaften: die geerbte Eigenschaft geschwindigkeit und die eigene Eigenschaft insassen.
- Außerdem verfügt sie über vier Methoden: die geerbten Methoden beschleunigen() und ausgabe() sowie die eigenen Methoden einsteigen() und ausgabe().

Overloads

- Da die Methode ausgabe() bereits in der Basisklasse mit der gleichen Signatur vorkommt, sollte die gleichnamige Methode der abgeleiteten Klasse durch Overloads besonders gekennzeichnet werden. Damit teilen

Sie mit, dass diese Methode eine andere, gleichnamige Methode der Basisklasse überlädt.

- In der Methode `ausgabe()` der Klasse `PKW` benötigen Sie allerdings weiterhin die Methode der Basisklasse, denn sie soll alle Eigenschaften ausgeben und sich dabei möglichst der bereits vorhandenen Methode `ausgabe()` der Basisklasse bedienen. Die Elemente der Basisklasse erreichen Sie in einer abgeleiteten Klasse über `MyBase`.

MyBase

Im Projekt *Vererbung*, das diese Klassen benutzt, werden zwei Objekte erzeugt, ein Objekt der Basisklasse und ein Objekt der abgeleiteten Klasse, siehe Abbildung 5.9.

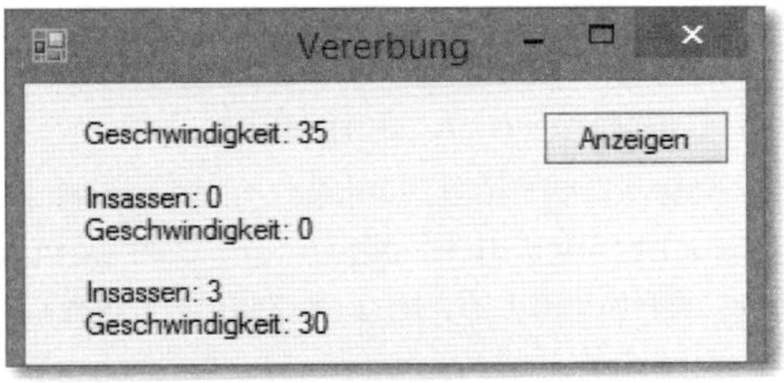

Abbildung 5.9 Objekte der Basisklasse und der abgeleiteten Klasse

Der Programmcode:

```
Public Class Form1
    Private Sub cmdAnzeigen_Click(...) Handles ...
        Dim vespa As New Fahrzeug
        Dim fiat As New PKW

        vespa.beschleunigen(35)
        lblAnzeige.Text = vespa.ausgabe()

        lblAnzeige.Text &= vbCrLf & fiat.ausgabe()
        fiat.einsteigen(3)
        fiat.beschleunigen(30)
        lblAnzeige.Text &= vbCrLf & fiat.ausgabe()
    End Sub
End Class
```

Listing 5.18 Projekt »Vererbung«, Nutzung der Klassen

Zur Erläuterung:

- Im Programm werden zwei Objekte verschiedener Klassen erzeugt.
- Wenn eine Methode für ein Objekt einer abgeleiteten Klasse aufgerufen wird, dann wird diese Methode zunächst in dieser abgeleiteten Klasse gesucht. Falls sie dort gefunden wird, wird sie aufgerufen. Anderenfalls wird sie eine Ebene höher, also in der Klasse gesucht, von der die Klasse des Objekts abgeleitet wurde. Falls sie dort auch nicht gefunden wird, wird wiederum die zugehörige Basisklasse durchsucht usw.
- Für das Objekt `fiat` der Klasse `PKW` werden die Methoden `ausgabe()` und `einsteigen()` aufgerufen. Diese werden zuerst in der Klasse `PKW` gefunden und ausgeführt.
- Innerhalb der Methode `ausgabe()` der Klasse `PKW` wird die Methode der Basisklasse `Fahrzeug` über `MyBase` aufgerufen und ausgeführt.
- Die Methode `beschleunigen()` wird für das Objekt `fiat` ebenfalls zunächst in der Klasse `PKW` gesucht, aber nicht gefunden. Da `PKW` von `Fahrzeug` geerbt hat, wird die Methode nun in der Klasse `Fahrzeug` gesucht, dort gefunden und ausgeführt.

Hinweis: Eigenschaften der Basisklasse sind von der abgeleiteten Klasse aus normalerweise nicht erreichbar, da sie in der Basisklasse gekapselt sind. Sie wurden mit dem Schlüsselwort `Dim` deklariert, das gleichbedeutend ist mit `Private`. Möchten Sie sie aber dennoch erreichbar machen, haben Sie zwei Möglichkeiten:

- Sie deklarieren die Eigenschaften mit `Public`. Dann sind sie, wie standardgemäß auch die Methoden, öffentlich zugänglich und von überall aus zu erreichen. Das widerspricht aber dem Prinzip der Datenkapselung.
- Deklarieren Sie die Eigenschaften mit `Protected`. Nun sind sie von der Klasse, in der sie deklariert wurden, und von allen aus dieser abgeleiteten Klassen aus erreichbar. Somit bleibt noch eine gewisse Datenkapselung gewährleistet.

Protected

5.9 Konstruktoren bei Vererbung

Bei der Erzeugung eines Objekts einer abgeleiteten Klasse können Konstruktoren eingesetzt werden. Achten Sie darauf, wie die Konstruktoren der Basisklasse aufgebaut sind, damit diese intern richtig aufgerufen werden.

Zunächst eine Basisklasse mit zwei Konstruktoren im Projekt *Vererbung-Konstruktoren*:

```
Public Class Fahrzeug
    Dim bezeichnung As String
    Dim geschwindigkeit As Integer

    Sub New()
        bezeichnung = "(leer)"
        geschwindigkeit = 0
    End Sub

    Sub New(b As String, g As Integer)
        bezeichnung = b
        geschwindigkeit = g
    End Sub
[...]
End Class
```

Listing 5.19 Projekt »VererbungKonstruktoren«, Klasse »Fahrzeug«

Zur Erläuterung:

- Einer der beiden Konstruktoren benötigt keine Parameter. Die Eigenschaften werden mit *(leer)* bzw. 0 initialisiert.
- Der andere Konstruktor benötigt eine `String`-Variable und eine `Integer`-Variable. Mit den übergebenen Werten werden die Eigenschaften vorbesetzt.

Es folgt die abgeleitete Klasse, ebenfalls mit zwei Konstruktoren:

```
Public Class PKW
    Inherits Fahrzeug

    Dim insassen As Integer

    Sub New()
        insassen = 0
    End Sub
```

```
    Sub New(b As String, g As Integer, i As Integer)
        MyBase.New(b, g)
        insassen = i
    End Sub
[...]
End Class
```

Listing 5.20 Projekt »VererbungKonstruktoren«, Klasse »PKW«

Zur Erläuterung:

- In dieser Klasse gibt es ebenfalls einen parameterlosen Konstruktor.
- MyBase.New() Der andere Konstruktor benötigt eine `String`-Variable und zwei `Integer`-Variablen. Zwei der übergebenen Werte werden an die Basisklasse weitergereicht, dazu muss der passende Konstruktor aufgerufen werden. Die Basisklasse heißt von der abgeleiteten Klasse aus gesehen `MyBase`, ein Konstruktor heißt `New()`, daher lautet die Anweisung `MyBase.New(...)`. Der dritte Wert wird in der Klasse `PKW` zum Vorbesetzen der eigenen Eigenschaft der Klasse `PKW` genutzt.

Das Programm (Ausgabe siehe Abbildung 5.10):

```
Public Class Form1
    Private Sub cmdAnzeigen_Click(...) Handles ...
        Dim fiat As New PKW("Limousine", 50, 2)
        Dim peugeot As New PKW
        lblAnzeige.Text = fiat.ausgabe() &
            vbCrLf & peugeot.ausgabe()
    End Sub
End Class
```

Listing 5.21 Projekt »VererbungKonstruktoren«, Nutzung der Klasse

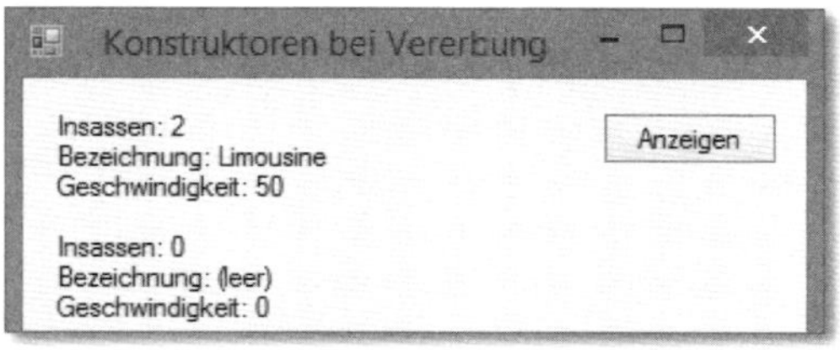

Abbildung 5.10 Nutzung verschiedener Konstruktoren

Zur Erläuterung:

- Die beiden Objekte fiat und peugeot werden unterschiedlich erzeugt.
- Das Objekt fiat wird mit drei Werten initialisiert; somit wird der passende Konstruktor gefunden. Dieser reicht die Werte für Geschwindigkeit und Bezeichnung weiter.
- Das Objekt peugeot wird ohne Werte initialisiert. Auch hier werden beide Konstruktoren durchlaufen und Standardwerte festgehalten.

5.10 Polymorphie

Vielgestaltigkeit

Polymorphie bedeutet Vielgestaltigkeit. Innerhalb der objektorientierten Programmierung bedeutet dieser Begriff, dass ein Objektverweis auf Objekte unterschiedlicher Art verweisen kann. Er ist anschließend in der Lage, den Abruf der jeweils zugehörigen Objektelemente zu unterstützen. Das vergrößert die Flexibilität bei der Programmierung mit Objekten verwandter Klassen.

Feld von Objektverweisen

Im nachfolgenden Beispiel im Projekt *Polymorphie* werden Objekte zweier Klassen erzeugt. Eine der Klassen ist aus der anderen Klasse abgeleitet. Die Objekte werden anschließend über ein Feld von Verweisen auf Objekte der Basisklasse gemeinsam erreichbar gemacht. Innerhalb einer Schleife werden alle Objekte ausgegeben.

Zunächst die Basisklasse:

```
Public Class Fahrzeug
    Dim bezeichnung As String
    Dim geschwindigkeit As Integer

    Sub New()
        bezeichnung = "(leer)"
        geschwindigkeit = 0
    End Sub

    Sub New(b As String, g As Integer)
        bezeichnung = b
        geschwindigkeit = g
    End Sub
```

```
    Overridable Function ausgabe() As String
        ausgabe = vbCrLf &
            "Bezeichnung: " & bezeichnung & vbCrLf &
            "Geschwindigkeit: " & geschwindigkeit &
            vbCrLf
    End Function

    Overrides Function ToString() As String
        Return vbCrLf &
            "Bezeichnung: " & bezeichnung & vbCrLf &
            "Geschwindigkeit: " & geschwindigkeit &
            vbCrLf
    End Function
End Class
```

Listing 5.22 Projekt »Polymorphie«, Basisklasse »Fahrzeug«

Zur Erläuterung:

- Die Klasse hat zwei Konstruktoren.
- Overridable — Die Ausgabe-Methode wird mit `Overridable` als *überschreibbar* gekennzeichnet. Das bedeutet, dass sie in einer abgeleiteten Klasse überschrieben werden darf. Das ist eine wichtige Voraussetzung für das polymorphe Verhalten.
- Jede vordefinierte oder eigene Klasse erbt die Methode `ToString()` von der Basisklasse `Object`. Die Methode dient der Ausgabe der Daten eines Objekts als Zeichenkette. Falls es eine spezifische Methode `ToString()` innerhalb einer Klasse geben soll, muss die Methode der Basisklasse mit `Overrides` überschrieben werden. Hier dient `ToString()` als Alternative für die Methode `ausgabe()`.

Die abgeleitete Klasse:

```
Public Class PKW
    Inherits Fahrzeug

    Dim insassen As Integer

    Sub New()
        insassen = 0
    End Sub
```

```
    Sub New(b As String, g As Integer, i As Integer)
        MyBase.New(b, g)
        insassen = i
    End Sub

    Overrides Function ausgabe() As String
        ausgabe = MyBase.ausgabe() &
            "Insassen: " & insassen & vbCrLf
    End Function

    Overrides Function ToString() As String
        Return MyBase.ToString() &
            "Insassen: " & insassen & vbCrLf
    End Function
End Class
```

Listing 5.23 Projekt »Polymorphie«, abgeleitete Klasse »PKW«

Zur Erläuterung:

- Die Klasse hat ebenfalls zwei Konstruktoren.
- Die Ausgabefunktion wird mit `Overrides` als *überschreibend* gekennzeichnet. Das bedeutet, dass sie die gleichnamige Methode der Basisklasse überschreibt. Das ist nur gestattet, wenn die betreffende Funktion der Basisklasse als `Overridable` gekennzeichnet ist.

Overrides

- Konsequenterweise wird die Methode `ToString()` auch in der Klasse `PKW` spezifisch definiert.

Das Programm:

```
Public Class Form1
    Private Sub cmdAnzeigen_Click(...) Handles ...
        Dim vespa As New Fahrzeug("Roller", 35)
        Dim schwalbe As New Fahrzeug("Moped", 45)
        Dim fiat As New PKW("Limousine", 90, 4)
        Dim porsche As New PKW("Sportwagen", 130, 1)

        Dim sammlung(4) As Fahrzeug
        Dim i As Integer
        sammlung(0) = vespa
        sammlung(1) = schwalbe
        sammlung(2) = fiat
```

```
        sammlung(3) = porsche
        sammlung(4) = New Fahrzeug

        For i = 0 To 4
            lblAnzeige.Text &= sammlung(i).ausgabe()
        Next
    End Sub
End Class
```

Listing 5.24 Projekt »Polymorphie«, Nutzung der Klassen

Zur Erläuterung:

- Es werden jeweils zwei Objekte der beiden Klassen erzeugt und mit allen Eigenschaften initialisiert.
- Zusätzlich wird ein Feld von fünf Verweisen auf Objekte der Basisklasse deklariert. Diese Verweise haben noch kein Verweisziel, d.h., sie zeigen noch auf kein Objekt.
- Nacheinander werden die vier vorhandenen Objekte den vier ersten Verweisen zugewiesen. Dem fünften Verweis wird ein neues, leeres Objekt der Basisklasse zugewiesen.
- Bei der Ausgabe aller Feldelemente (siehe Abbildung 5.11) mithilfe einer Schleife wird jeweils die Methode `ausgabe()` aufgerufen. Zu den Verweisen wird jeweils die passende Methode des Objekts, auf das verwiesen wird, gefunden. Alternativ könnte auch die Methode `ToString()` aufgerufen werden, da auch diese Methode für alle beteiligten Klassen definiert wurde.

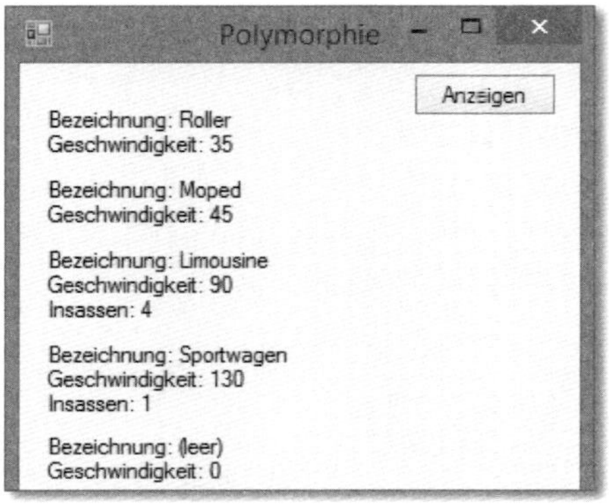

Abbildung 5.11 Fünf Verweise in einem Feld

5.11 Schnittstellen

Interface

Im Zusammenhang mit der Vererbung gibt es bei Visual Basic (und bei vielen anderen objektorientierten Programmiersprachen) das Konzept der Schnittstelle (*Interface*). Eine Schnittstelle sieht aus wie eine Klasse, enthält aber nur Definitionen, keinen Programmcode. Von einer Schnittstelle können keine Objekte erzeugt werden.

Implementation

Schnittstellen werden erst zum Leben erweckt, wenn sie von einer Klasse verwendet bzw. *implementiert* werden. Die Klasse ist dabei verpflichtet, alle Elemente der Schnittstelle zu implementieren. Durch eine Schnittstelle wird die Verwandtschaft zwischen Klassen ermöglicht. Das ist, wie im vorherigen Abschnitt über Polymorphie zu sehen war, eine Voraussetzung für polymorphes Verhalten.

In einer Klasse können mehrere Schnittstellen implementiert werden. Über eine dieser Schnittstellen ergibt sich jeweils eine Verwandtschaft dieser Klasse mit einer oder mehreren anderen Klassen. Es hat sich im Laufe der Entwicklung der objektorientierten Programmierung erwiesen, dass dieses Vorgehen günstiger ist als die sogenannte Mehrfachvererbung.

Hinweis: Bei Visual Basic gibt es keine Mehrfachvererbung. Bei der Mehrfachvererbung erbt eine Klasse Eigenschaften und Methoden mehrerer Basisklassen, das Verfahren hat allerdings verschiedene Nachteile.

Der Visual-Basic-Editor unterstützt die Implementation einer Schnittstelle, indem er das Codegerüst für die Elemente der implementierten Schnittstellen sofort automatisch in die Klasse einfügt, nachdem die Implementation begonnen wurde. Beim nachfolgenden Beispiel werden nur die elementaren Bestandteile für die Implementierung von Schnittstellen vorgeführt. Die sich hierbei ergebende Klasse ist nur bedingt sinnvoll einsetzbar, hält das Beispiel aber überschaubar. Es folgen im Projekt *Schnittstellen1* zwei Schnittstellendefinitionen, jede in einer eigenen Klassendatei, wie bisher die eingesetzten Klassen. Zunächst die Schnittstelle `Fahrzeug`:

```
Public Interface Fahrzeug
    Function einsteigen() As String
    Function reifenwechseln() As String
End Interface
```

Listing 5.25 Projekt »Schnittstellen1«, Interface »Fahrzeug«

Es folgt die Schnittstelle Schiff:

```
Public Interface Schiff
    Function schwimmen() As String
    Function anlegen() As String
End Interface
```

Listing 5.26 Projekt »Schnittstellen1«, Interface »Schiff«

Zur Erläuterung:

- Analog zu einer Klasse steht eine Schnittstelle zwischen Interface und End Interface.
- Beiden Klassen werden typische Fähigkeiten verliehen: In ein Fahrzeug kann man einsteigen, und man kann die Reifen des Fahrzeugs wechseln; ein Schiff kann schwimmen und am Ufer anlegen.
- Der genaue Ablauf dieser Vorgänge wird hier nicht (durch Programmcode) festgelegt. Das geschieht erst bei der Implementation in einer Klasse.

Die Klasse AmphiCar implementiert diese beiden Schnittstellen:

```
Public Class AmphiCar
    Implements Fahrzeug, Schiff

    Public Function reifenwechseln() As String _
            Implements Fahrzeug.reifenwechseln
        reifenwechseln = "wechselt alle vier Reifen"
    End Function

    Public Function einsteigen() As String _
            Implements Fahrzeug.einsteigen
        einsteigen = "bekommt Fahrgäste"
    End Function

    Public Function anlegen() As String _
            Implements Schiff.anlegen
        anlegen = "legt am Ufer an"
    End Function

    Public Function schwimmen() As String _
            Implements Schiff.schwimmen
        schwimmen = "fährt auf dem Wasser"
```

```
    End Function
End Class
```

Listing 5.27 Projekt »Schnittstellen1«, Klasse »AmphiCar«

Zur Erläuterung:

Implements

5

- Das Schlüsselwort `Implements` leitet die Implementation ein.
- Es erscheinen die vier Methoden, die zu implementieren sind. Bei jeder dieser Methoden wird mit dem Schlüsselwort `Implements` notiert, welche Methode aus welcher Schnittstelle hier implementiert wird.
- Alle vier Methoden liefern in diesem Beispiel nur Text zurück.
- Die Schnittstellen können jeweils auch von anderen Klassen implementiert werden. Dadurch ergibt sich eine Verwandtschaft der Klasse `AmphiCar` mit dieser anderen Klasse.

Im Programm wird ein Objekt der Klasse `AmphiCar` erzeugt. Anschließend werden alle vier Methoden aufgerufen, siehe Abbildung 5.12.

```
Public Class Form1
    Private Sub cmdAnzeigen_Click(...) Handles ...
        Dim a As New AmphiCar
        lblAnzeige.Text = a.einsteigen() &
            vbCrLf & a.schwimmen() &
            vbCrLf & a.anlegen() &
            vbCrLf & a.reifenwechseln()
    End Sub
End Class
```

Listing 5.28 Projekt »Schnittstellen1«, Nutzung der Klasse

Zur Erläuterung:

- Ein Objekt der Klasse `AmphiCar` kann alles, was ein Fahrzeug oder ein Schiff kann (z. B. schwimmen). Wie es diese Tätigkeit genau ausführt, wird erst in der Klasse `AmphiCar` festgelegt.

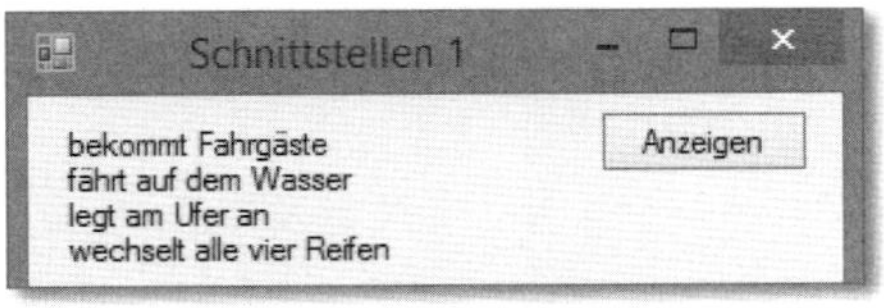

Abbildung 5.12 Vier implementierte Schnittstellen-Methoden

5.11.1 Vorhandene Schnittstellen

ICloneable

Visual Basic stellt bereits eine ganze Reihe von Schnittstellen zur Verfügung. Diese können in eigenen Klassen implementiert werden. Als Beispiel soll das Interface ICloneable dienen: Es unterstützt das Klonen von Objekten einer Klasse, also das vollständige Kopieren eines Objekts in ein anderes Objekt der gleichen Klasse. Jede Klasse, die diese Schnittstelle implementiert, muss die Methode Clone() implementieren und darin genau festlegen, wie der Klon-Vorgang in dieser speziellen Klasse ablaufen soll. Das trifft z. B. für die bereits behandelte Klasse Array zu (siehe hierzu auch Abschnitt 4.5).

Im nachfolgenden Beispiel *Schnittstellen2* werden eine eigene Schnittstelle und die vorhandene Schnittstelle ICloneable implementiert.

Zunächst das Interface aenderbar in der Datei *aenderbar.vb*:

```
Public Interface aenderbar
    Sub faerben(farbe As String)
    Sub vergroessern(faktor As Double)
End Interface
```

Listing 5.29 Projekt »Schnittstellen2«, Interface »aenderbar«

Zur Erläuterung:

- In jeder Klasse, die dieses Interface implementiert, müssen die beiden Methoden faerben() und vergroessern() definiert werden.

Es folgt die Klasse kreis in der Datei *kreis.vb*, in der Kreise mit ihren Eigenschaften und Methoden definiert werden:

```
Public Class kreis
    Implements aenderbar, ICloneable

    Dim farbe As String
    Dim radius As Double

    Sub New(f As String, r As Double)
        farbe = f
        radius = r
    End Sub
```

```
    Sub vergroessern(faktor As Double
            ) Implements aenderbar.vergroessern
        radius = radius * faktor
    End Sub

    Sub faerben(f As String
            ) Implements aenderbar.faerben
        farbe = f
    End Sub

    Function Clone() As Object _
            Implements ICloneable.Clone
        Dim tmp As New kreis(farbe, radius)
        Clone = tmp
    End Function

    Function aus() As String
        aus = "Farbe: " & farbe &
            ", Radius: " & radius
    End Function
End Class
```

Listing 5.30 Projekt »Schnittstellen2«, Klasse »kreis«

Zur Erläuterung:

Schnittstelle implementieren

- Die Klasse `kreis` implementiert neben der eigenen Schnittstelle `aenderbar` auch die vorhandene Schnittstelle `ICloneable`.
- Kreise haben einen Radius und eine Farbe.
- Nach dem Konstruktor folgen die beiden Methoden `faerben()` und `vergroessern()`. Sie werden passend zur Klasse `kreis` implementiert.
- Innerhalb der Methode `Clone()` wird ein Objekt der Klasse `kreis` erzeugt. Es wird mit den Daten des aufrufenden Objekts gefüllt. Der Verweis auf das neu erzeugte Objekt wird zurückgeliefert.

Zuletzt das Hauptprogramm des Projekts:

```
Public Class Form1
    Private Sub cmdAnzeigen_Click(...) Handles ...
        Dim k1 As New kreis("rot", 20)
        lblA.Text = k1.aus()
```

```
            k1.faerben("gelb")
            k1.vergroessern(1.5)
            lblA.Text &= vbCrLf & k1.aus()

            Dim k2 = k1.Clone()
            lblA.Text &= vbCrLf & k2.aus()
        End Sub
    End Class
```

Listing 5.31 Projekt »Schnittstellen2«, Hauptprogramm

Zur Erläuterung:

- Es wird ein Kreis mit Radius und Farbe erzeugt.
- Dieser Kreis wird gefärbt und vergrößert.
- Anschließend wird ein Verweis auf ein Objekt der Klasse `kreis` erzeugt. Diesem Verweis wird das Objekt zugewiesen, das als Klon des ersten Objekts entstanden ist. Zur Kontrolle wird dieses zweite Objekt ausgegeben.

Kapitel 6
Wichtige Klassen in .NET

In diesem Kapitel werden Ihnen einige Klassen vorgestellt, die Sie zur Lösung von alltäglichen Problemen bei der Programmierung mit Visual Basic benötigen.

Folgende Klassen (beziehungsweise Strukturen) werden in vielen Projekten eingesetzt:

- die Klasse `String` zur Bearbeitung von Zeichenketten
- die Strukturen `DateTime` und `TimeSpan` zum Rechnen mit Datum und Uhrzeit
- die Klassen `FileStream`, `StreamWriter`, `StreamReader`, `File` und `Directory` zum Arbeiten mit Dateien und Verzeichnissen
- die Klasse `Math` zur Durchführung von mathematischen Berechnungen

6.1 Klasse String für Zeichenketten

String

Zeichenketten werden in Strings gespeichert. Bisher haben wir den Begriff `String` als die Bezeichnung eines einfachen Datentyps angesehen. Tatsächlich ist `String` aber eine Klasse. Objekte der Klasse `String`, also Zeichenketten, verfügen somit über Eigenschaften und Methoden, ähnlich wie Sie das bereits bei Datenfeldern (Klasse `Array`) sehen konnten.

Sonderfall

Beim Kopieren verhält sich ein Objekt der Klasse `String` allerdings wie eine einfache Variable und nicht wie ein Objekt: Falls eine Zeichenkette einer anderen Zeichenkette zugewiesen wird, dann sind diese beiden Zeichenketten voneinander unabhängig. Eine Veränderung des Originals hat keine Veränderung der Kopie zur Folge.

Die Methoden der Klasse `String` (wie auch die Methoden vieler anderer Klassen, die Visual Basic bereitstellt) sind häufig überladen, d.h., es gibt mehrere Möglichkeiten, sie aufzurufen. In diesem Buch werden nicht alle Überladungen erläutert, sondern nur das grundsätzliche Verhalten der

Methoden an Beispielen gezeigt. Dank IntelliSense können Sie sich aber über die weiteren Möglichkeiten schnell informieren, wenn Sie einmal erkannt haben, welche Methode für den gedachten Einsatzzweck benötigt wird.

6.1.1 Eigenschaften der Klasse String

Ein Objekt der Klasse `String` hat folgende Eigenschaften:

- `Length`: gibt die Anzahl der Zeichen, also die Zeichenkettenlänge an
- `Chars`: eine Liste der einzelnen Zeichen der Zeichenkette

Im nachfolgenden Programm (Projekt *StringGrundlagen*) wird die Länge ausgegeben, siehe Abbildung 6.1.

```
Public Class Form1
    Private Sub cmdLänge_Click(...) Handles ...
        Dim eingabe As String
        Dim anzeige As String

        eingabe = txtEingabe.Text
        anzeige = "Länge: " & eingabe.Length
        lblAnzeige.Text = anzeige
        'lblAnzeige.Text = "Länge: " &
        '     txtEingabe.Text.Length
    End Sub
End Class
```

Listing 6.1 Projekt »StringGrundlagen«, Länge

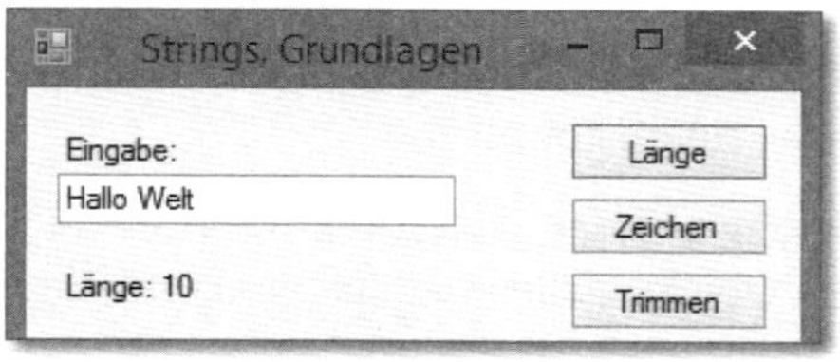

Abbildung 6.1 Länge einer Zeichenkette

Zur Erläuterung:

- Die im Textfeld eingegebene Zeichenkette wird in einer Variablen vom Datentyp `String` gespeichert.

- Die Länge der Zeichenkette wird mit `eingabe.Length` ermittelt. **Length**
- Die auszugebende Zeichenkette wird zusammengesetzt und ausgegeben.
- Sie hätten diesen gesamten Ablauf auch auf die letzte, auskommentierte Anweisung verkürzen können. Die Eigenschaft `Text` des Textfelds ist ebenfalls vom Typ `String`. Somit können die Eigenschaften und Methoden auch direkt auf `txtEingabe.Text` angewendet werden. In diesem Abschnitt wird jedoch bewusst die ausführlichere und übersichtlichere Variante gewählt.

Die einzelnen Zeichen einer Zeichenkette werden wie Feldelemente nummeriert, also beginnend bei 0. Im folgenden Programm (auch im Projekt *StringGrundlagen*) werden alle Zeichen der Zeichenkette mit ihrer laufenden Nummer ausgegeben, siehe Abbildung 6.2.

```
Public Class Form1
[...]
    Private Sub cmdZeichen_Click(...) Handles ...
        Dim eingabe As String
        Dim zeichen As Char
        Dim i As Integer
        Dim anzeige As String

        eingabe = txtEingabe.Text
        anzeige = "Zeichen:" & vbCrLf
        For i = 0 To eingabe.Length - 1
            zeichen = eingabe.Chars(i)
            anzeige &= i & ": " & zeichen & vbCrLf
        Next
        lblAnzeige.Text = anzeige
    End Sub
End Class
```

Listing 6.2 Projekt »StringGrundlagen«, Zeichen

Zur Erläuterung:

- Die Variable `zeichen` wird deklariert mit dem Datentyp `Char`. In einer solchen Variablen kann genau ein Zeichen gespeichert werden. **Char**
- Die Zeichenkette wird mithilfe einer `For`-Schleife vom ersten bis zum letzten Element durchlaufen. Zur Begrenzung der Schleife wird wie-

derum die Eigenschaft `Length` benötigt. Innerhalb der Schleife werden die beiden folgenden Schritte durchlaufen:

Chars(i)

- Die Eigenschaft `Chars(nummer)` liefert das Zeichen der Zeichenkette an der Position `nummer`. Dieses Zeichen wird einzeln gespeichert.
- Die laufende Nummer des Zeichens und das Zeichen selber werden ausgegeben.

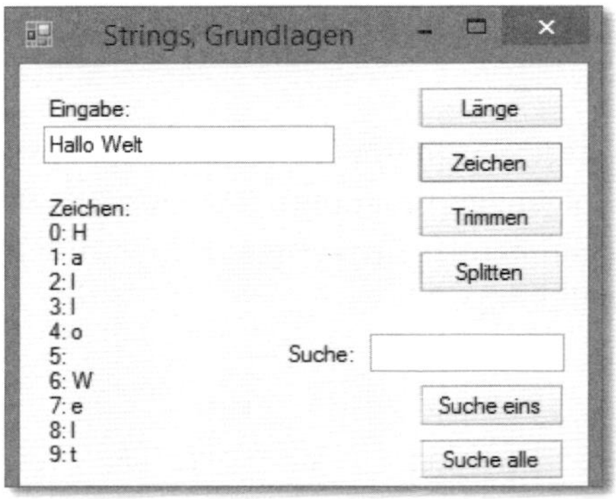

Abbildung 6.2 Einzelne Zeichen mit laufender Nummer

6.1.2 Trimmen

Trim()

Die Methode `Trim()` dient zum Entfernen von unerwünschten Zeichen am Anfang und am Ende einer Zeichenkette. Meist sind das Leerzeichen, `Trim()` kann allerdings auch mehrere verschiedene Zeichen gleichzeitig entfernen. Die Methoden `TrimStart()` und `TrimEnd()` bewirken das Gleiche wie `Trim()`, nur eben am Anfang oder am Ende.

Es kommt vor, dass Benutzer eines Programms bei der Eingabe von größeren Datenmengen unnötige Leerzeichen einfügen. Zumindest die Leerzeichen am Anfang und am Ende lassen sich schnell mit `Trim()` entfernen, bevor diese Daten in einer Datei oder Datenbank gespeichert werden. Für unnötige Leerzeichen mitten im Text benötigt man die Methode `Replace()`, die in Abschnitt 6.1.8 genauer erläutert wird. Ein Beispiel (auch im Projekt *StringGrundlagen*) sehen Sie in Abbildung 6.3.

```
Public Class Form1
[...]
    Private Sub cmdTrimmen_Click(...) Handles ...
        Dim eingabe As String
```

```
        Dim getrimmt As String
        Dim anzeige As String

        eingabe = txtEingabe.Text
        getrimmt = eingabe.Trim(" ", ";", "#")

        anzeige = "Getrimmt: |" & getrimmt & "|"
        lblAnzeige.Text = anzeige
    End Sub
End Class
```

Listing 6.3 Projekt »StringGrundlagen«, Trimmen

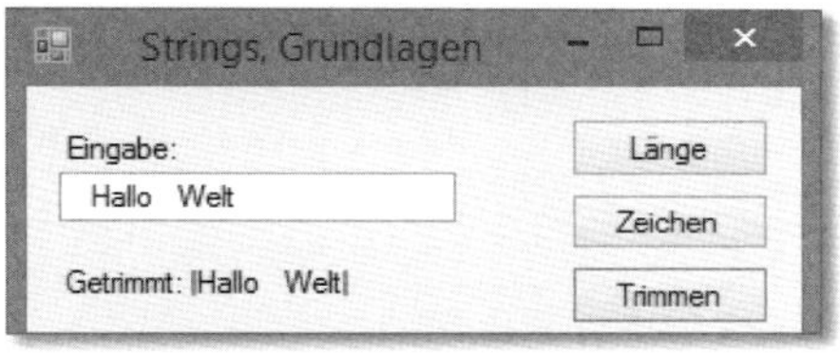

Abbildung 6.3 Leerzeichen an Anfang und Ende entfernt

Zur Erläuterung:

- Die Methode `Trim()` erwartet eine beliebig lange Reihe von Variablen des Datentyps `Char`. Im vorliegenden Fall sind das das Leerzeichen, das Semikolon und die Raute.
- Diese Zeichen werden am Anfang und am Ende der Zeichenkette gelöscht.
- In der Ausgabe wurde zur Verdeutlichung das Pipe-Zeichen als optischer Begrenzer am Anfang und am Ende angefügt.
- Falls gar kein Zeichen übergeben wird, also `Trim()` ohne Parameter aufgerufen wird, dann werden Leerzeichen entfernt.

6.1.3 Splitten

Split(), Trennzeichen

Die Methode `Split()` wird benötigt, wenn eine Zeichenkette anhand eines Trennzeichens zerlegt werden soll. Das kann eine Zeile aus einer Datei sein, die aus mehreren Einzelinformationen besteht. Es kann ebenso ein Satz sein, der in seine Worte zerlegt werden soll, oder ein Datensatz, dessen einzelne Felder durch das Zeichen ; (Semikolon) voneinander getrennt sind.

CSV-Datei

Das Semikolon wird häufig als Trennzeichen bei der Erstellung sogenannter CSV-Dateien benutzt. Diese CSV-Dateien können beim Export aus fast allen Datenbanksystemen erstellt werden und stellen somit ein universelles Austauschformat dar.

Es wird ein Feld von Strings zurückgeliefert. Die einzelnen Elemente des Felds sind die Teile der Gesamtzeichenkette vor und nach dem Trennzeichen. Das Trennzeichen selber wird nicht mehr gespeichert. Ein Beispiel dazu, ebenfalls im Projekt *StringGrundlagen*, sehen Sie in Abbildung 6.4.

```
Public Class Form1
[...]
    Private Sub cmdSplitten_Click(...) Handles ...
        Dim eingabe As String
        Dim teil() As String
        Dim i As Integer

        eingabe = txtEingabe.Text
        teil = eingabe.Split(";")
        lblAnzeige.Text = "Worte:" & vbCrLf
        For i = 0 To teil.Count - 1
            lblAnzeige.Text &= "Wort " &
                i & ": " & teil(i) & vbCrLf
        Next
    End Sub
End Class
```

Listing 6.4 Projekt »StringGrundlagen«, Splitten

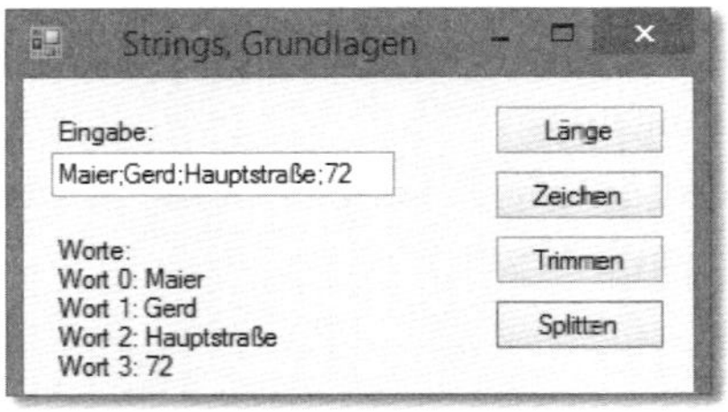

Abbildung 6.4 Zerlegte Zeichenkette

Zur Erläuterung:

- Es wird ein Feld von Strings mit dem Namen `teil` deklariert. Dieses Feld hat keine Größenangabe, da man nicht weiß, wie viele Bestandteile die Zeichenkette hat.

- Die Methode Split() erwartet eine beliebig lange Reihe von Variablen des Datentyps Char als Trennzeichen. Im vorliegenden Fall ist das nur das Semikolon.
- Wird gar kein Zeichen übergeben, also Split() ohne Parameter aufgerufen, wird das Leerzeichen als Trennzeichen genommen. **Leerzeichen**
- Split() liefert ein Feld von Strings, diese werden in dem Feld teil gespeichert.
- Mithilfe einer For-Schleife wird das Feld vollständig durchlaufen. Zur Begrenzung der Schleife wird die Eigenschaft Count des Felds benötigt. Sie gibt die Anzahl der Feldelemente an. **For, Count**
- Innerhalb der Schleife wird jeder einzelne Teil der Zeichenkette, zusammen mit seiner laufenden Nummer, ausgegeben.

6.1.4 Suchen

Müssen Sie untersuchen, ob (und an welcher Stelle) eine bestimmte Zeichenkette in einer anderen Zeichenkette vorkommt, können Sie die Methoden IndexOf(), LastIndexOf() oder IndexOfAny() nutzen. Verläuft die Suche erfolglos, wird der Wert –1 zurückgegeben.

IndexOf()

Bei IndexOf() wird normalerweise die erste Position gefunden, an der die Suchzeichenkette beginnt. Sie können IndexOf() aber auch veranlassen, die Suche erst ab einer bestimmten Stelle innerhalb der Zeichenkette zu beginnen.

Es folgt ein Beispiel mit einer einfachen Suche (auch im Projekt *String-Grundlagen*), zu sehen in Abbildung 6.5.

```
Public Class Form1
[...]
    Private Sub cmdSucheEins_Click(...) Handles ...
        Dim eingabe As String
        Dim such As String
        Dim position As Integer
        Dim anzeige As String

        eingabe = txtEingabe.Text
        such = txtSuche.Text
        position = eingabe.IndexOf(such)
```

```
        anzeige = "Suchtext bei Zeichen: " & position
        lblAnzeige.Text = anzeige
    End Sub
End Class
```

Listing 6.5 Projekt »StringGrundlagen«, einmalige Suche

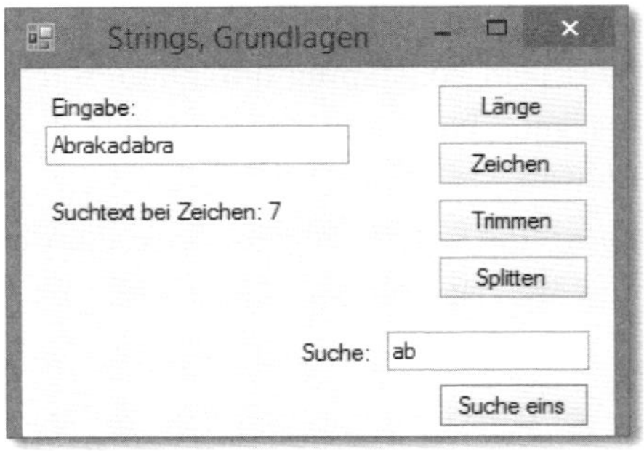

Abbildung 6.5 Suche nach dem Suchtext »ab«

Zur Erläuterung:

- Der gesuchte Text wird eingegeben und in der Variablen `such` gespeichert.
- Durch den Aufruf `eingabe.IndexOf(such)` wird nach der ersten Position gesucht, an der `such` innerhalb von `eingabe` steht.
- Diese Position wird ausgegeben. Erscheint als Ergebnis der Wert 0, bedeutet das, dass die Suchzeichenkette unmittelbar am Anfang der untersuchten Zeichenkette steht.

Im nächsten Beispiel wird nach allen Vorkommen einer Suchzeichenkette innerhalb einer anderen Zeichenkette gesucht (ebenfalls im Projekt *StringGrundlagen*), siehe Abbildung 6.6.

```
Public Class Form1
[...]
    Private Sub cmdSucheAlle_Click(...) Handles ...
        Dim eingabe As String
        Dim such As String
        Dim position As Integer
        Dim suchstart As Integer = 0
        Dim anzeige As String
        Dim anzahl As Integer = 0
```

```
        eingabe = txtEingabe.Text
        such = txtSuche.Text

        anzeige = "Suchtext bei Zeichen:" & vbCrLf
        Do
            position = eingabe.
                IndexOf(such, suchstart)
            suchstart = position + 1
            If position = -1 Then
                Exit Do
            Else
                anzeige &= position & vbCrLf
                anzahl += 1
            End If
        Loop
        anzeige &= "Anzahl: " & anzahl
        lblAnzeige.Text = anzeige
    End Sub
End Class
```

Listing 6.6 Projekt »StringGrundlagen«, mehrmalige Suche

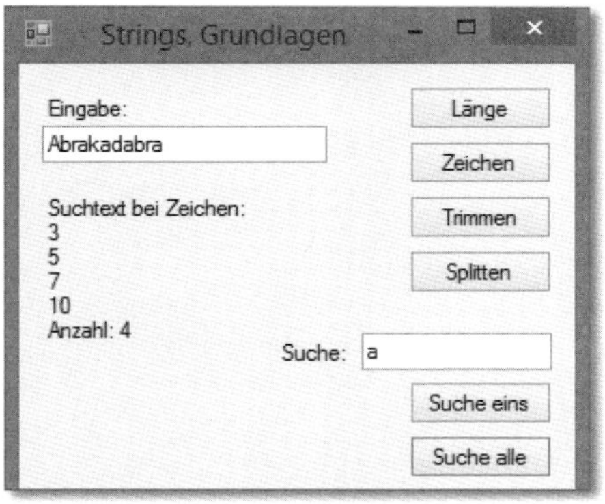

Abbildung 6.6 Suchtext »a« mehrfach gefunden

Zur Erläuterung:

Mehrmals suchen

- Innerhalb einer `Do-Loop`-Schleife wird mehrmals nach der Suchzeichenkette gesucht. Da es von den Benutzereingaben abhängt, wie häufig die Suchzeichenkette vorkommt und ob sie überhaupt vorkommt, können Sie keine `For`-Schleife einsetzen.

- Die Startposition (die Variable suchstart) wird bei diesem Suchlauf immer wieder neu eingestellt. Sie steht zunächst bei 0, folglich beginnt die Suche am Anfang der untersuchten Zeichenkette. Beim nächsten Durchlauf beginnt die Suche ein Zeichen hinter dem letzten gefundenen Vorkommen.
- Die Schleife wird verlassen, sobald ein Suchlauf ergibt, dass die Suchzeichenkette nicht noch einmal vorhanden ist. Anderenfalls werden die gefundene Position ausgegeben und der Zähler erhöht.
- Zuletzt wird der Zähler ausgegeben.

6.1.5 Einfügen

Insert()

Die Methode Insert() ermöglicht das Einfügen einer Zeichenkette in eine andere Zeichenkette. Mit dieser Methode umgehen Sie das Zerlegen und erneute Zusammensetzen der Zeichenkette.

ArgumentOutOfRange

Die Position der Einfügestelle muss angegeben werden. Sie muss innerhalb der Zeichenkette liegen, da sonst eine Ausnahme vom Typ *ArgumentOutOfRangeException* auftritt.

Entweder müssen Sie also diese Ausnahme behandeln oder dafür sorgen, dass die Einfügestelle richtig gewählt wird. In folgendem Programm (Projekt *StringEinfügen*) wurde mithilfe einer Ereignissteuerung die zweite Möglichkeit gewählt, siehe Abbildung 6.7.

```
Public Class Form1
    Private Sub cmdEinfügen_Click(...) Handles ...
        Dim eingabe As String
        Dim einfügen As String
        Dim anzeige As String

        eingabe = txtEingabe.Text
        einfügen = txtEinfügen.Text
        anzeige = eingabe.Insert(
            numEinfügen.Value, einfügen)

        lblAnzeige.Text = anzeige
    End Sub

    Private Sub txtEingabe_TextChanged(...
            ) Handles txtEingabe.TextChanged
        Dim eingabe As String
        eingabe = txtEingabe.Text
```

```
        numEinfügen.Maximum = eingabe.Length
    End Sub
End Class
```

Listing 6.7 Projekt »StringEinfügen«

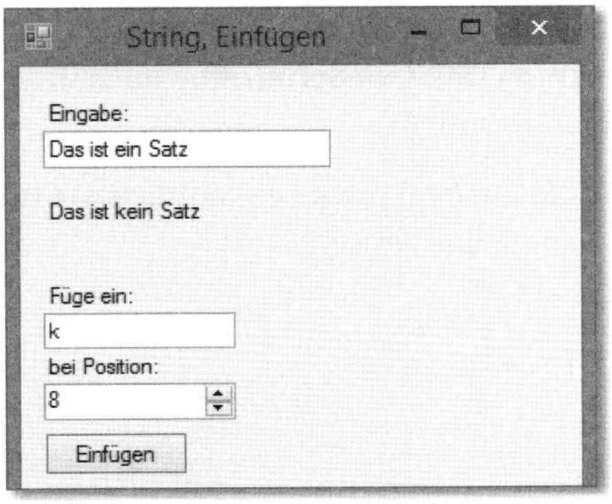

Abbildung 6.7 Einfügen von Zeichen in eine Zeichenkette

Zur Erläuterung:

- Der Benutzer gibt einen einzufügenden Text ein und wählt in dem Zahlenauswahlfeld eine Einfügeposition aus.
- Anschließend wird der einzufügende Text an dieser Position in die Originalzeichenkette gesetzt. Die folgenden Zeichen werden entsprechend nach hinten verschoben.
- Das Zahlenauswahlfeld (`NumericUpDown`) wird zur Entwicklungszeit auf die Werte `Minimum = 0`, `Value = 0` und `Maximum = 0` eingestellt. Es kann also zunächst nur die Einfügeposition 0 ausgewählt werden.
- Beim Ereignis `txtEingabe_TextChanged`, also bei jeder Eingabe oder Änderung der Originalzeichenkette, wird sofort die zugehörige Ereignisprozedur aufgerufen. Darin wird die Länge des eingegebenen Textes ermittelt. Dieser Wert wird als neues Maximum für das Zahlenauswahlfeld genommen. Damit gewährleisten Sie, dass der Benutzer keine Einfügeposition wählen kann, die außerhalb der Originalzeichenkette liegt.
- Wenn der Benutzer im Zahlenauswahlfeld z. B. die Position des letzten Zeichens als Einfügeposition gewählt hat und anschließend die Originalzeichenkette verkürzt, dann verändert sich auch sofort der eingestellte Wert des Zahlenauswahlfelds. Grund hierfür ist, dass der aktuelle Wert oberhalb des Maximums liegt – das lässt das Zahlenauswahlfeld nicht zu.

6.1.6 Löschen

Remove()

Die Methode Remove() dient zum Löschen von Zeichen aus einer Zeichenkette. Auch mit dieser Methode umgehen Sie ein Zerlegen und erneutes Zusammensetzen der Zeichenkette. Die Position der Löschstelle müssen Sie angeben.

ArgumentOutOfRange

Weder die Position der Löschstelle noch eines der zu löschenden Zeichen darf außerhalb der Zeichenkette liegen, da sonst wiederum eine Ausnahme vom Typ *ArgumentOutOfRangeException* auftritt.

Im folgenden Programm (Projekt *StringLöschen*) wurde das ähnlich wie im vorherigen Programm umgangen, siehe Abbildung 6.8.

```
Public Class Form1
    Private Sub cmdLöschen_Click(...) Handles ...
        Dim eingabe As String
        Dim anzeige As String
        eingabe = txtEingabe.Text
        anzeige = eingabe.Remove(
            numPosition.Value, numAnzahl.Value)
        lblAnzeige.Text = anzeige
    End Sub

    Private Sub txtEingabe_TextChanged(...
            ) Handles txtEingabe.TextChanged
        Dim eingabe As String
        eingabe = txtEingabe.Text
        numAnzahl.Maximum = eingabe.Length
        numPosition.Maximum = eingabe.Length - 1
    End Sub

    Private Sub numPosition_ValueChanged(...
            ) Handles numPosition.ValueChanged
        Dim eingabe As String
        eingabe = txtEingabe.Text
        numAnzahl.Maximum =
            eingabe.Length - numPosition.Value
    End Sub
End Class
```

Listing 6.8 Projekt »StringLöschen«

Abbildung 6.8 Löschen von Zeichen aus einer Zeichenkette

Zur Erläuterung:

- Der Benutzer wählt in den beiden Zahlenauswahlfeldern aus, ab welcher Position er wie viele Zeichen löschen möchte.
- Anschließend werden die entsprechenden Zeichen gelöscht, und die nachfolgenden Zeichen werden nach vorne verschoben.
- Beide Zahlenauswahlfelder werden zur Entwicklungszeit auf die Werte `Minimum = 0`, `Value = 0` und `Maximum = 0` eingestellt. Es können also zunächst nur die Löschposition 0 und die Anzahl 0 ausgewählt werden.
- Bei jeder Eingabe oder Änderung der Originalzeichenkette werden die Maxima für die beiden Zahlenauswahlfelder neu eingestellt. Damit ist gewährleistet, dass der Benutzer keine Löschposition wählen kann, die außerhalb der Originalzeichenkette liegt. Außerdem kann die Anzahl der zu löschenden Zeichen nicht größer sein als die Anzahl der vorhandenen Zeichen.
- Sobald der Benutzer die Löschposition verändert, wird die maximal wählbare Anzahl der zu löschenden Zeichen ebenfalls verändert. Wird die Löschposition z. B. um 1 erhöht, wird die Anzahl um 1 herabgesetzt.

6.1.7 Teilzeichenkette ermitteln

Zur Extraktion eines Teils einer Zeichenkette nutzen Sie die Methode `Substring()`. Es müssen Startposition und Länge der gewünschten Teilzeichenkette angegeben werden. **Substring()**

ArgumentOutOfRange

Weder die Position noch eines der zu extrahierenden Zeichen darf außerhalb der Zeichenkette liegen, da sonst wiederum eine Ausnahme vom Typ *ArgumentOutOfRangeException* auftritt.

Analog zu den vorherigen Programmen wurde diese Vorgabe wie in Abbildung 6.9 zu sehen (Projekt *StringTeilzeichenkette*) gelöst:

```
Public Class Form1
    Private Sub cmdAnzeigen_Click(...) Handles ...
        Dim eingabe As String
        Dim anzeige As String

        eingabe = txtEingabe.Text
        anzeige = eingabe.Substring(
            numPosition.Value, numLänge.Value)

        lblAnzeige.Text = anzeige
    End Sub

    Private Sub txtEingabe_TextChanged(...
            ) Handles txtEingabe.TextChanged
        Dim eingabe As String
        eingabe = txtEingabe.Text
        numPosition.Maximum = eingabe.Length - 1
        numLänge.Maximum = eingabe.Length
    End Sub

    Private Sub numPosition_ValueChanged(...
            ) Handles numPosition.ValueChanged
        Dim eingabe As String
        eingabe = txtEingabe.Text
        numLänge.Maximum =
            eingabe.Length - numPosition.Value
    End Sub
End Class
```

Listing 6.9 Projekt »StringTeilzeichenkette«

Zur Erläuterung:

- Der Benutzer wählt in den beiden Zahlenauswahlfeldern aus, ab welcher Position er wie viele Zeichen extrahieren möchte.
- Anschließend werden die entsprechenden Zeichen kopiert.

- Eine Änderung der Originalzeichenkette hat (wie beim Löschen) Auswirkungen auf die Maxima der beiden Zahlenauswahlfelder. Daher kann die Ausnahme *ArgumentOutOfRangeException* nicht auftreten.

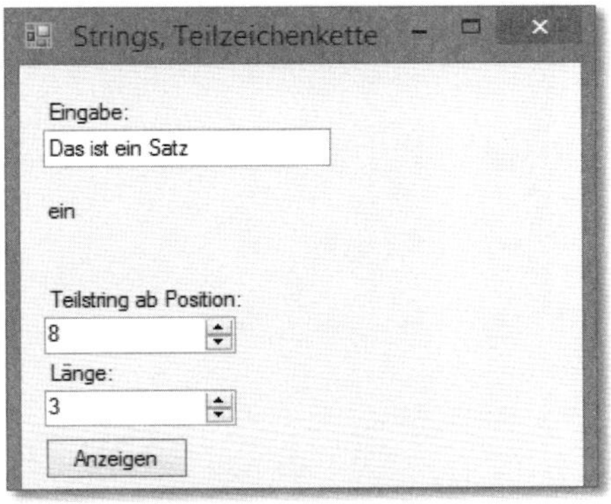

Abbildung 6.9 Teilstring ermitteln

6.1.8 Zeichen ersetzen

Replace()

Mithilfe der Methode `Replace()` kann wie beim Suchen und Ersetzen in einem Textverarbeitungssystem jedes Vorkommen einer gesuchten Zeichenkette durch eine andere Zeichenkette ersetzt werden.

Das folgende Programm liefert hierfür ein Beispiel (Projekt *StringErsetzen*), siehe Abbildung 6.10.

```
Public Class Form1
    Private Sub cmdErsetzen_Click(...) Handles ...
        Dim eingabe As String
        Dim suchen As String
        Dim ersetzen As String
        Dim anzeige As String

        eingabe = txtEingabe.Text
        suchen = txtSuchen.Text
        ersetzen = txtErsetzen.Text

        anzeige = eingabe.Replace(suchen, ersetzen)
        lblAnzeige.Text = anzeige
    End Sub
End Class
```

Listing 6.10 Projekt »StringErsetzen«

Abbildung 6.10 Ersetzen einer Zeichenkette

Zur Erläuterung:

- Jedes Vorkommen der Zeichenfolge aus dem Textfeld unter dem Begriff *Ersetze:* wird ersetzt durch die Zeichenfolge aus dem Textfeld unter dem Begriff *durch:*.

6.1.9 Ausgabe formatieren

Format() Die Methode `Format()` der Klasse `String` kann zur einheitlichen Formatierung verwendet werden. Das ist vor allem bei der einheitlichen Ausgabe von Tabellen, z. B. innerhalb einer ListBox oder eines Labels wichtig.

Voraussetzung ist eine nicht proportionale Schriftart. Das ist eine Schriftart, bei der jedes Zeichen die gleiche Breite beansprucht. Einsatz findet eine solche Formatierung auch bei der Ausgabe einer Konsolenanwendung, siehe Abschnitt 4.9.5.

Einige Beispiele im Projekt *StringFormatieren*, siehe Abbildung 6.11.

```
Public Class Form1
    Private Sub cmdAnzeige_Click(...) Handles ...
        Dim i As Integer
        Dim format, ausgabe As String
        Dim stadt() As String = {"München", "Berlin",
                "Bonn", "Bremerhaven", "Ulm"}

        lstA.Items.Clear()
        lblA.Text = ""
        format = "{0,-15}{1,9:0.0000}{2,12:#,##0.0}"
```

```
        For i = 0 To 4
            ausgabe = String.Format(format,
                stadt(i), i / 7.0, i * 10000.0 / 7)
            lstA.Items.Add(ausgabe)
            lblA.Text += ausgabe + vbCrLf
        Next i
    End Sub
End Class
```

Listing 6.11 Projekt »StringFormatieren«

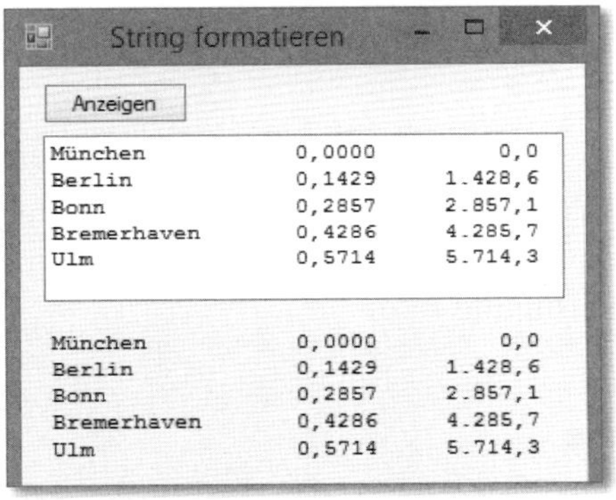

Abbildung 6.11 Formatieren in ListBox und Label

Zur Erläuterung:

- Zur Entwicklungszeit wurde die Schriftart der ListBox und des Labels über die Eigenschaft `Font` auf `Courier New`, eine nicht proportionale Schriftart, gestellt.
- Das gewünschte Format kann in einer Zeichenkette (hier `format`) gespeichert werden, um es möglichst häufig an passsender Stelle einzusetzen. Innerhalb der Schleife wird es als erster Parameter der Methode `Format()` genutzt. In der Formatierungszeichenkette stehen:
  - die Nummer der Variablen, beginnend mit der Nummer 0
  - ein Doppelpunkt
  - die zugehörige Formatierung
- `{0,-15}`: Als Erstes wird eine Zeichenkette ausgegeben, in der Mindestgesamtbreite 15. Sie erscheint linksbündig, wegen des Minuszeichens vor der 15. **Breite**

Nachkommastellen

- `{1,9:0.0000}`: Es folgt eine Zahl, in der Mindestgesamtbreite 9, gerundet auf vier Nachkommastellen. Sie erscheint rechtsbündig, das ist der Standard.

Tausenderpunkt

- `{2,12:#,##0.0}`: Als Letztes folgt wiederum eine Zahl, in der Mindestgesamtbreite 12, gerundet auf eine Nachkommastelle, rechtsbündig. Falls die Zahl mehr als drei Stellen vor dem Komma hat, wird ein Tausenderpunkt angezeigt.

0, #

- Das Formatierungszeichen `0` steht für eine Ziffer, die auf jeden Fall angezeigt wird, das Formatierungszeichen `#` steht für eine Ziffer, die nur dann angezeigt wird, falls die Zahl diese Ziffer hat.

6.2 Datum und Uhrzeit

DateTime

Es gibt den Datentyp `Date` zur Speicherung von Datum und Uhrzeit in einer Variablen. Wesentlich weitergehende Informationen und Möglichkeiten bietet die Struktur `DateTime`. Objekten dieser Struktur stehen zahlreiche Eigenschaften und Methoden zur Verfügung.

6.2.1 Eigenschaften von DateTime

Now, Today

Die Struktur `DateTime` hat zwei statische Eigenschaften, die ohne Erzeugung eines Objekts zur Verfügung stehen. Das sind `Now` (heutiges Datum und jetzige Uhrzeit) und `Today` (heutiges Datum).

Ein Objekt der Struktur `DateTime` kann bei der Erzeugung auf verschiedene Arten einen Startwert erhalten. Die nützlichsten Konstruktoren benötigen:

- keinen Parameter
- Jahr, Monat und Tag als Parameter
- Jahr, Monat, Tag, Stunde, Minute und Sekunde als Parameter

Objekte der Struktur `DateTime` bieten anschließend eine Reihe von Eigenschaften, die die Informationen aus Tabelle 6.1 bereithalten.

Eigenschaft	Erläuterung
`Day`	Tag des Monats
`DayOfWeek`	Tag der Woche (Wochentag) Sonntag = 0, Montag = 1 usw.

Tabelle 6.1 DateTime, Eigenschaften

Eigenschaft	Erläuterung
`DayOfYear`	Tag des Jahres
`Hour`	Stunde
`Millisecond`	Millisekunde
`Minute`	Minute
`Month`	Monat
`Second`	Sekunde
`TimeOfDay`	Uhrzeit
`Year`	Jahr

Tabelle 6.1 DateTime, Eigenschaften (Forts.)

Datumsteile

Die Eigenschaften `Year`, `Month`, `Day` usw. liefern die jeweiligen Bestandteile des Datums als ganze Zahlen. Daraus lassen sich bei Bedarf verschiedene Formatierungen zusammensetzen.

Es folgt ein erstes Programm, in dem mehrere Objekte erzeugt und mit einigen Eigenschaften ausgegeben werden (Projekt *DatumUhrzeit*), siehe Abbildung 6.12.

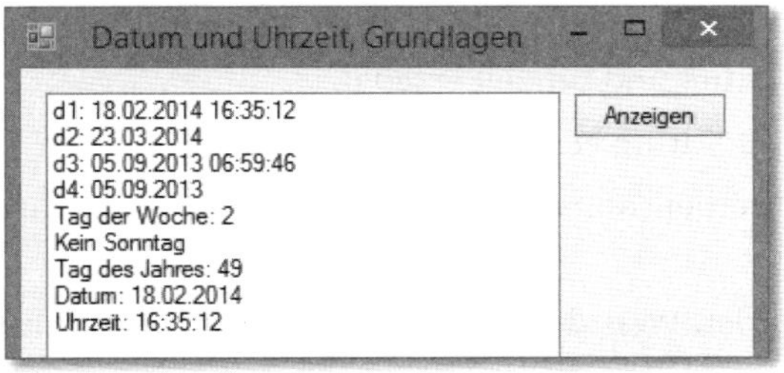

Abbildung 6.12 Objekte zu Datum und Zeit

Der Programmcode:

```
Public Class Form1
    Private Sub cmdAnzeigen_Click(...) Handles ...
        Dim d1 As New DateTime(
            2014, 2, 18, 16, 35, 12)
        Dim d2 As New DateTime(2014, 3, 23)
        Dim d3, d4 As New DateTime
```

```
        lstA.Items.Add("d1: " & d1)
        lstA.Items.Add("d2: " & d2)
        d3 = DateTime.Now
        d4 = DateTime.Today
        lstA.Items.Add("d3: " & d3)
        lstA.Items.Add("d4: " & d4)

        lstA.Items.Add(
            "Tag der Woche: " & d1.DayOfWeek)
        If d1.DayOfWeek = DayOfWeek.Sunday Then
            lstA.Items.Add("Sonntag")
        Else
            lstA.Items.Add("Kein Sonntag")
        End If

        lstA.Items.Add(
            "Tag des Jahres: " & d1.DayOfYear)
        lstA.Items.Add("Datum: " & d1.Date)
        lstA.Items.Add(
            "Uhrzeit: " & d1.TimeOfDay.ToString())
    End Sub
End Class
```

Listing 6.12 Projekt »DatumUhrzeit«

Zur Erläuterung:

- Das Objekt d1 wird mit Datum und Uhrzeit erzeugt.
- Das Objekt d2 wird nur mit Datum erzeugt, die Uhrzeit ist 00:00 Uhr.
- Die Objekte d3 und d4 werden ohne Werte erzeugt, sie erhalten ihre Werte später.
- Das Objekt d3 bekommt den Wert der statischen Eigenschaft Now, also aktuelles Datum und aktuelle Uhrzeit.
- Das Objekt d4 bekommt den Wert der statischen Eigenschaft Today, also das aktuelle Datum.

DayOfWeek

- Die Eigenschaft DayOfWeek des Objekts d1 liefert den Wochentag, beginnend mit Sonntag = 0. Der Wert wird anschließend mit einem Wert aus der Enumeration DayOfWeek verglichen.

DayOfYear

- Die Eigenschaft DayOfYear des Objekts d1 liefert den Tag des Jahres, von 1 bis 365 bzw. 366.

- Die Eigenschaft Date des Objekts d1 liefert nur das Datum.
- Die Eigenschaft TimeOfDay des Objekts d1 liefert nur die Uhrzeit. Diese ist ein Objekt der Klasse TimeSpan und muss daher vor der Verkettung mit einem String mithilfe der Methode ToString() umgewandelt werden.

TimeOfDay

6.2.2 Rechnen mit Datum und Uhrzeit

Add-Methoden

Eine ganze Reihe von Methoden dienen zum Rechnen mit Datum und Uhrzeit. Sie beginnen alle mit der Vorsilbe *Add*: AddHours(), AddMilliseconds(), AddMinutes(), AddMonths(), AddSeconds(), AddYears() usw. Diese Methoden erhalten Double-Werte als Parameter zur Addition oder Subtraktion zur jeweiligen Komponente (Stunde, Minute, ...). Die Parameterwerte können

- ganzzahlig sein oder über Nachkommastellen verfügen,
- positiv oder negativ sein,
- größer als die Maximalwerte der jeweiligen Komponente sein (30 Stunden, 130 Minuten usw.).

TimeSpan

Eine Besonderheit stellen die Methoden Add() und Subtract() dar: Sie erhalten als Parameter ein Objekt der Struktur TimeSpan. Diese Objekte beinhalten Zeitintervalle und eignen sich besonders zum Rechnen mit Datum und Uhrzeit.

Zeitintervall

Ein Objekt der Struktur TimeSpan kann bei der Erzeugung auf verschiedene Arten einen Startwert bekommen. Die nützlichsten Konstruktoren benötigen als Parameter:

- Stunde, Minute und Sekunde
- Tag, Stunde, Minute und Sekunde

Im folgenden Programm (Projekt *DatumUhrzeitRechnen*) wird ein Objekt der Struktur DateTime initialisiert und anschließend mithilfe von Objekten der Klasse TimeSpan mehrfach verändert, siehe Abbildung 6.13.

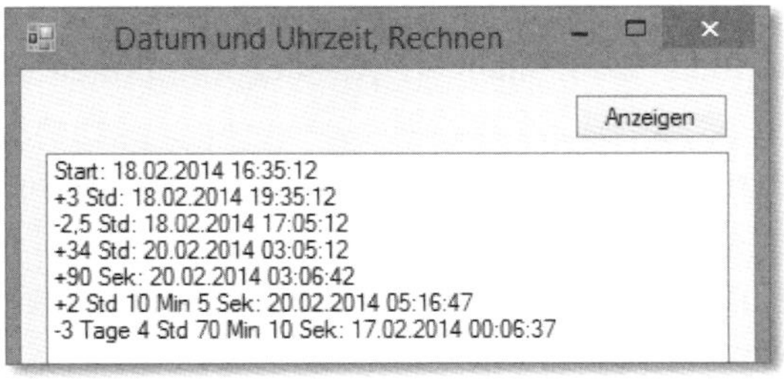

Abbildung 6.13 Rechnen mit Datum und Uhrzeit

Der zugehörige Code:

```
Public Class Form1
    Private Sub cmdA_Click(...) Handles ...
        Dim d As New DateTime(
            2014, 2, 18, 16, 35, 12)
        Dim ts1 As New TimeSpan(2, 10, 5)
        Dim ts2 As New TimeSpan(3, 4, 70, 10)

        lstA.Items.Add("Start: " & d)
        d = d.AddHours(3)
        lstA.Items.Add("+3 Std: " & d)
        d = d.AddHours(-2.5)
        lstA.Items.Add("-2,5 Std: " & d)
        d = d.AddHours(34)
        lstA.Items.Add("+34 Std: " & d)
        d = d.AddSeconds(90)
        lstA.Items.Add("+90 Sek: " & d)
        d = d.Add(ts1)
        lstA.Items.Add("+2 Std 10 Min 5 Sek: " & d)
        d = d.Subtract(ts2)
        lstA.Items.Add(
            "-3 Tage 4 Std 70 Min 10 Sek: " & d)
    End Sub
End Class
```

Listing 6.13 Projekt »DatumUhrzeitRechnen«

Zur Erläuterung:

- Es wird ein Objekt der Struktur `DateTime` erzeugt. Es hat den Wert 18.02.2014; 16:35:12 Uhr.
- Für eine spätere Verwendung werden zwei Objekte der Struktur `TimeSpan` erzeugt. Dabei müssen ganze Zahlen (positiv oder negativ) genutzt werden. Sie dürfen allerdings die Zahlenbereiche der Komponenten überschreiten.
- Das erste Objekt der Struktur `TimeSpan` beinhaltet ein positives Zeitintervall von 2 Stunden, 10 Minuten und 5 Sekunden.
- Das zweite Objekt der Struktur `TimeSpan` beinhaltet ein Zeitintervall von 3 Tagen, 4 Stunden, 70 Minuten (!) und 10 Sekunden.

- Mit `AddHours(3)` werden 3 Stunden hinzuaddiert. Die `Add`-Methoden verändern nicht das Objekt selber, sondern liefern ein verändertes Objekt zurück. Soll dieses veränderte Objekt erhalten bleiben, muss es gespeichert werden, daher die Zuweisung `d = d.AddHours(3)`. Aus 16:35:12 Uhr wird 19:35:12 Uhr. AddHours()
- Mit `AddHours(-2,5)` werden 2,5 Stunden abgezogen. Sie können mit negativen Werten und Nachkommastellen arbeiten. Die Nachkommastellen bei den Stunden werden in die entsprechenden Minuten umgerechnet. Aus 19:35:12 Uhr wird 17:05:12 Uhr.
- Mit `AddHours(34)` wird mehr als ein ganzer Tag hinzuaddiert. Dabei wird auch über Tagesgrenzen hinaus richtig gerechnet. Aus dem 18.02.2014; 17:05:12 Uhr wird der 20.02.2014; 03:05:12 Uhr.
- Mit `AddSeconds(90)` wird mehr als eine Minute hinzuaddiert. Dabei wird auch über Minuten- oder Stundengrenzen hinaus richtig gerechnet. Aus 03:05:12 Uhr wird 03:06:42 Uhr. AddSeconds()
- Das erste Zeitintervall (2 Stunden, 10 Minuten und 5 Sekunden) wird mithilfe der Methode `Add()` hinzuaddiert. Dabei finden mehrere Umrechnungen statt. Aus 03:06:42 Uhr wird 05:16:47 Uhr.
- Das zweite Zeitintervall (3 Tage, 4 Stunden, 70 Minuten und 10 Sekunden) wird mithilfe der Methode `Subtract()` abgezogen. Aus dem 20.02.2014; 05:16:47 Uhr wird der 17.02.2014; 00:06:37 Uhr. Subtract()

6.2.3 DateTimePicker

Format

Das Steuerelement *DateTimePicker* dient der komfortablen Eingabe oder Auswahl von Datum und Uhrzeit. Über die Eigenschaft `Format` kann das Aussehen eingestellt werden. Neben dem Standardwert `Long` gibt es dafür die Werte `Custom`, `Short` und `Time`. Diese können auch zur Laufzeit, mithilfe der Enumeration `DateTimePickerFormat` eingestellt werden.

Im nachfolgenden Projekt *DatumPicker* werden vier DateTimePicker in vier verschiedenen Formaten gezeigt. Zunächst ist kein Element aufgeklappt, siehe Abbildung 6.14.

In Abbildung 6.15 sehen Sie den ersten DateTimePicker aufgeklappt, nachdem der Pfeil rechts am Steuerelement betätigt wurde. Wie Sie sehen, kann der auszuwählende Datumsbereich eingeschränkt werden, hier mit dem Mindestdatum 15.12.2013.

Abbildung 6.14 Vier DateTimePicker, nicht aufgeklappt

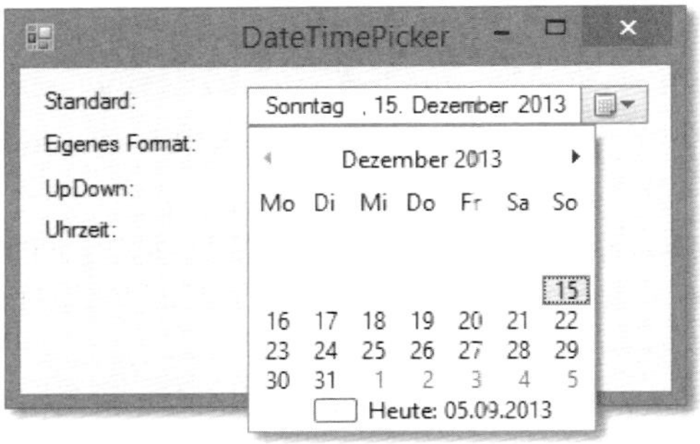

Abbildung 6.15 Erster DateTimePicker, aufgeklappt

Zunächst der Code der `Form_Load`-Prozedur, in der verschiedene Einstellungen vorgenommen werden:

```
Public Class Form1
    Private Sub Form1_Load(...) Handles MyBase.Load
        datPicker1.MinDate = New DateTime(2013, 12, 15)
        datPicker1.MaxDate = New DateTime(2014, 2, 15)
        datPicker1.Value = New DateTime(2014, 1, 15)

        datPicker2.CustomFormat = "dd.MM.yy"
        datPicker2.Format = DateTimePickerFormat.Custom

        datPicker3.ShowUpDown = True
        datPicker3.Format = DateTimePickerFormat.Short

        datPicker4.ShowUpDown = True
        datPicker4.Format = DateTimePickerFormat.Time
```

```
    End Sub
    ...
End Class
```

Listing 6.14 Projekt »DatumPicker«, erster Teil

Zur Erläuterung:

- Der erste DateTimePicker erscheint im Standardformat `Long`. Nach dem Aufklappen kann mit einem Klick einfach ein bestimmtes Datum ausgewählt werden. **Long**
- Nach einem Klick auf einen der Pfeile nach links oder rechts kann der vorherige oder nachfolgende Monat ausgewählt werden. Mit einem Klick auf den Monatsnamen wechselt man auf die Jahresansicht. Dort wechselt man mit einem Klick auf das Jahr zur Mehrjahresansicht. Nach Auswahl eines bestimmten Jahres wechselt man von dort wieder zurück zur Jahresansicht. Von dort wiederum wechselt man nach Auswahl eines bestimmten Monats zur Monatsansicht zurück. **Ansicht wechseln**
- Die Eigenschaften `MinDate` und `MaxDate` erwarten einen Wert der Struktur `DateTime` und dienen zur Einstellung des Bereiches, aus dem das Datum ausgewählt werden kann. **Bereich einstellen**
- Über die Eigenschaft `Value` stellt man das Datum ein, das zu Beginn ausgewählt sein soll. **Value**
- Das Format des zweiten DateTimePickers ist individuell eingestellt: jeweils zwei Ziffern für Tag, Monat und Jahr. Damit das wirksam wird, muss die Eigenschaft `Format` auf den Wert `Custom` gestellt werden. **Custom**
- Bei den letzten beiden DateTimePickern wurde ein Spin-Button (auch Up-Down-Button genannt) hinzugefügt, zur Einstellung der einzelnen Bestandteile der Zeitangabe. Das Format `Short` zeigt nur das Datum, ohne Wochentags- und Monatsname. Das Format `Time` zeigt nur die Uhrzeit. **Spin-Button**

Es folgt eine Methode, mit der der ausgewählte Wert des jeweiligen DateTimePickers angezeigt werden kann. Außerdem werden für eine zweite Ausgabe zu diesem Wert 24 Stunden hinzugerechnet.

```
Public Class Form1
    ...
    Private Sub datPicker_ValueChanged(
            sender As Object, e As EventArgs
            ) Handles datPicker1.ValueChanged,
```

```
            datPicker2.ValueChanged,
           datPicker3.ValueChanged,
            datPicker4.ValueChanged
        Dim datPicker As DateTimePicker = sender
        lblDatum.Text = datPicker.Value

        Dim plusTag As New DateTime
        plusTag = datPicker.Value
        plusTag = plusTag.AddDays(1)
        lblPlusTag.Text = plusTag
    End Sub
End Class
```

Listing 6.15 Projekt »DatumPicker«, zweiter Teil

Zur Erläuterung:

Wert geändert

- Das Ereignis `ValueChanged` tritt ein, sobald sich der Wert des DateTime-Pickers ändert. Die vorliegende Ereignismethode behandelt dieses Ereignis für alle vier DateTimePicker.
- Es wird ein Verweis auf den auslösenden DateTimePicker eingerichtet. Dessen aktuell ausgewählter Wert wird im ersten Label ausgegeben.
- Es wird ein neues Objekt der Struktur `DateTime` erzeugt. Dieses bekommt zunächst den aktuell ausgewählten Wert. Zu diesem Wert wird ein Tag hinzugerechnet, anschließend erfolgt die Ausgabe im zweiten Label.

6.3 Dateien und Verzeichnisse

Zur dauerhaften Speicherung der Arbeitsdaten eines Programms stehen Dateien und Datenbanken zur Verfügung. Sie ermöglichen es, die Programmbenutzung zu beenden und zu einem späteren Zeitpunkt mit dem gleichen Status wieder fortzusetzen.

In diesem Abschnitt wird die einfache Form der Speicherung behandelt: das Schreiben in Textdateien und das Lesen aus Textdateien. Den Datenbanken ist das gesamte Kapitel 8 gewidmet.

System.IO

Es werden Objekte der Klassen `FileStream`, `StreamWriter` und `StreamReader` benötigt. Diese stehen im Namensraum `System.IO` zur Verfügung. Da dieser Namensraum nicht standardmäßig in Visual-Basic-Programme eingebunden wird, müssen Sie ihn für die jeweilige Anwendung importieren.

6.3.1 Lesen aus einer Textdatei

FileStream

Ein Objekt der Klasse `FileStream` wird für die Art des Zugriffs auf die Datei und zum Öffnen der Datei benötigt.

StreamReader

Ein Objekt der Klasse `StreamReader` dient zum Lesen der Datei-Inhalte. Im folgenden Beispiel (Projekt *DateiLesen*) werden alle Zeilen einer Textdatei gelesen und auf dem Bildschirm ausgegeben. Abbildung 6.16 zeigt den Inhalt der Textdatei. Das Ergebnis des Programms sehen Sie in Abbildung 6.17.

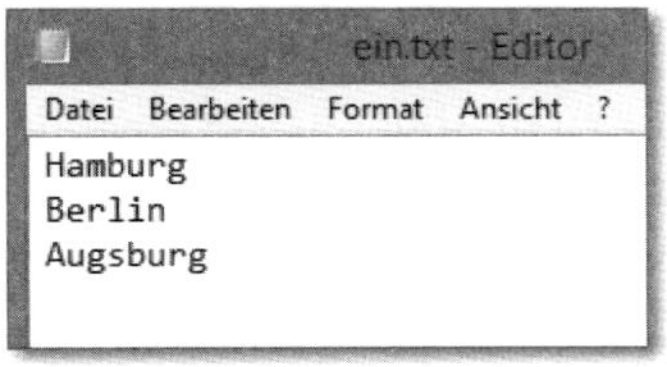

Abbildung 6.16 Eingabedatei »ein.txt«

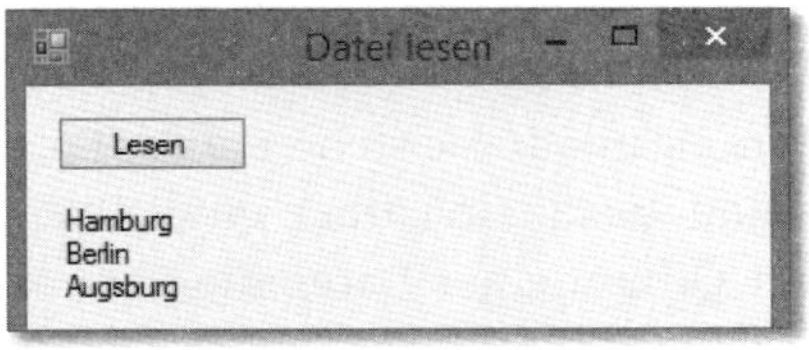

Abbildung 6.17 Alle Zeilen gelesen

```
Imports System.IO
Public Class Form1
    Private Sub cmdLesen_Click(...) Handles ...
        Dim fs As New FileStream(
            "ein.txt", FileMode.Open)
        Dim sr As New StreamReader(fs)
        Dim zeile As String

        Do Until sr.Peek() = -1
            zeile = sr.ReadLine()
            lblA.Text &= zeile & vbCrLf
        Loop
        sr.Close()
    End Sub
End Class
```

Listing 6.16 Projekt »DateiLesen«

Zur Erläuterung:

- Mit der Anweisung `Imports System.IO` wird der entsprechende Namensraum eingebunden und mit all seinen Klassen zur Verfügung gestellt.
- Das Objekt `fs` wird als Objekt der Klasse `FileStream` erzeugt. Bei dem hier verwendeten Konstruktor werden dabei der Name der zu öffnenden Datei und der Öffnungsmodus benötigt.

Pfadangabe

- Der Name der Datei *ein.txt* steht in einer Zeichenkette. Wenn kein Pfad angegeben wird, wird davon ausgegangen, dass die Datei im gleichen Verzeichnis wie die fertige Anwendung steht, hier also in *...\DateiLesen\bin\Debug*. Befindet sich die Datei in einem anderen Verzeichnis, kann der Pfad dorthin relativ (ausgehend vom aktuellen Verzeichnis) oder absolut (mit vollständiger Pfadangabe) angegeben werden.

Ausnahme

- Wird die Datei, aus der gelesen werden soll, nicht gefunden, tritt eine Ausnahme auf. Diesen Fall gibt es in der Praxis häufig, beispielsweise aufgrund einer falschen Pfadangabe. Dieser wichtige Aspekt wird im übernächsten Projekt *DateiSicherLesen* berücksichtigt. Dort finden Sie auch Beispiele für relative und absolute Pfadangaben.

Open, Create, Append

- Es gibt eine Reihe von möglichen Öffnungsmodi. Sie stehen in der Enumeration `FileMode`. Die wichtigsten sind `Open` (zum Öffnen einer Datei, die Sie lesen möchten), `Create` (zum Öffnen einer Datei, die Sie neu beschreiben bzw. überschreiben möchten) und `Append` (zum Öffnen einer Datei, an deren Ende Sie weiterschreiben möchten).
- Das Objekt `sr` wird als Objekt der Klasse `StreamReader` erzeugt. Bei dem hier verwendeten Konstruktor wird dabei das Objekt der Klasse `FileStream` benötigt, aus dem gelesen werden soll.
- Bei einer Textdatei ist häufig unbekannt, wie viele Zeilen mit Text gefüllt sind. Möchten Sie alle Zeilen lesen, müssen Sie daher eine `Do...Loop`-Schleife verwenden. Diese muss beendet werden, sobald man an das Ende der Datei gelangt ist.

Peek()

- Die Methode `Peek()` der Klasse `StreamReader` prüft das nächste lesbare Zeichen einer Datei, ohne es einzulesen. Liefert die Methode den Wert –1 zurück, ist das Ende der Datei erreicht.

ReadLine()

- Die Methode `ReadLine()` der Klasse `StreamReader` liest eine Zeile bis zum nächsten Zeilenumbruch und liefert den Inhalt der Zeile (ohne den Zeilenumbruch) als String zurück.

Close()

- Die Methode `Close()` der Klasse `StreamReader` schließt den Eingabestream und die zugehörigen Ressourcen – in diesem Fall auch die Datei, aus der gelesen wurde. Das Schließen der Datei ist äußerst wichtig und darf nicht vergessen werden, da die Datei sonst je nach Ablauf für weitere Zugriffe gesperrt sein könnte.

6.3.2 Schreiben in eine Textdatei

Zum Schreiben in eine Datei werden ein Objekt der Klasse `StreamWriter` und natürlich wieder ein Objekt der Klasse `FileStream` benötigt. Im folgenden Beispiel (Projekt *DateiSchreiben*) wird der Inhalt einer mehrzeiligen TextBox (Eigenschaft `Multiline = True`) vollständig in eine Textdatei geschrieben.

Abbildung 6.18 zeigt das Programm mit der Eingabe. Nach Betätigung des Buttons SCHREIBEN sieht die Ausgabedatei aus wie in Abbildung 6.19.

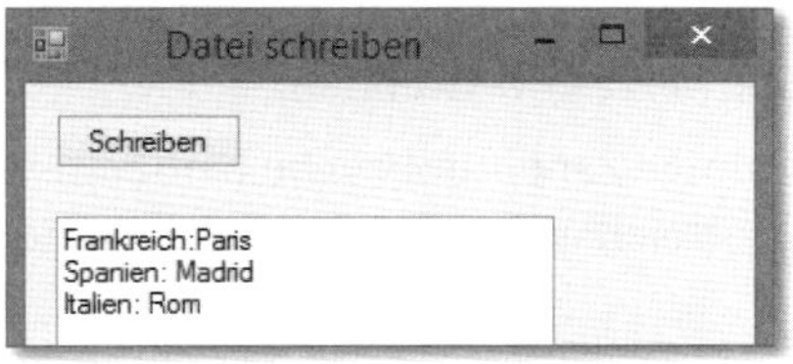

Abbildung 6.18 Text zum Speichern

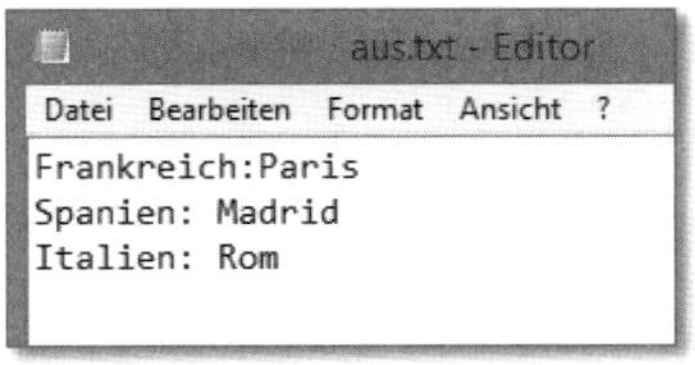

Abbildung 6.19 Ausgabedatei »aus.txt«

```
Imports System.IO
Public Class Form1
    Private Sub cmdSchreiben_Click(...) Handles ...
        Dim fs As New FileStream(
            "aus.txt", FileMode.Create)
        Dim sw As New StreamWriter(fs)
        sw.WriteLine(txtEingabe.Text)
        sw.Close()
    End Sub
End Class
```

Listing 6.17 Projekt »DateiSchreiben«

Zur Erläuterung:

Create
- Bei der Erzeugung des Objekts der Klasse `FileStream` wird der Öffnungsmodus `Create` benutzt. Mit diesem Modus wird die Datei zum Schreiben geöffnet. Falls sie bereits existiert, wird sie ohne Rückfrage überschrieben.

Ausnahme
- Kann die Datei, in die geschrieben werden soll, nicht gefunden (falsche Pfadangabe) oder nicht beschrieben werden (Schreibschutz), tritt eine Ausnahme auf. Auch diesen Fall gibt es in der Praxis häufig. Im übernächsten Projekt *DateiSicherSchreiben* wird dieser wichtige Aspekt berücksichtigt.

WriteLine()
- Die Methode `WriteLine()` der Klasse `StreamWriter` schreibt den übergebenen String in die Datei und fügt einen Zeilenumbruch an. Falls kein zusätzlicher Zeilenumbruch angefügt werden soll, können Sie anstelle der Methode `WriteLine()` die Methode `Write()` verwenden.
- Das Multiline-Textfeld kann bereits einige Zeilenumbrüche beinhalten. Diese werden ebenfalls in der Datei gespeichert, bei `WriteLine()` und bei `Write()`.

6.3.3 Sicheres Lesen aus einer Textdatei

Wie bereits erwähnt, tritt eine Ausnahme auf, wenn die auszulesende Datei nicht gefunden wird, was durchaus vorkommen kann.

Im nachfolgenden Programm (Projekt *DateiSicherLesen*) werden zwei Lösungen zur Umgehung dieses Problems vorgestellt. Bei der ersten Lösung wird vorab die Existenz der Datei geprüft, bei der zweiten wird eine Ausnahmebehandlung durchgeführt. Zunächst die erste Lösung (in Abbildung 6.20 zu sehen).

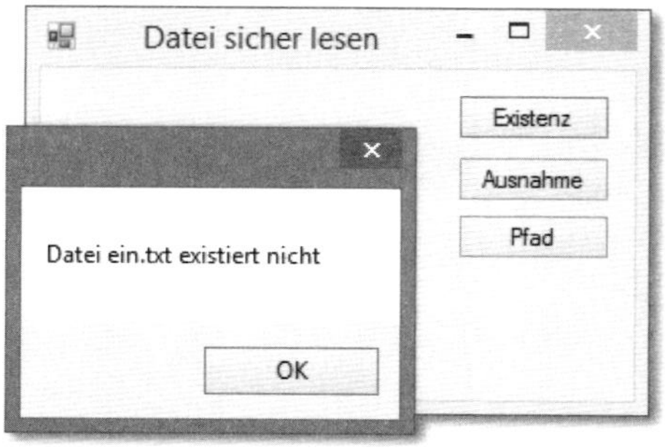

Abbildung 6.20 Ausgabe bei falschem Dateinamen

Der Programmcode:

```
Imports System.IO
Public Class Form1
    Private Sub cmdExistenz_Click(...) Handles ...
        Dim fs As FileStream
        Dim sr As StreamReader
        Dim dateiname As String = "ein.txt"
        Dim zeile As String

        If Not File.Exists(dateiname) Then
            MessageBox.Show("Datei " &
             dateiname & " existiert nicht")
            Exit Sub
        End If

        fs = New FileStream(dateiname, FileMode.Open)
        sr = New StreamReader(fs)
        Do Until sr.Peek() = -1
            zeile = sr.ReadLine()
            lblA.Text &= zeile & vbCrLf
        Loop
        sr.Close()
    End Sub
End Class
```

Listing 6.18 Projekt »DateiSicherLesen«, Existenz prüfen

Zur Erläuterung:

- Es werden zunächst nur zwei Objektverweise auf Objekte der Klasse `FileStream` und `StreamReader` erzeugt.
- Der Dateiname wird in einer `String`-Variablen gespeichert, da er mehrfach benötigt wird.
- Die Klasse `File` stellt Elemente zur Information über Dateien und zur Bearbeitung von Dateien zur Verfügung. Die statische Methode `Exists()` prüft, ob eine angegebene Datei existiert. Weitere Möglichkeiten der Klasse `File` werden in Abschnitt 6.3.6 vorgestellt.

File, Exists()

- In einer Verzweigung wird die Existenz der Eingabedatei *ein.txt* geprüft. Ist sie nicht vorhanden, wird `False` zurückgeliefert, eine Fehlermeldung ausgegeben und die Prozedur sofort verlassen.

- Existiert die Eingabedatei, werden zwei Objekte der Klasse `FileStream` und `StreamReader` erzeugt und den beiden bereits vorhandenen Objektverweisen zugewiesen.
- Anschließend kann die Datei wie gewohnt ausgelesen werden.

Es folgt die zweite Möglichkeit, mit der Ausnahmebehandlung, auch im Projekt *DateiSicherLesen*:

```
Imports System.IO
Public Class Form1
[...]
    Private Sub cmdAusnahme_Click(...) Handles ...
        Dim fs As FileStream
        Dim sr As StreamReader
        Dim zeile As String

        Try
            fs = New FileStream(
                "ein.txt", FileMode.Open)
            sr = New StreamReader(fs)
            Do Until sr.Peek() = -1
                zeile = sr.ReadLine()
                lblA.Text &= zeile & vbCrLf
            Loop
            sr.Close()
        Catch ex As Exception
            MessageBox.Show(ex.Message)
        End Try
    End Sub
End Class
```

Listing 6.19 Projekt »DateiSicherLesen«, Ausnahmebehandlung

Zur Erläuterung:

- Wie im ersten Fall werden nur zwei Objektverweise erzeugt.
- **Try...Catch** Das restliche Programm steht in einem `Try...Catch`-Block, damit eine eventuell auftretende Ausnahme behandelt werden kann.
- Sofern die Datei nicht existiert, wird der `Catch`-Teil durchlaufen und eine Fehlermeldung ausgegeben: »Die Datei ... konnte nicht gefunden werden.«

Bei einer relativen Pfadangabe bewegt man sich ausgehend vom aktuellen Verzeichnis durch den Verzeichnisbaum. Ein Beispiel: »..\..*Daten\ein.txt*« bezeichnet eine Datei, die man erreicht, wenn man vom aktuellen Verzeichnis zwei Ebenen nach oben und anschließend in das Unterverzeichnis *Daten* geht. Dieses Beispiel würde allerdings im vorliegenden Projekt nicht zum Erfolg führen, da es dieses Verzeichnis nicht gibt. Falls Sie den Button PFAD betätigen (siehe Abbildung 6.21), sehen Sie das entsprechende Ergebnis.

relative Pfadangabe

6.3.4 Sicheres Schreiben in eine Textdatei

Eine Ausnahme tritt auch auf, falls die Datei, in die geschrieben werden soll, nicht gefunden werden kann (falsche Pfadangabe, siehe Abbildung 6.21) oder nicht beschrieben werden kann (Schreibschutz). Beide Fälle treten in der Praxis häufig auf.

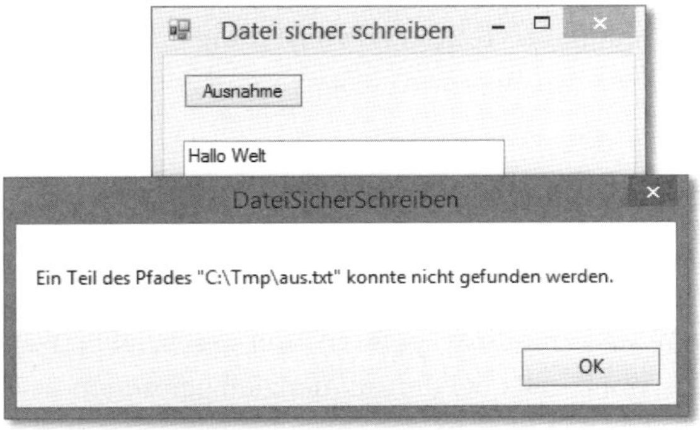

Abbildung 6.21 Falsche Pfadangabe

Im folgenden Programm (Projekt *DateiSicherSchreiben*) wird dieses Problem mit einer Ausnahmebehandlung umgangen:

```
Imports System.IO
Class Form1
    Private Sub cmdAusnahme_Click(...) Handles ...
        Dim fs As FileStream
        Dim sw As StreamWriter
        Dim dateiname As String = "C:\Tmp\aus.txt"
        Try
            fs = New FileStream(
                dateiname, FileMode.Create)
            sw = New StreamWriter(fs)
```

```
            sw.WriteLine(txtEingabe.Text)
            sw.Close()
        Catch ex As Exception
            MessageBox.Show(ex.Message)
        End Try
    End Sub
End Class
```

Listing 6.20 Projekt »DateiSicherSchreiben«

Zur Erläuterung:

- Es wird versucht, in die Datei *aus.txt* im Verzeichnis *C:\Tmp* zu schreiben.
- Gelingt das aus den oben geschilderten Gründen nicht, erfolgt eine Fehlermeldung.
- Anderenfalls wird der Inhalt des Textfelds vollständig in die Datei geschrieben.

6.3.5 Datei mit wahlfreiem Zugriff

Random Access

Dateien mit wahlfreiem Zugriff (*Random Access*) bestehen aus einer Folge gleichartiger Datensätze. Ein Datensatz besteht in der Regel aus mehreren Komponenten. Jeder Datensatz kann direkt gelesen oder geschrieben werden. Daher ist der Zugriff schneller als bei den sequenziell gelesenen bzw. geschriebenen Textdateien aus den vorherigen Abschnitten.

Strings fester Länge

Hinweis: Im Unterschied zu älteren Versionen von Visual Basic ist es nicht notwendig, mit Strings oder Datensätzen fester Länge zu arbeiten. Aus Gründen der Kompatibilität zu anderen .NET-Sprachen kann man Strings fester Länge auch nur noch »über Umwege« erzeugen.

Im nachfolgenden Projekt *DateiWahlfreierZugriff* werden die folgenden Methoden genutzt:

- `FileOpen()`: zum Öffnen einer Datei im Modus *Wahlfreier Zugriff*
- `FileClose()`: zum Schließen einer Datei
- `FilePutObject()`: zum Schreiben eines Datensatzes an die gewünschte Stelle in der Datei
- `FileGetObject()`: zum Lesen eines Datensatzes von der gewünschten Stelle in der Datei

Als Beispiel werden Datensätze der Klasse `Person` in die Datei geschrieben bzw. aus ihr gelesen, siehe Abbildung 6.22.

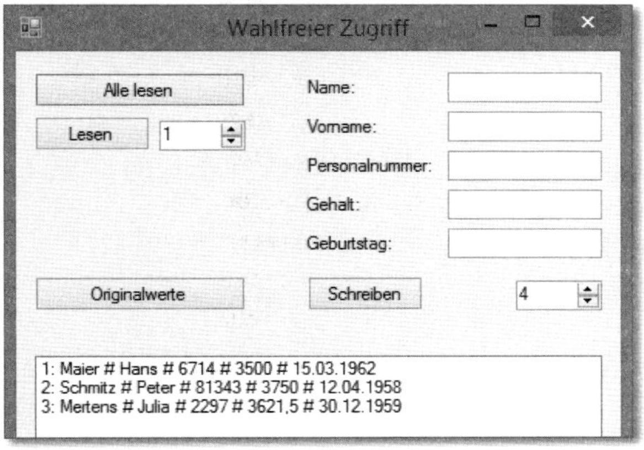

Abbildung 6.22 Programm mit Originalwerten

Jedes Objekt dieser Klasse besitzt die Eigenschaften `rame`, `vorname`, `personalnummer`, `gehalt` und `geburtstag`. Es folgt die Definition der Klasse in der Datei *Person.vb*:

```
Public Class Person
    Dim name As String
    Dim vorname As String
    Dim personalnummer As Integer
    Dim gehalt As Double
    Dim geburtstag As Date

    Sub Create(na As String, vn As String, pn As Integer,
            gh As Double, gb As Date)
        name = na
        vorname = vn
        personalnummer = pn
        gehalt = gh
        geburtstag = gb
    End Sub

    Sub Create(s As String)
        Dim teil() As String
        teil = s.Split(";")
```

```
        name = teil(0)
        vorname = teil(1)
        personalnummer = teil(2)
        gehalt = teil(3)
        geburtstag = teil(4)
    End Sub

    Function Merge() As String
        Merge = name & ";" & vorname & ";" &
            personalnummer & ";" & gehalt &
            ";" & geburtstag
    End Function

    Overrides Function ToString() As String
        ToString = name & " # " & vorname &
            " # " & personalnummer & " # " &
            gehalt & " # " & geburtstag
    End Function
End Class
```

Listing 6.21 Projekt »DateiWahlfreierZugriff«, Klasse »Person«

Zur Erläuterung:

- Die Eigenschaften haben die Datentypen `String`, `Integer`, `Double` und `Date`.
- Die erste Methode `Create()` erwartet fünf Parameter und füllt damit die fünf Eigenschaften des Objekts.
- Die zweite Methode `Create()` erwartet eine Zeichenkette als einzigen Parameter, splittet diese anhand eines Trennzeichens in fünf Teile auf und füllt damit die fünf Eigenschaften des Objekts.
- Die Methode `Merge()` liefert die fünf Eigenschaften des Objekts für die Ausgabe in die Datei, jeweils getrennt durch ein Trennzeichen.
- Zu guter Letzt wird die Ausgabemethode `ToString()` aus der Basisklasse `Object` überschrieben. Sie liefert die fünf Eigenschaften des Objekts für die Ausgabe auf dem Bildschirm, jeweils getrennt durch mehrere Trennzeichen.

Es folgt der Beginn der Anwendungsklasse:

```
Imports System.IO
Public Class Form1
    Private Sub Form1_Load(...) Handles MyBase.Load
        AlleLesen()
    End Sub
    Private Sub cmdAlleLesen_Click(...) Handles ...
        AlleLesen()
    End Sub
    Private Sub AlleLesen()
        Dim p As New Person()
        Dim s As String
        Dim nr As Integer
        lstA.Items.Clear()
        If File.Exists("data.txt") Then
            FileOpen(1, "data.txt", OpenMode.Random)
            nr = 1
            Do
                Try
                    FileGetObject(1, s)
                    p.Create(s)
                    lstA.Items.Add(nr & ": " &
                        p.ToString())
                    nr = nr + 1
                Catch ex As Exception
                    Exit Do
                End Try
            Loop
            FileClose(1)
            numLesen.Minimum = 1
            numLesen.Maximum = nr - 1
            numLesen.Value = 1
            numSchreiben.Minimum = 1
            numSchreiben.Maximum = nr
            numSchreiben.Value = nr
        Else
            lstA.Items.Add("Datei nicht vorhanden")
        End If
    End Sub
[...]
End Class
```

Listing 6.22 Projekt »DateiWahlfreierZugriff«, Beginn

Zur Erläuterung:

- Beim Start der Anwendung bzw. nach Betätigung des Buttons ALLE LESEN werden alle Datensätze aus der Datei gelesen und in der ListBox dargestellt. Zu diesem Zweck wird die Prozedur `AlleLesen()` aufgerufen.
- In dieser Prozedur wird ein zunächst leeres Objekt der Klasse `Person` erzeugt.

FileOpen()

- Falls die Datei mit den Personendaten existiert, wird sie mithilfe der Methode `FileOpen()` geöffnet. Diese erwartet hier drei Parameter:
  - eine frei wählbare Dateinummer, unter der die geöffnete Datei im weiteren Verlauf angesprochen werden kann
  - den Namen der Datei, hier im Anwendungsverzeichnis liegend
  - **Random** den Öffnungsmodus, hier `Random` für den wahlfreien Zugriff

FileGetObject()

- Innerhalb einer Schleife werden die einzelnen Datensätze mithilfe der Methode `FileGetObject()` aus der Datei gelesen. Diese Schleife wird verlassen, falls der Lesevorgang nicht erfolgreich war. Die Methode erwartet hier zwei Parameter:
  - die zuvor festgelegte Dateinummer
  - ein Objekt eines elementaren Datentyps, hier ist es das Objekt `s` des Datentyps String. Es können keine Objekte eigener Klassen oder benutzerdefinierter Datentypen genutzt werden
- Nach dem Einlesen eines Datensatzes wird dieser mithilfe der Methode `Create()` zerlegt und mithilfe der Methode `ToString()` in die ListBox geschrieben.
- Nach dem Einlesen aller Datensätze wird die Datei mit `FileClose()` geschlossen.
- Die beiden Zahlenauswahlfelder zum direkten Lesen bzw. Schreiben von Datensätzen aus der Datei bzw. in die Datei werden auf passende Werte eingestellt:
  - Das Maximum für das Zahlenauswahlfeld zum Lesen wird auf die aktuelle Anzahl Datensätze gestellt.
  - Das Maximum für das Zahlenauswahlfeld zum Schreiben wird auf die aktuelle Anzahl Datensätze + 1 gestellt. Es kann also ein neuer Datensatz direkt ans Ende der Datei geschrieben werden. Es können aber auch Datensätze mitten in der Datei überschrieben werden.

Es folgen die Prozeduren zum direkten Lesen bzw. Schreiben von einzelnen Datensätzen:

```
Imports System.IO
Public Class Form1
[...]
    Private Sub cmdLesen_Click(...) Handles ...
        Dim p As New Person()
        Dim s As String
        lstA.Items.Clear()
        FileOpen(1, "data.txt", OpenMode.Random)
        FileGetObject(1, s, numLesen.Value)
        p.Create(s)
        lstA.Items.Add(p.ToString())
        FileClose(1)
    End Sub
    Private Sub cmdSchreiben_Click(...) Handles ...
        Dim p As New Person
        Dim na, vn As String
        Dim pn As Integer
        Dim gh As Integer
        Dim gb As Date
        If txtName.Text <> "" Then na =
            txtName.Text Else na = "-"
        If txtVorname.Text <> "" Then vn =
            txtVorname.Text Else vn = "-"
        If IsNumeric(txtPersonalnummer.Text) Then pn =
            txtPersonalnummer.Text Else pn = 0
        If IsNumeric(txtGehalt.Text) Then gh =
            txtGehalt.Text Else gh = 0
        If IsDate(txtGeburtstag.Text) Then gb =
            txtGeburtstag.Text Else gb = "01.01.1900"
        p.Create(na, vn, pn, gh, gb)
        FileOpen(1, "data.txt", OpenMode.Random)
        FilePutObject(1, p.Merge(),
            numSchreiben.Value)
        FileClose(1)
        AlleLesen()
    End Sub
[...]
End Class
```

Listing 6.23 Projekt »DateiWahlfreierZugriff«, einzelne Datensätze

Zur Erläuterung:

- Beim direkten Lesen eines einzelnen Datensatzes aus der Datei wird ebenfalls die Methode `FileGetObject()` genutzt, hier aber mit einem dritten Parameter: der Nummer des gewünschten Datensatzes. Diese Nummer wird dem Zahlenauswahlfeld entnommen, siehe Abbildung 6.23.

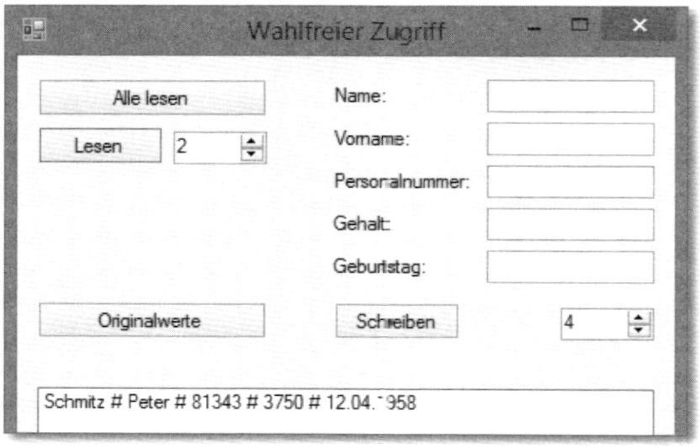

Abbildung 6.23 Lesen des Datensatzes 2

FilePutObject()

- Auch beim direkten Schreiben eines einzelnen Datensatzes in die Datei mithilfe der Methode `FilePutObject()` wird auf das zugehörige Zahlenauswahlfeld zugegriffen, um die gewünschte Nummer zu ermitteln.

Werte prüfen

- Zuvor wurde u. a. mithilfe der Methoden `IsNumeric()` und `IsDate()` festgestellt, ob der Benutzer gültige Werte in die Textfelder eingetragen hatte. Notfalls wird auf Standardwerte korrigiert, damit sich in jedem Fall ein gültiger Datensatz ergibt.
- Nach dem Schreiben eines Datensatzes werden wiederum alle Datensätze zur Aktualisierung der Benutzeroberfläche gelesen.

Als Letztes folgt die Prozedur zum Wiederherstellen der Originalwerte:

```
Imports System.IO
Public Class Form1
[...]
    Private Sub cmdOriginalwerte_Click(...) Handles ...
        Dim p As New Person
        If File.Exists("data.txt") Then Kill("data.txt")
        FileOpen(1, "data.txt", OpenMode.Random)

        p.Create("Maier", "Hans", 6714, 3500, "15.03.1962")
```

```
        FilePutObject(1, p.Merge())
        p.Create("Schmitz", "Peter", 81343, 3750, "12.04.1958")
        FilePutObject(1, p.Merge())
        p.Create("Mertens", "Julia", 2297, 3621.5, "30.12.1959")
        FilePutObject(1, p.Merge())

        FileClose(1)
        AlleLesen()
    End Sub
End Class
```

Listing 6.24 Projekt »DateiWahlfreierZugriff«, Originalwerte

Zur Erläuterung:

- Hier wird die Methode `FilePutObject()` nur mit zwei Parametern aufgerufen, da die Datensätze einfach der Reihe nach in die Datei geschrieben werden.
- Die Methode `File.Exists()` stellt fest, ob eine Datei existiert. Mithilfe der Methode `Kill()` wird eine Datei ohne Rückfrage (!) gelöscht, siehe auch nächster Abschnitt.

6.3.6 Die Klassen File und Directory

Die beiden Klassen `File` und `Directory`, ebenfalls aus dem Namensraum `System.IO`, bieten zahlreiche Möglichkeiten zur Information über Dateien und Verzeichnisse.

Im nachfolgenden Projekt *DateiVerzeichnisListe*, das sich über einige Abschnitte erstreckt, werden einige nützliche, statische Methoden dieser beiden Klassen eingesetzt:

- `Directory.Exists()` prüft die Existenz eines Verzeichnisses.
- `Directory.SetCurrentDirectory()`setzt das Verzeichnis, in dem die Windows-Anwendung arbeitet, neu.
- `Directory.GetCurrentDirectory()`ermittelt das Verzeichnis, in dem die Windows-Anwendung arbeitet.
- `Directory.GetFiles()` ermittelt eine Liste der Dateien in einem Verzeichnis.
- `Directory.FileSystemEntries()`: ermittelt eine Liste der Dateien und Unterverzeichnisse in einem Verzeichnis.

- `File.GetCreationTime()` ermittelt Datum und Uhrzeit der Erzeugung einer Datei oder eines Verzeichnisses.
- `File.GetLastAccessTime()` ermittelt das Datum des letzten Zugriffs auf eine Datei oder ein Verzeichnis.
- `File.GetLastWriteTime()` ermittelt Datum und Uhrzeit des letzten schreibenden Zugriffs auf eine Datei oder auf ein Verzeichnis.

Es wurde hier bewusst auf den Einsatz von Methoden verzichtet, die Dateien und Verzeichnisse verändern, wie z. B. `File.Delete()`, `File.Move()`, `File.Replace()`, `Directory.Delete()` oder `Directory.Move()`. Allzu leicht kann der Benutzer mit diesen Methoden unbeabsichtigt Dateien und Verzeichnisse dauerhaft verändern; sie sollten daher mit großer Vorsicht eingesetzt werden.

6.3.7 Das aktuelle Verzeichnis

Zu Beginn des Programms wird das Startverzeichnis (*C:\Temp*) eingestellt und angezeigt (siehe Abbildung 6.24).

Der zugehörige Code:

```
Imports System.IO
Public Class Form1
    Private Sub Form1_Load(...) Handles MyBase.Load
        If Directory.Exists("C:\Temp") Then
            Directory.SetCurrentDirectory("C:\Temp")
        Else
            MessageBox.Show("Das Verzeichnis" &
                " C:\Temp existiert nicht")
        End If
        lblCurDir.Text =
            Directory.GetCurrentDirectory()
    End Sub
[...]
End Class
```

Listing 6.25 Projekt »DateiVerzeichnisListe«, Start

Zur Erläuterung:

SetCurrent-Directory()

- Die Methode `Directory.SetCurrentDirectory()` setzt das aktuell benutzte Verzeichnis.

- Vorher wird mit der Methode `Directory.Exists()` geprüft, ob das betreffende Verzeichnis existiert. Beide Methoden erwarten als Parameter eine Zeichenkette. **Exists()**
- Die Methode `Directory.GetCurrentDirectory()` liefert den Namen des aktuellen Verzeichnisses. **GetCurrentDirectory()**

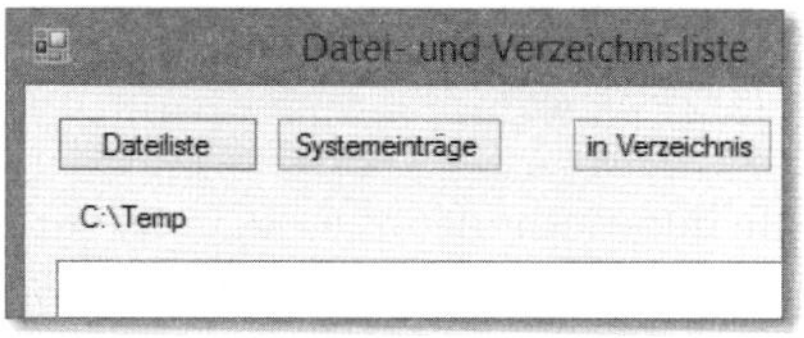

Abbildung 6.24 Startverzeichnis

6.3.8 Eine Liste der Dateien

Abbildung 6.25 zeigt die Ausgabe nach Betätigung des Buttons DATEILISTE.

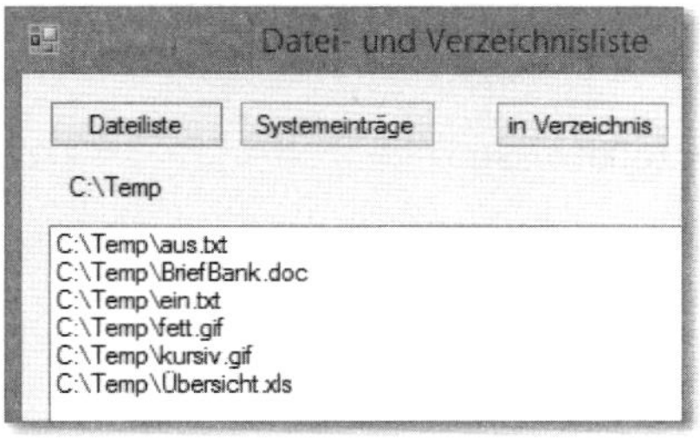

Abbildung 6.25 Dateiliste des Verzeichnisses C:\Temp

Der zugehörige Code:

```
Imports System.IO
Public Class Form1
[...]
    Private Sub cmdDateiliste_Click(...) Handles ...
        Dim verzeichnis As String
        Dim dateiliste() As String
        Dim i As Integer

        verzeichnis = Directory.GetCurrentDirectory()
        dateiliste = Directory.GetFiles(verzeichnis)
        lstA.Items.Clear()
        For i = 0 To dateiliste.Count - 1
```

```
            lstA.Items.Add(dateiliste(i))
        Next
    End Sub
[...]
End Class
```

Listing 6.26 Projekt »DateiVerzeichnisListe«, Dateiliste

Zur Erläuterung:

- Die Variable `verzeichnis` wird mithilfe der Methode `Directory.GetCurrentDirectory()` auf das aktuelle Arbeitsverzeichnis gesetzt. Zu Beginn ist das *C:\Temp*.

GetFiles()

- Die Methode `Directory.GetFiles()` liefert ein Feld von Strings. Die Variable `dateiliste` wurde als ein solches Feld (unbekannter Größe) deklariert und erhält den Rückgabewert der Methode zugewiesen.
- Mithilfe einer `For`-Schleife und der Feld-Eigenschaft `Count` wird das Listenfeld mit den Dateinamen gefüllt.

6.3.9 Eine Liste der Dateien und Verzeichnisse

Der nächste Teil des Programms nimmt zusätzlich die Unterverzeichnisse in die Liste auf und lautet wie folgt (siehe Abbildung 6.26):

```
Imports System.IO
Public Class Form1
[...]
    Private Sub cmdSystemeinträge_Click(...
            ) Handles ...
        Systemeinträge()
    End Sub

    Private Sub Systemeinträge()
        Dim verzeichnis As String
        Dim dateiliste() As String
        Dim i As Integer

        verzeichnis = Directory.GetCurrentDirectory()
        dateiliste = Directory.
            GetFileSystemEntries(verzeichnis)
        lstA.Items.Clear()
```

```
        For i = 0 To dateiliste.Count - 1
            lstA.Items.Add(dateiliste(i))
        Next
    End Sub
[...]
End Class
```

Listing 6.27 Projekt »DateiVerzeichnisListe«, Systemeinträge

Zur Erläuterung:

- Die eigentliche Ausgabe wird in der allgemeinen Prozedur `Systemeinträge()` vorgenommen. Diese wird später noch von anderen Programmteilen genutzt.
- Die Methode `Directory.GetFileSystemEntries()` ist der Methode `Directory.GetFiles()` sehr ähnlich. Allerdings liefert sie nicht nur die Namen der Dateien, sondern auch die Namen der Verzeichnisse.

GetFileSystem-Entries()

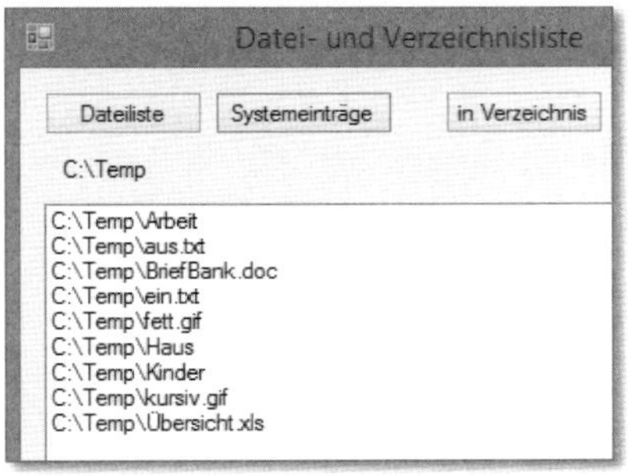

Abbildung 6.26 Verzeichnis C:\Temp, Dateien und Verzeichnisse

6.3.10 Informationen über Dateien und Verzeichnisse

Im Folgenden werden einzelne Dateien bzw. Verzeichnisse genauer betrachtet, siehe Abbildung 6.27.

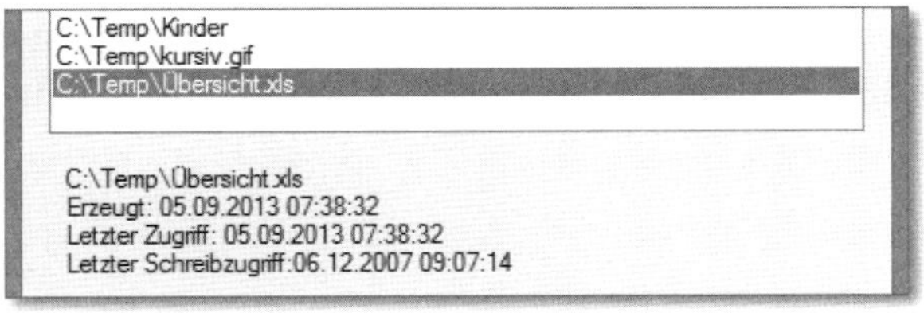

Abbildung 6.27 Information über die ausgewählte Datei

Der Programmcode:

```
Imports System.IO
Public Class Form1
[...]
    Private Sub lstA_SelectedIndexChanged(...
            ) Handles lstA.SelectedIndexChanged
        Dim name As String
        If lstA.SelectedIndex <> -1 Then
            name = lstA.Text

            lblAnzeige.Text = name & vbCrLf &
                "Erzeugt: " &
                File.GetCreationTime(name) & vbCrLf &
                "Letzter Zugriff: " &
                File.GetLastAccessTime(name) &
                vbCrLf & "Letzter Schreibzugriff:" &
                File.GetLastWriteTime(name)
        Else
            MessageBox.Show("Kein Eintrag ausgewählt")
        End If
    End Sub
[...]
End Class
```

Listing 6.28 Projekt »DateiVerzeichnisListe«, Informationen

Zur Erläuterung:

- Hat der Benutzer in der Liste der Dateien (und ggf. Verzeichnisse) einen Eintrag ausgewählt, werden einige Informationen zu den letzten Zugriffen angezeigt.

Get...Time()

- Die Methoden `File.GetCreationTime()`, `File.GetLastAccessTime()` und `File.GetLastWriteTime()` ermitteln die Daten der Erzeugung der Datei, des letzten Zugriffs auf die Datei und des letzten schreibenden Zugriffs auf die Datei.

6.3.11 Bewegen in der Verzeichnishierarchie

Wählen Sie zunächst ein Unterverzeichnis aus, siehe Abbildung 6.28.

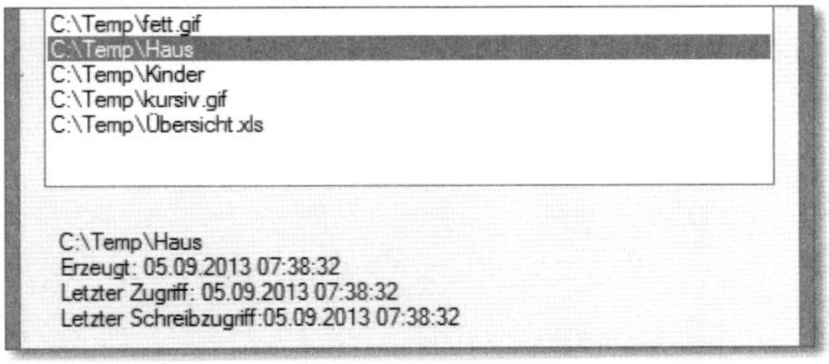

Abbildung 6.28 Auswahl

Wechseln Sie anschließend mit dem Button IN VERZEICHNIS in das betreffende Unterverzeichnis oder mit dem Button nach oben in das übergeordnete Verzeichnis, siehe Abbildung 6.29.

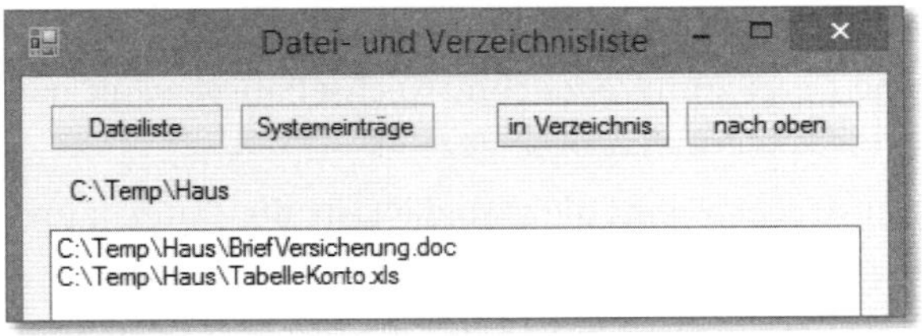

Abbildung 6.29 Unterverzeichnis C:\Temp\Haus

Der letzte Teil des Programms lautet:

```
Imports System.IO
Public Class Form1
 [...]
    Private Sub cmdInVerzeichnis_Click(...
            ) Handles ...
        If lstA.SelectedIndex <> -1 Then
            Try
                Directory.SetCurrentDirectory(lstA.Text)
            Catch
                MessageBox.Show(lstA.Text & " ist kein Verzeichnis")
            End Try
        Else
            MessageBox.Show("Kein Eintrag ausgewählt")
        End If
```

```
        lblCurDir.Text = Directory.GetCurrentDirectory()
        Systemeinträge()
    End Sub

    Private Sub cmdNachOben_Click(...) Handles ...
        Directory.SetCurrentDirectory("..")
        lblCurDir.Text = Directory.GetCurrentDirectory()
        Systemeinträge()
    End Sub
End Class
```

Listing 6.29 Projekt »DateiVerzeichnisListe«, Verzeichniswechsel

Zur Erläuterung:

- Falls der Benutzer in der Liste der Dateien und Verzeichnisse ein Verzeichnis ausgewählt hat und den Button IN VERZEICHNIS betätigt, wird das Verzeichnis mit `Directory.SetCurrentDirectory()` gewechselt. Das neue Verzeichnis wird angezeigt.
- Falls der Benutzer eine Datei zum Verzeichniswechsel ausgewählt hat, wird eine entsprechende Fehlermeldung angezeigt.
- Nach einem Verzeichniswechsel wird die aktuelle Liste der Dateien und Verzeichnisse angezeigt.
- Auf diese Art und Weise kann man sich in der gesamten Verzeichnis-Hierarchie bewegen und sich die Inhalte der Verzeichnisse anzeigen lassen.

6.4 XML-Dateien

XML ist ein weitverbreitetes, plattformunabhängiges Datenformat, das sich zum universellen Datenaustausch eignet. XML-Dateien sind mit einem einfachen Texteditor editierbar. Im Projekt *XmlDatei* (siehe Abbildung 6.30) lernen Sie vier Methoden kennen, wie Sie mithilfe von Visual Basic auf XML-Dateien zugreifen können:

- Schreiben in eine XML-Datei
- Lesen aus einer XML-Datei
- Schreiben von Objekten in eine XML-Datei
- Lesen von Objekten aus einer XML-Datei

Abbildung 6.30 Projekt »XmlDatei«

6.4.1 Aufbau von XML-Dateien

Einige Regeln für den Aufbau einer XML-Datei erläutere ich Ihnen kurz anhand des nachfolgenden Beispiels:

```
<?xml version="1.0" encoding="utf-16"?>
<firma>
   <person name="Maier" vorname="Hans" personalnummer="6714" gehalt=
     "3500" geburtstag="15.03.1962" />
   <person name="Schmitz" vorname="Peter" personalnummer=
     "81343" gehalt="3750" geburtstag="12.04.1958" />
   <person name="Mertens" vorname="Julia" personalnummer=
     "2297" gehalt="3621,5" geburtstag="30.12.1959" />
</firma>
```

Listing 6.30 Datei firma.xml

In der XML-Datei *firma.xml* sind die Daten mehrerer Elemente (hier: Personen innerhalb einer Firma) gespeichert. Zu Beginn steht eine Kopfzeile, die die XML-Version und die Zeichensatzkodierung angibt.

Innerhalb einer XML-Datei gibt es eine Hierarchie von Knoten. Es gibt Elementknoten und Attributknoten. Sie werden auch kurz als Elemente und Attribute bezeichnet.

Auf der obersten Ebene der Hierarchie darf es nur ein einzelnes Element geben; hier ist es das Element `firma`. XML-Elemente werden ähnlich wie HTML-Markierungen notiert, also mit einer Anfangsmarkierung (hier `<firma>`) und einer Endmarkierung (hier `</firma>`). Sie können die Markierungen frei wählen.

XML-Elemente können geschachtelt werden, hier z. B. <person> ... </person> innerhalb von <firma> und </firma>. Sie können Attribute enthalten, die die einzelnen Elemente kennzeichnen. Hier sind das z. B. die Attribute name, vorname usw. Sie können die Datei *firma.xml* auch in einem Browser aufrufen. Es wird dann die hierarchische Knotenstruktur der XML-Elemente wiedergegeben, siehe Abbildung 6.31.

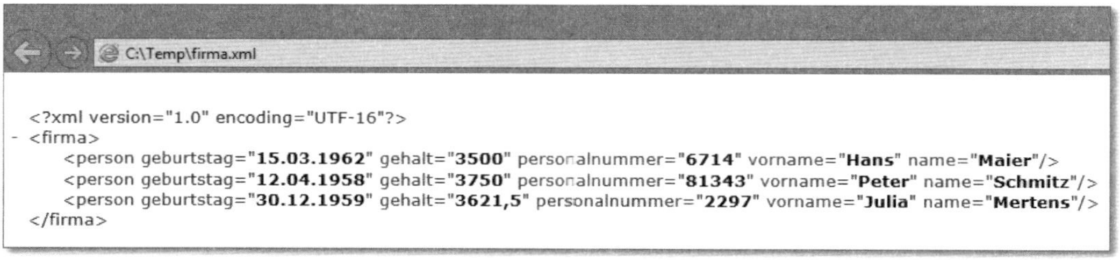

Abbildung 6.31 Inhalt der XML-Datei im Browser

6.4.2 Schreiben in eine XML-Datei

Als Erstes soll die XML-Datei aus Abschnitt 6.4.1 geschrieben werden. Es folgt das Programm:

```
Imports System.Xml
Imports System.Text
Imports System.IO

Public Class Form1
    Private Sub cmdSchreiben_Click(...) Handles ...
        Dim xw As XmlTextWriter =
            New XmlTextWriter("C:\Temp\firma.xml",
            New UnicodeEncoding)
        xw.WriteStartDocument()
        xw.WriteStartElement("firma")

        xw.WriteStartElement("person")
        xw.WriteAttributeString("name", "Maier")
        xw.WriteAttributeString("vorname", "Hans")
        xw.WriteAttributeString("personalnummer", 6714)
        xw.WriteAttributeString("gehalt", 3500.0)
        xw.WriteAttributeString("geburtstag", "15.03.1962")
        xw.WriteEndElement()
```

```
        xw.WriteStartElement("person")
        xw.WriteAttributeString("name", "Schmitz")
        xw.WriteAttributeString("vorname", "Peter")
        xw.WriteAttributeString("personalnummer", 81343)
        xw.WriteAttributeString("gehalt", 3750.0)
        xw.WriteAttributeString("geburtstag", "12.04.1958")
        xw.WriteEndElement()

        xw.WriteStartElement("person")
        xw.WriteAttributeString("name", "Mertens")
        xw.WriteAttributeString("vorname", "Julia")
        xw.WriteAttributeString("personalnummer", 2297)
        xw.WriteAttributeString("gehalt", 3621.5)
        xw.WriteAttributeString("geburtstag", "30.12.1959")
        xw.WriteEndElement()

        xw.WriteEndElement()
        xw.Close()
    End Sub
[...]
End Class
```

Listing 6.31 Projekt »XmlDatei«, Schreiben in eine XML-Datei

Es werden zunächst die Klassen aus drei Namensräumen zur Verfügung gestellt. Der Namensraum `System.Xml` bietet Ihnen verschiedene Möglichkeiten, auf XML-Dateien zuzugreifen. Die Zeichensatzkodierung wird mithilfe einer Klasse aus `System.Text` erzeugt. `System.IO` wird später zum Überprüfen der Existenz einer Datei benötigt.

Ein Objekt der Klasse `XmlTextWriter` dient als »Schreibgerät« zur Erzeugung einer XML-Datei. Der Konstruktor erwartet zwei Parameter: Name und Pfad der zu erzeugenden XML-Datei und eine Angabe zur Zeichensatzkodierung. Falls die Datei bereits existiert, wird sie überschrieben. Es wird ein Verweis auf die geöffnete XML-Datei zurückgegeben.

Die Methode `WriteStartDocument()` schreibt die Kopfzeile für XML. Die Methoden `WriteStartElement()` und `WriteEndElement()` begrenzen die Ausgabe eines XML-Elements. Hier ist die Schachtelung der Elemente zu beachten. Die Methode `WriteAttributeString()` dient der Ausgabe eines Attributs und des zugehörigen Werts innerhalb eines XML-Elements. Die Methode `Close()` beendet das Schreiben der XML-Elemente und schließt die Datei.

6.4.3 Lesen aus einer XML-Datei

Als Nächstes sollen die gespeicherten Daten aus der XML-Datei gelesen werden. Es folgt das Programm:

```
Public Class Form1
    Private Sub cmdLesen_Click(...) Handles ...
        lblAnzeige.Text = ""
        If Not File.Exists("C:\Temp\firma.xml") Then Exit Sub

        Dim xr As XmlReader = New XmlTextReader("C:\Temp\firma.xml")

        Do While xr.Read()
            If xr.NodeType = XmlNodeType.Element Then
                If xr.AttributeCount > 0 Then
                    Do While xr.MoveToNextAttribute()
                        lblAnzeige.Text &=
                            xr.Name & " -> " & xr.Value & vbCrLf
                    Loop
                    lblAnzeige.Text &= vbCrLf
                End If
            End If
        Loop

        xr.Close()
    End Sub
[...]
End Class
```

Listing 6.32 Projekt »XmlDatei«, Lesen aus einer XML-Datei

Falls die Datei, aus der gelesen werden soll, nicht existiert, dann wird die Methode beendet. Ein Objekt der Klasse `XmlTextReader` dient als »Lesegerät« zum Lesen von Daten aus einer XML-Datei. Der Konstruktor erwartet als Parameter Name und Pfad der Datei. Es wird ein Verweis auf die geöffnete XML-Datei zurückgegeben.

Die Methode `Read()` liest einen Knoten, stellt die Daten dieses Knotens zur Verfügung und wechselt zum nächsten Knoten. Falls kein Knoten mehr gefunden wird, dann wird `False` zurückgeliefert. Das wird hier zur Steuerung der Schleife genutzt.

Die Eigenschaft NodeType beinhaltet den Typ des Knotens, z. B. *Element* oder *Attribut*. Dieser Wert kann mit einem Element aus der Enumeration XmlNodeType verglichen werden. Diese Abfrage dient im vorliegenden Fall nur dazu, den Inhalt der Kopfzeile zu ignorieren. Falls es sich um ein Element handelt und die Anzahl der Attribute (Eigenschaft AttributeCount) größer als 0 ist, dann werden die einzelnen Attribute mithilfe der Methode MoveToNextAttribute() ermittelt.

Diese Methode arbeitet ähnlich wie die Methode Read() und stellt die Namen und die Werte der einzelnen Attribute als Zeichenkette zur Verfügung. Falls kein Attribut mehr gefunden wird, dann wird False zurückgeliefert. Die Methode Close() beendet das Lesen der XML-Elemente und schließt die Datei.

Zur Kontrolle werden die Objekte anschließend ausgegeben, siehe Abbildung 6.32.

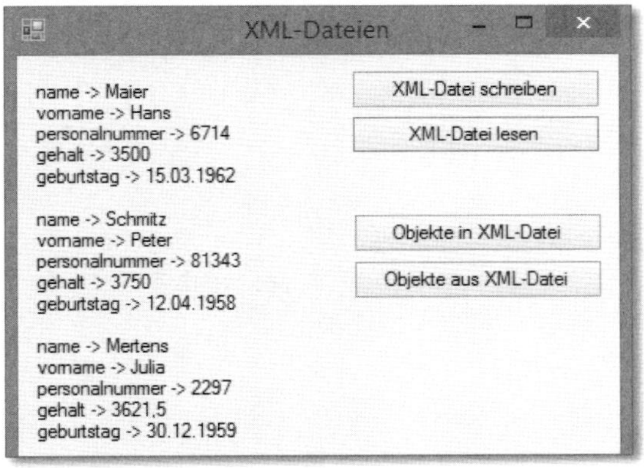

Abbildung 6.32 Ausgabe des Inhalts der XML-Datei

6.4.4 Schreiben von Objekten

Es sollen mehrere Objekte der Klasse person in einer XML-Datei gespeichert werden. Zunächst der Aufbau der Klasse person:

```
Imports System.Xml

Public Class person
    Dim name As String
    Dim vorname As String
    Dim personalnummer As Integer
```

```
    Dim gehalt As Single
    Dim geburtstag As Date

    Sub New(na As String, vo As String, pe As Integer,
            gh As Single, gb As Date)
        name = na
        vorname = vo
        personalnummer = pe
        gehalt = gh
        geburtstag = gb
    End Sub

    Public Sub AlsXmlElementSchreiben(xw As XmlTextWriter)
        xw.WriteStartElement("person")
        xw.WriteAttributeString("name", name)
        xw.WriteAttributeString("vorname", vorname)
        xw.WriteAttributeString("personalnummer", personalnummer)
        xw.WriteAttributeString("gehalt", gehalt)
        xw.WriteAttributeString("geburtstag", geburtstag)
        xw.WriteEndElement()
    End Sub

    Public Function ausgabe() As String
        ausgabe = name & ", " & vorname & ", " & personalnummer _
            & ", " & gehalt & ", " & geburtstag
    End Function

End Class
```

Listing 6.33 Projekt »XmlDatei«, Klasse »person«

Neben den Eigenschaften und dem Konstruktor gibt es die beiden Methoden `AlsXmlElementSchreiben()` und `ausgabe()`. Der erstgenannten Methode wird ein Objekt der Klasse `XmlWriter` übergeben. Damit werden alle Eigenschaften eines Objekts der Klasse `person` als Element in eine XML-Datei geschrieben. Es folgt die Methode zum Speichern mehrerer Objekte:

```
Public Class Form1
    Private Sub cmdObjekteIn_Click(...) Handles ...
        Dim personFeld(2) As person
        personFeld(0) = New person(
            "Maier", "Hans", 6714, 3500.0, "15.03.1962")
```

```
        personFeld(1) = New person(
            "Schmitz", "Peter", 81343, 3750.0, "12.04.1958")
        personFeld(2) = New person(
            "Mertens", "Julia", 2297, 3621.5, "30.12.1959")

        Dim xw As XmlTextWriter =
            New XmlTextWriter("C:\Temp\firma.xml",
            New UnicodeEncoding)
        xw.WriteStartDocument()
        xw.WriteStartElement("firma")

        Dim i As Integer
        For i = 0 To 2
            personFeld(i).AlsXmlElementSchreiben(xw)
        Next

        xw.WriteEndElement()
        xw.Close()
    End Sub
[...]
End Class
```

Listing 6.34 Projekt »XmlDatei«, Schreiben von Objekten

Es werden zunächst mehrere Objekte der Klasse `person` erzeugt. Zur besseren Weiterverarbeitung werden die Objektverweise innerhalb eines Felds angeordnet. Die XML-Datei und das einzelne Element der obersten Ebene der Knotenstruktur werden auf die bereits bekannte Art und Weise erzeugt. Die einzelnen Objekte werden anschließend mithilfe der Methode `AlsXmlElementSchreiben()` aus der Klasse `person` in die Datei geschrieben.

6.4.5 Lesen von Objekten

Es sollen mehrere Objekte der Klasse `person` aus einer XML-Datei gelesen werden:

```
Public Class Form1
[...]
    Private Sub cmdObjekteAus_Click(...) Handles ...
        lblAnzeige.Text = ""
        If Not File.Exists("C:\Temp\firma.xml") Then Exit Sub
```

```
        Dim personFeld(2) As person
        Dim na As String = ""
        Dim vo As String = ""
        Dim pe As Integer
        Dim gh As Single
        Dim gb As Date
        Dim i As Integer

        Dim xr As XmlReader = New XmlTextReader("C:\Temp\firma.xml")

        i = 0
        Do While xr.Read()
            If xr.NodeType = XmlNodeType.Element Then
                If xr.AttributeCount > 0 Then
                    Do While xr.MoveToNextAttribute()
                        Select Case xr.Name
                            Case "name"
                                na = xr.Value
                            Case "vorname"
                                vo = xr.Value
                            Case "personalnummer"
                                pe = Convert.ToInt32(xr.Value)
                            Case "gehalt"
                                gh = Convert.ToSingle(xr.Value)
                            Case "geburtstag"
                                gb = Convert.ToDateTime(xr.Value)
                        End Select
                    Loop
                    personFeld(i) = New person(na, vo, pe, gh, gb)
                    i = i + 1
                End If
            End If
        Loop

        xr.Close()

        For i = 0 To 2
            lblAnzeige.Text &= personFeld(i).ausgabe & vbCrLf
        Next
    End Sub
End Class
```

Listing 6.35 Projekt »XmlDatei«, Lesen von Objekten

Auch hier wird zur besseren Weiterverarbeitung mit einem Feld von Objekten gearbeitet. Das Öffnen der XML-Datei und das Lesen der Elemente geschehen auf die bereits bekannte Art und Weise.

Die einzelnen Attribute müssen allerdings einzeln betrachtet werden. Die Zeichenketten mit den Werten aus der XML-Datei müssen passend umgewandelt werden, damit anschließend jeweils ein Objekt der Klasse `person` erzeugt werden kann.

Zur Kontrolle wird das Feld von Objekten anschließend ausgegeben, siehe Abbildung 6.33.

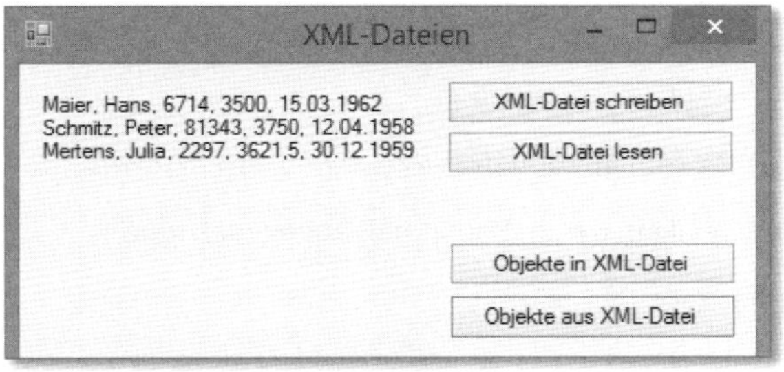

Abbildung 6.33 Ausgabe der Objekte

6.5 Rechnen mit der Klasse Math

Die Klasse `Math` stellt eine Reihe mathematischer Funktionen über statische Methoden bereit sowie über statische Eigenschaften die beiden mathematischen Konstanten `PI` und `E`. **PI, E**

In dem folgenden Projekt *Mathematik* für einen Mini-Taschenrechner kommen die Elemente aus der Klasse `Math` vor (siehe Tabelle 6.2).

Element	Erläuterung
`Acos()`	Winkel im Bogenmaß, dessen Kosinus angegeben wird
`Asin()`	Winkel im Bogenmaß, dessen Sinus angegeben wird
`Atan()`	Winkel im Bogenmaß, dessen Tangens angegeben wird
`Ceiling()`	nächsthöhere ganze Zahl (aus 2,7 wird 3, aus –2,7 wird –2)
`Cos()`	Kosinus eines Winkels, der im Bogenmaß angegeben wird

Tabelle 6.2 Klasse »Math«

Element	Erläuterung
`E`	math. Konstante `E` (Eulersche Zahl)
`Exp()`	math. Konstante `E` hoch angegebene Zahl
`Floor()`	nächstniedrigere ganze Zahl (aus 2,7 wird 2, aus –2,7 wird –3)
`Log()`	natürlicher Logarithmus einer Zahl, zur Basis `E` (math. Konstante)
`Log10()`	Logarithmus einer Zahl zur Basis 10
`PI`	Kreiszahl Pi
`Pow()`	Zahl x hoch Zahl y
`Round()`	nächste ganze Zahl (gerundet, aus 2,7 wird 3, aus –2,7 wird –3)
`Sin()`	Sinus eines Winkels, der im Bogenmaß angegeben wird
`Sqrt()`	Wurzel einer Zahl
`Tan()`	Tangens eines Winkels, der im Bogenmaß angegeben wird
`Truncate()`	Abschneiden der Nachkommastellen (aus 2,7 wird 2, aus –2,7 wird –2)

Tabelle 6.2 Klasse »Math« (Forts.)

Ein Beispiel zur Bedienung des Programms: Nach der Eingabe von 45 und dem Betätigen des Buttons SIN wird der Sinus von 45 Grad berechnet, siehe Abbildung 6.34.

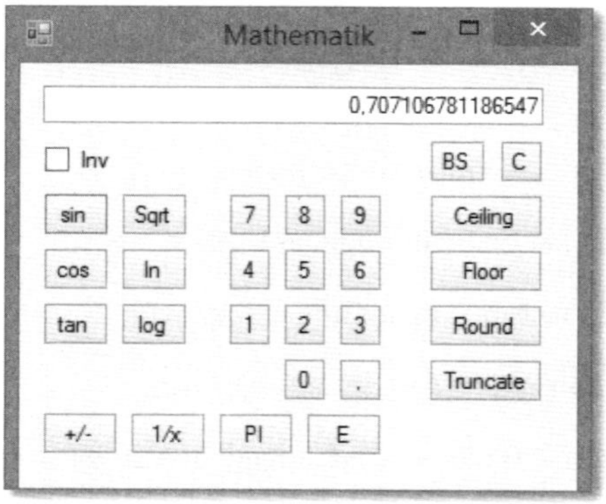

Abbildung 6.34 Mini-Taschenrechner

Das Programm:

```
Public Class Form1
    Dim x As Double

    Private Sub txtE_TextChanged(...
            ) Handles T.TextChanged
        Try
            x = Convert.ToDouble(T.Text)
        Catch ex As Exception
            T.Text = ""
            x = 0
        End Try
    End Sub

    Private Sub cmdBackSpace_Click(...) Handles ...
        T.Text =
            T.Text.Substring(0, T.Text.Length - 1)
    End Sub

    Private Sub cmdClear_Click(...) Handles ...
        T.Text = ""
    End Sub

    Private Sub cmdSinus_Click(...) Handles ...
        If chkInv.Checked Then
            T.Text = Math.Asin(x) * 180 / Math.PI
            chkInv.Checked = False
        Else
            T.Text = Math.Sin(x / 180.0 * Math.PI)
        End If
    End Sub

    Private Sub cmdCosinus_Click(...) Handles ...
        If chkInv.Checked Then
            T.Text = Math.Acos(x) * 180 / Math.PI
            chkInv.Checked = False
        Else
            T.Text = Math.Cos(x / 180.0 * Math.PI)
        End If
    End Sub
```

```
Private Sub cmdTangens_Click(...) Handles ...
    If chkInv.Checked Then
        T.Text =
            Math.Atan(x) * 180 / Math.PI
        chkInv.Checked = False
    Else
        T.Text =
            Math.Tan(x / 180.0 * Math.PI)
    End If
End Sub

Private Sub cmdLn_Click(...) Handles ...
    If chkInv.Checked Then
        T.Text = Math.Exp(x)
        chkInv.Checked = False
    Else
        T.Text = Math.Log(x)
    End If
End Sub

Private Sub cmdLog_Click(...) Handles ...
        ) Handles cmdLog.Click
    If chkInv.Checked Then
        T.Text = Math.Pow(10.0, x)
        chkInv.Checked = False
    Else
        T.Text = Math.Log10(x)
    End If
End Sub

Private Sub cmdPI_Click(...) Handles ...
    T.Text = Math.PI
End Sub

Private Sub cmdE_Click(...) Handles ...
    T.Text = Math.E
End Sub

Private Sub cmdCeiling_Click(...) Handles ...
    T.Text = Math.Ceiling(x)
End Sub
```

```
Private Sub cmdFloor_Click(...) Handles ...
    T.Text = Math.Floor(x)
End Sub

Private Sub cmdRound_Click(...) Handles ...
    T.Text = Math.Round(x)
End Sub

Private Sub cmdTruncate_Click(...) Handles ...
    T.Text = Math.Truncate(x)
End Sub

Private Sub cmdWurzel_Click(...) Handles ...
    If chkInv.Checked Then
        T.Text = Math.Pow(x, 2.0)
        chkInv.Checked = False
    Else
        T.Text = Math.Sqrt(x)
    End If
End Sub

Private Sub cmdPlusMinus_Click(...) Handles ...
    T.Text = x * -1.0
End Sub

Private Sub cmdKehrwert_Click(...) Handles ...
    T.Text = 1.0 / x
End Sub

Private Sub c0_Click(...
        ) Handles c0.Click, c1.Click, c2.Click,
        c3.Click, c4.Click, c5.Click, c6.Click,
        c7.Click, c8.Click, c9.Click
    T.Text &= sender.Text
End Sub

Private Sub cmdKomma_Click(...) Handles ...
        ) Handles cmdKomma.Click
    If T.Text.IndexOf(",") < 0 Then
```

```
            T.Text &= ","
        End If
    End Sub
End Class
```

Listing 6.36 Projekt »Mathematik«

Zur Erläuterung:

Inhalt des Textfelds umwandeln

- Jede Änderung im Textfeld führt dazu, dass eine Umwandlung des Textfeldinhalts in eine `Double`-Zahl und die Zuweisung dieser Zahl zur klassenweit gültigen `Double`-Variablen `x` stattfindet. Diese Variable repräsentiert also immer den aktuellen Zahlenwert im Textfeld. Falls die Umwandlung aufgrund einer möglicherweise ungültigen mathematischen Operation nicht gelingt, dann wird das Textfeld geleert und `x` auf 0 gesetzt.

Ziffern

- Ein Benutzer kann die Ziffern durch Eingabe im Textfeld oder durch Betätigen der Buttons 0 bis 9 eingeben. Alle Button-Clicks führen zur selben Ereignisprozedur. Der auslösende Button kann über den Parameter `sender` erkannt werden. Seine Eigenschaft `Text` liefert den zugehörigen Wert.

Komma

- Ein Komma wird nur eingefügt, falls noch kein Komma vorhanden ist. Das wird mit der Zeichenkettenmethode `IndexOf()` geprüft.

Löschen

- Über den Button BS (*BackSpace*) wird das letzte Zeichen im Textfeld gelöscht, über den Button C (*Clear*) der gesamte Inhalt des Textfelds.

Sin(), Cos(), Tan()

- Die Methoden `Sin()`, `Cos()` und `Tan()` berechnen ihr Ergebnis aus einem Winkel, der im Bogenmaß angegeben werden muss. Die Eingabe kann hier aber wie gewohnt in Grad erfolgen. Innerhalb der Ereignisprozeduren wird der Wert durch 180 geteilt und mit `PI` multipliziert, dadurch ergibt sich der Wert im Bogenmaß.

Asin(), Acos(), Atan()

- Die Methoden `Asin()`, `Acos()` und `Atan()` werden ausgeführt, wenn man vor Betätigung des entsprechenden Buttons das Kontrollkästchen INV einschaltet, ähnlich wie im Windows-Taschenrechner. Das Ergebnis ist ein Winkel, der im Bogenmaß angegeben wird. Für die Ausgabe in Grad wird das Ergebnis in der Ereignisprozedur mit 180 multipliziert und durch `PI` geteilt.

Log(), Exp(), Log10()

- Auch die Funktionen `Log()` zur Berechnung des natürlichen Logarithmus, `Log10()` zur Berechnung des 10er-Logarithmus und `Sqrt()` zur Berechnung der Wurzel können mithilfe des Kontrollkästchens invertiert werden. Es wird dann E hoch Zahl (mithilfe von `Exp()`), 10 hoch Zahl und Zahl zum Quadrat gerechnet.

- Die Funktionen `Ceiling()`, `Floor()`, `Round()` und `Truncate()` erzeugen auf jeweils unterschiedliche Art ganze Zahlen aus Zahlen mit Nachkommastellen (siehe hierzu auch Tabelle 6.2).
- Die Buttons (+/–) (Vorzeichenwechsel) und (1/x) (Kehrwert) runden den Mini-Taschenrechner ab.

Ganze Zahlen

6.6 Zugriff auf MS Office

In diesem Abschnitt werden im Projekt *MSOffice* zwei Dateien mithilfe von Visual Basic erstellt, siehe Abbildung 6.35.

- ein Dokument für MS Word mit einigen Zeilen Text und einer Tabelle
- eine Arbeitsmappe für MS Excel mit einigen gefüllten Zellen

MS Word

MS Excel

Dabei behandeln wir die grundlegenden Elemente der Objekthierarchie innerhalb der MS Office-Anwendungen.

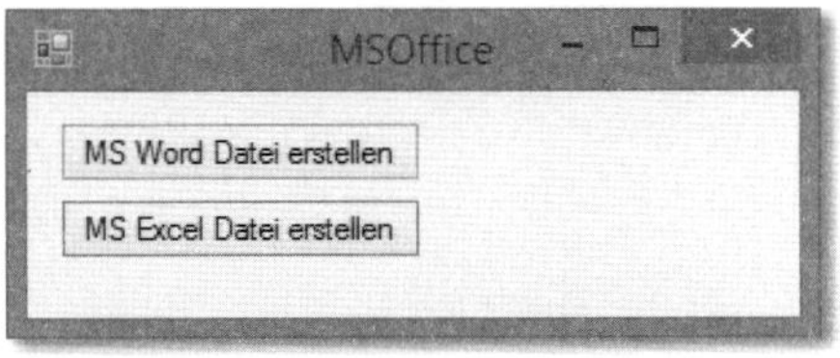

Abbildung 6.35 Projekt »MSOffice«

Verweis hinzufügen

Es werden zwei zusätzliche Verweise benötigt. Dazu müssen Sie das Dialogfeld VERWEIS-MANAGER öffnen, über das Menü PROJEKT • VERWEIS HINZUFÜGEN. Unter COM • TYPBIBLIOTHEKEN markieren Sie die Bibliotheken MICROSOFT WORD 15.0 OBJECT LIBRARY und MICROSOFT EXCEL 15.0 OBJECT LIBRARY. Diese Angaben gelten für MS Office 2013. Bei älteren Office-Versionen handelt es sich um die Versionen 14.0 oder entsprechend früher.

Alle Dateien anzeigen

Nach Betätigung des Buttons OK erscheinen Verweise zu MICROSOFT.OFFICE in der Verweisliste im PROJEKTMAPPEN-EXPLORER, siehe Abbildung 6.36. Falls die Verweisliste nicht sichtbar ist, müssen Sie zuerst auf das Symbol ALLE DATEIEN ANZEIGEN klicken, im Bild das vierte von rechts.

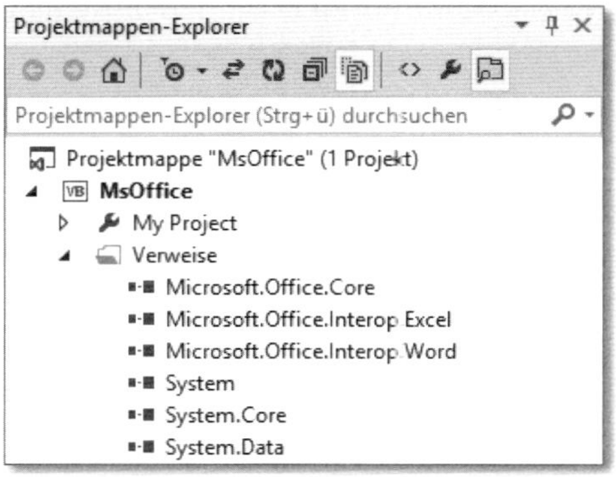

Abbildung 6.36 Projekt »MSOffice«, Verweisliste

Sollten Sie beim Öffnen meines Beispielprojekts eine Fehlermeldung erhalten, kann das daran liegen, dass bei Ihnen nicht MS Office 2013 installiert ist. Sie müssen dann in der Verweisliste zunächst die vorhandenen Verweise zu MICROSOFT.OFFICE löschen und anschließend neu hinzufügen.

Nach dem Hinzufügen der Verweise können Sie im Code-Bereich oberhalb der Klasse `Form1` die folgenden Zeilen hinzufügen:

```
Imports Word = Microsoft.Office.Interop.Word
Imports Excel = Microsoft.Office.Interop.Excel
Public Class Form1
...
```

Listing 6.37 Projekt »MSOffice«, Imports-Anweisung

Imports

Damit werden die beiden Namensräume `Microsoft.Office.Interop.Word` und `Microsoft.Office.Interop.Excel` importiert und können dann innerhalb des Programms mithilfe der Kürzel `Word` beziehungsweise `Excel` genutzt werden.

6.6.1 MS Word-Datei erstellen

Zunächst das Programm zur Erstellung der Word-Datei:

```
Private Sub cmdWord_Click(...) Handles ...
    Dim objWord As Word.Application
    Dim objDoc As Word.Document
```

```
    objWord = CreateObject("Word.Application")
    objWord.Visible = True
    objWord.WindowState =
        Word.WdWindowState.wdWindowStateNormal
    objDoc = objWord.Documents.Add

    Dim objPara As Word.Paragraph
    Dim i As Integer
    For i = 1 To 5
        objPara = objDoc.Paragraphs.Add
        objPara.Range.Text = "Zeile " & i
        objPara.Range.InsertParagraphAfter()
    Next

    Dim objTable As Word.Table
    Dim r As Integer, c As Integer
    objTable = objDoc.Tables.Add(objDoc.Bookmarks.Item(
        "\endofdoc").Range, 3, 5)
    objTable.Borders.InsideLineStyle =
        Word.WdLineStyle.wdLineStyleSingle
    objTable.Borders.OutsideLineStyle =
        Word.WdLineStyle.wdLineStyleDouble
    For r = 1 To 3
        For c = 1 To 5
            objTable.Cell(r, c).Range.Text =
                "r" & r & "c" & c
        Next
    Next

    objDoc.SaveAs("C:\Temp\WordMitVB.docx")
    objDoc.Close()
    objWord.Quit()
End Sub
```

Listing 6.38 Projekt »MSOffice«, Word-Datei erstellen

Zur Erläuterung:

- Die beiden Variablen `objWord` und `objDoc` sind Verweise auf die Anwendung MS Word und auf ein Dokument innerhalb von MS Word. **Dokument**
- Mithilfe von `CreateObject()` wird ein Verweis auf eine COM-Anwendung angelegt. Hier ist das `Word.Application` für die Anwendung MS **CreateObject()**

Word. Über diesen Verweis kann nunmehr auf die Anwendung und die Objekte innerhalb ihrer Hierarchie zugegriffen werden.

WindowState

- Die Eigenschaft `Visible` steht für die Sichtbarkeit der Word-Anwendung. Mithilfe der Eigenschaft `WindowState` legen Sie das Aussehen des Fensters fest. Die Werte stammen aus der Enumeration `WdWindowState`. Neben dem Wert `wdWindowStateNormal` gibt es noch die Werte `wdWindowStateMaximize` und `wdWindowStateMinimize`.

Documents

- Die Auflistung `Documents` beinhaltet die geöffneten Dokumente der Word-Anwendung. Sie ist zu Beginn leer. Mithilfe der Methode `Add()` wird ein neues Dokument geöffnet. Das ist nun das aktuelle Dokument, in dem geschrieben werden kann.

Paragraphs

- Die Variable `objPara` ist ein Verweis auf ein Absatz-Objekt. Innerhalb einer Schleife werden dem Word-Dokument mithilfe der Methode `Add()` der Auflistung `Paragraphs` fünf neue Absätze hinzugefügt.

Range.Text

- Ein `Range`-Objekt bezeichnet einen Bereich innerhalb des Word-Dokuments. Mit `objPara.Range` wird auf den Bereich des gesamten Absatzes zugegriffen. Der Eigenschaft `Text` dieses Bereichs wird eine Zeichenkette zugewiesen. Diese besteht aus dem Wort »Zeile« und der laufenden Nummer von 1 bis 5, siehe Abbildung 6.37.

neuer Absatz

- Ans Ende jedes neuen Absatzes wird mithilfe der Methode `InsertParagraphAfter()` ein Absatzende-Zeichen gesetzt. Damit wird dafür gesorgt, dass der nächste neue Absatz dahinter steht und nicht den aktuellen Absatz überschreibt.

Abbildung 6.37 Projekt »MSOffice«, Word-Dokument, Teil 1

Tables

- Die Variable `objTable` ist ein Verweis auf ein Tabellen-Objekt. Dem Word-Dokument wird mithilfe der Methode `Add()` der Auflistung `Tables` eine neue Tabelle hinzugefügt. Die Methode `Add()` benötigt drei Parameter: Ort der Tabelle, Anzahl der Zeilen und Anzahl der Spalten.

- Die Auflistung Bookmarks umfasst alle Textmarken innerhalb des Word-Dokuments. Ein Item ist eine einzelne Textmarke, die über ihren Namen erreicht werden kann. Die Textmarke mit dem Namen \endofdoc ist vordefiniert und bezeichnet das Ende des Word-Dokuments. Der Bereich (Range) dieses Dokumentendes wird mit der Tabelle belegt, sprich: Die Tabelle kommt ans Ende. **Bookmarks**
- Die Auflistung Borders beinhaltet die Eigenschaften der Rahmenlinien einer Tabelle. Über die Eigenschaften InsideLineStyle und OutsideLineStyle kann man die Linienart für die Umrandung einer Zelle beziehungsweise der ganzen Tabelle festlegen. Die Werte stammen aus der Enumeration WdLineStyle, ...Single und ...Double stehen für eine durchgezogene Einzel- beziehungsweise Doppellinie. **Borders**

6

- Mithilfe einer geschachtelten For-Schleife werden alle Zellen der Tabelle durchlaufen. Die Eigenschaft Cell eines Table-Objekts erlaubt den Zugriff auf eine einzelne Zelle. In jede Zelle werden die laufende Nummer der Zeile und der Spalte geschrieben, siehe Abbildung 6.38. **Cell**

r1c1	r1c2	r1c3	r1c4	r1c5
r2c1	r2c2	r2c3	r2c4	r2c5
r3c1	r3c2	r3c3	r3c4	r3c5

Abbildung 6.38 Projekt »MSOffice«, Word-Dokument, Teil 2

- Am Ende wird das Dokument mithilfe der Methode SaveAs() gespeichert. Es wird mithilfe von Close() geschlossen, und die Anwendung Word wird mithilfe von Quit() beendet. **SaveAs()**

6.6.2 MS Excel-Datei erstellen

Es folgt das Programm zur Erstellung der Excel-Datei:

```
Private Sub cmdExcel_Click(...) Handles ...
    Dim objExcel As Excel.Application
    Dim objWorkbook As Excel.Workbook

    objExcel = CreateObject("Excel.Application")
    objExcel.Visible = True
    objExcel.WindowState = Excel.XlWindowState.xlNormal
    objWorkbook = objExcel.Workbooks.Add
```

```
    Dim objWorksheet As Excel.Worksheet
    objWorksheet = objWorkbook.Worksheets("Tabelle1")
    Dim i As Integer
    For i = 1 To 5
        objWorksheet.Cells(i, 1) = i
    Next

    objWorkbook.SaveAs("C:\Temp\ExcelMitVB.xlsx")
    objWorkbook.Close()
    objExcel.Quit()
End Sub
```

Listing 6.39 Projekt »MSOffice«, Excel-Datei erstellen

Zur Erläuterung:

Arbeitsmappe

- Die beiden Variablen `objExcel` und `objWorkbook` sind Verweise auf die Anwendung MS Excel und auf eine Arbeitsmappe innerhalb von MS Excel.

CreateObject()

- Mithilfe von `CreateObject()` wird ein Verweis auf eine COM-Anwendung angelegt. Hier ist das `Excel.Application` für die Anwendung MS Excel. Über diesen Verweis kann nunmehr auf die Anwendung und die Objekte innerhalb ihrer Hierarchie zugegriffen werden.

WindowState

- Die Eigenschaft `Visible` steht für die Sichtbarkeit der Excel-Anwendung. Mithilfe der Eigenschaft `WindowState` legen Sie das Aussehen des Fensters fest. Die Werte stammen aus der Enumeration `XlWindowState`. Neben dem Wert `xlNormal` gibt es noch die Werte `xlMaximized` und `xlMinimized`.

Worksheets

- Die Auflistung `Workbooks` beinhaltet die geöffneten Arbeitsmappen der Excel-Anwendung. Sie ist zu Beginn leer. Mithilfe der Methode `Add()` wird eine neue Arbeitsmappe geöffnet. Das ist nun die aktuelle Arbeitsmappe, in der z. B. Zellen gefüllt werden können.

Tabelle

- Die Variable `objWorksheet` ist ein Verweis auf ein Tabellen-Objekt innerhalb einer Arbeitsmappe. Eine neu erzeugte Arbeitsmappe enthält zunächst die drei Tabellen mit den Bezeichnungen `Tabelle1` bis `Tabelle3`.

Cells

- Auf eine einzelne Zelle einer Tabelle kann über die Eigenschaft `Cells`, die Nummer der Zeile und die Nummer der Spalte zugegriffen werden. Im vorliegenden Programm wird jeweils die Zeilennummer in die ersten fünf Zellen der ersten Spalte geschrieben, siehe Abbildung 6.39.

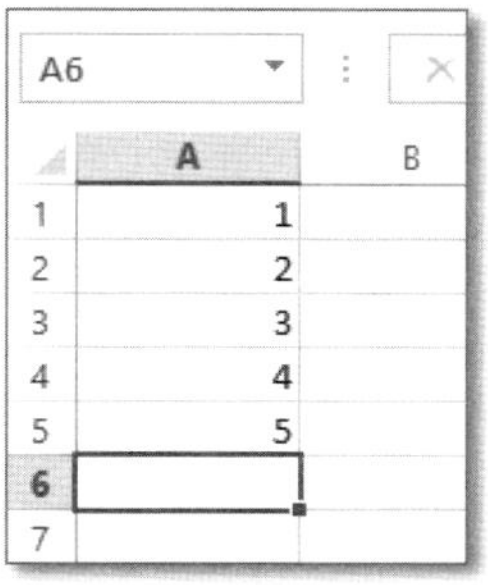

Abbildung 6.39 Projekt »MSOffice«, Excel-Arbeitsmappe

SaveAs()

- Am Ende wird die Arbeitsmappe mithilfe der Methode `SaveAs()` gespeichert. Sie wird mithilfe von `Close()` geschlossen und die Anwendung Excel wird mithilfe von `Quit()` beendet.

6.7 Formular drucken

In diesem Abschnitt werden im Projekt *Drucken* einige Möglichkeiten im Zusammenhang mit dem Ausdruck eines Formulars aus einer Visual-Basic-Anwendung heraus vorgestellt, siehe Abbildung 6.40.

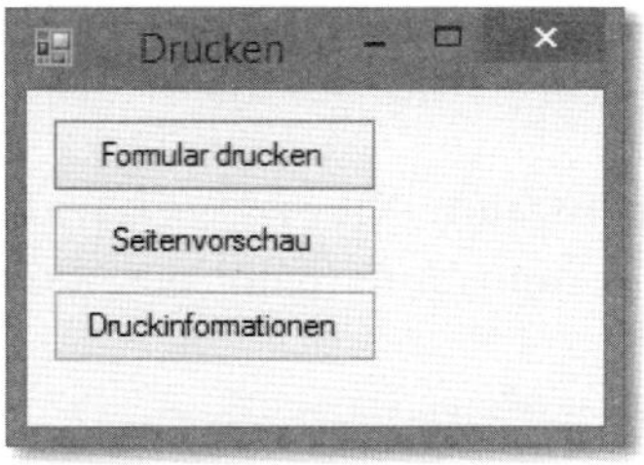

Abbildung 6.40 Projekt »Drucken«

Verweis hinzufügen

Es wird ein zusätzlicher Verweis benötigt. Dazu müssen Sie das Dialogfeld VERWEIS-MANAGER öffnen, über das Menü PROJEKT • VERWEIS HINZUFÜGEN. Unter ASSEMBLYS • ERWEITERUNGEN markieren Sie die neueste Bibliothek MICROSOFT.VISUALBASIC.POWERPACKS.VS.

Sollten Sie beim Öffnen meines Beispielprojekts eine Fehlermeldung erhalten, kann das daran liegen, dass bei Ihnen auf die falsche Version der Bibliothek verwiesen wird. Sie müssen dann in der Verweisliste zunächst den Verweis löschen und anschließend neu hinzufügen.

Nach Betätigung des Buttons OK erscheint dieser Verweis in der Verweisliste im PROJEKTMAPPEN-EXPLORER, siehe Abbildung 6.41. Falls die Verweisliste nicht sichtbar ist, müssen Sie zuerst auf das Symbol ALLE DATEIEN ANZEIGEN klicken, im Bild das vierte von rechts.

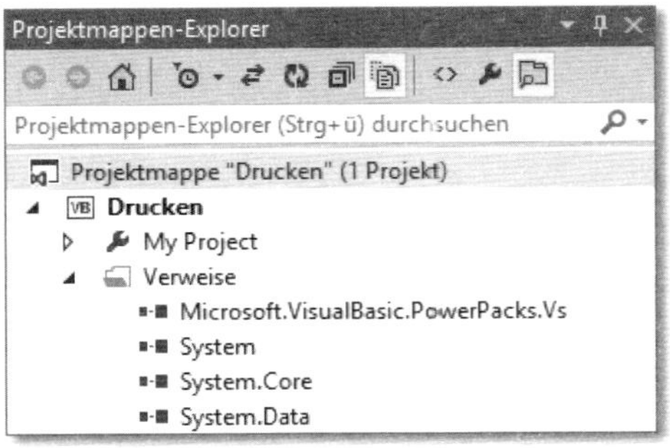

Abbildung 6.41 Projekt »Drucken«, Verweisliste

Anschließend können Sie im Code-Bereich oberhalb der Klasse `Form1` die folgende Zeile hinzufügen:

```
Imports Microsoft.VisualBasic.PowerPacks.Printing
Public Class Form1
...
```

Listing 6.40 Projekt »MSOffice«, Imports-Anweisung

Imports Damit wird aus der Bibliothek der Namensraum `Microsoft.VisualBasic.PowerPacks.Printing` importiert und kann innerhalb des Programms genutzt werden.

6.7.1 Druck und Seitenvorschau

Zunächst der Code zum Drucken beziehungsweise zum Erstellen einer Seitenvorschau:

```
Private Sub cmdDrucken_Click(...) Handles ...
    Dim pf As New PrintForm
    pf.Form = Me
    pf.PrintAction = System.Drawing.Printing.
        PrintAction.PrintToPrinter
    pf.Print()
End Sub
```

```
Private Sub cmdSeitenvorschau_Click(...) Handles ...
    Dim pf As New PrintForm
    pf.Form = Me
    pf.PrintAction = System.Drawing.Printing.
        PrintAction.PrintToPreview
    pf.Print()
End Sub
```

Listing 6.41 Projekt »Drucken«, Teil 1

Zur Erläuterung:

- Es wird ein neues Objekt der Klasse `PrintForm` aus dem Namensraum `Microsoft.VisualBasic.PowerPacks.Printing` erzeugt. Diese Klasse ermöglicht das Drucken von Formularen. **PrintForm**
- Die Eigenschaft `Form` des Objekts verweist auf das auszudruckende Formular. Dieses ist im vorliegenden Fall das Objekt `Me`, also das aktuelle Formular der Anwendung. **Me**
- Die Eigenschaft `PrintAction` legt das Ziel des Ausdrucks fest: **PrintAction**
  - an einen Drucker: `PrintToPrinter`
  - zunächst in eine Seitenvorschau: `PrintToPreview`
  - in eine Datei: `PrintToFile`
- Beachten Sie: Die Enumeration `PrintAction`, aus der diese Werte stammen, kommt aus dem Namensraum `System.Drawing.Printing`. Dieser sollte nicht mit dem Namensraum `Microsoft.VisualBasic.PowerPacks.Printing` verwechselt werden.
- Die Methode `Print()` führt schließlich zur Ausgabe an das gewählte Ziel. Aus der Seitenvorschau kann dann per Klick auf das Druckersymbol gedruckt werden. **Print()**

6.7.2 Druckeinstellungen

Mithilfe des nachfolgenden Programmteils sehen Sie, wie Sie eine Reihe von Druckeinstellungen ändern oder abrufen können, siehe Abbildung 6.42.

Es folgt der Code:

```
Private Sub cmdInfo_Click(...) Handles ...
    Dim pf As New PrintForm
    Dim ausgabe As String
```

```
    pf.PrinterSettings.FromPage = 2
    pf.PrinterSettings.ToPage = 4
    pf.PrinterSettings.Copies = 2

    ausgabe = pf.PrinterSettings.PrinterName & vbCrLf
    If pf.PrinterSettings.SupportsColor Then
        ausgabe &= "Ist ein Farbdrucker" & vbCrLf
    Else
        ausgabe &= "Ist kein Farbdrucker" & vbCrLf
    End If

    ausgabe &= "Druckt von Seite " &
        pf.PrinterSettings.FromPage & " bis " &
        pf.PrinterSettings.ToPage & vbCrLf
    ausgabe &= "Anzahl Kopien: " &
        pf.PrinterSettings.Copies & vbCrLf
    ausgabe &= "Höhe in cm " &
        pf.PrinterSettings.DefaultPageSettings.
        PaperSize.Height * 2.54 / 100 & vbCrLf
    ausgabe &= "Breite in cm " &
        pf.PrinterSettings.DefaultPageSettings.
        PaperSize.Width * 2.54 / 100 & vbCrLf

    MessageBox.Show(ausgabe)
End Sub
```

Listing 6.42 Projekt »Drucken«, Teil 2

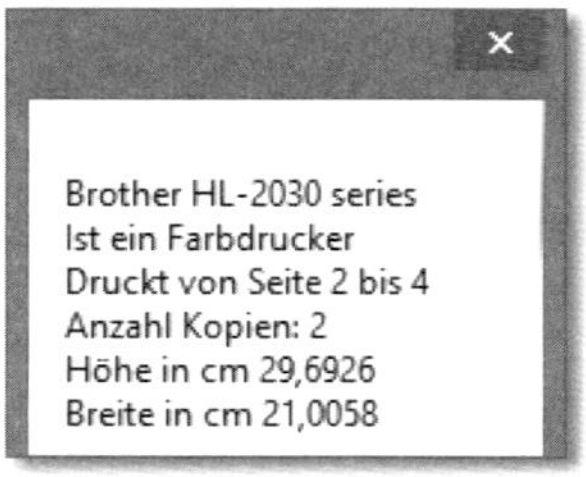

Abbildung 6.42 Projekt »Drucken«, Druckeinstellungen

Zur Erläuterung:

PrinterSettings

- Die Eigenschaft `PrinterSettings` des Objekts der Klasse `PrintForm` beinhaltet eine Reihe von Druckeinstellungen, die Sie ändern oder abrufen können.
- Die Eigenschaften `FromPage`, `ToPage` und `Copies` bestimmen darüber, welche Seiten gedruckt werden und wie viele Kopien erstellt werden.
- Die Eigenschaft `PrinterName` gibt Marke und Typ des Druckers aus. `SupportsColor` ist vom Typ `Boolean` und beinhaltet die Information, ob der benutzte Drucker in Farbe ausdrucken kann oder nicht.

Seiteneinstellungen

- Die Eigenschaft `DefaultPageSettings` steht für die Standardseiteneinstellungen des benutzten Druckers. Die Untereigenschaften `Height` und `Width` der Eigenschaft `PaperSize` geben die Seitengröße in 1/100 Zoll an. Mithilfe des Faktors 2,54 kann der Wert in cm umgerechnet werden.

Kapitel 7

Weitere Elemente eines Windows-Programms

In diesem Kapitel wird die Programmierung mit bekannten Elementen von Windows-Programmen vorgestellt, die uns täglich begegnen.

Die folgenden Elemente sind selbstverständliche Bestandteile eines Windows-Programms: Hauptmenü, Kontextmenü, Symbolleiste, Statusleiste, Eingabe-Dialogfeld, Ausgabe-Dialogfeld sowie einige Standarddialogfelder.

Font

Im Folgenden wird die Klasse `Font`, die zur Einstellung der Schrifteigenschaften von Steuerelementen dient, gemeinsam mit dem Thema *Hauptmenü* an Beispielen erläutert.

7.1 Hauptmenü

Hauptmenüs dienen der übersichtlichen Darstellung größerer Sammlungen von Befehlen. Ein Menü kann u. a. folgende Einträge enthalten:

- einen Befehl, der direkt ausgeführt wird
- einen Aufruf eines Dialogfelds, in dem der Benutzer Eingaben machen kann
- ein Untermenü, das weiter verzweigt

7.1.1 Erstellung des Hauptmenüs

MenuStrip

Zur Erstellung eines Hauptmenüs ziehen Sie das Steuerelement `MenuStrip` aus der Abteilung Menüs & Symbolleisten aus dem WERKZEUGKASTEN auf das Formular. Es erscheint anschließend an zwei Stellen (siehe auch Abbildung 7.1).

- im Formular selbst zur Eingabe der einzelnen Menüpunkte, diese stellen wiederum Steuerelemente mit einstellbaren Eigenschaften dar
- unterhalb des Formulars (ähnlich wie das Zeitgeber-Steuerelement) zur Einstellung der Eigenschaften des Hauptmenüs

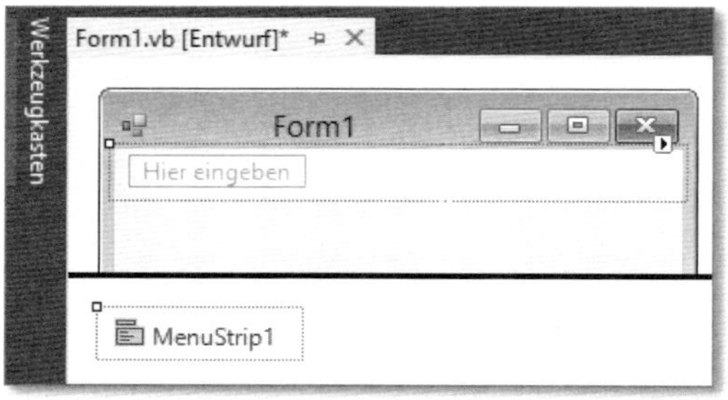

Abbildung 7.1 Hauptmenü

Untermenü Zunächst können Sie im Formular den ersten Punkt des Hauptmenüs eintragen. Anschließend können Sie entweder einen Untermenüpunkt zu diesem Hauptmenüpunkt eintragen (nach unten) oder einen weiteren Hauptmenüpunkt (nach rechts). Dieser Vorgang wird fortgesetzt, bis Sie zuletzt alle Haupt- und Untermenüpunkte (gegebenenfalls mit weiteren Untermenüs unter Untermenüs usw.) eingetragen haben, siehe Abbildung 7.2.

Abbildung 7.2 Hauptmenü, mit Untermenühierarchie

Menü ändern Möchten Sie die Reihenfolge der Menüpunkte ändern, ist das problemlos per *Drag & Drop* möglich. Im vorliegenden Programm wurden die vorgeschlagenen Namen für die Menüelemente etwas verkürzt, damit Sie sie besser im Code handhaben können. Ein Beispiel: Aus der Bezeichnung `GelbToolStripMenuItem` für den Menüpunkt zur Einstellung einer gelben Hintergrundfarbe wurde `mnuGelb`.

Ein Hauptmenüpunkt ist entweder

- ein normaler Menüeintrag,
- eine ComboBox (= Kombinationsfeld) zur Auswahl bzw. zum Eintrag, wie z. B. die Schriftgröße in der Symbolleiste in Microsoft Word, oder
- eine TextBox.

ComboBox

Bei einem Untermenüpunkt können Sie zusätzlich noch den Eintrag *Separator* wählen. Dieser dient der optischen Trennung von Menüpunkten.

Separator

Jeder Menüpunkt stellt ein Steuerelement mit einstellbaren Eigenschaften dar. Menüpunkte können auch per Tastatur ausgewählt werden, wie das z. B. bei Buttons bereits gemacht wurde. Vor dem Buchstaben, der unterstrichen werden soll, wird das Zeichen & eingegeben, siehe Abbildung 7.3. Das Ergebnis sehen Sie in Abbildung 7.4.

Zeichen &

Außerdem können Sie Menüpunkte mit einem Häkchen kennzeichnen wie ein Kontrollkästchen. Damit können Sie einen aktuell gültigen Zustand (ein/aus) oder einen Einstellwert kennzeichnen.

Schalter ein/aus

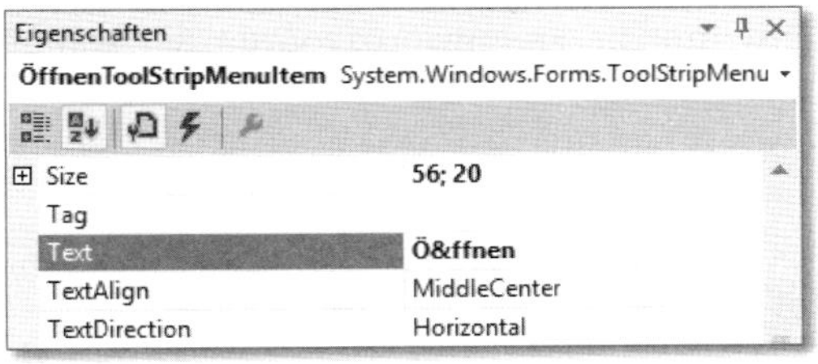

Abbildung 7.3 Unterstrichener Buchstabe

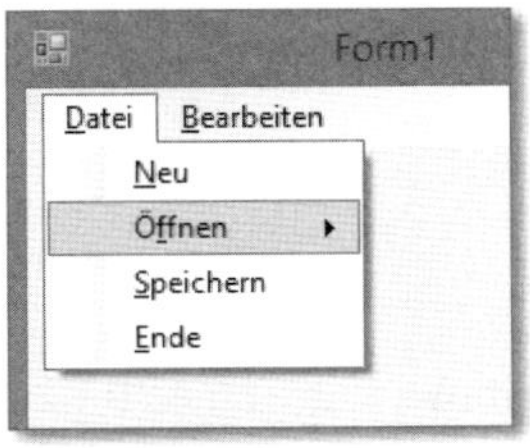

Abbildung 7.4 Bedienung per Tastatur wird ermöglicht

7.1.2 Code des Hauptmenüs

Das wichtigste Ereignis eines normalen Menüpunkts ist der `Click`. Dieser wird mit einer Ereignisprozedur verbunden. Im nachfolgenden Projekt *MenüHaupt* wird eine Reihe von Abläufen über das Hauptmenü gesteuert.

Hauptmenü BEARBEITEN:

- Untermenüpunkt KOPIEREN: Der Inhalt des Textfelds wird in das Label kopiert.
- Untermenüpunkt ENDE: Das Programm wird beendet.

Hauptmenü ANSICHT:

- Untermenüpunkt HINTERGRUND (bzw. SCHRIFTART): Es erscheint eine weitere Menüebene. Darin kann die Hintergrundfarbe (bzw. Schriftart) des Labels aus drei Möglichkeiten ausgewählt werden. Die jeweils aktuelle Einstellung ist markiert.
- Untermenüpunkt SCHRIFTGRÖSSE: Der Benutzer hat die Möglichkeit, aus einer ComboBox (Kombinationsfeld) die Schriftgröße auszuwählen bzw. einzugeben.
- Untermenüpunkte FETT bzw. KURSIV: Der Benutzer hat die Möglichkeit, den Schriftstil FETT und/oder KURSIV auszuwählen. Der gewählte Schriftstil ist anschließend markiert.

Im Folgenden geht es zunächst um die Ereignisprozeduren des Hauptmenüs BEARBEITEN (Projekt *MenüHaupt*):

```
Public Class Form1
    Private Sub mnuKopieren_Click(...) Handles ...
        lblA.Text = txtE.Text
        If lblA.Text = "" Then lblA.Text = "(leer)"
    End Sub

    Private Sub mnuEnde_Click(...) Handles ...
        Me.Close()
    End Sub
[...]
End Class
```

Listing 7.1 Projekt »MenüHaupt«, Hauptmenü »Bearbeiten«

Zur Erläuterung:

- Nach dem Kopieren eines leeren Textfelds in das Label wird der Text *(leer)* eingeblendet, damit man die anderen Einstellungen noch sehen kann.

Die Ereignisprozeduren zur Einstellung der Hintergrundfarbe im Hauptmenü ANSICHT (siehe Abbildung 7.5) lauten wie folgt:

```
Public Class Form1
[...]
    Private Sub mnuGelb_Click(...) Handles ...
        lblA.BackColor = Color.Yellow
        mnuGelb.Checked = True
        mnuBlau.Checked = False
        mnuRot.Checked = False
    End Sub

    Private Sub mnuBlau_Click(...) Handles ...
        lblA.BackColor = Color.Blue
        mnuGelb.Checked = False
        mnuBlau.Checked = True
        mnuRot.Checked = False
    End Sub

    Private Sub mnuRot_Click(...) Handles ...
        lblA.BackColor = Color.Red
        mnuGelb.Checked = False
        mnuBlau.Checked = False
        mnuRot.Checked = True
    End Sub
[...]
End Class
```

Listing 7.2 Projekt »MenüHaupt«, Farbe einstellen

Abbildung 7.5 Menü »Ansicht«, Hintergrund

Zur Erläuterung:

- Die Hintergrundfarbe wird mithilfe der Struktur Color auf den gewünschten Wert eingestellt.

Checked

- Die Eigenschaft Checked des Untermenüpunkts der ausgewählten Farbe wird auf True gestellt, die jeweils anderen beiden Eigenschaften werden auf False gestellt.
- Achten Sie darauf, dass die Startwerte der jeweiligen Checked-Eigenschaften auch mit dem Startwert der Hintergrundfarbe übereinstimmen.

7.1.3 Klasse Font

Die restlichen Ereignisprozeduren bewirken Änderungen bei Schriftart, Schriftgröße und Schriftstil. Dazu muss zunächst die Klasse Font näher betrachtet werden.

Viele Steuerelemente haben die Eigenschaft Font. Darin werden die Eigenschaften der Schrift im oder auf dem Steuerelement festgelegt. Diese Eigenschaften werden zur Entwicklungszeit im EIGENSCHAFTEN-Fenster eingestellt. Sie können zur Laufzeit des Programms ermittelt bzw. geändert werden.

Konstruktoren

Zur Änderung wird ein neues Objekt der Klasse Font benötigt. Zur Erzeugung eines solchen Objekts stehen zahlreiche Konstruktoren zur Verfügung. Da in diesem Programm Schriftart, Schriftgröße und Schriftstil verändert werden können, wird der Konstruktor benutzt, der alle drei Eigenschaften verlangt.

Das mag zunächst verwundern. Es ist aber nicht möglich, nur die Schriftart allein zu ändern, denn die betreffende Untereigenschaft ist nicht änderbar, und es gibt auch keinen Konstruktor der Klasse Font, der nur die Schriftart verlangt. Ebenso verhält es sich mit Schriftgröße und Schriftstil.

7.1.4 Schriftart

Zunächst die Ereignisprozeduren zur Änderung der Schriftart, siehe Abbildung 7.6.

```
Public Class Form1
[...]
    Private Sub mnuCourierNew_Click(...) Handles ...
        lblA.Font = New Font("Courier New",
```

```
            lblA.Font.Size, lblA.Font.Style)
        mnuCourierNew.Checked = True
        mnuSymbol.Checked = False
        mnuArial.Checked = False
    End Sub

    Private Sub mnuSymbol_Click(...) Handles ...
        lblA.Font = New Font("Symbol",
            lblA.Font.Size, lblA.Font.Style)
        mnuCourierNew.Checked = False
        mnuSymbol.Checked = True
        mnuArial.Checked = False
    End Sub

    Private Sub mnuArial_Click(...) Handles ...
        lblA.Font = New Font("Arial",
            lblA.Font.Size, lblA.Font.Style)
        mnuCourierNew.Checked = False
        mnuSymbol.Checked = False
        mnuArial.Checked = True
    End Sub
[...]
End Class
```

Listing 7.3 Projekt »MenüHaupt«, Schriftart einstellen

Abbildung 7.6 Menü »Ansicht«, Schriftart

Zur Erläuterung:

- In den Prozeduren wird ein neu erzeugtes Objekt der Klasse `Font` der Eigenschaft `Font` des Labels zugewiesen. **Font**

Size, Style

- Der verwendete Konstruktor erhält den Namen der neuen Schriftart und die aktuellen Einstellungen von Schriftgröße und Schriftstil zugewiesen. Diese Werte stehen in den Untereigenschaften Size und Style der Eigenschaft Font zur Verfügung.
- Die Eigenschaft Checked des Untermenüpunkts der ausgewählten Schrift wird auf True gestellt, die beiden jeweils anderen werden auf False gestellt, wie bei der Hintergrundfarbe.

7.1.5 Schriftgröße

Es folgt die Änderung der Schriftgröße über das Kombinationsfeld:

```
Public Class Form1
    Private Sub Form1_Load(...) Handles ...
        cboSchriftgröße.Items.Add("8,25")
        cboSchriftgröße.Items.Add("10")
        cboSchriftgröße.Items.Add("13")
        cboSchriftgröße.Items.Add("18")
        cboSchriftgröße.SelectedIndex = 0
    End Sub
[...]
    Private Sub cboSchriftgröße_TextChanged(...
            ) Handles cboSchriftgröße.TextChanged
        Dim schriftgröße As Single

        Try
            schriftgröße =
                Convert.ToDouble(cboSchriftgröße.Text)
        Catch ex As Exception
            schriftgröße = 8.25
        End Try

        lblA.Font = New Font(lblA.Font.FontFamily,
            schriftgröße, lblA.Font.Style)
    End Sub
End Class
```

Listing 7.4 Projekt »MenüHaupt«, Schriftgröße einstellen

Zur Erläuterung:

- Zu Beginn des Programms wird das Kombinationsfeld mit einigen Werten gefüllt. Einer der Werte ist der Startwert für die Schriftgröße, dieser sollte auch der markierte Wert in der Liste sein. Die Eigenschaft `SelectedIndex` muss also voreingestellt werden. **SelectedIndex**
- Das Ereignis `cboSchriftgröße_TextChanged` tritt ein, wenn der Benutzer einen Eintrag aus der Liste auswählt oder in das Textfeld einträgt. Bei einem ungültigen Eintrag wird die Standardschriftgröße gewählt. **TextChanged**
- Wiederum wird ein neu erzeugtes Objekt der Klasse `Font` erzeugt und der Eigenschaft `Font` des Labels zugewiesen.
- Der verwendete Konstruktor erhält die neue Schriftgröße und die aktuellen Einstellungen von Schriftart und Schriftstil zugewiesen. Diese Werte stehen in den Untereigenschaften `FontFamily` und `Style` der Eigenschaft `Font` zur Verfügung. **FontFamily**

7.1.6 Schriftstil

Zuletzt wird die Änderung des Schriftstils vorgenommen:

```
Public Class Form1
[...]
    Private Sub mnuFett_Click(...) Handles ...
        lblA.Font = New Font(lblA.Font.FontFamily,
            lblA.Font.Size,
            lblA.Font.Style Xor FontStyle.Bold)
        mnuFett.Checked = Not mnuFett.Checked
    End Sub

    Private Sub mnuKursiv_Click(...) Handles ...
        lblA.Font = New Font(lblA.Font.FontFamily,
            lblA.Font.Size,
            lblA.Font.Style Xor FontStyle.Italic)
        mnuKursiv.Checked = Not mnuKursiv.Checked
    End Sub
[...]
End Class
```

Listing 7.5 Projekt »MenüHaupt«, Schriftstil einstellen

Zur Erläuterung:

- Das neu erzeugte Objekt der Klasse `Font` bekommt den neuen Schriftstil und die aktuellen Einstellungen von Schriftart und Schriftgröße zugewiesen.

Style

- In der Untereigenschaft `Font.Style` stehen mehrere Möglichkeiten zur Verfügung, die einzeln oder gemeinsam auftreten können: *fett, kursiv, unterstrichen, durchgestrichen, normal.*

Bit-Operatoren

- Die Untereigenschaft wird intern als eine einzige Bitfolge gespeichert. An dieser Bitfolge kann Visual Basic erkennen, ob eine oder mehrere Möglichkeiten ausgewählt wurden. Zur Einstellung von *fett* und *kursiv* würde man die Werte `FontStyle.Bold` und `FontStyle.Italic` mit dem Bit-Operator `Or` (logisches Oder) addieren. Zur Übernahme der bisherigen Werte und der zusätzlichen Einstellung *kursiv* werden die Werte `lblA.Font.Style` und `FontStyle.Italic` mit dem Bit-Operator `Xor` (logisches Exklusiv-Oder) addiert.
- Zum Abschluss der Prozedur wird der aktuelle Wert der Eigenschaft `Checked` mithilfe des Operators `Not` (logisches Nicht) invertiert, da sich dieser Untermenüpunkt wie ein Schalter verhält: *kursiv ein* (`True`) oder *kursiv aus* (`False`).

7.2 Kontextmenü

Kontextmenüs werden eingesetzt, um dem Benutzer beim Erlernen der Bedienung eines Programms einen wichtigen Schritt abzunehmen: Im Idealfall muss er nicht mehr überlegen, was er mit den verschiedenen Steuerelementen, die er vor sich hat, machen kann. Er geht mit der rechten Maustaste auf das Element und sieht die Möglichkeiten sofort.

Zuordnung zu Steuerelement

In ihrem Aufbau ähneln die Kontextmenüs sehr stark einem Hauptmenü – mit einem wesentlichen Unterschied: Es muss eine Zuordnung zu einem (oder mehreren) Steuerelementen bestehen.

7.2.1 Erstellung des Kontextmenüs

ContextMenuStrip

Zur Erstellung eines Kontextmenüs ziehen Sie das Steuerelement `ContextMenuStrip` aus dem Werkzeugkasten auf das Formular. Es erscheint nun ebenfalls sowohl im Formular als auch unterhalb des Formulars, siehe Abbildung 7.7.

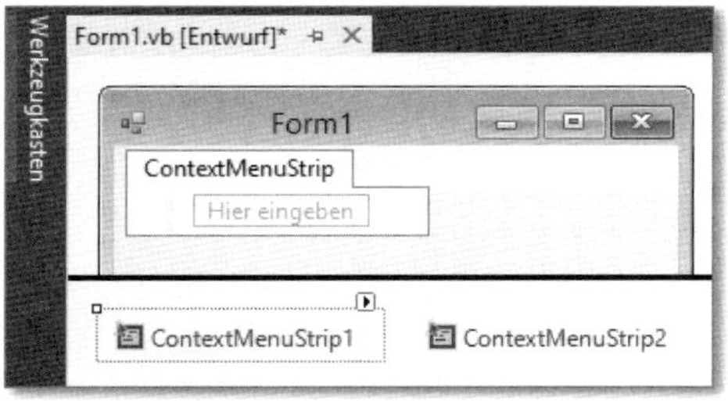

Abbildung 7.7 Zwei Kontextmenüs

Sie sollten den Namen ändern: Das Kontextmenü des Textfelds `txtEingabe` könnte beispielsweise `conTxtEingabe` heißen. Im EIGENSCHAFTEN-Fenster wählen Sie beim Textfeld `txtEingabe` in der Eigenschaft `ContextMenuStrip` das soeben erzeugte Kontextmenü aus.

Parallele Aktion

Menüpunkte eines Kontextmenüs können unabhängig von den Menüpunkten eines Hauptmenüs agieren, sie können aber auch genau parallel agieren. Im letzteren Fall sollten Sie die betreffenden Ereignisse zur gleichen Ereignisprozedur leiten und dafür sorgen, dass die Anzeigen in den jeweiligen Menüs parallel verändert werden.

7.2.2 Code des Kontextmenüs

Das nachfolgende Projekt *MenüKontext* ist eine Erweiterung des Projekts *MenüHaupt*. Der Benutzer hat jetzt die folgenden Möglichkeiten:

- Er kann den Schriftstil des Labels in einem Kontextmenü auf *Fett* ändern.
- Er kann die Eigenschaften `ReadOnly` und `Multiline` des Textfelds ändern.

Es folgen die geänderten Teile des Programms:

```
Public Class Form1
[...]
    Private Sub mnuFett_Click(...)
            Handles mnuFett.Click, conLblFett.Click
        lblA.Font = New Font(lblA.Font.FontFamily,
            lblA.Font.Size,
            lblA.Font.Style Xor FontStyle.Bold)
        mnuFett.Checked = Not mnuFett.Checked
        conLblFett.Checked = Not conLblFett.Checked
```

```
    End Sub
[...]
    Private Sub conTxtReadOnly_Click(...) Handles ...
        txtE.ReadOnly = Not txtE.ReadOnly
        conTxtReadOnly.Checked =
            Not conTxtReadOnly.Checked
    End Sub

    Private Sub conTxtMultiline_Click(...) Handles ...
        txtE.Multiline = Not txtE.Multiline
        If txtE.Multiline Then
            txtE.ScrollBars = ScrollBars.Vertical
        Else
            txtE.ScrollBars = ScrollBars.None
        End If

        conTxtMultiline.Checked =
            Not conTxtMultiline.Checked
    End Sub
End Class
```

Listing 7.6 Projekt »MenüKontext«

Zur Erläuterung:

- Das Ereignis `conLblFett.Click` führt zur bereits vorhandenen Prozedur `mnuFett_Click()`, also zum gleichen Ergebnis, unabhängig davon, ob man den Hauptmenüpunkt oder den Kontextmenüpunkt auswählt. Das Häkchen zur Anzeige der Fettschrift muss natürlich in beiden Menüs gesetzt werden.
- Die Eigenschaft `ReadOnly` eines Textfelds bestimmt, ob das Textfeld beschreibbar ist oder nicht. Im Normalfall steht diese Eigenschaft auf `False`. Der Wert dieser Eigenschaft kann zur Laufzeit (in Abhängigkeit von bestimmten Bedingungen) auch geändert werden. Im vorliegenden Programm geschieht das per Klick im Kontextmenü des Textfelds, siehe Abbildung 7.8.
- ScrollBars — Die Eigenschaft `Multiline` eines Textfelds ist eher bei größeren Textfeldern nützlich. Daher wird zumindest die Eigenschaft `ScrollBars` auf den Wert `Vertical` verändert, wenn `Multiline` auf `True` gestellt wird. Damit wird der Rest des Textfelds erreichbar.

- Wenn `Multiline` wieder auf `False` gestellt wird, dann wird der Wert von `ScrollBars` auf `None` zurückgestellt, denn jetzt würden die ScrollBars nur stören.

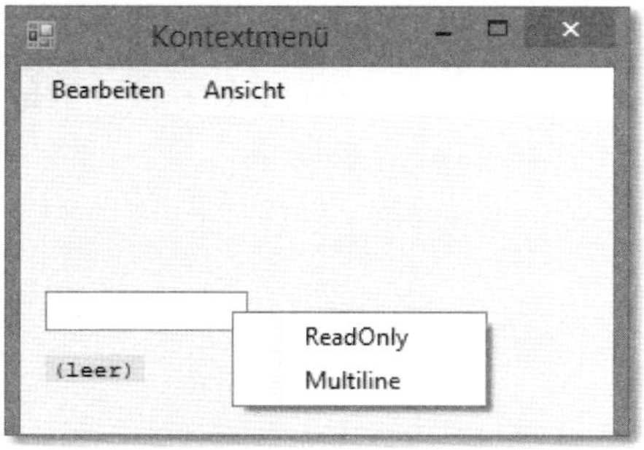

Abbildung 7.8 Kontextmenü des Textfelds

7.3 Symbolleiste

Die Symbolleisten eines Programms enthalten die am häufigsten benötigten Menübefehle. Wenn Sie also benutzerfreundlich programmieren, haben diese immer eine Entsprechung im Hauptmenü. In ihrem Aufbau ähneln sie dem Hauptmenü bzw. dem Kontextmenü.

7.3.1 Erstellung der Symbolleiste

ToolStrip

Zur Erstellung einer Symbolleiste wird das Steuerelement `ToolStrip` aus dem WERKZEUGKASTEN auf das Formular gezogen. Es erscheint sowohl im Formular als auch unterhalb des Formulars. Die Symbolleiste kann durch Auswahl von Symbolen verschiedener Typen (Button, ComboBox, Separator, ...) aus einer Auswahlliste gefüllt werden, siehe Abbildung 7.9.

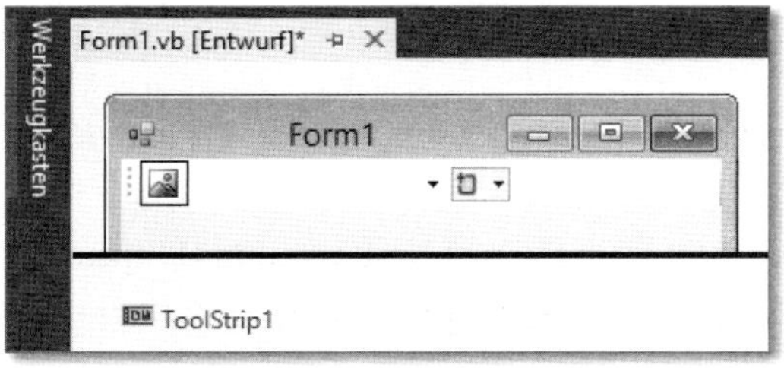

Abbildung 7.9 Symbolleiste mit Button und ComboBox

Image

Über die Eigenschaft `Image` können Sie das Aussehen eines Symbols vom Typ *Button* bestimmen. Bei dieser Eigenschaft kann ein Dialogfeld aufgerufen werden.

Bild auswählen

In diesem Dialogfeld RESSOURCE AUSWÄHLEN können Sie über den Button IMPORTIEREN eine Bilddatei auswählen, z. B. in der Größe 16 × 16 Pixel, siehe Abbildung 7.10. Dieses Bild wird auf dem Symbol-Button abgebildet, siehe Abbildung 7.11.

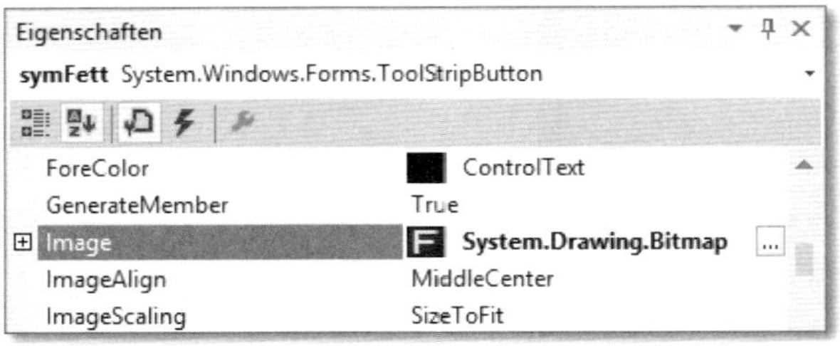

Abbildung 7.10 Ausgewähltes Bild für die Eigenschaft »Image«

Abbildung 7.11 Ausgewähltes Bild auf Symbol-Button

7.3.2 Code der Symbolleiste

Das nachfolgende Projekt *MenüSymbol* ist wiederum eine Erweiterung des Projekts *MenüKontext*. Der Benutzer hat folgende zusätzliche Möglichkeiten:

- Er kann den Schriftstil des Labels über zwei Symbole auf *Fett* bzw. *Kursiv* ändern.
- Er kann die Schriftgröße nicht nur über eine ComboBox im Hauptmenü, sondern auch über eine ComboBox in der Symbolleiste ändern.

Es folgen die geänderten Teile des Programms:

```
Public Class Form1
    Private Sub Form1_Load(...) Handles MyBase.Load
        [...]
        cboSymSchriftgröße.Items.Add("8,25")
        cboSymSchriftgröße.Items.Add("10")
        cboSymSchriftgröße.Items.Add("13")
        cboSymSchriftgröße.Items.Add("18")
        cboSymSchriftgröße.SelectedIndex = 0
    End Sub
[...]
    Private Sub mnuFett_Click(...
            ) Handles mnuFett.Click,
        conLblFett.Click, symFett.Click
        [...]
        symFett.Checked = Not symFett.Checked
    End Sub

    Private Sub mnuKursiv_Click(...
            ) Handles mnuKursiv.Click, symKursiv.Click
        [...]
        symKursiv.Checked = Not symKursiv.Checked
    End Sub

    Private Sub cboSchriftgröße_TextChanged(...
            ) Handles cboSchriftgröße.TextChanged,
            cboSymSchriftgröße.TextChanged
        Dim schriftgröße As Single

        If ReferenceEquals(sender, cboSchriftgröße) Then
            Try
                schriftgröße =
                    Convert.ToDouble(
                        cboSchriftgröße.Text)
            Catch ex As Exception
                schriftgröße = 8.25
            End Try
            cboSymSchriftgröße.Text = schriftgröße
```

```
            Else
                Try
                    schriftgröße =
                        Convert.ToDouble(
                            cboSymSchriftgröße.Text)
                Catch ex As Exception
                    schriftgröße = 8.25
                End Try
                cboSchriftgröße.Text = schriftgröße
            End If

            lblA.Font = New Font(lblA.Font.FontFamily,
                schriftgröße, lblA.Font.Style)
        End Sub
    [ ... ]
    End Class
```

Listing 7.7 Projekt »MenüSymbol«

Zur Erläuterung:

- Zu Beginn des Programms, also beim Laden des Formulars, werden beide ComboBoxen mit den gleichen Werten gefüllt.

Parallele Aktion

- Die Methode `mnuFett_Click()` reagiert jetzt auf die Betätigung von drei Elementen: den Hauptmenüpunkt FETT, den Label-Kontextmenüpunkt FETT und das Symbol FETT. In allen drei Fällen wird der Schriftstil eingestellt und der geänderte Zustand gekennzeichnet, siehe Abbildung 7.12. In den ersten beiden Fällen geschieht das durch das Setzen bzw. Wegnehmen des Häkchens, im Fall des Symbols durch eine visuelle Hervorhebung des Buttons.

Abbildung 7.12 Symbolleiste, Button »Fett«, hervorgehoben

- Bei der Methode mnuKursiv_Click() sieht es ähnlich aus wie bei der Methode mnuFett_Click().
- Auch die Änderung der Schriftgröße über eine der beiden ComboBoxen führt zur selben Prozedur: cboSchriftgröße_TextChanged(). Es ist wichtig, dass Sie die Schriftgröße, die in der jeweils anderen ComboBox markiert wird, ebenfalls ändern.
- Zu diesem Zweck müssen Sie zunächst ermitteln, bei welchem Objekt das Ereignis ausgelöst wurde. Ein Verweis auf das betreffende Objekt wird der Ereignisprozedur im Parameter sender übermittelt. Die statische Methode ReferenceEquals() der Klasse Object kann ermitteln, ob zwei Objektreferenzen auf dasselbe Objekt verweisen. **ReferenceEquals()**
- Ermittelt die Methode, dass der *Sender* die ComboBox aus dem Hauptmenü ist, wird der dort eingestellte Wert übernommen und bei der ComboBox in der Symbolleiste eingestellt. Ermittelt die Methode, dass der *Sender* die ComboBox in der Symbolleiste ist, wird der dort eingestellte Wert übernommen und bei der ComboBox aus dem Hauptmenü eingestellt. Anschließend wird in jedem Fall die Eigenschaft *Schriftgröße* des Labels geändert, siehe Abbildung 7.13.

Abbildung 7.13 Symbolleiste, Schriftgröße geändert

7.4 Statusleiste

Die Statusleiste eines Programms dient der Darstellung von Informationen, die während der Laufzeit des Programms permanent sichtbar sein sollen.

7.4.1 Erstellung der Statusleiste

StatusStrip

Zur Erstellung einer Statusleiste ziehen Sie das Steuerelement StatusStrip aus dem WERKZEUGKASTEN auf das Formular. Es erscheint (wie die anderen Elemente aus dieser Gruppe) sowohl im Formular als auch unterhalb des Formulars, siehe Abbildung 7.14. Meist wird in der Statusleiste der Typ *Label* genutzt.

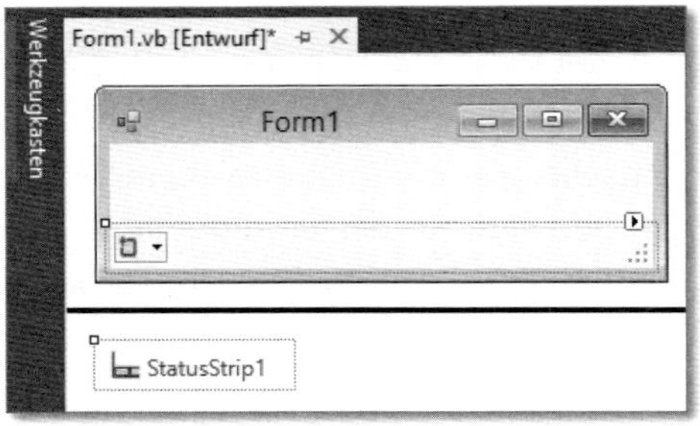

Abbildung 7.14 Statusleiste

7.4.2 Code der Statusleiste

Das nachfolgende Projekt *MenüStatus* ist eine Erweiterung des Projekts *MenüSymbol*. Der Benutzer sieht nun (siehe Abbildung 7.15).

- ein Label in der Statusleiste, in dem das aktuelle Datum angezeigt wird,
- ProgressBar eine *ProgressBar* (Fortschrittsbalken), die sich in fünf Sekunden füllt, nachdem der Benutzer den Hauptmenüpunkt ENDE gewählt hat. Anschließend beendet sich das Programm.

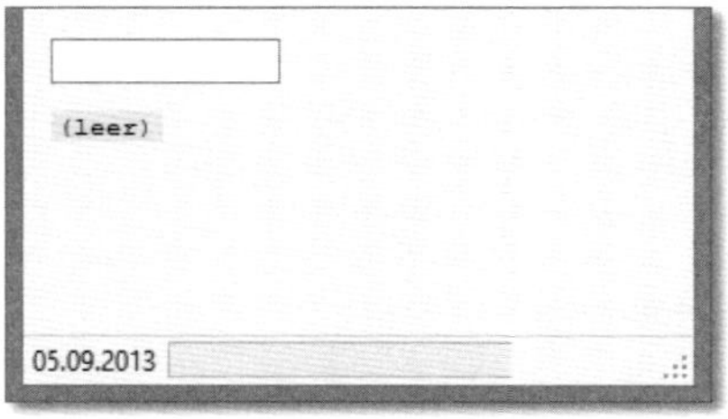

Abbildung 7.15 Projekt »MenüStatus«, Statusleiste

Es folgen die geänderten Teile des Programms:

```
Public Class Form1
    Dim endezeit As Single
[...]
    Private Sub Form1_Load(...) Handles MyBase.Load
        [...]
```

```
        staLblZeit.Text = DateTime.Today
    End Sub
[...]
    Private Sub mnuEnde_Click(...) Handles ...
        endezeit = 0
        tim1.Enabled = True
    End Sub
[...]
    Private Sub tim1_Tick(...) Handles ...
        endezeit += 0.1
        If endezeit >= 5 Then
            Me.Close()
        Else
            staPgrEnde.Value = endezeit
        End If
    End Sub
End Class
```

Listing 7.8 Projekt »MenüStatus«

Zur Erläuterung:

- Die klassenweit gültige Variable `endezeit` wird deklariert. Sie wird von einem Timer benötigt. Timer
- Zu Beginn des Programms wird das aktuelle Datum ermittelt und in das Label in der Statusleiste geschrieben.
- Falls der Benutzer den Hauptmenüpunkt Ende wählt, wird der Timer gestartet und der Wert von `endezeit` auf 0 gesetzt.
- Die Variable `endezeit` erhöht sich bei jedem Aufruf der Timer-Tick-Prozedur alle 0,1 Sekunden um den Wert 0,1. Dazu wurde der Startwert der Eigenschaft `Interval` auf 100 (Millisekunden) gesetzt.
- Sobald `endezeit` den Wert 5 erreicht hat, also nach fünf Sekunden, wird das Programm beendet.
- Wurde der Wert 5 noch nicht erreicht, wird der Wert des Fortschrittsbalkens (Eigenschaft `Value`) aktualisiert. Der Fortschrittsbalken kann Werte zwischen 0 und 5 repräsentieren (Eigenschaften `Maximum` und `Minimum`). Er zeigt also anschaulich, wann das Programm endet, siehe Abbildung 7.16.

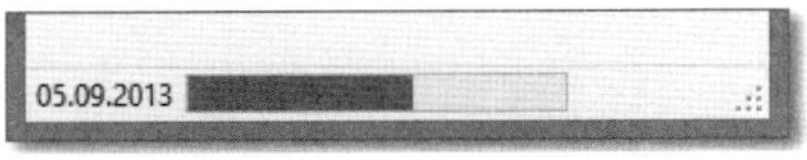

Abbildung 7.16 Projekt »MenüStatus«, Beenden des Programms

7.5 Eingabe-Dialogfeld

InputBox()

Textfelder in einem Formular bieten die Möglichkeit, Eingaben des Benutzers entgegenzunehmen. Allerdings können auch andere Steuerelemente vom Benutzer bedient werden. Wenn Sie den Benutzer unbedingt zu einer Eingabe veranlassen möchten, dann können Sie mit einem Eingabe-Dialogfeld arbeiten. Ein solches Dialogfeld stellt die Funktion `InputBox()` bereit.

Der Rückgabewert ist eine Zeichenkette. Das Eingabefeld kann mit einem Standardwert vorbelegt werden. Das kann zur Hilfestellung oder zur schnelleren Verarbeitung dienen. Damit der Benutzer weiß, was und warum er etwas eingeben soll, können ein Titel und eine Eingabeaufforderung angezeigt werden. Ein Beispiel finden Sie im Projekt *EingabeAusgabe*, siehe Abbildung 7.17.

```
Private Sub cmdInput_Click(...) Handles ...
    Dim eingabe As String
    eingabe = InputBox("Bitte Ihren Namen:",
        "Ihr Name", "Maier")
    lblA.Text = eingabe
End Sub
```

Listing 7.9 Projekt »EingabeAusgabe«, Eingabe-Dialogfeld

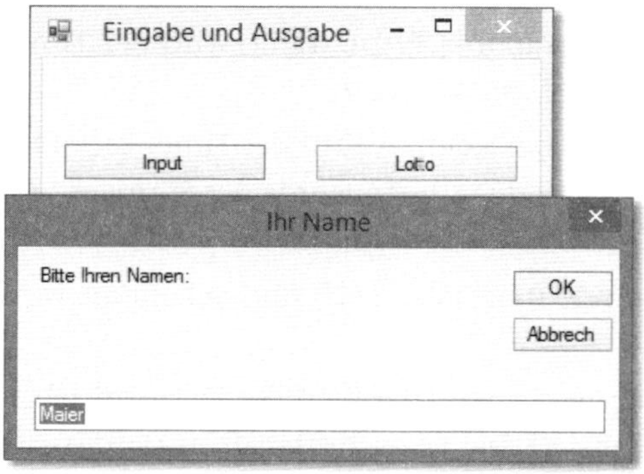

Abbildung 7.17 Eingabeaufforderung mit InputBox()

Zur Erläuterung:

- Das Eingabe-Dialogfeld kann infolge beliebiger Ereignisse oder Abläufe erscheinen. Hier wurde ein Button zum Aufruf gewählt.

- Der erste Parameter dient für die Eingabeaufforderung, er muss angegeben werden.
- Die beiden anderen Parameter sind optional. Es können der Titel des Dialogfelds und ein Vorgabewert für das Textfeld angegeben werden.
- Der Rückgabewert wird im vorliegenden Programm gespeichert und ausgegeben.

Eingabe der Lottozahlen

Mehrfache Eingabe

Ein weiteres Beispiel (ebenfalls im Projekt *EingabeAusgabe*) soll die bessere Benutzerführung mithilfe eines Eingabe-Dialogfelds verdeutlichen. Der Benutzer soll seine Wahl für die Lottozahlen eingeben. Bekanntlich sind das sechs verschiedene ganze Zahlen zwischen 1 und 49. Er wird so lange aufgefordert, Zahlen einzugeben, bis diese Bedingung erfüllt ist, siehe Abbildung 7.18. Falls er eine Zahl mehrfach eingibt oder eine Zahl außerhalb des erlaubten Bereichs wählt, wird die betreffende Eingabe wiederholt.

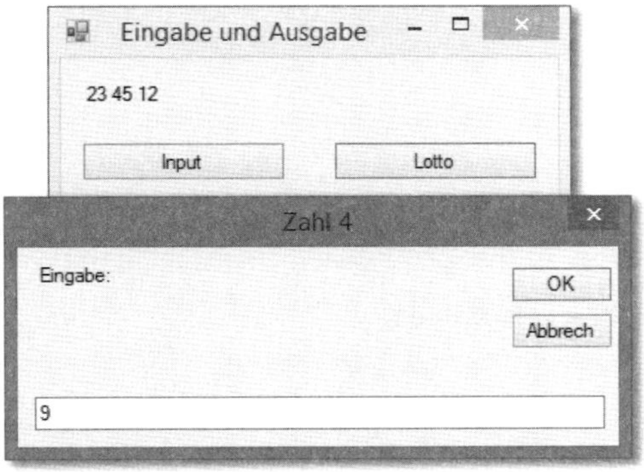

Abbildung 7.18 Eingabe von Lottozahlen

```
Private Sub cmdLotto_Click(...) Handles ...
    Dim eingabe As String
    Dim zahl As Integer
    Dim lotto(5) As Integer
    Dim gezogen As Boolean
    Dim i, k As Integer

    lblA.Text = ""
    For i = 0 To 5
        Do
```

```
                gezogen = False
                eingabe = InputBox("Eingabe: ",
                    "Zahl " & (i + 1))

                Try
                    zahl = Convert.ToInt32(eingabe)
                Catch ex As Exception
                    zahl = 0
                End Try

                For k = 0 To i - 1
                    If lotto(k) = zahl Then
                        gezogen = True
                        Exit For
                    End If
                Next
            Loop While gezogen Or
                zahl < 1 Or zahl > 49

            lotto(i) = zahl
            lblA.Text &= zahl & " "
        Next
    End Sub
```

Listing 7.10 Projekt »EingabeAusgabe«, Lottozahlen

Zur Erläuterung:

ToInt32()

- Die Eingabe wird zunächst in der Variablen `eingabe` gespeichert. Anschließend wird versucht, diese mithilfe der Methode `ToInt32()` der Klasse `Convert` in eine ganze Zahl umzuwandeln und in der `Integer`-Variablen `zahl` zu speichern.
- Das Feld `lotto` hat sechs Elemente. Die Elemente 0 bis 5 sind für die sechs Lottozahlen vorgesehen.
- Die Variable `gezogen` wird wiederholt benötigt, um festzuhalten, ob eine bestimmte Zahl schon gezogen wurde.
- Die äußere `For`-Schleife läuft von 0 bis 5, für die Eingabe der sechs Lottozahlen.
- Die `Do...Loop`-Schleife läuft auch dann noch einmal, wenn der Benutzer eine ungültige Zahl eingegeben hat. Das wird dadurch erreicht, dass die

Variable `zahl` innerhalb des `Catch`-Teils der Ausnahmebehandlung auf 0 gesetzt wird.

- Die eingegebene Zahl wird in der inneren `For`-Schleife mit allen bisher eingegebenen Zahlen verglichen. Wurde sie bereits gezogen, wird die boolesche Variable `gezogen` auf `True` gesetzt.
- Die Bedingung für die `Do...Loop`-Schleife lautet: *Wiederhole, wenn die eingegebene Zahl bereits gezogen wurde, wenn sie kleiner als 1 oder größer als 49 ist.*
- Nach Verlassen der `Do...Loop`-Schleife wird die Zahl im Feld `lotto` gespeichert, damit sie mit allen nachfolgenden Zahlen verglichen werden kann.

7.6 Ausgabe-Dialogfeld

MessageBox

Zur Darstellung einfacher Anzeigen oder Warnungen sowie für Benutzerabfragen müssen Sie kein aufwendiges Dialogfeld erzeugen und programmieren. Die Methode `Show()` der Klasse `MessageBox`, die wir in ihrer einfachen Version bereits kennengelernt haben, bietet eine Reihe von vorgefertigten Dialogfeldern, mit denen Sie bereits viele alltägliche Aufgaben erledigen können. Ein erstes Beispiel finden Sie im Projekt *EingabeAusgabe*, siehe Abbildung 7.19.

```
Private Sub cmdMsgBoxOkOnly_Click(...) Handles ...
    MessageBox.Show("Gelesen? Dann bitte Ok drücken",
        "Ok", MessageBoxButtons.OK)
End Sub
```

Listing 7.11 Projekt »EingabeAusgabe«, einfache Ausgabe

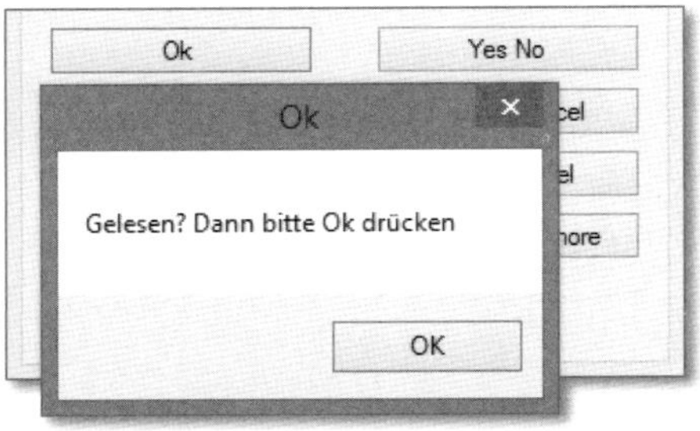

Abbildung 7.19 Einfache Ausgabe mit Ok

Zur Erläuterung:

- Den ersten Parameter kennen wir schon, dabei handelt es sich um die eigentliche Nachricht des Ausgabe-Dialogfelds.
- Beim zweiten Parameter kann man den Text der Titelzeile des Ausgabe-Dialogfelds angeben.

MessageBox-Buttons

- Beim dritten Parameter kann man auswählen, welcher Button bzw. welche Kombination aus Buttons im Ausgabe-Dialogfeld erscheinen soll. Dabei handelt es sich um eine Konstante aus der Enumeration `MessageBoxButtons`.

MessageBoxIcon

- Der vierte Parameter kann zur Auswahl eines Icons dienen, das im Ausgabe-Dialogfeld dargestellt wird und die Textnachricht visuell unterstützt. Dabei handelt es sich um eine Konstante aus der Enumeration `MessageBoxIcon`.

Button OK DialogResult

- Falls mehr als ein Button eingeblendet wird, dann sollte der Rückgabewert der Methode `Show()` untersucht werden. Dieser Rückgabewert ist eine Konstante aus der Enumeration `DialogResult`.

Abbildung 7.20 zeigt die Ausgabe mit dem INFO-Zeichen (ebenfalls im Projekt *EingabeAusgabe*).

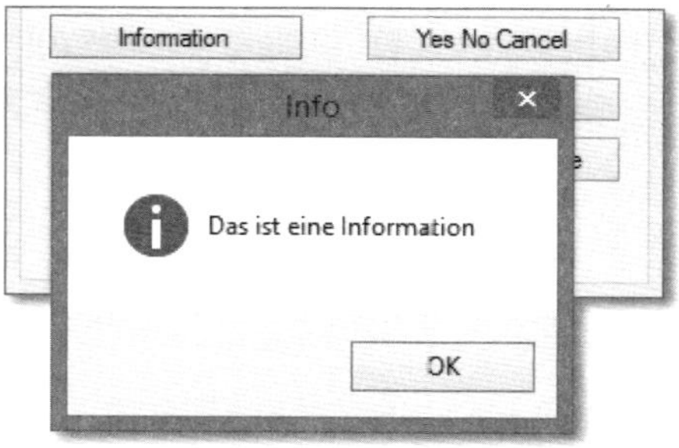

Abbildung 7.20 Ausgabe mit Info-Zeichen

Der zugehörige Code lautet:

```
Private Sub cmdMsgBoxInformation_Click(...) Handles ...
    MessageBox.Show("Das ist eine Information",
        "Info", MessageBoxButtons.OK,
        MessageBoxIcon.Information)
End Sub
```

Listing 7.12 Projekt »EingabeAusgabe«, Info-Zeichen

Zur Erläuterung:

- Zusätzlich zum Button OK wird das INFO-Zeichen angezeigt. Bei eingeschaltetem Lautsprecher ertönt der entsprechende Systemton. Information

Ein Beispiel mit Buttons für JA und NEIN sehen Sie in Abbildung 7.21.

Abbildung 7.21 Zwei Buttons zur Auswahl

Der zugehörige Code lautet:

```
Private Sub cmdMsgBoxYesNo_Click(...) Handles ...
    Dim dr As DialogResult
    dr = MessageBox.Show(
        "Soll die Datei gesichert werden?",
        "Sicherung", MessageBoxButtons.YesNo,
        MessageBoxIcon.Question)

    If dr = DialogResult.Yes Then
        lblA.Text = "Sichern"
    Else
        lblA.Text = "Nicht sichern"
    End If
End Sub
```

Listing 7.13 Projekt »EingabeAusgabe«, Ja/Nein

Zur Erläuterung:

- Die beiden Buttons JA und NEIN werden mit dem Fragezeichen verknüpft. Ja, Nein
- Der Benutzer muss die Frage beantworten. Die Antwort wird gespeichert und mithilfe einer `If...Else`-Verzweigung ausgewertet.

- Im vorliegenden Programm werden nur zwei unterschiedliche Meldungen im Label ausgegeben. In der Realität würden zwei unterschiedliche Abläufe beginnen.

Nach Betätigung des Buttons NEIN sieht es aus wie in Abbildung 7.22.

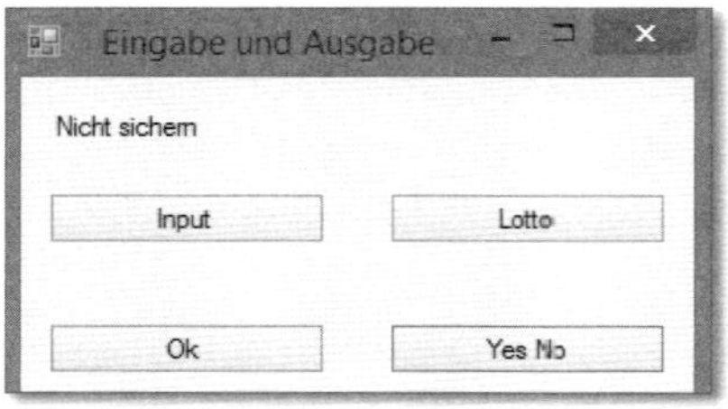

Abbildung 7.22 Antwort nach Button »Nein«

Ein Beispiel mit Buttons für JA, NEIN und ABBRECHEN sehen Sie in Abbildung 7.23.

Abbildung 7.23 Drei Buttons zur Auswahl

Der zugehörige Code:

```
Private Sub cmdMsgBoxYesNoCancel_Click(...) Handles ...
    Dim dr As DialogResult
    dr = MessageBox.Show(
        "Soll die Datei gesichert werden?",
        "Sicherung",
        MessageBoxButtons.YesNoCancel,
        MessageBoxIcon.Question)

    If dr = DialogResult.Yes Then
        lblA.Text = "Sichern"
    ElseIf dr = DialogResult.No Then
        lblA.Text = "Nicht sichern"
```

```
    Else
        lblA.Text = "Abbrechen"
    End If
End Sub
```

Listing 7.14 Projekt »EingabeAusgabe«, Ja/Nein/Abbrechen

Zur Erläuterung:

- Der Benutzer hat drei Möglichkeiten. Die Antwort wird mithilfe einer verschachtelten `If...Else`-Verzweigung ausgewertet.

Ja, Nein, Abbrechen

Ein Beispiel mit Buttons für WIEDERHOLEN und ABBRECHEN sowie dem Zeichen für KRITISCHE WARNUNG sehen Sie in Abbildung 7.24.

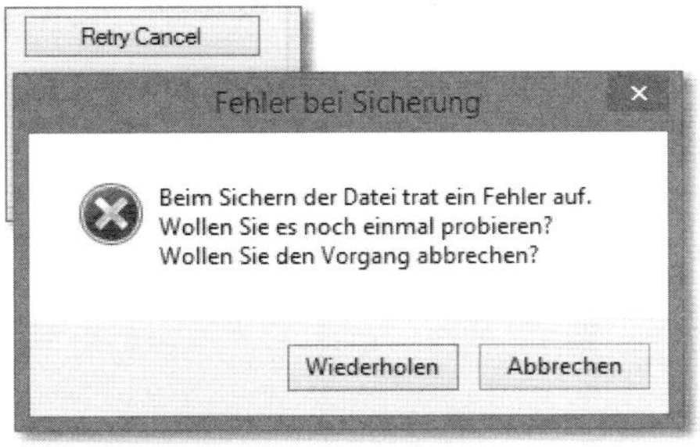

Abbildung 7.24 Kritische Warnung plus zwei Möglichkeiten

Der zugehörige Code lautet:

```
Private Sub cmdMsgBoxRetryCancel_Click(...) Handles ...
    Dim dr As DialogResult
    dr = MessageBox.Show("Beim " +
        "Sichern der Datei trat ein Fehler auf." &
        vbCrLf &
        "Wollen Sie es noch einmal probieren?" &
        vbCrLf &
        "Wollen Sie den Vorgang abbrechen?",
        "Fehler bei Sicherung",
        MessageBoxButtons.RetryCancel,
        MessageBoxIcon.Error)

    If dr = DialogResult.Retry Then
        lblA.Text = "Noch einmal"
```

```
    Else
        lblA.Text = "Abbrechen"
    End If
End Sub
```

Listing 7.15 Projekt »EingabeAusgabe«, Wiederholen/Abbrechen

Zur Erläuterung:

Fehler

- Die beiden Buttons WIEDERHOLEN und ABBRECHEN werden mit dem Zeichen für FEHLER verknüpft. Bei eingeschaltetem Lautsprecher ertönt der entsprechende Systemton.

Ein Beispiel mit drei Buttons für ABBRECHEN, WIEDERHOLEN und IGNORIEREN sowie dem Zeichen für ACHTUNG sehen Sie in Abbildung 7.25.

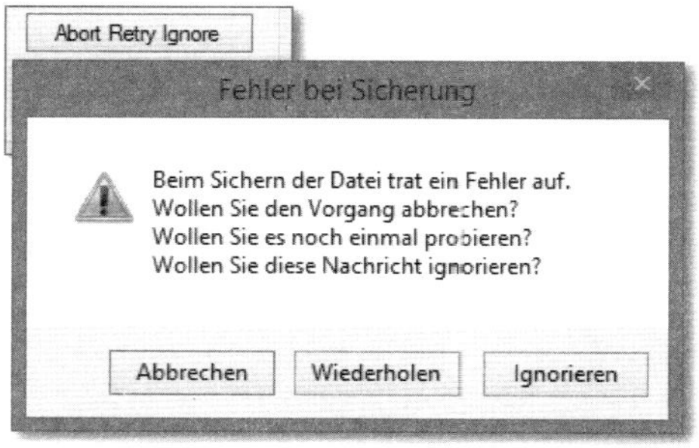

Abbildung 7.25 »Achtung« mit drei Möglichkeiten

Der zugehörige Code lautet:

```
Private Sub cmdMsgBoxAbortRetryIgnore_Click(...
        ) Handles ...
    Dim dr As DialogResult
    dr = MessageBox.Show("Beim " &
        "Sichern der Datei trat ein Fehler auf." &
        vbCrLf &
        "Wollen Sie den Vorgang abbrechen?" &
        vbCrLf &
        "Wollen Sie es noch einmal probieren?" &
        vbCrLf &
        "Wollen Sie diese Nachricht ignorieren?",
        "Fehler bei Sicherung",
        MessageBoxButtons.AbortRetryIgnore,
        MessageBoxIcon.Warning)
```

```
    If dr = DialogResult.Abort Then
        lblA.Text = "Abbrechen"
    ElseIf dr = DialogResult.Retry Then
        lblA.Text = "Noch einmal"
    Else
        lblA.Text = "Ignorieren"
    End If
End Sub
```

Listing 7.16 Projekt »EingabeAusgabe«, Abbrechen Wiederholen/Ignorieren

Zur Erläuterung:

- Die drei Buttons ABBRECHEN, WIEDERHOLEN und IGNORIEREN werden mit dem Zeichen WARNUNG verknüpft. Bei eingeschaltetem Lautsprecher ertönt der entsprechende Systemton.

Abbrechen, Wiederholen, Ignorieren

7.7 Standarddialogfelder

Es gibt fünf Klassen für Standarddialogfelder, mit deren Hilfe Sie alltägliche Aufgaben schnell lösen können: `OpenFileDialog`, `SaveFileDialog`, `FolderBrowserDialog`, `ColorDialog` und `FontDialog`.

ShowDialog()

Sie haben einige Gemeinsamkeiten, z. B. die Methode `ShowDialog()` zur Anzeige des Dialogs und den Rückgabewert, ein Element der Enumeration `DialogResult`. Es existieren aber auch Unterschiede aufgrund der Art des Dialogs bzw. des ermittelten Dialogergebnisses.

7.7.1 Datei öffnen

OpenFileDialog

Ein Objekt der Klasse `OpenFileDialog` dient der Auswahl von einer oder mehreren Dateien, die z. B. geöffnet werden sollen. Vor dem Öffnen des Dialogfelds können Sie u. a. folgende Einstellungen wählen:

- `MultiSelect`: zur Auswahl mehrerer Dateien
- `InitialDirectory`: Verzeichnis, mit dem das Dialogfeld startet
- `Filter`: verschiedene Gruppen von Dateiendungen, nach denen die Anzeige gefiltert wird
- `Title`: Titelzeile des Dialogfelds

Filter

FileNames

Die Eigenschaft `FileNames` beinhaltet nach erfolgreicher Auswahl die Namen der ausgewählten Dateien.

Ein Beispiel (im Projekt *StandardDialogfelder*), bei dem zunächst nur nach Dateien mit der Endung *xls* gesucht wird, sehen Sie in Abbildung 7.26 und Abbildung 7.27.

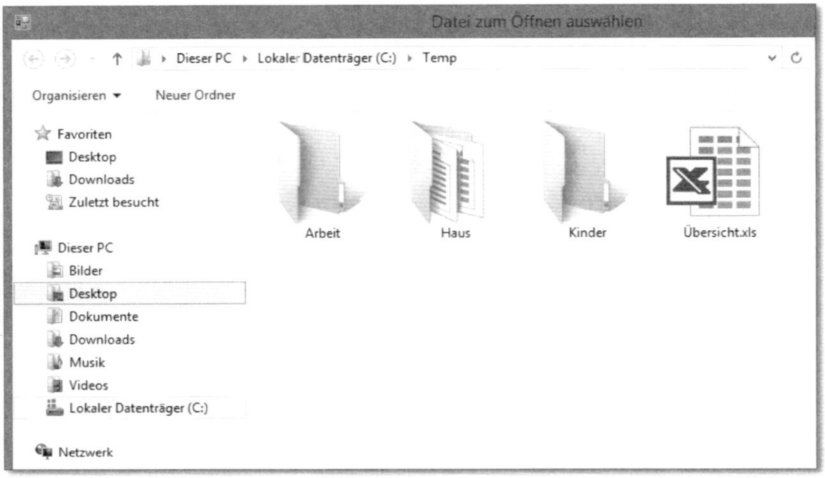

Abbildung 7.26 Ausgewählte Dateien

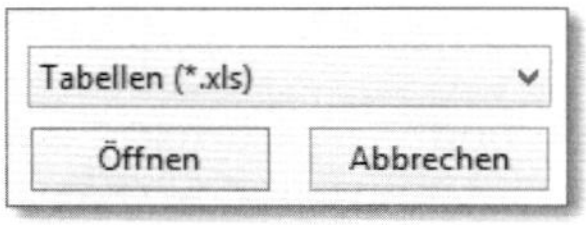

Abbildung 7.27 Aktuell eingestellter Dateityp für die Auswahl

Der zugehörige Code:

```
Private Sub cmdOpenFileDialog_Click(...) Handles ...
    Dim ofd As New OpenFileDialog

    ofd.Multiselect = True
    ofd.InitialDirectory = "C:\Temp"
    ofd.Filter = "Tabellen (*.xls)|*.xls|" &
        " Texte (*.txt; *doc)|*.txt;*.doc|" &
        " Alle Dateien (*.*)|*.*"
    ofd.Title = "Datei zum Öffnen auswählen"

    If ofd.ShowDialog() = DialogResult.OK Then
        For Each s As String In ofd.FileNames
```

```
            MessageBox.Show("Öffnen: " & s)
        Next
    Else
        MessageBox.Show("Abbruch")
    End If
End Sub
```

Listing 7.17 Projekt »StandardDialogfelder«, Datei öffnen

Zur Erläuterung:

- Das Objekt `ofd` der Klasse `OpenFileDialog` wird erzeugt.
- Die Eigenschaft `MultiSelect` wird auf den Wert `True` gesetzt, damit der Benutzer mehrere Dateien auswählen kann.
- Die Eigenschaft `InitialDirectory` wird (mit einer Zeichenkette) auf ein bestimmtes Verzeichnis eingestellt.
- Die Eigenschaft `Filter` bekommt eine Zeichenkette zugewiesen. Diese beinhaltet verschiedene Gruppen von Datei-Endungen und deren Erklärung.
- Die verschiedenen Gruppen sind durch das Pipe-Zeichen (`|`) voneinander getrennt.
- Eine Gruppe besteht aus: `Erklärung (*.Endung) | *.Endung`.
- Besteht eine Gruppe aus mehreren Datei-Endungen (hier z. B. die Gruppe `Texte`), werden die Endungen durch Semikolon voneinander getrennt.
- Die Eigenschaft `Title` bekommt ebenfalls eine Zeichenkette zugewiesen.
- Die Methode `ShowDialog()` zeigt den Dialog an. Es ist wichtig, dass Sie ermitteln, welchen Button der Benutzer gedrückt hat. Deshalb wird der Rückgabewert der Methode ausgewertet. Falls dieser dem Wert von `DialogResult.Ok` entspricht, hat der Benutzer den Button OK betätigt.

DialogResult.Ok

- In der Eigenschaft `FileNames` stehen im Erfolgsfall die ausgewählten Dateinamen.
- Falls eine Datei eingegeben wurde, die nicht existiert, dann erscheint eine Fehlermeldung, siehe Abbildung 7.28.
- Falls der Button ABBRECHEN betätigt wurde, wird das ebenfalls bemerkt. Das Programm kann anschließend passend reagieren.
- Ein weiteres Beispiel zur Klasse `OpenFileDialog` sehen Sie in Abschnitt 10.4.

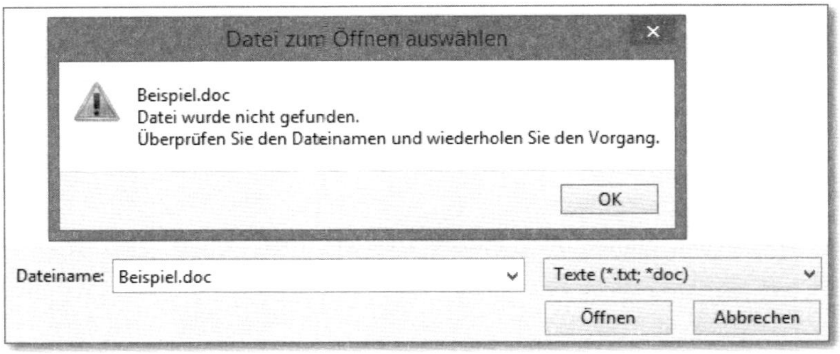

Abbildung 7.28 Fehlermeldung, falls Datei nicht vorhanden

7.7.2 Datei speichern unter

SaveFileDialog

Ein Objekt der Klasse `SaveFileDialog` dient der Eingabe oder Auswahl einer Datei, die zum Speichern verwendet werden soll. Wählbare Einstellungen und Dialog-Ergebnis entsprechen im Wesentlichen denen der Klasse `OpenFileDialog`. Ein Beispiel (ebenfalls im Projekt *StandardDialogfelder*) sehen Sie in Abbildung 7.29.

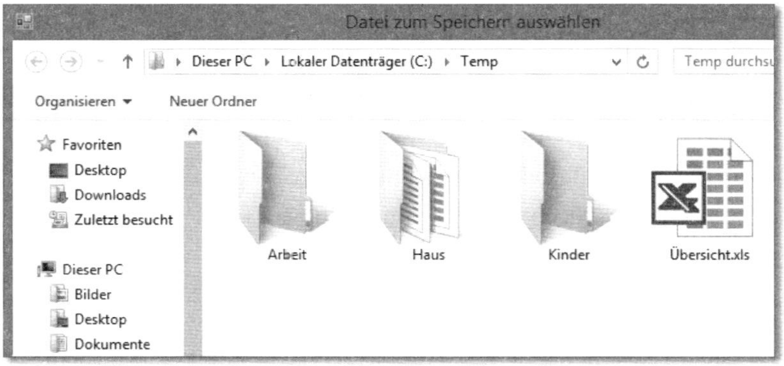

Abbildung 7.29 Auswahl zum Speichern der Datei

Der Programmcode:

```
Private Sub cmdSaveFileDialog_Click(...) Handles ...
    Dim sfd As New SaveFileDialog

    sfd.InitialDirectory = "C:\Temp"
    sfd.Filter = "Tabellen (*.xls)|*.xls|" &
```

```
        " Texte (*.txt; *doc)|*.txt;*.doc|" &
        " Alle Dateien (*.*)|*.*"
    sfd.Title = "Datei zum Speichern auswählen"

    If sfd.ShowDialog() = DialogResult.OK Then
        MessageBox.Show(
            "Speichern unter: " & sfd.FileName)
    Else
        MessageBox.Show("Abbruch")
    End If
End Sub
```

Listing 7.18 Projekt »StandardDialogfelder«, Datei speichern unter

Zur Erläuterung:

- Das Objekt `sfd` der Klasse `SaveFileDialog` wird erzeugt.
- Wählt der Benutzer eine Datei zum Speichern aus, die es bereits gibt, wird er gefragt, ob er diese überschreiben möchte, siehe Abbildung 7.30.
- In der Eigenschaft `FileName` steht im Erfolgsfall der ausgewählte Dateiname.

FileName

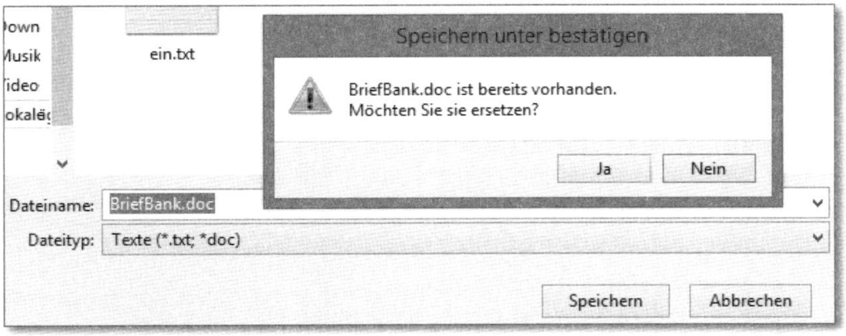

Abbildung 7.30 Rückfrage, falls Datei bereits vorhanden

7.7.3 Verzeichnis auswählen

FolderBrowser-Dialog

Ein Objekt der Klasse `FolderBrowserDialog` dient der Auswahl eines Verzeichnisses, das als Basis für weitere Programmabläufe dienen soll. Es kann auch ein neues Verzeichnis erzeugt werden. Vor dem Öffnen des Dialogfelds können Sie u. a. folgende Einstellungen wählen:

- RootFolder: oberstes Verzeichnis, das im Dialogfeld angezeigt wird
- ShowNewFolderButton: Anzeige eines Buttons, der die Erzeugung eines neuen Verzeichnisses ermöglicht
- Description: Titelzeile des Dialogfelds

SelectedPath

Das Dialog-Ergebnis ist ein Verzeichnisname. Dieser wird in der Eigenschaft SelectedPath zur Verfügung gestellt. Ein Beispiel ist in Abbildung 7.31 zu sehen.

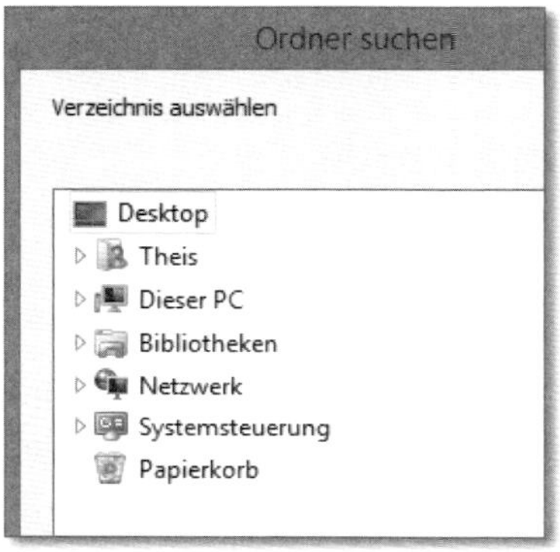

Abbildung 7.31 Auswahl eines Verzeichnisses

Der zugehörige Code:

```
Private Sub cmdFolderBrowserDialog_Click(...) Handles ...
    Dim fbd As New FolderBrowserDialog

    fbd.RootFolder =
        Environment.SpecialFolder.Desktop
    fbd.ShowNewFolderButton = False
    fbd.Description = "Verzeichnis auswählen"

    If fbd.ShowDialog() = DialogResult.OK Then
        MessageBox.Show("Zugriff auf " &
            "Verzeichnis: " & fbd.SelectedPath)
    Else
        MessageBox.Show("Abbruch")
    End If
End Sub
```

Listing 7.19 Projekt »StandardDialogfelder«, Verzeichnis wählen

Zur Erläuterung:

- Das Objekt `fbd` der Klasse `FolderBrowserDialog` wird erzeugt.
- Als oberstes Verzeichnis des Dialogfelds dient ein Element der Enumeration `SpecialFolder` der Klasse `Environment`, hier ist das der Desktop.
- Die Eigenschaft `ShowNewFolderButton` steht normalerweise auf `True`. Mit `False` wird verhindert, dass ein neues Verzeichnis erzeugt werden kann.
- In der Eigenschaft `SelectedPath` steht im Erfolgsfall der ausgewählte Verzeichnisname.

7.7.4 Farbe auswählen

Ein Objekt der Klasse `ColorDialog` dient der Auswahl einer Farbe, die z. B. einem Steuerelement zugewiesen werden soll. **ColorDialog**

Das Dialog-Ergebnis ist ein Objekt der Struktur `Color`; es wird in der Eigenschaft `Color` zur Verfügung gestellt. **Color**

Ein Beispiel sehen Sie in Abbildung 7.32.

```
Private Sub cmdColorDialog_Click(...) Handles ...
    Dim cd As New ColorDialog

    If cd.ShowDialog() = DialogResult.OK Then
        lblA.ForeColor = cd.Color
    Else
        MessageBox.Show("Abbruch")
    End If
End Sub
```

Listing 7.20 Projekt »StandardDialogfelder«, Farbe wählen

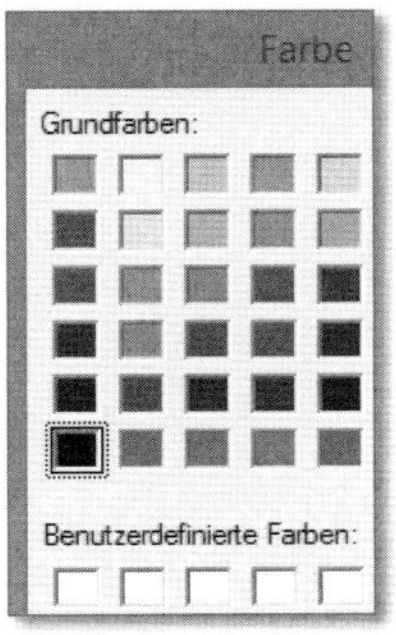

Abbildung 7.32 Auswahl einer Farbe

Zur Erläuterung:

- Das Objekt cd der Klasse ColorDialog wird erzeugt.
- In der Eigenschaft Color steht im Erfolgsfall die ausgewählte Farbe. Diese wird hier als Schriftfarbe für das Label übernommen.

7.7.5 Schrifteigenschaften auswählen

FontDialog

Ein Objekt der Klasse FontDialog dient der Auswahl von Schrifteigenschaften, die z. B. einem Steuerelement zugewiesen werden sollen. Dialog-Ergebnisse sind:

Font

- Ein Objekt der Klasse Font, das in der Eigenschaft Font zur Verfügung gestellt wird.
- Ein Objekt der Struktur Color, das in der Eigenschaft Color zur Verfügung gestellt wird.

Vor dem Öffnen des Dialogfelds können Sie u. a. folgende Einstellungen wählen:

- ShowColor legt fest, ob auch die Farbe der Schrift bzw. der Unterstreichung einstellbar sein soll.
- MaxSize und MinSize stellen die größte und die kleinste wählbare Schriftgröße ein.

Ein Beispiel sehen Sie in Abbildung 7.33.

```
Private Sub cmdFontDialog_Click(...) Handles ...
    Dim fd As New FontDialog

    fd.ShowColor = True
    fd.MinSize = 8
    fd.MaxSize = 20

    If fd.ShowDialog() = DialogResult.OK Then
        lblA.Font = fd.Font
        lblA.ForeColor = fd.Color
    Else
        MessageBox.Show("Abbruch")
    End If
End Sub
```

Listing 7.21 Projekt »StandardDialogfelder«, Schrifteigenschaften wählen

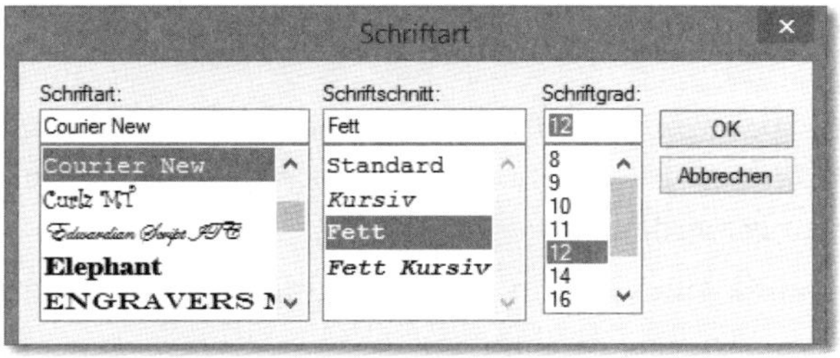

Abbildung 7.33 Auswahl von Schrifteigenschaften

Zur Erläuterung:

- Das Objekt `fd` der Klasse `FontDialog` wird erzeugt.
- Die Eigenschaft `ShowColor` wird auf `True` gestellt, es können also auch die Farbe der Schrift bzw. die Farbe der Unterstreichung eingestellt werden.
- Die wählbare Schriftgröße wird begrenzt auf den Bereich von 8 bis 20.
- In den Eigenschaften `Font` und `Color` stehen im Erfolgsfall die ausgewählten Schrifteigenschaften und die Farbe. Diese werden hier als Schrifteigenschaften für das Label übernommen, siehe Abbildung 7.34.

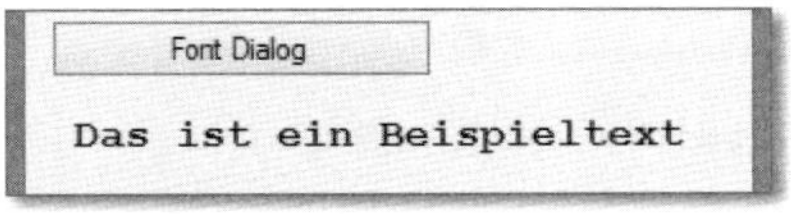

Abbildung 7.34 Übernommene Schrifteigenschaften

7.8 Steuerelement ListView

Einträge mit Bild

Eine besondere Form der Listenansicht bietet das Steuerelement `ListView`. Sie finden es im WERKZEUGKASTEN in der Gruppe ALLGEMEINE STEUERELEMENTE. Zu jedem Eintrag der ListView kann ein Bild angezeigt werden. Eine ListView ähnelt der Liste der Dateien im Windows-Explorer.

View

Insgesamt gibt es fünf Formen der Darstellung, die als Werte der Enumeration `View` der gleichnamigen Eigenschaft des `ListView`-Objekts zugewiesen werden:

- `Details`: Das zeigt eine Tabelle mit Bild und mehreren Informationen pro Eintrag. Die einzelnen Tabellenspalten können eine Überschrift haben und in der Breite verändert werden.

- `LargeIcon`: Das zeigt ein großes Bild mit Bezeichnung darunter pro Eintrag.
- `List`: Das zeigt eine Spalte mit einem kleinen Bild mit Bezeichnung daneben pro Eintrag. Weitere Informationen pro Eintrag können in weiteren Spalten angeordnet werden.
- `SmallIcon`: Das zeigt ein kleines Bild mit Bezeichnung rechts daneben pro Eintrag.
- `Tile`: Das zeigt ein großes Bild mit Bezeichnung und weiteren Informationen rechts daneben pro Eintrag.

Im Projekt *Listenansicht* sehen Sie eine kleine Liste in der Ansicht DETAILS, siehe Abbildung 7.35. Sie können zwischen den möglichen Ansichten umschalten.

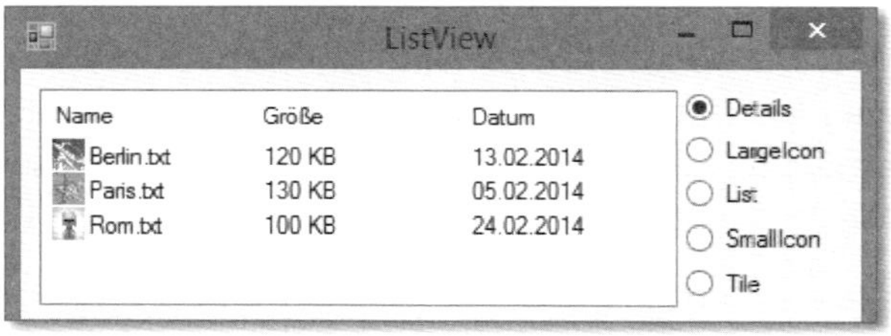

Abbildung 7.35 Projekt »Listenansicht«, Details

Zunächst der Code:

```
Public Class Form1
    Private Sub Form1_Load(...) Handles MyBase.Load
        lView.View = View.Details
        lView.FullRowSelect = True

        Dim eintrag1 As New ListViewItem("Berlin.txt", 0)
        eintrag1.SubItems.Add("120 KB")
        eintrag1.SubItems.Add("13.02.2014")
        lView.Items.Add(eintrag1)

        Dim eintrag2 As New ListViewItem("Paris.txt", 1)
        eintrag2.SubItems.Add("130 KB")
        eintrag2.SubItems.Add("05.02.2014")
        lView.Items.Add(eintrag2)
```

```
        Dim eintrag3 As New ListViewItem("Rom.txt", 2)
        eintrag3.SubItems.Add("100 KB")
        eintrag3.SubItems.Add("24.02.2014")
        lView.Items.Add(eintrag3)

        lView.Columns.Add("Name", 100)
        lView.Columns.Add("Größe", 100)
        lView.Columns.Add("Datum", 100)

        ' Bilder stehen in Unterverzeichnis bin/Debug
        Dim bildklein As New ImageList()
        bildklein.Images.Add(Bitmap.FromFile("bild0.bmp"))
        bildklein.Images.Add(Bitmap.FromFile("bild1.bmp"))
        bildklein.Images.Add(Bitmap.FromFile("bild2.bmp"))
        lView.SmallImageList = bildklein
        lView.LargeImageList = bildklein
    End Sub

    Private Sub optView_CheckedChanged(...
            ) Handles optDetails.CheckedChanged,
            optLargeIcon.CheckedChanged,
            optList.CheckedChanged,
            optSmallIcon.CheckedChanged,
            optTile.CheckedChanged
        If optDetails.Checked Then
            lView.View = View.Details
        ElseIf optLargeIcon.Checked Then
            lView.View = View.LargeIcon
        ElseIf optList.Checked Then
            lView.View = View.List
        ElseIf optSmallIcon.Checked Then
            lView.View = View.SmallIcon
        ElseIf optTile.Checked Then
            lView.View = View.Tile
        End If
    End Sub
End Class
```

Listing 7.22 Projekt »Listenansicht«

Zur Erläuterung:

- In der Form_Load-Prozedur wird das ListView-Objekt gefüllt, und es werden Starteinstellungen vorgenommen.
- Die Eigenschaft View wird auf den Wert Details gesetzt, auch wenn das nicht notwendig wäre, da das der Standardwert ist.

FullRowSelect

- Die boolesche Eigenschaft FullRowSelect bestimmt darüber, ob ein Klick innerhalb der Zeile eines Eintrags die ganze Zeile markiert oder nicht. Der Standardwert ist False. Dann kann nur der Haupteintrag durch Klick ausgewählt werden, nicht die ganze Zeile.

ListViewItem

- Ein Objekt der Klasse ListViewItem steht für einen Eintrag innerhalb der Liste. Der hier genutzte Konstruktor benötigt zwei Parameter: den Text des Eintrags und die Nummer der zugehörigen Bilddatei innerhalb der beiden Bildlisten SmallImageList und LargeImageList. Den Aufbau der beiden Bildlisten sehen Sie weiter unten.

SubItems

- Zu einem Eintrag können weitere Untereinträge gehören. Diese werden dem Eintrag mithilfe der Methode Add() der Auflistung SubItems hinzugefügt.
- Nach Erzeugung eines Eintrags mitsamt Untereinträgen wird er der Auflistung Items des ListView-Objekts hinzugefügt, wiederum mithilfe der Methode Add().

Columns

- Die Auflistung Columns beinhaltet die Überschriften der Spalten, in denen der Haupteintrag und seine Untereinträge dargestellt werden. Als Parameter der Methode Add() zum Hinzufügen einer Überschrift dienen hier der Text und die Start-Breite der Spalte.

ImageList

- Die Eigenschaften SmallImageList und LargeImageList sind Bildlisten. Jedes Bild wird über seine Nummer einem Eintrag des ListView-Objekts zugeordnet.

Bitmap.FromFile()

- Die beiden Eigenschaften sind jeweils vom Typ ImageList. Ein solches Objekt beinhaltet in seiner Auflistung Images einzelne Objekte vom Typ Image. Ein Image-Objekt kann z. B. aus einer Bilddatei mithilfe der Methode FromFile() der Klasse Bitmap erzeugt werden. Im vorliegenden Projekt stehen die Bilddateien zur Vereinfachung im Projekt-Unterverzeichnis *bin/Debug* zur Verfügung.

Neue Ansicht

- Die Prozedur optView_CheckedChanged reagiert auf das Ereignis: Wechsel des Markierungszustands. Sie ist für jeden RadioButton registriert. Innerhalb der Prozedur wird der Eigenschaft View ein Wert aus der gleichnamigen Enumeration zugewiesen.

7.9 Steuerelement Chart

Diagramm erzeugen

In einem Diagramm (engl.: *Chart*) kann eine große Menge von Daten übersichtlich und schnell erfassbar dargestellt werden. Sie kennen Diagramme sicherlich aus MS Excel. Das Steuerelement *Chart* bietet Ihnen innerhalb von Visual Basic eine vergleichbare Möglichkeit.

Im Projekt *DiagrammChart* sehen Sie ein Liniendiagramm, siehe Abbildung 7.36. Das Steuerelement wurde aus der WERKZEUGKASTEN-Gruppe DATEN eingefügt. Damit wurde dem Projekt gleichzeitig ein Verweis auf SYSTEM.WINDOWS.FORMS.DATAVISUALIZATION aus dem Bereich ASSEMBLYS • FRAMEWORK hinzugefügt, der u. a. für die `Imports`-Anweisung benötigt wird. Zur Verdeutlichung wurden fast alle Einstellungen in der `Form_Load`-Prozedur vorgenommen. Im EIGENSCHAFTEN-Fenster wurden nur die Breite mit dem Wert 450 und der Name mit `dChart` eingestellt.

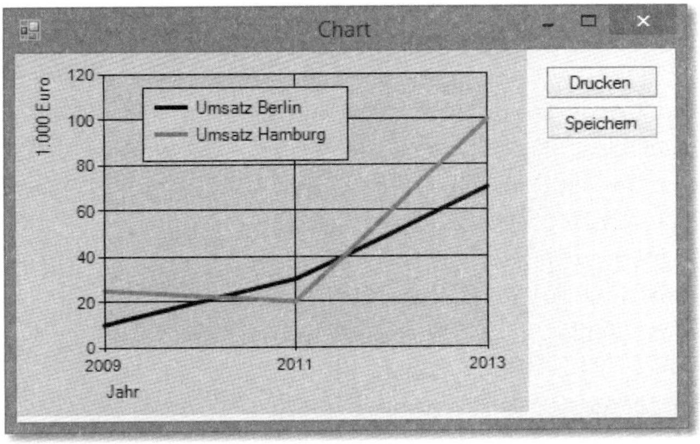

Abbildung 7.36 Projekt »DiagrammChart«

Zunächst der Code:

```
Imports System.Windows.Forms.DataVisualization.Charting
Public Class Form1
    Private Sub Form1_Load(...) Handles MyBase.Load
        dChart.Series.Clear()

        dChart.Series.Add(New Series("Umsatz Berlin"))
        dChart.Series(0).Points.AddXY(2009, 10)
        dChart.Series(0).Points.AddXY(2011, 30)
        dChart.Series(0).Points.AddXY(2013, 70)
```

```
            dChart.Series(0).Color = Color.Black
            dChart.Series(0).BorderWidth = 3
            dChart.Series(0).ChartType = SeriesChartType.Line

            dChart.Series.Add(New Series("Umsatz Hamburg"))
            dChart.Series(1).Points.AddXY(2009, 25)
            dChart.Series(1).Points.AddXY(2011, 20)
            dChart.Series(1).Points.AddXY(2013, 100)
            dChart.Series(1).Color = Color.Gray
            dChart.Series(1).BorderWidth = 3
            dChart.Series(1).ChartType = SeriesChartType.Line

            dChart.Legends(0).Position =
                New ElementPosition(25, 10, 40, 20)
            dChart.Legends(0).BackColor = Color.LightGray
            dChart.Legends(0).BorderWidth = 1
            dChart.Legends(0).BorderColor = Color.Black

            dChart.ChartAreas(0).AxisX.Minimum = 2009
            dChart.ChartAreas(0).AxisX.Maximum = 2013
            dChart.ChartAreas(0).AxisX.Title = "Jahr"
            dChart.ChartAreas(0).AxisX.TitleAlignment =
                StringAlignment.Near
            dChart.ChartAreas(0).AxisX.LabelStyle.Font =
                New Font("Arial", 8)

            dChart.ChartAreas(0).AxisY.Maximum = 120
            dChart.ChartAreas(0).AxisY.Title = "1.000 Euro"
            dChart.ChartAreas(0).AxisY.TitleAlignment =
                StringAlignment.Far
            dChart.ChartAreas(0).AxisY.LabelStyle.Font =
                New Font("Arial", 8)

            dChart.BackColor = Color.LightGray
            dChart.ChartAreas(0).BackColor =
                Color.LightBlue
        End Sub
        ...
    End Class
```

Listing 7.23 Projekt »DiagrammChart«, Teil 1

Zur Erläuterung:

- Zunächst muss mithilfe der Anweisung `Imports` der Namensraum `System.Windows.Forms.DataVisualization.Charting` zur Verfügung gestellt werden, da er für verschiedene Objekte innerhalb eines `Chart`-Objekts benötigt wird. **Imports**
- Wie in MS Excel basiert ein Diagramm in einem Chart-Steuerelement auf einer oder mehreren Reihen von Werten, den Datenreihen. Diese Datenreihen stehen in der Auflistung `Series` des `Chart`-Objekts. Nach dem Einfügen aus dem WERKZEUGKASTEN beinhaltet diese Auflistung bereits eine Datenreihe mit Beispielwerten. Die Methode `Clear()` löscht alle vorhandenen Datenreihen. **Datenreihen**
- Eigene Datenreihen werden mithilfe der Methode `Add()` hinzugefügt. Dabei handelt es sich jeweils um ein neues Objekt vom Typ `Series`. Einer der möglichen Konstruktoren erwartet als Parameter den Namen der jeweiligen Datenreihe, wie er z. B. auch in der Legende sichtbar ist. **Series**
- Jede Datenreihe ist innerhalb der Auflistung `Series` über ihre laufende Nummer erreichbar. Die Auflistung `Points` einer einzelnen Datenreihe beinhaltet Wertepaare (Datenpunkte) für die Darstellung in verschiedenen Diagrammtypen, z. B. in einem Liniendiagramm. Mithilfe der Methode `AddXY()` können diese Wertepaare hinzugefügt werden. **Points**
- Die Eigenschaften `Color` und `BorderWidth` einer einzelnen Datenreihe stehen für Strichfarbe und Strichdicke. Mithilfe der Eigenschaft `ChartType` kann die Form der Darstellung für diese Datenreihe aus der umfangreichen Enumeration `SeriesChartType` gewählt werden. **ChartType**
- In der Auflistung `Legends` des `Chart`-Objekts stehen alle Legenden zu einem Diagramm. Häufig wird nur eine Legende benötigt. Sie steht normalerweise oben rechts neben der Zeichnung. **Legends**
- Hier wird die Eigenschaft Position einer einzelnen Legende mit einem neuen Objekt des Typs `ElementPosition` festgelegt. Der Konstruktor erwartet vier Werte: die x/y-Koordinaten der oberen linken Ecke sowie Breite und Höhe.
- Die Eigenschaften `BackColor`, `BorderWidth` und `BorderColor` einer einzelnen Legende dienen zur Einstellung der Hintergrundfarbe, der Rahmenliniendicke und der Rahmenlinienfarbe.
- In der Auflistung `ChartAreas` des `Chart`-Objekts stehen alle Zeichnungsbereiche zu einem Diagramm. Häufig wird nur ein Zeichnungsbereich benötigt. **ChartAreas**

AxisX, AxisY

- Die Eigenschaften AxisX und AxisY eines einzelnen Zeichnungsbereichs sind vom Typ Axis und beinhalten die Eigenschaften der x- und y-Achse der Zeichnung. Die Eigenschaften Minimum, Maximum und Title bestimmen die Randwerte der jeweiligen Achse sowie den Titel, der an der Achse angezeigt wird.
- Die Eigenschaft TitleAlignment eines Axis-Objekts steht für die Anordnung des Titels. Die Werte dazu stammen aus der Enumeration StringAlignment. Der Wert Near bedeutet für eine x-Achse, die von links nach rechts ausgerichtet ist: links. Für eine y-Achse, die von unten nach oben ausgerichtet ist, bedeutet er: unten. Der Wert Far steht dann für rechts beziehungsweise oben. Außerdem gibt es noch den Standardwert Center.

LabelStyle

- Die Eigenschaft LabelStyle eines Axis-Objekts bestimmt das Aussehen der Achsenbeschriftung. Hier wurde die Eigenschaft Font zur Einstellung der Schrifteigenschaften mithilfe eines neuen Font-Objekts verändert. Die Eigenschaft Angle des LabelStyle-Objekts würde die einzelnen Zahlen an der Achse jeweils um einen bestimmten Winkel drehen. Dabei sind Werte zwischen –90 und +90 Grad erlaubt.
- Zu guter Letzt werden noch die unterschiedlichen Hintergrundfarben für das Diagramm und die Zeichnungsfläche gewählt. Die jeweilige Eigenschaft BackColor hat den Standardwert Weiß.

Es folgen noch die beiden Prozeduren zum Drucken und zum Speichern eines Diagramms:

```
Private Sub cmdDrucken_Click(...) Handles ...
    dChart.Printing.PrintPreview()
End Sub

Private Sub cmdSpeichern_Click(...) Handles ...
    Dim VollerName As String = "C:\Temp\DiagrammChart.tif"
    dChart.SaveImage(VollerName, ChartImageFormat.tif)
    MessageBox.Show("Es wurde die Bilddatei " &
        VollerName & " erzeugt")
End Sub
```

Listing 7.24 Projekt »DiagrammChart«, Teil 2

Zur Erläuterung:

- Die Eigenschaft `Printing` eines `Chart`-Objekts ist vom Typ `PrintingManager`. Ein Objekt dieses Typs wird zum Drucken eines Diagramms benötigt und verfügt u. a. über die Methode `Print()` zum direkten Ausdruck und `PrintPreview()` zum Anzeigen einer Druckvorschau. Aus der Druckvorschau kann dann ebenfalls gedruckt werden. **PrintPreview()**
- Die Methode `SaveImage()` eines `Chart`-Objekts dient zum Speichern eines Diagramms als Bilddatei. Sie benötigt zwei Parameter: den Namen der Datei und das Bildformat. Dieses kann aus der Enumeration `ChartImageFormat` ausgewählt werden. **SaveImage()**

7.10 Steuerelement DataGridView

Tabelle

Zur Darstellung einer einfachen Liste oder der Inhalte eines eindimensionalen Datenfelds sind Listen- und Kombinationsfelder geeignet. Die Inhalte einer Tabelle mit Zeilen und Spalten oder eines zweidimensionalen Datenfelds werden besser in einem Steuerelement vom Typ `DataGridView` dargestellt. Es ist auch besonders zur Darstellung von Datenbankinhalten, siehe Kapitel 8, geeignet. Sie finden es im WERKZEUGKASTEN im Bereich Daten.

Im nachfolgend beschriebenen Projekt *DataGrid* werden Eigenschaften per Code zur Laufzeit eingestellt. Sie könnten viele Eigenschaften allerdings auch schon zur Entwicklungszeit einstellen. Über das kleine Dreieck oben rechts am Steuerelement lässt sich nach dem Einfügen ins Formular und dem Markieren ein Menü öffnen, das zahlreiche Möglichkeiten bietet, siehe Abbildung 7.37.

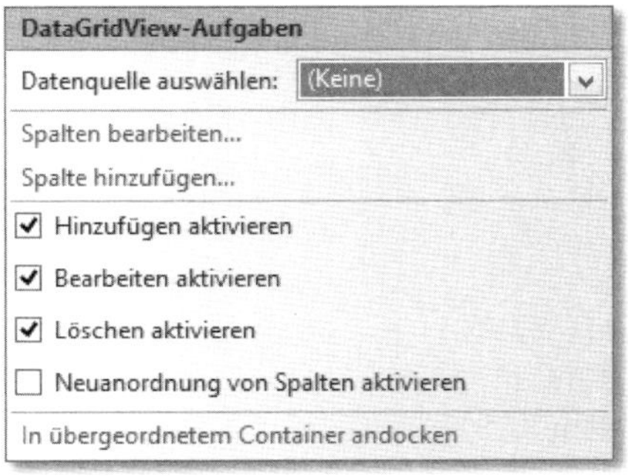

Abbildung 7.37 DataGrid, Einstellmenü

Zunächst sehen Sie den Start-Inhalt des Grids in Abbildung 7.38.

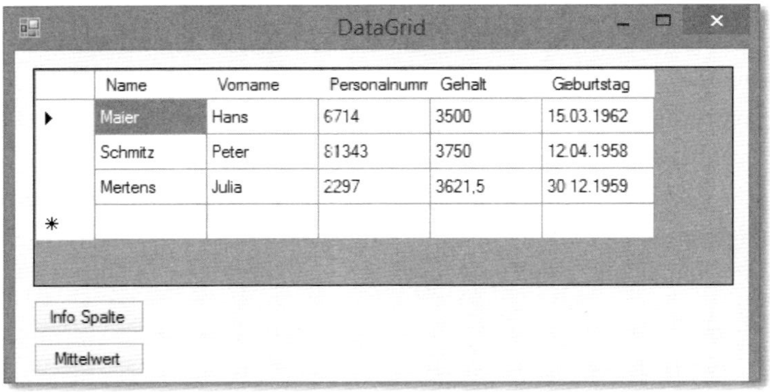

Abbildung 7.38 DataGridView, gefüllt

Es folgen die Inhalte der `Form1_Load`-Prozedur, die für den Start-Inhalt des Grids sorgt:

```
Public Class Form1
    Private Sub Form1_Load(...) Handles MyBase.Load
        Dim i As Integer

        ' Spalten hinzufügen
        dgv.Columns.Add("SpName", "Name")
        dgv.Columns.Add("SpVorname", "Vorname")
        dgv.Columns.Add("SpPersonalnummer", "Personalnummer")
        dgv.Columns.Add("SpGehalt", "Gehalt")
        dgv.Columns.Add("SpGeburtstag", "Geburtstag")

        ' Breite einstellen
        For i = 0 To dgv.Columns.Count - 1
            dgv.Columns(i).Width = 75
        Next

        ' Zeilen hinzufügen
        dgv.Rows.Add("Maier", "Hans", 6714,
                    3500.0, "15.03.1962")
        dgv.Rows.Add("Schmitz", "Peter", 81343,
                    3750.0, "12.04.1958")
        dgv.Rows.Add("Mertens", "Julia", 2297,
                    3621.5, "30.12.1959")
```

```
    End Sub
[...]
End Class
```

Listing 7.25 Projekt »DataGrid«, Einstellungen

Zur Erläuterung:

- Das Steuerelement vom Typ DataGridView wird nachfolgend vereinfacht *Tabelle* genannt. Die Tabelle hat in diesem Projekt den Namen `dgv`.
- Columns — Die Eigenschaft `Columns` ist eine Collection vom Typ `DataGridViewColumnCollection` und beinhaltet Informationen über alle Spalten der Tabelle.
- Neue Spalten — Mithilfe der Methode `Add()` können der Collection Spalten hinzugefügt werden. Die hier genutzte Überladung dieser Methode erwartet zwei Zeichenketten-Parameter: den Namen der Spalte und den sichtbaren Text der Kopfzeile.
- Die Eigenschaft `Count` der `Columns`-Collection liefert die Anzahl der Spalten. Eine einzelne Spalte lässt sich über einen Index ansprechen, dieser beginnt bei 0.
- Einzelne Spalten haben wiederum Eigenschaften. Die Breite kann über die Eigenschaft `Width` eingestellt werden.
- Rows — Die Eigenschaft `Rows` ist eine Collection vom Typ `DataGridViewRowCollection` und beinhaltet Informationen über alle Zeilen der Tabelle.
- Neue Zeilen — Mithilfe der Methode `Add()` können der Collection Zeilen hinzugefügt werden. Die hier genutzte Überladung dieser Methode erwartet einen ParamArray (siehe Abschnitt 4.8.5), also ein Feld beliebiger Größe, von Objekten. In diesem Fall werden jeweils fünf Informationen zu einer Person hinzugefügt.
- Dezimalpunkt — Beachten Sie, dass die Zahlen für die Spalte `Gehalt` im Code mit Dezimalpunkt angegeben werden müssen. Ansonsten werden sie nicht alle als `Double`-Werte erkannt, und es kommt später beim Sortieren dieser Spalte zu einem Fehler.
- Selected — Sie können die boolesche Eigenschaft `Selected` einiger Objekte auf einen der Werte `True` oder `False` stellen. Dann ist das betreffende Objekt vorausgewählt bzw. nicht vorausgewählt. Das gilt für `Rows(Index)`, `Columns(Index)` und `Cells(Index)` innerhalb von `Rows(Index)`.

Hinweis: Beim Hinzufügen einer Spalte wird jeweils eine leere Zelle zum Hinzufügen eines neuen Inhalts erzeugt. Diese ist ebenfalls Bestandteil der Rows-Collection.

Button »Info Spalte«

Es folgt die Prozedur zum Button INFO SPALTE:

```
Public Class Form1
[...]
    Private Sub cmdInfoSpalte_Click(...) Handles ...
        Dim i As Integer

        ' Name und Headertext
        lblA.Text = "Name: " &
            dgv.Columns("SpName").Name & ", Header: " &
            dgv.Columns("SpName").HeaderText & vbCrLf
        For i = 1 To dgv.Columns.Count - 1
            lblA.Text &= "Name: " &
                dgv.Columns(i).Name & ", Header: " &
                dgv.Columns(i).HeaderText & vbCrLf
        Next
    End Sub
[...]
End Class
```

Listing 7.26 Projekt »DataGrid«, Button »Info Spalte«

Zur Erläuterung:

- Als Index für eine einzelne Spalte lässt sich auch der Name der Spalte nutzen.
- Die Eigenschaften Name und Headertext liefern den Namen der Spalte und den sichtbaren Text der Kopfzeile, siehe Abbildung 7.39.

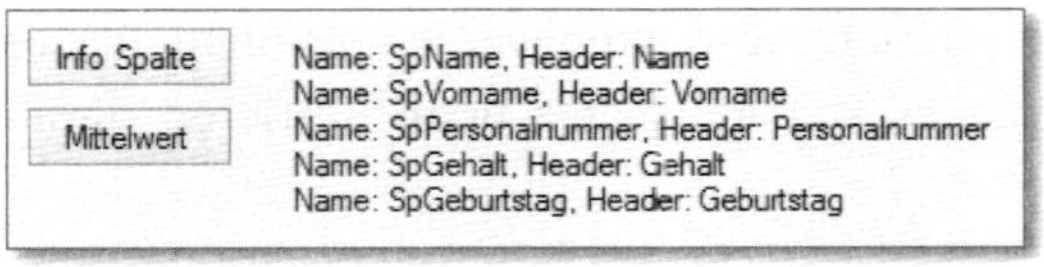

Abbildung 7.39 Button »Info Spalte«

Button »Mittelwert«

In der Prozedur zum Button MITTELWERT werden die Inhalte einzelner Zellen ausgewertet, um den Mittelwert zu errechnen (siehe Abbildung 7.40).

```
Public Class Form1
[...]
    Private Sub cmdMittelwert_Click(...) Handles ...
        Dim i As Integer
        Dim mw As Double

        ' Zellen auswerten
        lblA.Text = ""
        mw = 0
        For i = 0 To dgv.Rows.Count - 2
            mw += Convert.ToDouble(
                dgv.Rows(i).Cells(3).Value)
        Next
        mw /= dgv.Rows.Count - 1
        lblA.Text = "Gehalt, Mittelwert: " & mw
    End Sub
[...]
End Class
```

Listing 7.27 Projekt »DataGrid«, Button »Mittelwert«

Zur Erläuterung:

- Es soll der Mittelwert der Zahlen in der Spalte GEHALT berechnet werden. Dazu muss die `Rows`-Collection durchlaufen werden. Beachten Sie, dass die letzte Zeile (zum Hinzufügen eines neuen Inhalts) nicht mit eingerechnet wird.
- Eine einzelne Zeile lässt sich innerhalb der `Rows`-Collection über einen Index ansprechen, dieser beginnt bei 0.
- Die Zellen innerhalb einer Zeile stehen in der Collection `Cells`. Eine einzelne Zelle innerhalb der `Cells`-Collection lässt sich wiederum über einen Index ansprechen, dieser beginnt ebenfalls bei 0. **Cells**
- Der Wert einer Zelle wird über die Eigenschaft `Value` geliefert. Dabei handelt es sich um einen String, dieser muss umgewandelt werden.

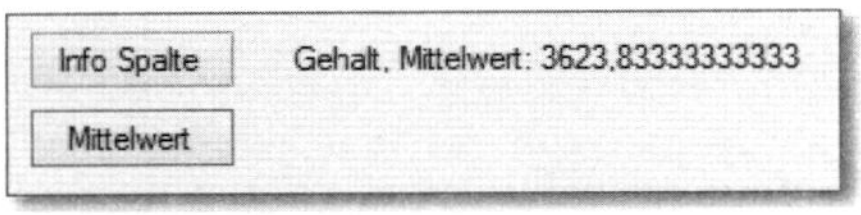

Abbildung 7.40 Button »Mittelwert«

Klick auf Zelle

Eine letzte Prozedur reagiert auf das Ereignis *Benutzer klickt auf Tabellenzelle*. Dabei kann festgestellt werden, um welche Zelle es sich handelt, siehe Abbildung 7.41.

```
Public Class Form1
[...]
    Private Sub dgv_CellClick(sender As Object,
            e As DataGridViewCellEventArgs
            ) Handles dgv.CellClick
        ' Klick auswerten
        lblA.Text = "Zeile: " & e.RowIndex & vbCrLf &
            "Spalte: " & e.ColumnIndex & vbCrLf
        If e.RowIndex >= 0 And e.ColumnIndex >= 0 Then
            lblA.Text &= "Inhalt: " &
                dgv.Rows(e.RowIndex).
                    Cells(e.ColumnIndex).Value
        End If
    End Sub
End Class
```

Listing 7.28 Projekt »DataGrid«, Klick auf Zelle

Zur Erläuterung:

Geklickte Zelle

- In dem Parameter `e` der Ereignisprozedur vom Typ `DataGridViewCellEventArgs` werden u. a. Informationen über die geklickte Zelle übermittelt.
- Die Eigenschaften `RowIndex` und `ColumnIndex` liefern den Index von Zeile bzw. Spalte zur weiteren Auswertung.

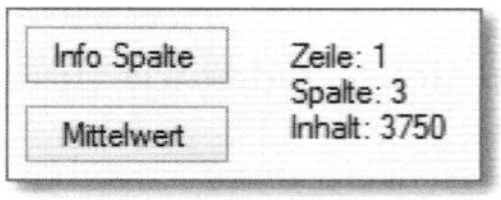

Abbildung 7.41 Nach Klick auf Zelle

7.11 Lokalisierung

Eine Lokalisierung wird für mehrsprachige Anwendungen vorgenommen. Eine Anwendung soll also mit einer identischen Bedienungsoberfläche in unterschiedlichen Sprachen laufen. Die Texte innerhalb der Anwendung sollen, abhängig von der angetroffenen Umgebung, also der Sprache des Betriebssystems, z. B. in Deutsch oder Englisch erscheinen. Zur Lokalisierung werden Ressourcen verwendet. Es gibt zwei Arten von Ressourcen:

- Formularbasierte Ressourcen: Sie beinhalten z. B. die Texte auf der Formularoberfläche.
- Projektressourcen: Sie beinhalten z. B. die Texte in Meldungsfenstern.

Es folgt ein Beispiel mit zwei Buttons, das mit beiden Arten von Ressourcen arbeitet. Nach Betätigung eines der Buttons erscheint jeweils eine Meldung. Die Aufschrift der Buttons und der Text der Meldungen richten sich nach der Umgebung. Sie sind entweder in Deutsch, Englisch oder Französisch.

Zunächst wird das neue Windows Forms-Projekt *Lokalisierung* erzeugt. Die Eigenschaft `Localizable` des Formulars wird auf `True` gesetzt. Es werden zwei Buttons auf die Oberfläche gezogen. Sie werden mit den englischen Texten »Hello« und »Good bye« beschriftet. Anschließend wird die Eigenschaft `Language` des Formulars auf `Deutsch` gesetzt, siehe Abbildung 7.42.

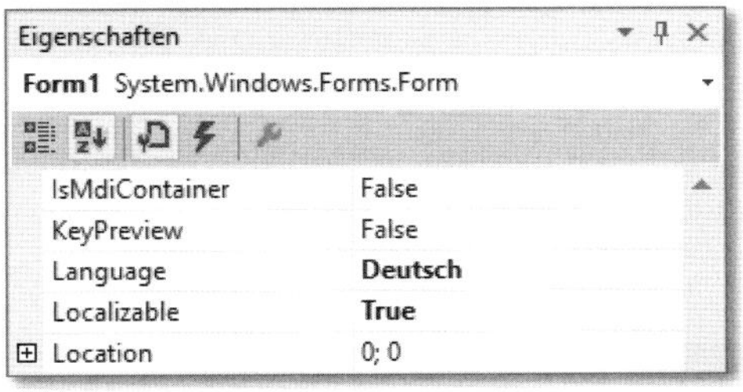

Abbildung 7.42 Sprache auf Deutsch

Nun werden die beiden Buttons erneut beschriftet, diesmal mit den deutschen Texten »Guten Tag« und »Auf Wiedersehen«. Die Größe des zweiten Buttons sollte wegen der Länge des Textes angepasst werden.

Anschließend wird die Eigenschaft `Language` des Formulars auf `Französisch` gesetzt. Die beiden Buttons werden mit den französischen Texten »Bonjour« und »Au revoir« beschriftet.

Das Projekt wird gespeichert. In Projektmappen-Explorer sollten Sie das Symbol ALLE DATEIEN ANZEIGEN betätigen, siehe Abbildung 7.43, viertes Symbol von rechts. In der Datei *Form1.resx* steht der Text für die Standardsprache, also Englisch. In der Datei *Form1.de.resx* steht der Text für die deutsche Beschriftung, in der Datei *Form1.fr.resx* für die französische Beschriftung.

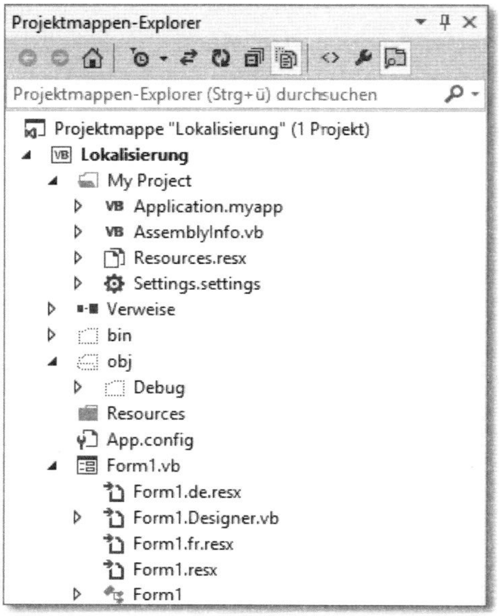

Abbildung 7.43 Formularbasierte Ressourcen

Starten Sie das Projekt. Da bei Ihnen die Umgebung vermutlich Deutsch ist, werden die Buttons mit deutschen Texten angezeigt, in der passenden Größe, siehe Abbildung 7.44.

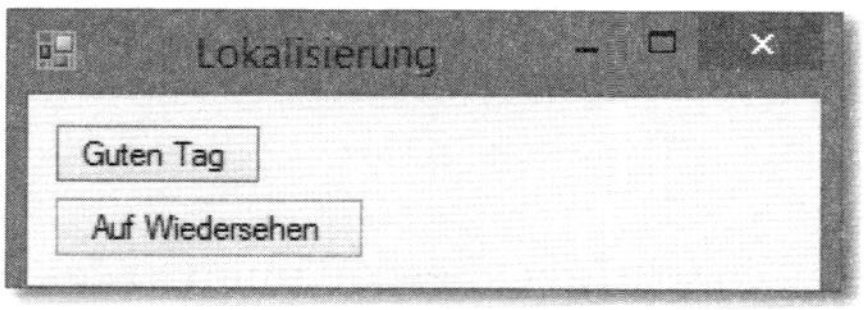

Abbildung 7.44 Deutsche Oberfläche

Normalerweise wechselt die Beschriftung automatisch, wenn das Programm innerhalb eines anderssprachigen Betriebssystems läuft. Zum Testen können Sie die Sprache aber auch mithilfe des nachfolgenden Codes umstellen:

```
Imports System.Globalization
Imports System.Threading
Public Class Form1
    Sub New()
        ' Thread.CurrentThread.CurrentUICulture =
```

```
            New CultureInfo("de")
        Thread.CurrentThread.CurrentUICulture =
            New CultureInfo("en")
        ' Thread.CurrentThread.CurrentUICulture =
            New CultureInfo("fr")

        InitializeComponent()
    End Sub
End Class
```

Listing 7.29 Projekt »Lokalisierung«, Umstellung der Sprache

Sie fügen zunächst die beiden Namespaces `System.Globalization` und `System.Threading` hinzu. Anschließend fügen Sie in der Klasse `Form1` einen neuen Konstruktor mithilfe von `Sub New()` ein. Automatisch erscheint die Zeile mit dem Aufruf von `InitializeComponent()`.

Davor fügen Sie dreimal die Zuweisung für die Eigenschaft `CurrentUICulture` ein. Nur eine der drei Zeilen sollte jeweils außerhalb des Kommentars stehen. Hier ist das z. B. die Zeile für Englisch. Nach dem erneuten Start des Projekts erscheinen die Buttons mit der richtigen Aufschrift und in der passenden Größe.

Zum Erstellen von Texten für Meldungsfenster müssen weitere Ressourcendateien hinzugefügt werden. Führen Sie einen Doppelklick auf der vorhandenen Datei *Resources.resx* (siehe Abbildung 7.43) aus. In der Tabelle tragen Sie zwei Ressourcen mit Name und Wert ein, siehe Abbildung 7.45. Sie dienen als Variable und haben je nach Sprache einen anderen Inhalt.

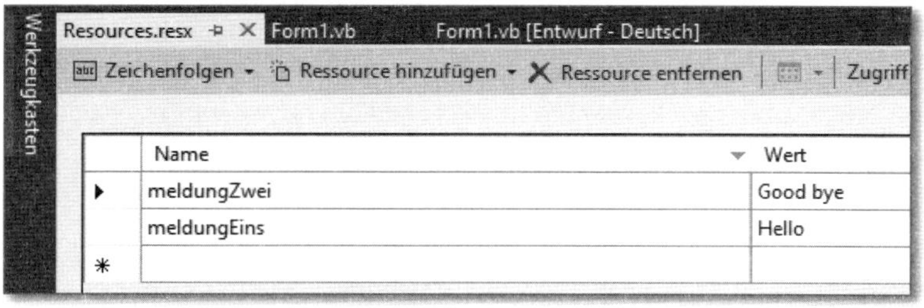

Abbildung 7.45 Zwei Ressourcen, Standard

Innerhalb des Projektmappen-Explorers können Sie nun die Datei *Resources.resx* kopieren und zweimal einfügen. Anschließend werden die beiden eingefügten Dateien umbenannt in *Resources.de.resx* und *Resources.fr.resx*.

Nach einem Doppelklick können Sie die beiden Ressourcen auch für diese Dateien eintragen, siehe Abbildung 7.46 und Abbildung 7.47.

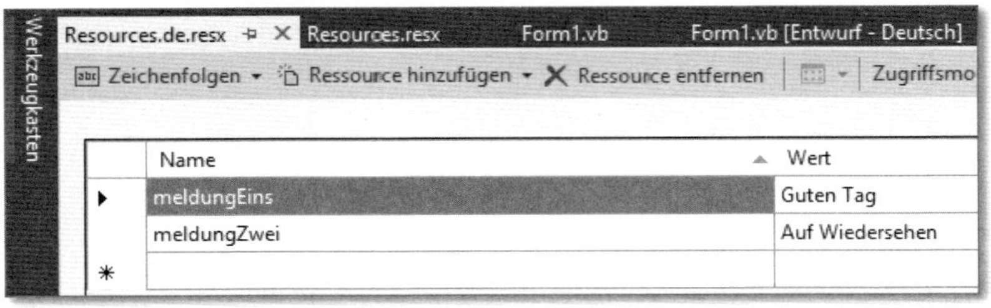

Abbildung 7.46 Zwei Ressourcen, Deutsch

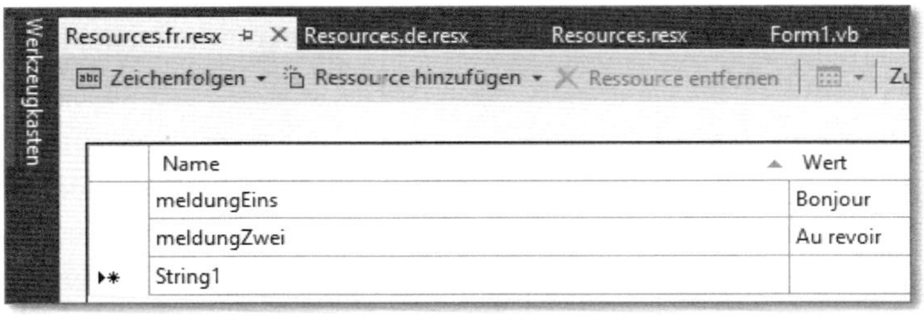

Abbildung 7.47 Zwei Ressourcen, Französisch

Der Code wird ergänzt:

```
Imports System.Globalization
Imports System.Threading
Imports System.Resources
Public Class Form1
    Dim rm As New ResourceManager(
        "Lokalisierung.Resources", GetType(Form1).Assembly)

    Sub New() ... End Sub

    Private Sub cmdEins_Click(...) Handles ...
        MessageBox.Show(rm.GetString("meldungEins"))
    End Sub

    Private Sub cmdZwei_Click(...) Handles ...
        MessageBox.Show(rm.GetString("meldungZwei"))
```

```
    End Sub
End Class
```

Listing 7.30 Projekt »Lokalisierung«, Nutzung der Ressourcen

Es wird der Namespace `System.Resources` eingefügt. Außerdem kommt ein lokaler Ressourcen-Manager hinzu. In den Ereignisprozeduren wird die Ressource mit seiner Hilfe als Text abgerufen, abhängig von der aktuell gewählten Sprache, siehe Abbildung 7.48.

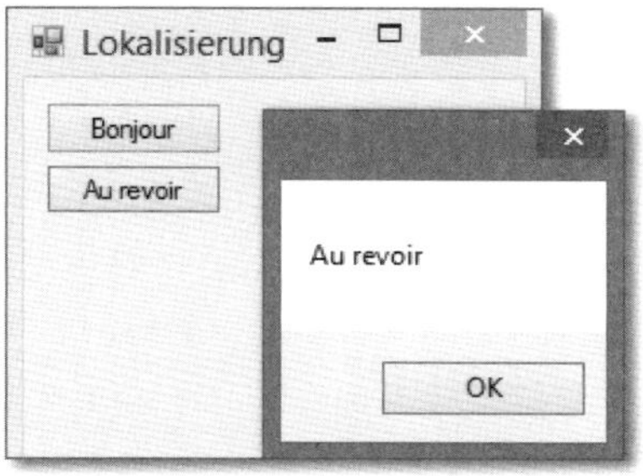

Abbildung 7.48 Meldungstext, aus Ressourcendatei

Kapitel 8
Datenbankanwendungen mit ADO.NET

Wollen Sie große Datenmengen dauerhaft und geordnet speichern, dann kommen Sie an Datenbanken nicht vorbei.

8

Falls Sie noch nicht mit relationalen Datenbanken vertraut sind, liefert Ihnen der erste Abschnitt dieses Kapitels das nötige Hintergrundwissen. Andernfalls können Sie diesen Teil überspringen und gleich zu Abschnitt 8.2 übergehen.

8.1 Was sind relationale Datenbanken?

Relation

Beim relationalen Datenmodell werden die Daten in Form von Tabellen angeordnet. Eine den Erfordernissen der Praxis genügende Datenbank wird sich aber kaum in einer einzigen Tabelle organisieren lassen. Sie wird vielmehr aus mehreren Tabellen bestehen, die miteinander in Beziehung (Relation) stehen. Eine solche Datenbank bezeichnet man als *relational*.

Index

Sowohl die Tabellen als auch die Relationen lassen sich sehr einfach auf den physikalischen Speicher abbilden. Der Nachteil einer relationalen Datenbank besteht darin, dass zusätzliche Hilfsdatenstrukturen, sogenannte Indizes, aufgebaut und ständig aktualisiert werden müssen. Diese Indizes erleichtern die Abfrage, Suche und Sortierung in relationalen Datenbanken.

Je größer und komplexer eine Datenbank wird, desto mehr überwiegen jedoch die Vorteile der klaren Strukturierung der Daten und der Speicherplatz-Einsparung gegenüber dem Nachteil durch den Aufbau und die Aktualisierung der Indizes.

8.1.1 Beispiel »Lager«

Als anschauliches Beispiel für den Entwurf einer Datenbank soll die Erfassung des Lagerbestands eines Einzelhändlers dienen. Die Artikel des Lagers sollen durch die Daten aus Tabelle 8.1 gekennzeichnet werden.

Beschreibung	Abkürzung
eigene Artikelnummer	`artnr`
Bestellnummer für diesen Artikel beim Lieferanten	`bestnr`
vorhandene Anzahl	`anz`
Lieferantennummer	`lnr`
Adresse des Lieferanten	`adr`
Telefonnummer des Lieferanten	`telnr`
Regional-Vertreter des Lieferanten	`vertr`
Einkaufspreis	`ek`
Verkaufspreis	`vk`

Tabelle 8.1 Artikeldaten

Erster Entwurf

Tabelle Im ersten Entwurf für eine solche Datenbank werden die Daten in einer Tabelle mit dem Namen `artikel` gespeichert, siehe Tabelle 8.2.

Feld, Datensatz In diesem Beispiel sind acht verschiedene Artikel im Lager, zu jedem dieser Artikel existiert in der Tabelle eine Zeile. Eine solche Zeile in einer Datenbanktabelle wird *Datensatz* genannt. Die Spalten einer Datenbanktabelle nennt man *Felder*, sie werden durch ihre Überschrift, den *Feldnamen*, gekennzeichnet.

Alle Artikel sind innerhalb einer Tabelle abgelegt. Das wirkt auf den ersten Blick sehr übersichtlich, man erkennt allerdings schnell, dass viele Daten mehrfach vorhanden sind. Bei jedem Artikel des gleichen Lieferanten sind Adresse, Telefonnummer und Vertreter in jedem Datensatz erfasst. Es ergibt sich eine Datenredundanz, d.h., viele Daten sind überflüssig. Außerdem können sich schnell inkonsistente, uneinheitliche Daten ergeben, falls die Telefonnummer eines Lieferanten sich ändert und diese Änderung nur in einem Datensatz eingetragen wird.

artnr	Bestnr	anz	lnr	adr	telnr	vertr	ek	vk
12	877	5	1	Köln	162376	Mertens	23	35
22	231	22	3	Koblenz	875434	Mayer	55	82
24	623	10	4	Bonn	121265	Marck	12	18
30	338	30	12	Aachen	135543	Schmidt	77	116
33	768	5	1	Köln	162376	Mertens	90	135
56	338	2	1	Köln	162376	Mertens	125	190
58	338	16	3	Koblenz	875434	Mayer	50	74
76	912	15	12	Aachen	135543	Schmidt	45	70

Tabelle 8.2 Erster Entwurf

Zweiter Entwurf

Daher geht man dazu über, den Lagerbestand in zwei Tabellen abzulegen, die miteinander verbunden sind. Die reinen Artikeldaten werden in der ersten Tabelle mit dem Namen `artikel` gespeichert. Die Felder sieht man in Tabelle 8.3.

artnr	bestnr	anz	lnr	ek	Vk
12	877	5	1	23	35
22	231	22	3	55	82
24	623	10	4	12	18
30	338	30	12	77	116
33	768	5	1	90	135
56	338	2	1	125	190
58	338	16	3	50	74
76	912	15	12	45	70

Tabelle 8.3 Zweiter Entwurf, Artikel

Die zweite Tabelle `lieferanten` enthält nur die Daten zu den einzelnen Lieferanten. Die Felder sieht man in Tabelle 8.4.

lnr	adr	telnr	Vertr
1	Köln	162376	Mertens
3	Koblenz	875434	Mayer
4	Bonn	121265	Marck
12	Aachen	135543	Schmidt

Tabelle 8.4 Zweiter Entwurf, Lieferanten

1:n-Relation

Außer den beiden Tabellen wird noch eine sogenannte 1:n-Relation aufgebaut. Diese Relation (= Beziehung, Verknüpfung) wird zwischen den beiden Feldern mit dem Namen `lnr` in den beiden Tabellen geknüpft. In Abbildung 8.1 sind die beiden Tabellen mit ihren Feldnamen und der Verknüpfung dargestellt.

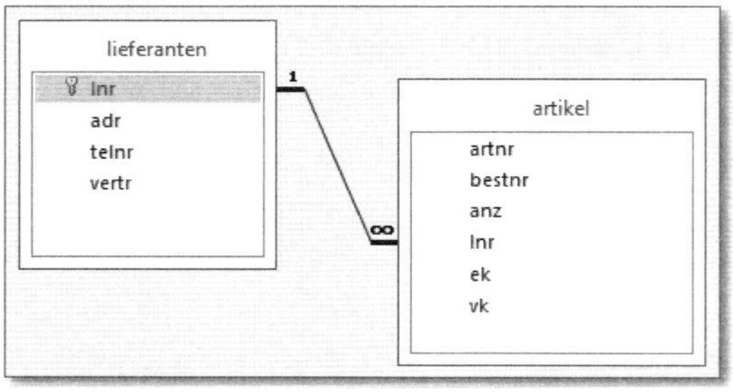

Abbildung 8.1 Relation zwischen Lieferanten und Artikeln

Redundanz vermeiden

Um also die vollständige Information über einen Artikel zu erhalten, müssen Sie zuerst den Datensatz innerhalb der Tabelle `artikel` aufsuchen und anschließend über das Feld `lnr` den zugehörigen Datensatz in der Tabelle `lieferanten` beachten. Auf diese Weise werden redundante Informationen vermieden, und Sie können einen erheblichen Teil an Speicherplatz einsparen.

Datenbanksystem

Diese beiden verknüpften Tabellen werden, zusammen mit einem geeigneten Abfragesystem zum schnellen Auffinden und Auswerten der Daten, als relationales Datenbanksystem bezeichnet. Zu einem solchen System gehören Indizes und Relationen.

8.1.2 Indizes

Hilfstabelle

Ein Index ist eine sortierte Hilfstabelle, in der sich die indizierten Felder in der entsprechenden, sortierten Reihenfolge befinden. Außerdem steht hier ein Verweis auf den Ort des zugehörigen Datensatzes. Wenn das Datenbanksystem beim Suchen oder Sortieren einen Index benutzen kann, können effizientere Verfahren angewendet werden, weil nicht Satz für Satz der Tabelle verarbeitet werden muss. Das bringt besonders bei großen Tabellen Geschwindigkeitsvorteile.

Da für jeden Index Speicherplatz benötigt wird, wächst die Datenbank entsprechend. Außerdem müssen die Index-Hilfstabellen beim Eingeben und Ändern der Daten aktualisiert werden, was die Geschwindigkeit beim Bearbeiten der Daten verlangsamt. In diesem Zusammenhang sind die Begriffe *Primärindex* und *Sekundärindex* von Bedeutung.

Primärindex

Eindeutig

Jede Tabelle kann ein Feld aufweisen, das als Primärindex dient. In einem Primärindexfeld ist jeder Wert einzigartig, d.h., zwei Datensätze haben niemals den gleichen Wert im Primärindexfeld. Diese Eigenschaft wird vom Datenbanksystem überwacht, wenn Sie ein Feld oder eine Gruppe von Feldern als Primärindex definieren. Über das Primärindexfeld kann jeder Datensatz eindeutig identifiziert werden.

Ein Beispiel aus dem vorigen Abschnitt: Innerhalb der Tabelle `artikel` versehen Sie sinnvollerweise das Feld `artnr` mit einem Primärindex. Jede Artikelnummer sollte in dieser Tabelle nur einmal vorkommen. Innerhalb der Tabelle `lieferanten` versehen Sie das Feld `lnr` mit einem Primärindex.

Sekundärindex

Suchen und Sortieren

Wird für ein Feld oder eine Gruppe von Feldern die Eigenschaft *Sekundärindex* vereinbart, kann mehrfach derselbe Feldinhalt vorkommen. Eine eindeutige Identifizierung eines Datensatzes ist also über einen Sekundärindex nicht möglich. Trotzdem empfiehlt es sich, Sekundärindizes anzulegen, wenn schnellere Sortierung oder schnelleres Suchen nach diesen Feldern möglich sein sollen.

Ein Beispiel aus dem vorigen Abschnitt: Innerhalb der Tabelle `lieferanten` versehen Sie z. B. das Feld `adr` mit einem Sekundärindex. Dadurch ermöglichen Sie das schnelle Sortieren der Tabelle nach Adressen bzw. das schnelle Suchen nach einer bestimmten Adresse.

8.1.3 Relationen

Wenn Sie mehrere Tabellen haben, werden diese meist in einer Relation (= Beziehung) zueinander stehen. Das Datenbanksystem ermöglicht das Festlegen der Relationen zwischen je zwei Tabellen, um diese miteinander zu verknüpfen.

Eine 1:1-Relation

Eine 1:1-Relation liegt dann vor, wenn einem Datensatz der einen Tabelle genau ein Datensatz der zweiten Tabelle zugeordnet ist. Die Verknüpfungsfelder müssen in beiden Tabellen eindeutig sein. Im Prinzip könnten Sie zwei Tabellen, die zueinander in einer 1:1-Relation stehen, zu einer einzigen Tabelle zusammenfassen. Es kann aber Gründe geben, die das Führen von zwei Tabellen notwendig machen, z. B. Datenschutz-Erfordernisse.

Datenschutz

Im Beispiel aus dem vorigen Abschnitt könnten Sie die Daten des ersten Entwurfs auch in zwei Tabellen anordnen, die über das Feld `lnr` miteinander verbunden sind. Beide Tabellen haben acht Datensätze, zu jedem Datensatz in der ersten Tabelle gibt es genau einen Datensatz in der zweiten Tabelle. Die persönlichen Daten eines Lieferanten, die in einer eigenen Tabelle stehen (siehe Tabelle 8.6), können so von den Daten des Artikel-Lagers getrennt werden (siehe Tabelle 8.5). Falls Sie für einzelne Benutzer nur den Zugriff auf die Artikeltabelle ermöglichen, haben Sie an dieser Stelle den Datenschutz gewährleistet, ohne die Funktion der Artikel-Verwaltung zu beeinträchtigen.

artnr	Bestnr	anz	lnr	ek	vk
12	877	5	1	23	35
22	231	22	3	55	82
24	623	10	4	12	18
30	338	30	12	77	116
33	768	5	1	90	135
56	338	2	1	125	190
58	338	16	3	50	74
76	912	15	12	45	70

Tabelle 8.5 1:1-Relation, erste Tabelle

lnr	Adr	telnr	vertr
1	Köln	162376	Mertens
3	Koblenz	875434	Mayer
4	Bonn	121265	Marck
12	Aachen	135543	Schmidt
1	Köln	162376	Mertens
1	Köln	162376	Mertens
3	Koblenz	875434	Mayer
12	Aachen	135543	Schmidt

Tabelle 8.6 1:1-Relation, zweite Tabelle

Eine 1:n-Relation

Master, Detail

Bei einer 1:n-Relation können zu einem Datensatz der ersten Tabelle mehrere Datensätze der zweiten Tabelle vorliegen, die sich darauf beziehen. In einem Datenbanksystem wird die Tabelle der 1-Seite auch als *Mastertabelle* für diese Relation bezeichnet, die Tabelle der n-Seite wird auch *Detailtabelle* genannt.

Im Beispiel aus dem vorigen Abschnitt sind die Daten über eine solche 1:n-Relation miteinander verbunden. Die Mastertabelle für diese Relation ist die Tabelle der Lieferanten, die Detailtabelle ist die Tabelle der Artikel.

Eine m:n-Relation

Dritte Tabelle

Bei einer m:n-Relation entsprechen einem Datensatz der ersten Tabelle mehrere Datensätze der zweiten Tabelle, aber auch umgekehrt entsprechen einem Datensatz der zweiten Tabelle mehrere Datensätze der ersten Tabelle. Eine m:n-Relation lässt sich nicht unmittelbar, sondern nur über den *Umweg* einer dritten Tabelle definieren.

Um eine Datenbank mit einer m:n-Relation darzustellen, muss das einfache Beispiel aus dem vorigen Abschnitt erweitert werden. Bisher konnte ein Artikel nur von einem Lieferanten bezogen werden. Im neuen Beispiel soll es die Möglichkeit geben, einen Artikel unter unterschiedlichen Bestellnummern bei verschiedenen Lieferanten zu beziehen. Die Tabelle `artikel` würde erweitert, wie in Tabelle 8.7 zu sehen.

artnr	bestnr	anz	lnr	ek	vk
12	877	3	1	23	35
12	655	2	4	26	35
22	231	22	3	55	82
24	623	10	4	12	18
30	338	30	12	77	116
33	768	5	1	90	135
56	338	2	1	125	190
58	338	3	3	50	74
58	442	5	1	47	74
58	587	6	4	42	74
58	110	2	12	55	74
76	912	15	12	45	70

Tabelle 8.7 Tabelle »Artikel«, unterschiedliche Lieferanten

Sowohl der Artikel 12 als auch der Artikel 58 sind unter unterschiedlichen Bestellnummern und Einkaufspreisen bei verschiedenen Lieferanten zu beziehen. Die Tabelle `artikel` hat nun keinen Primärindex mehr im Feld `artnr`, da eine Artikelnummer mehrfach vorkommen kann.

Diese Daten legen Sie zur besseren Strukturierung in den folgenden drei Tabellen an:

- Tabelle `lieferanten` mit den Lieferantendaten
- Tabelle `art_einzel` mit den unterschiedlichen Daten pro Artikel und Lieferant
- Tabelle `art_gesamt` mit den gemeinsamen Daten der Artikel

lnr	adr	telnr	vertr
1	Köln	162376	Mertens
3	Koblenz	875434	Mayer
4	Bonn	121265	Marck
12	Aachen	135543	Schmidt

Tabelle 8.8 Tabelle »lieferanten«

artnr	bestnr	anz_einzel	lnr	ek
12	877	3	1	23
12	655	2	4	26
22	231	22	3	55
24	623	10	4	12
30	338	30	12	77
33	768	5	1	90
56	338	2	1	125
58	338	3	3	50
58	442	5	1	47
58	587	6	4	42
58	110	2	12	55
76	912	15	12	45

Tabelle 8.9 Tabelle »art_einzel«

artnr	vk
12	35
22	82

Tabelle 8.10 Tabelle »art_gesamt«

artnr	vk
24	18
30	116
33	135
56	190
58	74
76	70

Tabelle 8.10 Tabelle »art_gesamt« (Forts.)

Zweimal 1:n Die Tabelle `lieferanten` ist über das Feld `lnr` mit der Tabelle `art_einzel` über eine 1:n-Relation verbunden. Die Tabelle `art_gesamt` ist über das Feld `artnr` mit der Tabelle `art_einzel` ebenfalls über eine 1:n-Relation verbunden.

m:n-Relation Zwischen den beiden Tabellen `lieferanten` und `art_gesamt` gibt es eine *m:n-Relation*, da es zu jedem Lieferanten mehrere Artikelnummern und zu jeder Artikelnummer mehrere Lieferanten geben kann.

Primärindizes gibt es in der Tabelle `lieferanten` auf `lnr` und in der Tabelle `art_gesamt` auf `artnr`, siehe Abbildung 8.2.

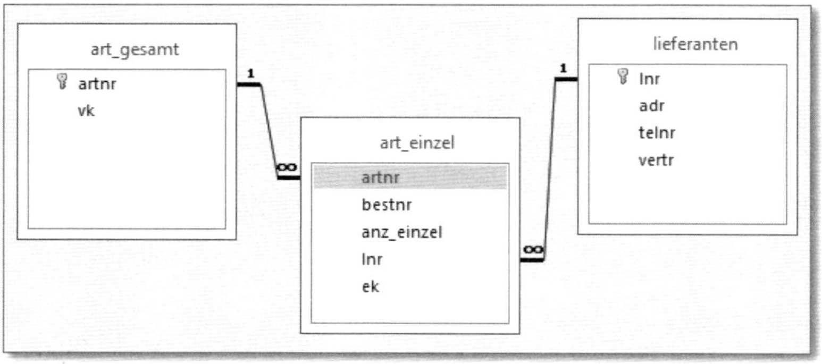

Abbildung 8.2 Zwei 1:n-Relationen, ergeben eine m:n-Relation

8.1.4 Übungen

Bei den nachfolgenden Übungen sollen eigene, relationale Datenbanken übersichtlich *auf Papier* modelliert werden. Vermeiden Sie dabei Redundanzen und Inkonsistenzen. Kennzeichnen Sie Primärindizes und gegebenenfalls Sekundärindizes. Zeichnen Sie 1:n-Relationen und (falls vorhanden) m:n-Relationen ein.

Übung »Projektverwaltung«

Übung »Projektverwaltung«

Modellieren Sie eine eigene, relationale Datenbank `projektverwaltung` zur Verwaltung von Personal, Kunden und Projekten innerhalb einer Firma. Folgende Basis-Informationen stehen Ihnen zur Verfügung und sollen in der Datenbank verfügbar sein:

- Ein Mitarbeiter hat Name, Vorname und Personalnummer.
- Ein Kunde hat einen Namen und kommt aus einem Ort.
- Ein Projekt hat eine Bezeichnung und eine Projektnummer und ist einem Kunden zugeordnet.
- Ein Mitarbeiter kann an mehreren Projekten innerhalb der Firma beteiligt sein.
- Ein Projekt kann von einem oder mehreren Mitarbeitern bearbeitet werden.
- Jeder Mitarbeiter notiert jeden Tag, wie viele Stunden er für welches Projekt gearbeitet hat.

Übung »Mietwagen«

Übung »Mietwagen«

Modellieren Sie eine eigene, relationale Datenbank `mietwagen` zur Verwaltung einer Mietwagenfirma. Folgende Basis-Informationen stehen Ihnen zur Verfügung und sollen in der Datenbank verfügbar sein:

- Ein Fahrzeug hat eine Fahrgestellnummer, ein Kfz-Kennzeichen, gehört zu einer Preisklasse, hat einen Kilometerstand und einen Standort.
- Die Mietwagenfirma hat mehrere Standorte. Gemietete Fahrzeuge können nur an der gleichen Station zurückgegeben werden.
- Ein Kunde hat einen Namen, einen Vornamen, eine Adresse und eine Kundennummer. Er kann beliebig oft Fahrzeuge mieten.
- Bei einem Mietvorgang sind wichtig: Zeitpunkt (Beginn und Ende), gewünschte Preisklasse, tatsächlich gemietetes Fahrzeug, Mietstation und gefahrene Kilometer.
- Eine Preisklasse beinhaltet die Kosten pro Tag (bei 300 Freikilometern) und die Kosten für jeden zusätzlichen Kilometer.

8.2 Anlegen einer Datenbank in Microsoft Access

Microsoft Access

Bei Microsoft Access handelt es sich um ein Datenbanksystem als Bestandteil bestimmter Versionen von Microsoft Office.

Falls Sie noch nicht mit Access gearbeitet haben, lernen Sie in diesem Abschnitt, wie Sie Datenbanken mit Access in der Version 2013 anlegen, z. B. die in den weiteren Abschnitten benutzte Datenbank `firma`. Anderenfalls können Sie diese Beispiel-Datenbank direkt vom beiliegenden Datenträger kopieren und gleich zu Abschnitt 8.3 übergehen.

Weiteres DB-System

Es gibt noch weitere Möglichkeiten, Datenbanken zu erstellen, z. B. mit Hilfe des MySQL-Datenbankservers.

Daten können aus anderen Anwendungen leicht nach Access importiert werden bzw. aus Access exportiert werden. Außerdem können Bedienung und Darstellung der internen Strukturen einer Datenbank durch Grafik und Maus vereinfacht werden.

8.2.1 Aufbau von Access

Objekte

Im Datenbanksystem Access wird mit Objekten gearbeitet. Neben den Datenbeständen, die in Tabellen organisiert sind, können in einer Access-Datenbank weitere Objekte gespeichert werden, die den Zugriff auf die Daten und die Darstellung der Daten regeln. Das sind u. a. Abfragen, Berichte und Formulare.

Jedes dieser Elemente ist für Access ein Objekt, das einen eigenen Namen erhält und bestimmte Eigenschaften hat, die Sie einstellen können. Komplexe Objekte wie Formulare enthalten ihrerseits benannte Objekte mit einstellbaren Eigenschaften, z. B. Eingabefelder. Auf jedes Objekt kann durch seinen Namen Bezug genommen werden.

Einzelne Datei

Alle Objekte einer Datenbank werden zusammen in einer Datei gespeichert, sodass Sie beim Öffnen einer Datenbankdatei sicher sein können, alle benötigten Elemente verfügbar zu haben.

Tabellen

Daten speichern

Die Grundlage einer Access-Datenbank sind die Tabellen, in denen der Datenbestand gespeichert wird. Wie viele Tabellen eine Datenbank umfasst und in welcher Weise die Tabellen verknüpft werden, hängt von der speziellen Aufgabenstellung der Datenbank ab. Tabellen sind in Zeilen und Spalten organisiert. Jede Zeile stellt einen Datensatz dar, jede Spalte ein Feld.

Abfragen

Daten abrufen

Während die Gesamtheit der Tabellen in den Daten gespeichert ist, können Sie mit Abfragen die jeweils gewünschten Teilinformationen abrufen. Das Ergebnis einer Abfrage wird *Dynaset* genannt und ebenfalls in Tabellenform dargestellt. Sie können beliebig viele Abfragen zusammen mit der Datenbank speichern. Wenn Sie eine Abfrage verwenden, wird das entsprechende *Dynaset* gemäß der gespeicherten Abfragevorschrift jedes Mal neu erzeugt.

Formulare

Daten ändern

Für die Bildschirmdarstellung der Daten können Formulare erstellt werden, die den früher verwendeten Papierformularen entsprechen. Zum Eingeben und Ändern der Daten bieten Formulare eine gute Benutzerführung, aber auch wenn es um die übersichtliche Darstellung von Abfrageergebnissen geht, sollten Sie Formulare verwenden.

Der Formularassistent führt den Anwender bei der Erstellung eines Formulars und hält Standardmaskenformate bereit. Sie können aber auch selbst die Anordnung, Gestaltung und Auswertung bestimmen.

Berichte

Daten drucken

Mit Berichten können Sie nicht nur die Druckausgabe gestalten, sondern Sie können auch gruppenweise Daten zusammenfassen und statistische sowie grafische Auswertungen durchführen. Als Basis können Sie eine Tabelle oder Abfrage verwenden.

Auch bei der Berichtserstellung können Sie sich von einem Assistenten unterstützen lassen. Sie können natürlich auch einen eigenen Berichtsentwurf anlegen oder das vom Berichtsassistenten erzeugte Berichtsformat individuell umgestalten.

8.2.2 Datenbankentwurf in Access 2013

Access 2013

Jeder Einzelinformation, die zum selben Tabellenthema gehört, entspricht ein eigenes Feld. Dagegen sollten Sie für Informationen, die sich ableiten oder berechnen lassen, keine Tabellenfelder vorsehen. Diese Informationen werden mit Abfragen erzeugt und stets mit den aktuellen Daten aus der Tabelle berechnet, wenn Sie die Abfrage aufrufen.

Erstellung von Tabellen, Indizes und Relationen

Datenbank erstellen

Die beschriebenen Bestandteile einer Datenbank werden nun anhand von eigenen Datenbanken bearbeitet. Geben Sie das Beispiel mit den drei Tabellen aus dem vorigen Abschnitt ein. Die Datenbank erhält den Namen `lager`. Im Folgenden sind die Entwürfe der drei Tabellen und diejenigen Indizes aufgeführt, die in jedem Fall benötigt werden.

Erstellung einer Datenbank:

- Rufen Sie Access 2013 auf.
- Wählen Sie das Symbol LEERE DESKTOPDATENBANK aus.

.accdb

- Wählen Sie den gewünschten Dateinamen und das Verzeichnis aus bzw. geben Sie beides ein. In diesem Fall ist das *C:\Temp\lager.accdb*, die Endung *.accdb* wird von Access 2013 ergänzt, siehe Abbildung 8.3.

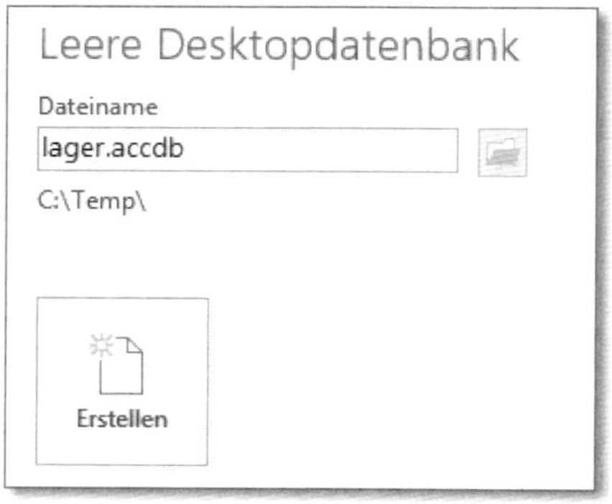

Abbildung 8.3 Erstellung der Datenbank

Ältere Version

Hinweis: Access 2007 und Access 2010 verwenden dasselbe Datenbankformat wie Access 2013. Sie können mit Access 2013 aber auch Datenbanken mit der Endung *.mdb* für noch ältere Access-Versionen anlegen und bearbeiten.

- Nach Betätigung des Buttons ERSTELLEN erscheint die leere Datenbank mit einem Fenster für `Tabelle1`. Sie könnten hier direkt die Daten der `Tabelle1` eingeben. Allerdings soll zunächst eine Tabellenstruktur erzeugt werden. Daher wird das Fenster von `Tabelle1` geschlossen, ohne zu speichern.

- Über den Menüpunkt ERSTELLEN • TABELLENENTWURF gelangen Sie zur Entwurfsansicht für die erste neue Tabelle. Hier werden die Daten wie in Abbildung 8.4 eingegeben. **Tabellenentwurf**

Tabelle1

Feldname	Felddatentyp
artnr	Zahl
bestnr	Zahl
anz_einzel	Zahl
lnr	Zahl
ek	Währung

Abbildung 8.4 Entwurf der ersten Tabelle

- Nun schließen Sie das Tabellenfenster. Da Sie noch nicht gespeichert haben, werden Sie gefragt, ob Sie speichern möchten. Nach Betätigung des Buttons JA können Sie den Namen der Tabelle (`art_einzel`) eingeben.
- Sie werden darauf aufmerksam gemacht, dass die Tabelle über keinen Primärschlüssel verfügt, und gefragt, ob Sie einen solchen erstellen möchten. Nach Betätigung des Buttons NEIN erscheint die neue Tabelle im Datenbankfenster, siehe Abbildung 8.5.

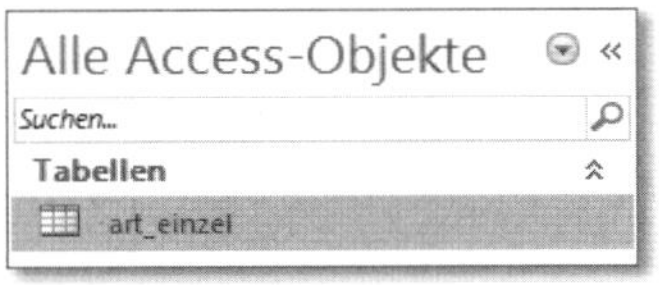

Abbildung 8.5 Neue Tabelle »art_einzel«

- Im Kontextmenü der neuen Tabelle könnten Sie über den Menüpunkt ENTWURFSANSICHT wiederum in die entsprechende Ansicht gelangen, um die Struktur zu verändern.
- Wählen Sie im Kontextmenü den Menüpunkt ÖFFNEN oder führen Sie einen Doppelklick auf der Tabelle aus, gelangen Sie zur Datenblattansicht und können Daten in die Tabelle eingeben.
- Wiederum über den Menüpunkt ERSTELLEN • TABELLENENTWURF gelangen Sie zur Entwurfsansicht für die nächste Tabelle. Hier geben Sie die Daten wie in Abbildung 8.6 ein.
- Zum Erstellen eines Primärschlüssels wählen Sie die betreffende Zeile aus (`artnr`) und klicken Sie auf das Symbol PRIMÄRSCHLÜSSEL. Anschließend ist der Primärschlüssel zu sehen, ebenfalls in Abbildung 8.6. **Primärschlüssel**

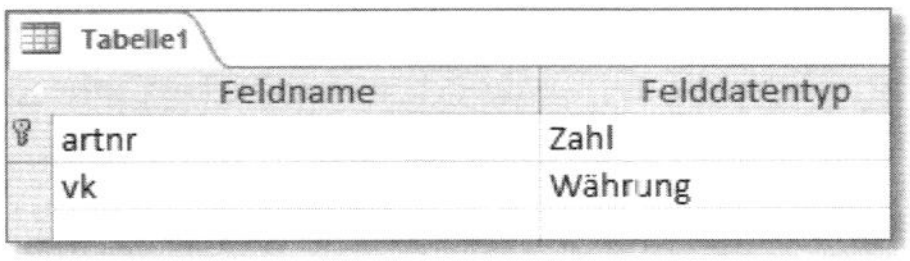

Tabelle1

	Feldname	Felddatentyp
🔑	artnr	Zahl
	vk	Währung

Abbildung 8.6 Neue Tabelle mit Primärschlüssel

- Diese Tabelle wird unter dem Namen `art_gesamt` gespeichert.
- Die dritte Tabelle (`lieferanten`) wird ebenso eingegeben und gespeichert, dabei wird der Primärschlüssel auf das Feld `lnr` gesetzt, siehe Abbildung 8.7.

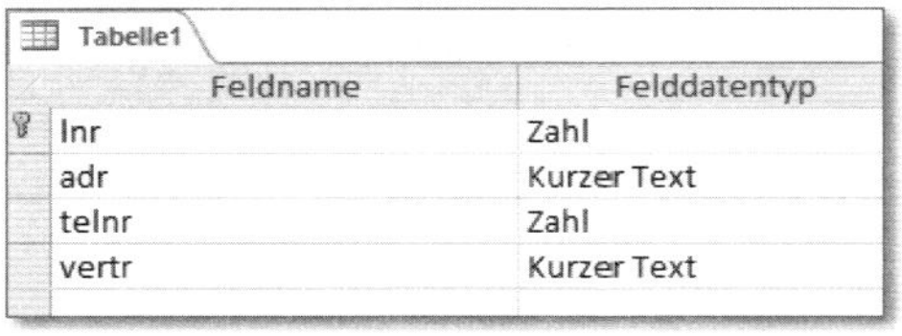

Tabelle1

	Feldname	Felddatentyp
🔑	lnr	Zahl
	adr	Kurzer Text
	telnr	Zahl
	vertr	Kurzer Text

Abbildung 8.7 Dritte Tabelle, mit Primärschlüssel

Herstellen der Relationen zwischen den Tabellen

Die folgenden beiden Relationen werden benötigt:

- Tabelle `art_gesamt`, Feld `artnr` (1-Seite) zu Tabelle `art_einzel`, Feld `artnr` (n-Seite), mit referentieller Integrität, ohne Aktualisierungsweitergabe, ohne Löschweitergabe.
- Tabelle `lieferanten`, Feld `lnr` (1-Seite) zu Tabelle `art_einzel`, Feld `lnr` (n-Seite), mit referentieller Integrität, ohne Aktualisierungsweitergabe, ohne Löschweitergabe.

Relation erstellen

Erstellung der Relationen:

- Wählen Sie (bei geschlossenen Tabellen und Tabellenentwürfen) den Menüpunkt DATENBANKTOOLS • BEZIEHUNGEN. In dem darauf erscheinenden Dialogfenster markieren Sie alle drei Tabellen mithilfe der [⇧]-Taste.
- Betätigen Sie nacheinander die Buttons HINZUFÜGEN und SCHLIESSEN. Nun sind alle drei Tabellen im Beziehungsfenster zu sehen. Die Tabellen können leicht mit der Maus verschoben werden.
- Für jede Relation werden die beiden Felder, zwischen denen die Relation erstellt werden soll, mithilfe der Maus wie folgt miteinander verbunden:

Sie betätigen auf einem der beiden Felder die linke Maustaste, halten sie gedrückt, gehen zum anderen Feld (in der anderen Tabelle) und lassen die Maustaste dort wieder los.

- Führen Sie das für die beiden Felder `lnr` durch, erscheint das Dialogfeld in Abbildung 8.8.
- Hier sollten Sie MIT REFERENTIELLER INTEGRITÄT auswählen (Erklärung weiter unten) und anschließend den Button ERSTELLEN betätigen.

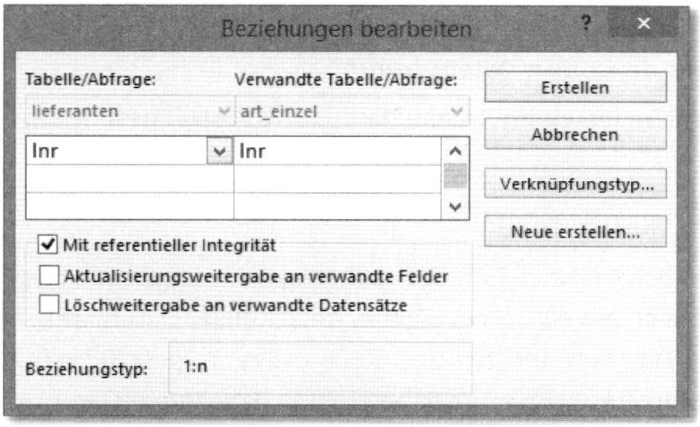

Abbildung 8.8 Erstellung einer Beziehung

- Zwischen den ausgewählten Feldern erscheint eine Linie, die die 1:n-Relation darstellt (sofern die Felder auf beiden Seiten der Relation den gleichen Datentyp haben und auf einem der beiden Felder ein Primärindex liegt).
- Die zweite Relation kann auf die gleiche Art erstellt werden, sodass sich Abbildung 8.2 ergibt.

Referentielle Integrität

Aktualisieren oder Löschen

Sie können bei der Herstellung von Relationen auswählen, ob die Regeln der referentiellen Integrität eingehalten werden sollen. Wenn Sie beim Aktualisieren oder Löschen von Daten in einer der beiden Tabellen gegen diese Regeln verstoßen, zeigt Access eine Meldung an und lässt diese Änderung nicht zu. Regelverstöße wären z. B.:

- das Hinzufügen von Datensätzen in einer Detailtabelle, für die kein Primärdatensatz vorhanden ist
- Änderungen von Werten in einer Mastertabelle, die verwaiste Datensätze in einer Detailtabelle zur Folge hätten

Fehlerverminderung

- das Löschen von Datensätzen in einer Mastertabelle, wenn übereinstimmende verknüpfte Datensätze vorhanden sind

Die Option MIT REFERENTIELLER INTEGRITÄT dient der Datensicherheit und der Fehlerverminderung bei der Eingabe von Daten und der Aktualisierung von Datenbanken. Sie können diese Option nur unter folgenden Voraussetzungen auswählen:

- Das Feld der Mastertabelle hat einen Primärindex oder zumindest einen eindeutigen Index.
- Das Detailfeld weist denselben Datentyp auf.
- Beide Tabellen sind in derselben Access-Datenbank gespeichert.

8.2.3 Übungen

Erzeugen Sie aus den beiden Modellen des vorherigen Abschnitts (*Projektverwaltung*, *Mietwagen*) jeweils eine eigene, relationale Datenbank in Access. Erstellen Sie Tabellen, Indizes und Relationen. Tragen Sie einige geeignete Beispieldaten ein. Achten Sie dabei darauf, dass zuerst Daten auf der Master-Seite einer Beziehung eingetragen werden müssen, bevor Daten auf der Detail-Seite einer Beziehung eingetragen werden können.

8.3 Datenbankzugriff mit Visual Basic

Nach dem vorherigen Abschnitt wissen Sie, wie man eine Datenbank mit Tabellen und Beziehungen erstellt. In diesem Abschnitt wird Ihnen gezeigt, wie Sie mithilfe von Visual Basic auf eine Datenbank zugreifen.

Nach der Installation eines MS Office 2013-Pakets mit MS Access 2013 stehen normalerweise alle notwendigen Elemente für den Datenbankzugriff per Programm zur Verfügung. Sollte das dennoch nicht der Fall sein, dann können Sie bei Microsoft unter der Adresse *http://www.microsoft.com/de-de/download/details.aspx?id=13255* die *Microsoft Access Database Engine 2010 Redistributable* herunterladen und installieren.

Sie können sie sowohl für MS Access 2010 als auch für MS Access 2013 nutzen. Es gibt sie in zwei Versionen, für 32-Bit- und für 64-Bit-Rechner. Sie sollten diejenige nutzen, die zur Zielplattform Ihrer Anwendung passt. Beide Versionen finden Sie auch auf dem Datenträger zum Buch.

8.3.1 Beispiel-Datenbank

In diesem und den folgenden Abschnitten wird mit der Access-Datenbank *firma.accdb* gearbeitet. Diese Beispiel-Datenbank können Sie direkt vom beiliegenden Datenträger kopieren. Sie kann sowohl unter Access 2013 als auch unter Access 2010 oder Access 2007 genutzt werden. Sie beinhaltet die Tabelle `personen` zur Aufnahme von Personendaten. Die Tabelle `personen` hat die Struktur wie in Abbildung 8.9 dargestellt.

personen

Feldname	Felddatentyp
name	Kurzer Text
vorname	Kurzer Text
personalnummer	Zahl
gehalt	Zahl
geburtstag	Datum/Uhrzeit

Abbildung 8.9 Entwurf der Tabelle »personen«

Primärindex

Auf dem Feld `personalnummer` ist der Primärschlüssel definiert. Es kann also keine zwei Datensätze mit der gleichen Personalnummer geben. Es gibt bereits drei Datensätze mit den Inhalten, die in Abbildung 8.10 zu sehen sind.

personen

name	vorname	personalnummer	gehalt	geburtstag
Mertens	Julia	2297	3621,5	30.12.1959
Maier	Hans	6714	3500	15.03.1962
Schmitz	Peter	81343	3750	12.04.1958

Abbildung 8.10 Inhalt der Tabelle »personen«

8.3.2 Ablauf eines Zugriffs

Der Zugriff auf eine Datenbank mit Visual Basic besteht aus folgenden Schritten:

- Verbindung aufnehmen zur Datenbank
- Absetzen eines SQL-Befehls an die Datenbank
- Auswerten des SQL-Befehls
- Verbindung zur Datenbank schließen

Diese Schritte werden nachfolgend zunächst erläutert und anschließend zusammenhängend in einem Visual-Basic-Programm durchgeführt.

8.3.3 Verbindung

OleDbConnection

Die Verbindung zu einer Access-Datenbank wird mithilfe eines Objekts der Klasse `OleDbConnection` aus dem Namespace `OleDb` aufgenommen. Ähnliche Klassen gibt es für die Verbindung zu anderen Datenbanktypen bzw. zu Datenbankservern.

ConnectionString

Wichtigste Eigenschaft der Klasse `OleDbConnection` ist `ConnectionString`. Hier werden mehrere Eigenschaften für die Art der Verbindung vereinigt. Für Access sind das:

- der Datenbankprovider: `Microsoft.ACE.OLEDB.12.0`
- die Datenquelle (`Data Source`): hier *C:\Temp\firma.accdb*

Open(), Close()

Die Methoden `Open()` und `Close()` der Klasse `OleDbConnection` dienen zum Öffnen und Schließen der Verbindung. Eine offene Verbindung sollte so schnell wie möglich wieder geschlossen werden.

Microsoft Vista

Hinweis: Falls Sie auf einem PC mit dem Betriebssystem Microsoft Vista in der 64-Bit-Version entwickeln, dann können Probleme bei der Aufnahme der Verbindung zu einer Access-Datenbank auftreten. Abhilfe dazu bekommen Sie in Abschnitt A.7.

8.3.4 SQL-Befehl

Die Abkürzung SQL steht für *Structured Query Language*. SQL ist eine *strukturierte Abfragesprache*, also eine Sprache, mit deren Hilfe Datenbankabfragen ausgeführt werden können. Es gibt grundsätzlich zwei Typen von Abfragen:

select

- Auswahlabfragen zur Sichtung von Daten mit dem SQL-Befehl `select`
- Aktionsabfragen zur Veränderung von Daten mit den SQL-Befehlen `update`, `delete`, `insert`

Im weiteren Verlauf werden Grundlagen der Sprache SQL vermittelt, sodass einige typische Arbeiten mit Datenbanken durchgeführt werden können.

8.3.5 OleDb

OleDb

Sie müssen den Namensraum `OleDb` mithilfe der Anweisung `Imports System.Data.OleDb` in jedem Projekt einbinden, in dem Sie auf eine Access-Datenbank zugreifen möchten.

SQL-Befehle werden zu einer Access-Datenbank mithilfe eines Objekts der Klasse `OleDbCommand` aus dem Namespace `OleDb` gesendet. Die beiden wichtigsten Eigenschaften dieser Klasse sind:

- `Connection`: Angabe der Verbindung, über die der SQL-Befehl gesendet wird
- `CommandText`: der Text des SQL-Befehls

Für die beiden verschiedenen Abfragetypen bietet die Klasse `OleDbCommand` die beiden folgenden Methoden:

ExecuteReader()

- `ExecuteReader()` dient dem Senden einer Auswahlabfrage und dem Empfangen des Abfrageergebnisses.
- `ExecuteNonQuery()` dient dem Senden einer Aktionsabfrage und dem Empfangen einer Zahl. Das ist die Anzahl der Datensätze, die von der Aktion betroffen waren.

OleDbReader

Das Ergebnis einer Auswahlabfrage wird in einem Objekt der Klasse `OleDbReader` aus dem Namespace `OleDb` gespeichert. In diesem Reader stehen alle Datensätze des Ergebnisses mit den Werten der angeforderten Felder.

8.3.6 Auswahlabfrage

Als Beispiel für eine Auswahlabfrage nehmen wir den einfachsten Fall. Sie möchten alle Datensätze einer Tabelle mit allen Feldern sehen, siehe Abbildung 8.11.

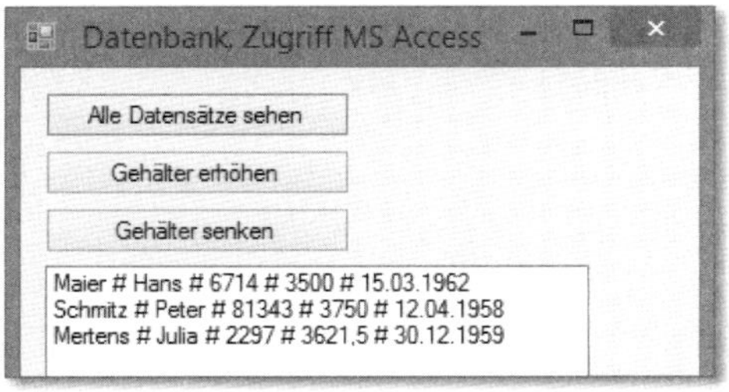

Abbildung 8.11 Alle Datensätze sehen

Das Programm (im Projekt *DBZugriffAccess*):

```
Imports System.Data.OleDb

Public Class Form1
```

```
    Private Sub cmdAlleSehen_Click(...) Handles ...
        Dim con As New OleDbConnection
        Dim cmd As New OleDbCommand
        Dim reader As OleDbDataReader

        con.ConnectionString =
            "Provider=Microsoft.ACE.OLEDB.12.0;" &
            "Data Source=C:\Temp\firma.accdb"

        cmd.Connection = con
        cmd.CommandText = "select * from personen"

        Try
            con.Open()
            reader = cmd.ExecuteReader()
            lstTab.Items.Clear()
            Do While reader.Read()
                lstTab.Items.Add(
                    reader("name") & " # " &
                    reader("vorname") & " # " &
                    reader("personalnummer") & " # " &
                    reader("gehalt") & " # " &
                    reader("geburtstag"))
            Loop
            reader.Close()
            con.Close()
        Catch ex As Exception
            MessageBox.Show(ex.Message)
        End Try
    End Sub
End Class
```

Listing 8.1 Projekt »DBZugriffAccess«, Auswahlabfrage

Zur Erläuterung:

- Es werden die beiden Objekte der Klassen `OleDbConnection` und `OleDbCommand` erzeugt.
- Es wird ein Verweis auf ein Objekt der Klasse `OleDbReader` erzeugt. Ein Verweis auf das Objekt selbst wird später von der Methode `ExecuteReader()` der Klasse `OleDbCommand` geliefert.

- Die Eigenschaft `ConnectionString` wird mit den Informationen für den Provider und die Datenquelle gefüllt.
- Es wird festgelegt, auf welcher Verbindung der SQL-Befehl gesendet wird.
- Der SQL-Befehl `select * from personen` besteht aus den folgenden Elementen: **SQL-Befehl**
  - `select ... from ...` : wähle Felder ... von Tabelle ...
  - *: eine Liste der gewünschten Felder im Abfrageergebnis, * bedeutet alle Felder
  - `personen`: Name der Tabelle, aus der ausgewählt wird

- Da es beim Zugriff auf eine Datenbank erfahrungsgemäß zahlreiche Fehlerquellen gibt, sollte er in einem `Try...Catch`-Block ablaufen. Ähnlich wie beim Zugriff auf eine Datei kann es vorkommen, dass die Datenbank gar nicht am genannten Ort existiert. Auch Fehler bei der SQL-Syntax werden an Visual Basic weitergemeldet. Die verschiedenen möglichen Fehlermeldungen helfen bei der Fehlerfindung. **Try...Catch**
- Mit Aufruf der Methode `Open()` wird die Verbindung geöffnet.
- Das Kommando wird mit der Methode `ExecuteReader()` gesendet. Es kommt ein Abfrageergebnis von der Klasse `OleDbReader` zurück, dieses wird über den Verweis `reader` erreichbar gemacht.
- Da Sie nicht wissen, wie viele Datensätze das Abfrageergebnis enthält, eignet sich zur Ausgabe ein Listenfeld. Dieses wird zuvor geleert.
- Die Methode `Read()` des Reader-Objekts liefert einen Datensatz und setzt einen sogenannten Datensatz-Zeiger auf den nächsten Datensatz. Falls kein weiterer Datensatz mehr da ist, also der Datensatz-Zeiger am Ende des Readers steht, wird `False` geliefert. Das steuert die `Do...Loop`-Schleife. **Read()**
- Innerhalb eines Datensatzes können die Werte der einzelnen Felder entweder über die Feldnummer oder den Feldnamen angesprochen werden. Hier wird die zweite, anschaulichere Möglichkeit verwendet. Es werden die Werte aller Felder ausgegeben, zur Verdeutlichung getrennt mit dem Zeichen `#`.
- Zu guter Letzt müssen noch der Reader und die Verbindung wieder geschlossen werden, jeweils mit `Close()`.

Hinweis: Falls Sie auf eine Access-Datenbank vor der Version 2007 mit der Endung .mdb zugreifen, sieht der *ConnectionString* wie folgt aus:

```
con.ConnectionString =
    "Provider=Microsoft.Jet.OLEDB.4.0;" &
    "Data Source=C:\Temp\firma.mdb;"
```

8.3.7 Aktionsabfrage

Als Beispiel für eine Aktionsabfrage soll dienen: Alle Gehälter sollen um 5 % erhöht bzw. gesenkt werden, sodass anschließend die Liste z. B. wie folgt aussieht (siehe Abbildung 8.12).

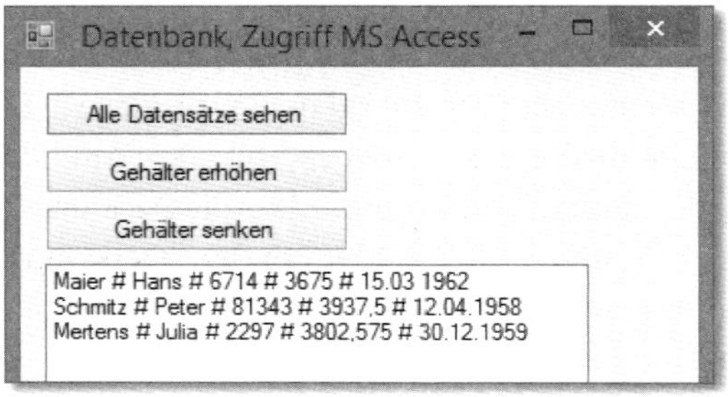

Abbildung 8.12 Nach Erhöhung um 5 %

Das Programm (ebenfalls im Projekt *DBZugriffAccess*):

```
Public Class Form1
[...]
    Private Sub cmdErhöhen_Click(...
            ) Handles cmdErhöhen.Click, cmdSenken.Click
        Dim con As New OleDbConnection
        Dim cmd As New OleDbCommand
        Dim anzahl As Integer
        Dim op As String

        con.ConnectionString =
            "Provider=Microsoft.ACE.OLEDB.12.0;" &
            "Data Source=C:\Temp\firma.accdb"
        cmd.Connection = con

        If ReferenceEquals(sender, cmdErhöhen) Then
            op = "*"
        Else
            op = "/"
        End If
```

```
        cmd.CommandText = "update personen set" &
            " gehalt = gehalt " & op & " 1.05"

        Try
            con.Open()
            anzahl = cmd.ExecuteNonQuery()
            MessageBox.Show(
                "Datensätze geändert: " & anzahl)
            con.Close()
        Catch ex As Exception
            MessageBox.Show(ex.Message)
        End Try
    End Sub
End Class
```

Listing 8.2 Projekt »DBZugriffAccess«, Aktionsabfrage

Zur Erläuterung:

- Der Ablauf ist ähnlich wie bei einer Auswahlabfrage. Es wird allerdings kein Reader benötigt, da es bei Aktionsabfragen kein Abfrageergebnis gibt, das ausgelesen werden könnte.
- Der SQL-Befehl für den Button GEHÄLTER ERHÖHEN lautet: `update personen set gehalt = gehalt * 1.05`. Er setzt sich zusammen aus:
  - `update ... set ...` (aktualisiere Tabelle ... setze Werte ...)
  - `personen` (Name der Tabelle, in der aktualisiert wird)
  - `gehalt = gehalt * 1.05` (eine oder mehrere Zuweisungen mit neuen Werten für ein oder mehrere Felder)
- Das Kommando wird mit der Methode `ExecuteNonQuery()` gesendet. Rückgabewert ist die Anzahl der Datensätze, die von der Aktionsabfrage betroffen waren. Diese werden angezeigt, siehe Abbildung 8.13.

ExecuteNonQuery()

- Die Gehälter werden erhöht bzw. gesenkt. Mit der Methode `ReferenceEquals()` wird festgestellt, welcher der beiden Buttons betätigt wurde.

ReferenceEquals()

Abbildung 8.13 Anzahl der geänderten Datensätze

8.4 SQL-Befehle

In diesem Abschnitt werden die wichtigsten SQL-Befehle anhand von einigen typischen Beispielen mit ihren Auswirkungen erläutert, siehe auch Projekt *DBSqlBefehle*.

8.4.1 Auswahl mit select

Die Anweisung `select` dient der Auswahl von Datensätzen, damit diese angezeigt werden können. Sie wird mithilfe von `ExecuteReader()` ausgeführt. Ein erstes Beispiel wurde mit `select * from personen` bereits gezeigt. Weitere Beispiele sind:

```
select name, vorname from personen
```

select

Es werden nur die Werte der Felder `name` und `vorname` für alle Datensätze angefordert. Das Abfrageergebnis ist kleiner, die Werte der anderen Felder sind nicht in ihm enthalten und können auch nicht in der Schleife ausgegeben werden, siehe Abbildung 8.14.

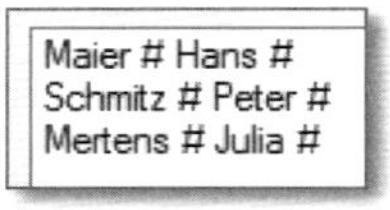

Abbildung 8.14 Nur die Felder »name« und »vorname«

Beispiel:

```
select * from personen where gehalt > 3600
```

where

Innerhalb der `where`-Klausel können Bedingungen angegeben werden, ähnlich wie bei einer `If`-Verzweigung. Das Ergebnis beinhaltet nur die Datensätze, die der Bedingung genügen – in diesem Fall die Datensätze, bei denen der Wert im Feld `gehalt` größer als 3600 ist, siehe Abbildung 8.15.

Abbildung 8.15 Nur falls »gehalt« größer als 3600 ist

Beispiel:

```
select * from personen where name = 'Schmitz'
```

Hochkommata

Wird mit dem Wert einer Zeichenkette oder eines Datums verglichen, muss dieser Wert in einfache Hochkommata gesetzt werden (nicht zu verwechseln mit dem doppelten Hochkomma für Zeichenketten in Visual Basic oder dem schrägen Akzent!). Das Ergebnis sehen Sie in Abbildung 8.16.

Abbildung 8.16 Nur falls »name« gleich »Schmitz« ist

Operatoren

Vergleichsoperatoren

Bei einer Bedingung können Vergleichsoperatoren verwendet werden, siehe Tabelle 8.11.

Operator	Erläuterung
=	gleich
<>	ungleich
>	größer als
>=	größer als oder gleich
<	kleiner als
<=	kleiner als oder gleich

Tabelle 8.11 SQL, Vergleichsoperatoren

not, and, or

Über logische Operatoren können mehrere Bedingungen miteinander verbunden werden, siehe Tabelle 8.12.

Operator	Erläuterung
not	Der Wahrheitswert einer Bedingung wird umgekehrt.
and	Beide Bedingungen müssen zutreffen.
or	Nur eine der Bedingungen muss zutreffen.

Tabelle 8.12 SQL, logische Operatoren

Mit diesen Operatoren kann man z. B. die folgende Abfrage formulieren:

```
select * from personen
   where gehalt >= 3600 and gehalt <= 3650
```

Das Ergebnis beinhaltet nur die Datensätze, bei denen der Wert im Feld gehalt zwischen 3600 und 3650 liegt, einschließlich der Ober- und Untergrenze, siehe Abbildung 8.17.

Abbildung 8.17 Nur falls »gehalt« zwischen 3600 und 3650 liegt

Operator like

like

Der Operator like wird speziell für die Suche nach Zeichenketten mithilfe von Platzhaltern verwendet. Der Platzhalter % (Prozentzeichen) steht in Access für eine beliebige Anzahl von unbekannten Zeichen. Der Platzhalter _ (Unterstrich) steht in Access für genau ein unbekanntes Zeichen.

Beispiel:

```
select * from personen where name like 'M%'
```

Das Ergebnis beinhaltet nur die Datensätze, bei denen der Wert im Feld name mit »M« beginnt, siehe Abbildung 8.18. Danach dürfen beliebig viele unbekannte Zeichen folgen.

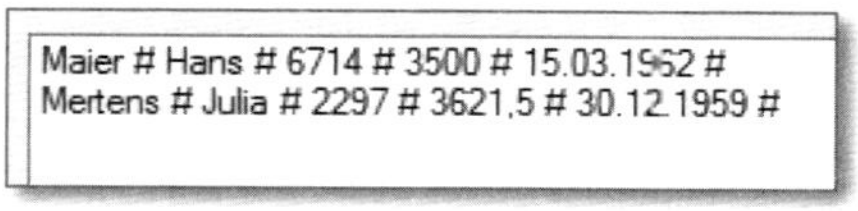

Abbildung 8.18 Nur falls »name« mit »M« beginnt

Beispiel:

```
select * from personen where name like '%i%'
```

Viele unbekannte Zeichen

Das Ergebnis beinhaltet nur die Datensätze, die im Wert des Felds name den Buchstaben »i« enthalten, siehe Abbildung 8.19. Davor und danach dürfen beliebig viele unbekannte Zeichen folgen.

Abbildung 8.19 Nur falls »name« den Buchstaben »i« enthält

Beispiel:

```
select * from personen where name like 'M__er'
```

Ein unbekanntes Zeichen

Das Ergebnis beinhaltet nur die Datensätze, deren erster Buchstabe ein »M« ist und bei denen der vierte Buchstabe ein »e« und der fünfte ein »r« ist. Es werden also alle Personen gefunden, die z. B. Maier, Meier, Mayer oder Meyer heißen, siehe Abbildung 8.20.

Abbildung 8.20 Nur falls »name« aus »M«, zwei beliebigen Zeichen und »er« besteht

Sortierung

order by

Die Reihenfolge der Datensätze im Abfrageergebnis lässt sich mit `order by` beeinflussen. Sie können einen oder mehrere Sortierschlüssel angeben. Die Sortierung ist normalerweise aufsteigend. Falls Sie eine absteigende Sortierung wünschen, muss der Zusatz `desc` verwendet werden.

Beispiel:

```
select name, gehalt from personen order by gehalt desc
```

Die Datensätze sind fallend nach Gehalt sortiert. Es werden nur die Werte der Felder `name` und `gehalt` angezeigt, siehe Abbildung 8.21.

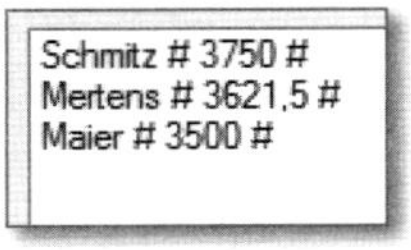

Abbildung 8.21 Sortiert nach »gehalt«, fallend

Beispiel:

```
select * from personen order by name, vorname
```

Die Datensätze sind nach dem Feld `name` aufsteigend sortiert. Bei gleichem Inhalt in diesem Feld sind sie nach dem Feld `vorname` aufsteigend sortiert, also wäre z. B. »Schmitz, Joachim« vor »Schmitz, Peter« einsortiert.

Suche, Auswahl mit Parametern

Sucht der Benutzer nach einem bestimmten Datensatz, kann der eingegebene Suchbegriff in die SQL-Anweisung eingebaut werden:

```
cmd.CommandText =
   "select * from personen where name like '" &
   txtEingabe.Text & "'"
```

Benutzereingabe

Die gesamte Visual-Basic-Anweisung, einschließlich des SQL-Befehls, ist hier dargestellt. Es werden alle Datensätze angezeigt, die den Wert im Feld `name` haben, den der Benutzer im Textfeld `txtEingabe` eingetragen hat.

Beachten Sie, dass sich die Zeichenkette, die den SQL-Befehl enthält, aus mehreren Teilen zusammensetzt. Keinesfalls dürfen Sie die einfachen Hochkommata vor und nach der Zeichenkette vergessen.

Noch einen Schritt weiter gehen Sie mit dieser Anweisung:

```
cmd.CommandText =
   "select * from personen where name like '%" &
   txtEingabe.Text & "%'"
```

Es werden alle Datensätze angezeigt, die einen Wert im Feld `name` haben, in dem die Zeichenkette vorkommt, die der Benutzer im Textfeld `txtEingabe` eingetragen hat.

Innerhalb des Visual-Basic-Programms ist es sinnvoll, sich zumindest während der Entwicklung den zusammengesetzten Befehl anzeigen zu lassen. Erfahrungsgemäß werden gerade beim Einfügen von Suchparametern häufig Fehler gemacht. Die nächste Anweisung sollte also lauten: `MessageBox.Show(cmd.CommandText)`. Diese können Sie später wieder auskommentieren.

8.4.2 Ändern mit update

ExecuteNonQuery()

Die Anweisung `update` dient der Änderung von einem oder mehreren Feldinhalten in einem oder mehreren Datensätzen. Sie wird mithilfe von `ExecuteNonQuery()` ausgeführt und ähnelt in ihrem Aufbau der Anweisung `select`. Die Auswahlkriterien sollten sorgfältig gewählt werden, da sonst eventuell nicht nur die gewünschten Datensätze verändert werden.

```
update personen set gehalt = 3800
```

Diese Anweisung würde bei allen Datensätzen der Tabelle `personen` den Wert für das Feld `gehalt` auf den Wert 3800 setzen. Das wäre sicherlich nicht realistisch.

```
update personen set gehalt = 3800
   where personalnummer = 2297
```

Diese Anweisung setzt nur bei einem Datensatz den Wert für das Feld `gehalt` neu. Es empfiehlt sich, in einer solchen Situation die Auswahl über das Feld zu treffen, auf dem ein eindeutiger Index steht, also hier über das Feld `personalnummer`.

8.4.3 Löschen mit delete

Die Anweisung `delete` dient dem Löschen von einem oder mehreren Datensätzen. Sie wird ebenfalls mithilfe von `ExecuteNonQuery()` ausgeführt. In ihrem Aufbau ähnelt sie ebenfalls der Anweisung `select`. Die Auswahlkriterien sollten sorgfältig gewählt werden, da sonst eventuell nicht nur die gewünschten Datensätze gelöscht werden.

```
delete from personen
```

Diese Anweisung werden Sie vermutlich nie einsetzen: Sie löscht alle (!) Datensätze der Tabelle `personen`.

```
delete from personen where personalnummer = 2297
```

Einen Datensatz löschen

Diese Anweisung löscht genau einen Datensatz, da die Auswahl über das Feld gemacht wurde, auf dem ein eindeutiger Index steht, das Feld `personalnummer`.

8.4.4 Einfügen mit insert

Die Anweisung `insert` wird zum Einfügen neuer Datensätze genutzt. Auch sie wird mithilfe von `ExecuteNonQuery()` ausgeführt.

```
insert into personen
   (name, vorname, personalnummer, gehalt, geburtstag)
   values('Müller', 'Gerd', 4711, 2900, '12.08.1976')
```

insert ... values

Damit wird ein neuer Datensatz eingefügt. Die Feldnamen in Klammern geben die Anzahl und Reihenfolge der Werte vor, die nach `values` in Klammern stehen. Beachten Sie wieder die einfachen Hochkommata bei Zeichenketten und Datumsangaben.

8.4.5 Typische Fehler in SQL

Fehler

Vor allem beim Einfügen und beim Ändern treten häufig Fehler auf. Die Fehler werden zu Visual Basic durchgeleitet und aufgrund der Ausnahmebehandlung ausgegeben. Typische Fehler sind:

- Wert doppelt — Eintragen eines bereits vorkommenden Werts in ein Feld, auf dem ein eindeutiger Index steht
- Wert falsch — Eintragen eines Werts mit dem falschen Datentyp oder eines Werts, der für den betreffenden Datentyp ungültig ist
- Wert leer — Eintragen eines leeren Werts in ein Feld, das in der Datenbank so definiert ist, dass kein leerer Wert eingetragen werden darf

Einige Beispiele für Fehler:

```
update personen set name = Mohr
   where personalnummer = 6714
```

Der Wert für das Feld `name` wurde nicht in einfache Anführungsstriche gesetzt, siehe Abbildung 8.22.

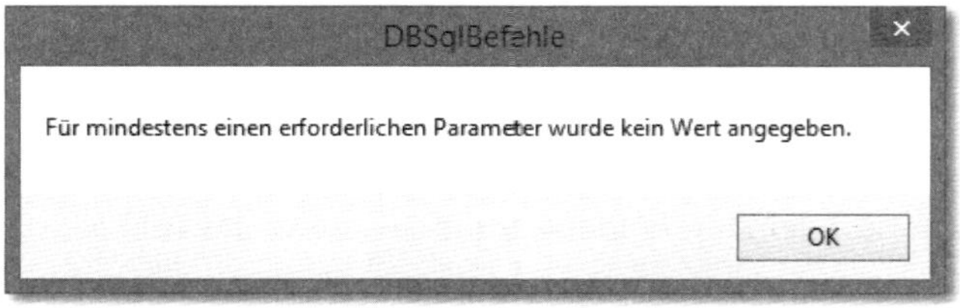

Abbildung 8.22 Fehlende Anführungsstriche

```
update personen set geburtstag = '18.07.'
   where personalnummer = 6714
```

Der Wert für das Feld `geburtstag` ist kein gültiges Datum, siehe Abbildung 8.23.

Abbildung 8.23 Ungültiges Datum


```
insert into personen
   (name, vorname, personalnummer, gehalt, geburtstag)
   values('Müller', 'Gerd', 6714, 2900, '12.08.1976')
```

Der Wert für das eindeutige Feld `personalnummer` kommt bereits vor, siehe Abbildung 8.24.

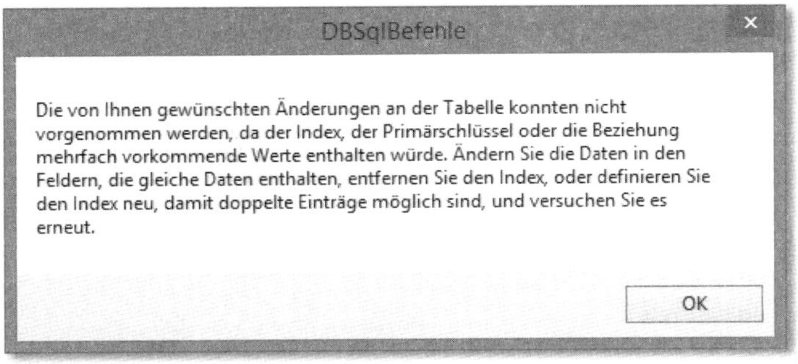

Abbildung 8.24 Doppelter Wert

8.5 Ein Verwaltungsprogramm

In diesem Abschnitt wird ein einfaches Programm (Projekt *DBVerwaltung*) zur Verwaltung einer Tabelle vorgestellt. Das Programm ermöglicht die grundlegenden Aktionen wie ALLE SEHEN, NAME SUCHEN, EINFÜGEN, ÄNDERN und LÖSCHEN, siehe Abbildung 8.25.

Abbildung 8.25 Benutzeroberfläche des Verwaltungsprogramms

8.5.1 Initialisierung

Zunächst werden einige klassenweit gültige Variablen vereinbart. Außerdem werden beim Laden des Formulars einige allgemeine Einstellungen vorgenommen, die in den verschiedenen Ereignisprozeduren benötigt werden.

```
Imports System.Data.OleDb

Public Class Form1
    Dim con As New OleDbConnection
    Dim cmd As New OleDbCommand
    Dim reader As OleDbDataReader
    Dim pnummer As New ArrayList

    Private Sub Form1_Load(...) Handles MyBase.Load
        con.ConnectionString =
            "Provider=Microsoft.ACE.OLEDB.12.0;" &
            "Data Source=C:\Temp\firma.accdb"
        cmd.Connection = con
    End Sub
[...]
End Class
```

Listing 8.3 Projekt »DBVerwaltung«, Initialisierung

Zur Erläuterung:

- Der Namespace `System.Data.OleDb` wird für die Nutzung der notwendigen Klassen innerhalb des gesamten Formulars importiert.
- Es werden die Variablen für Verbindung, SQL-Befehl und Reader deklariert.

- Außerdem wird ein Objekt der Datenstruktur `ArrayList` deklariert, siehe Abschnitt 4.6.
- Die Daten für die Verbindung (Provider, Datenquelle) werden bereitgestellt.
- Der SQL-Befehl wird mit der Verbindung verknüpft.

ArrayList

8.5.2 Alle Datensätze sehen

Betätigt der Benutzer den Button ALLE SEHEN, werden alle Datensätze angezeigt, siehe Abbildung 8.26. Anschließend könnte man z. B. einen der angezeigten Datensätze markieren, um ihn zu verändern oder zu löschen.

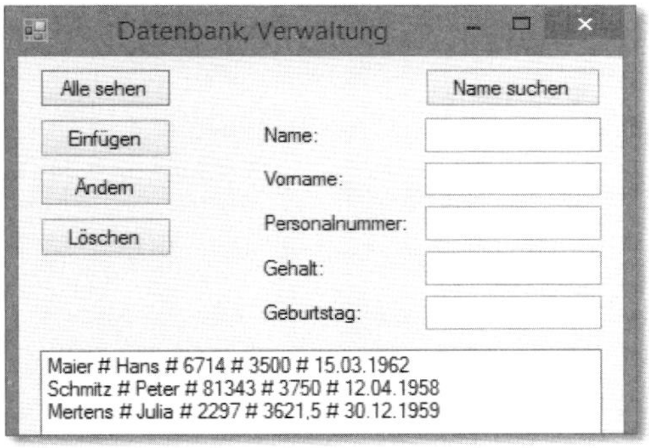

Abbildung 8.26 Alle Datensätze sehen

Die Ereignisprozedur ruft nur die allgemeine Prozedur `AlleSehen()` auf. Diese wird von mehreren Ereignisprozeduren aufgerufen. In der Prozedur `AlleSehen()` wird u. a. die allgemeine Prozedur `Ausgabe()` aufgerufen. Diese wird ebenfalls von verschiedenen Stellen des Programms aufgerufen.

Allgemeine Prozeduren

```
Public Class Form1
[...]
    Private Sub cmdAlleSehen_Click(...) Handles ...
        AlleSehen()
    End Sub

    Private Sub AlleSehen()
        Try
            con.Open()
            cmd.CommandText = "select * from personen"
            Ausgabe()
```

```
        Catch ex As Exception
            MessageBox.Show(ex.Message)
        End Try
        con.Close()

        txtName.Text = ""
        txtVorname.Text = ""
        txtPersonalnummer.Text = ""
        txtGehalt.Text = ""
        txtGeburtstag.Text = ""
    End Sub

    Private Sub Ausgabe()
        reader = cmd.ExecuteReader()
        lstTab.Items.Clear()
        pnummer.Clear()
        Do While reader.Read()
            lstTab.Items.Add(reader("name") & " # " &
                reader("vorname") & " # " &
                reader("personalnummer") & " # " &
                reader("gehalt") & " # " &
                reader("geburtstag"))
            pnummer.Add(reader("personalnummer"))
        Loop
        reader.Close()
    End Sub
[...]
End Class
```

Listing 8.4 Projekt »DBVerwaltung«, alle Datensätze sehen

Zur Erläuterung:

- In der Prozedur `AlleSehen()` wird zunächst die Verbindung geöffnet.
- Der SQL-Befehl wird formuliert und gesendet.
- Anschließend wird die Prozedur `Ausgabe()` aufgerufen.
- Die Verbindung wird wieder geschlossen.

Benutzerführung

- Die Inhalte der fünf Textfelder werden gelöscht. Das erzeugt einen Startzustand für alle weiteren, möglichen Aktionen und hilft bei einer besseren Benutzerführung.

- In der Prozedur `Ausgabe()` wird der SQL-Befehl ausgeführt. Das Ergebnis wird im Reader gespeichert.
- Das Objekt der Klasse `ArrayList` wird mithilfe der Methode `Clear()` geleert. **Clear()**
- Die einzelnen Datensätze werden im Listenfeld ausgegeben.
- Parallel dazu wird die *ArrayList* `pnummer` mit den Personalnummern mithilfe der Methode `Add()` gefüllt. Das Objekt beinhaltet anschließend die Personalnummern unter dem gleichen Index wie die betreffenden Datensätze im Listenfeld. Das wird zur Auswahl und Anzeige eines einzelnen Datensatzes in den fünf Textfeldern benötigt. Zum Ändern oder Löschen eines Datensatzes muss zuvor ein Datensatz ausgewählt werden. **Add()**
- Der Reader wird wieder geschlossen.

8.5.3 Datensatz einfügen

Falls der Benutzer den Button EINFÜGEN betätigt, wird ein Datensatz eingefügt, der sich aus den Daten in den fünf Textfeldern zusammensetzt. Diese müssen zuvor vom Benutzer gefüllt werden, siehe Abbildung 8.27.

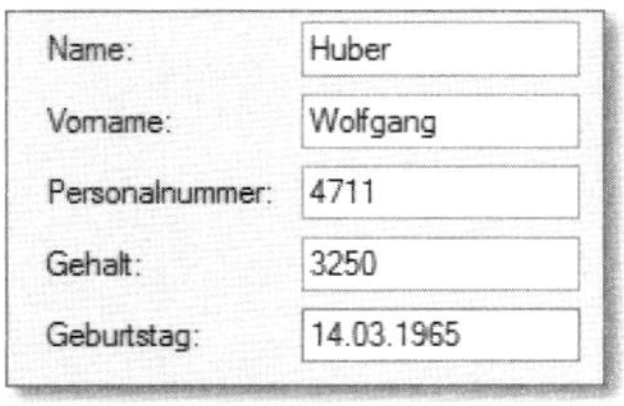

Abbildung 8.27 Ein neuer Datensatz

Die Ereignisprozedur hat den folgenden Code:

```
Private Sub cmdEinfügen_Click(...) Handles ...
    Dim anzahl As Integer

    Try
        con.Open()
            cmd.CommandText =
                "insert into personen " &
               "(name, vorname, personalnummer, " &
               "gehalt, geburtstag) values ('" &
               txtName.Text & "', '" &
```

```
               txtVorname.Text & "', " &
               txtPersonalnummer.Text & ", " &
               txtGehalt.Text.Replace(",", ".") &
               ", '" & txtGeburtstag.Text & "')"
            'MessageBox.Show(cmd.CommandText)

        anzahl = cmd.ExecuteNonQuery()
        If anzahl > 0 Then
            MessageBox.Show(
                "Ein Datensatz eingefügt")
        End If
    Catch ex As Exception
        MessageBox.Show(ex.Message)
        MessageBox.Show("Bitte mindestens einen" &
            " Namen, eine eindeutige Personal" &
            "nummer und ein gültiges Geburts" &
            "datum eintragen")
    End Try
    con.Close()

    AlleSehen()
End Sub
```

Listing 8.5 Projekt »DBVerwaltung«, Datensatz einfügen

Zur Erläuterung:

- Die Verbindung wird geöffnet.
- Der SQL-Befehl zum Einfügen wird mit den Inhalten der fünf Textfelder zusammengesetzt. Zur Kontrolle können Sie sich den Befehl mithilfe der Methode `MessageBox.Show()` ansehen, siehe Abbildung 8.28. Bei den Feldern für Zeichenketten und Datumsangaben achten Sie wieder auf die einfachen Hochkommata.

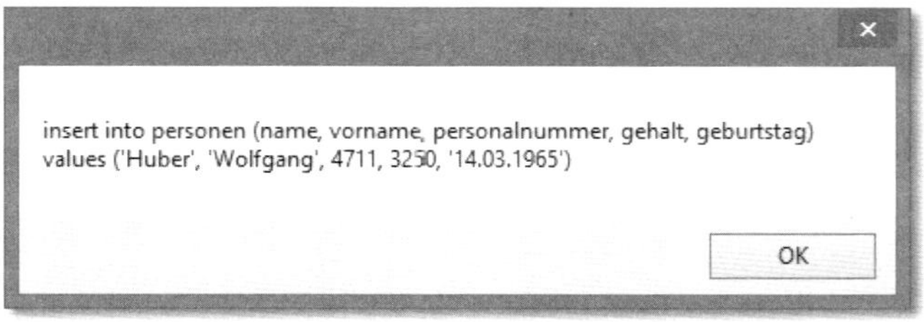

Abbildung 8.28 Kontrolle des insert-Befehls

- Falls die eingetragene Personalnummer bereits in einem anderen Datensatz vorkommt, tritt ein Fehler auf, und es erscheint eine entsprechende Fehlermeldung.

Doppelte Personalnummer

- Das Gehalt wird in dem zugehörigen Textfeld mit einem Komma als Dezimaltrennzeichen eingetragen. Zur Speicherung in der Datenbank wird dieses Komma mithilfe der Methode `Replace()` in einen Punkt umgewandelt.

Dezimaltrennzeichen

- Der SQL-Befehl wird gesendet. Im Erfolgsfall wird ausgegeben, dass ein Datensatz eingefügt werden konnte.
- Die Verbindung wird wieder geschlossen.
- Alle Datensätze, einschließlich des neu eingefügten Datensatzes, werden im Listenfeld neu angezeigt.

8.5.4 Datensatz ändern

Die Daten eines bestimmten Datensatzes werden in den Textfeldern angezeigt, wenn der Benutzer vorher den betreffenden Eintrag im Listenfeld ausgewählt hat. Er kann nun die Daten des Datensatzes ändern. Betätigt er anschließend den Button ÄNDERN, wird der Datensatz mit den angezeigten Daten aktualisiert.

Die Ereignisprozedur, die für die Anzeige eines Datensatzes in den Textfeldern sorgt, hat folgenden Code:

```
Private Sub lstTab_SelectedIndexChanged(...
        ) Handles lstTab.SelectedIndexChanged
    Try
        con.Open()
        cmd.CommandText = "select * from personen" &
            " where personalnummer = " &
            pnummer(lstTab.SelectedIndex)

        reader = cmd.ExecuteReader()
        reader.Read()

        txtName.Text = reader("name")
        txtVorname.Text = reader("vorname")
        txtPersonalnummer.Text =
            reader("personalnummer")
```

```
            txtGehalt.Text = reader("gehalt")
            txtGeburtstag.Text = reader("geburtstag")

            reader.Close()
        Catch ex As Exception
            MessageBox.Show(ex.Message)
        End Try
        con.Close()
    End Sub
```

Listing 8.6 Projekt »DBVerwaltung«, Datensatz anzeigen

Zur Erläuterung:

- Sobald der Benutzer einen Datensatz in der Liste markiert, wird diese Prozedur aufgerufen.
- Es wird ein SQL-Befehl zusammengesetzt, in dem der betreffende Datensatz ausgewählt wird. Dazu wird der zugehörige Eintrag (mit der Personalnummer) in der ArrayList `pnummer` benutzt.
- Markiert der Benutzer den dritten Datensatz von oben, steht die Eigenschaft `SelectedIndex` des Listenfelds auf dem Wert 2. Es wird dann das Element 2 aus der ArrayList `pnummer` ermittelt. Das ist die Personalnummer des markierten Datensatzes, denn das Listenfeld und die ArrayList wurden parallel gefüllt.
- Der SQL-Befehl wird gesendet. Das Ergebnis der Abfrage besteht nur aus einem Datensatz, aufgrund der Eindeutigkeit des Felds `personalnummer`. Daher muss keine Schleife durchlaufen werden.
- Es wird ein Datensatz mithilfe der Methode `Read()` aus dem Reader geholt. Sein Inhalt wird in den fünf Textfeldern dargestellt.

Die Ereignisprozedur zum Ändern des ausgewählten (und gegebenenfalls veränderten) Datensatzes sieht wie folgt aus:

```
Private Sub cmdÄndern_Click(...) Handles ...
    Dim anzahl As Integer

    Try
        con.Open()
            cmd.CommandText =
                "update personen set " &
```

```
            "name = '" & txtName.Text & "', " &
            "vorname = '" & txtVorname.Text &
            "', " & "personalnummer = " &
            txtPersonalnummer.Text & ", " &
            "gehalt = " &
            txtGehalt.Text.Replace(",", ".") &
            ", " & "geburtstag = '" &
            txtGeburtstag.Text & "' " &
            "where personalnummer = " &
            pnummer(lstTab.SelectedIndex)
        'MessageBox.Show(cmd.CommandText)

        anzahl = cmd.ExecuteNonQuery()
        If anzahl > 0 Then
            MessageBox.Show("Datensatz geändert")
        End If
    Catch ex As Exception
        MessageBox.Show(ex.Message)
        MessageBox.Show("Bitte einen Datensatz" &
            " auswählen und mindestens einen" &
            " Namen, eine eindeutige Personal" &
            "nummer und ein gültiges Geburts" &
            "datum eintragen")
    End Try

    con.Close()
    AlleSehen()
End Sub
```

Listing 8.7 Projekt »DBVerwaltung«, Datensatz ändern

Zur Erläuterung:

- Die Verbindung wird geöffnet.
- Der SQL-Befehl zum Ändern wird mit den Inhalten der fünf Textfelder zusammengesetzt. Zur Kontrolle können Sie sich den Befehl wiederum mithilfe der Methode `MessageBox.Show()` ansehen, siehe Abbildung 8.29. Er bezieht sich nur auf den markierten Datensatz, da die zugehörige Personalnummer in der `where`-Klausel angegeben wurde. **Ändern**

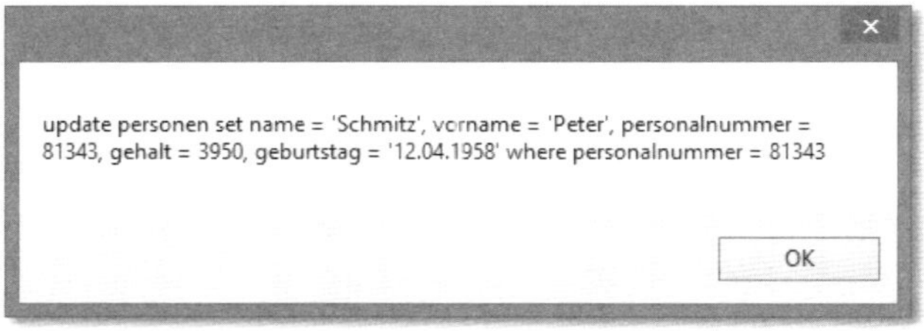

Abbildung 8.29 Kontrolle des update-Befehls

- Bei dem SQL-Befehl ist wie beim Einfügen auf Folgendes zu achten:
  - einfache Hochkommata bei Zeichenketten und Datumsangaben
  - gültige Zahlen- und Datumsangaben
- Der SQL-Befehl wird gesendet. Im Erfolgsfall wird ausgegeben, dass ein Datensatz geändert werden konnte.
- Die Verbindung wird wieder geschlossen.
- Alle Datensätze, einschließlich des soeben geänderten Datensatzes, werden im Listenfeld neu angezeigt.

8.5.5 Datensatz löschen

Der Benutzer kann den Datensatz löschen, den er zuvor im Listenfeld ausgewählt hat. Dessen Daten werden zusätzlich in den fünf Textfeldern angezeigt.

Die Ereignisprozedur zum Löschen des ausgewählten Datensatzes hat folgenden Code:

```
Private Sub cmdLöschen_Click(...) Handles ...
    Dim anzahl As Integer
    If txtPersonalnummer.Text = "" Then
        MessageBox.Show(
            "Bitte einen Datensatz auswählen")
        Exit Sub
    End If
    If MessageBox.Show("Wollen Sie den ausge" &
           "wählten Datensatz wirklich löschen?",
           "Löschen", MessageBoxButtons.YesNo) =
                DialogResult.No Then
        Exit Sub
    End If
```

```
    Try
        con.Open()
        cmd.CommandText = "delete from personen " &
            "where personalnummer = " &
            pnummer(lstTab.SelectedIndex)
        'MessageBox.Show(cmd.CommandText)

        anzahl = cmd.ExecuteNonQuery()
        If anzahl > 0 Then
            MessageBox.Show("Datensatz gelöscht")
        End If
    Catch ex As Exception
        MessageBox.Show(ex.Message)
    End Try

    con.Close()
    AlleSehen()
End Sub
```

Listing 8.8 Projekt »DBVerwaltung«, Datensatz löschen

Zur Erläuterung:

- Es wird zunächst geprüft, ob der Benutzer einen Datensatz ausgewählt hat.
- Zur Sicherheit wird der Benutzer noch einmal gefragt, ob er den Datensatz wirklich löschen möchte, siehe Abbildung 8.30. Das ist die übliche Vorgehensweise, um versehentliches Löschen zu vermeiden.

Löschen

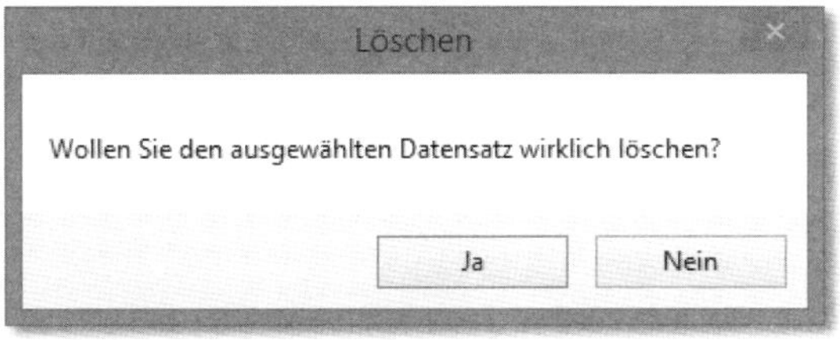

Abbildung 8.30 Rückfrage vor dem Löschen

- Die Verbindung wird geöffnet.
- Der SQL-Befehl zum Löschen wird zusammengesetzt, siehe Abbildung 8.31. Er bezieht sich nur auf den markierten Datensatz, da die zugehörige Personalnummer in der `where`-Klausel angegeben wurde.

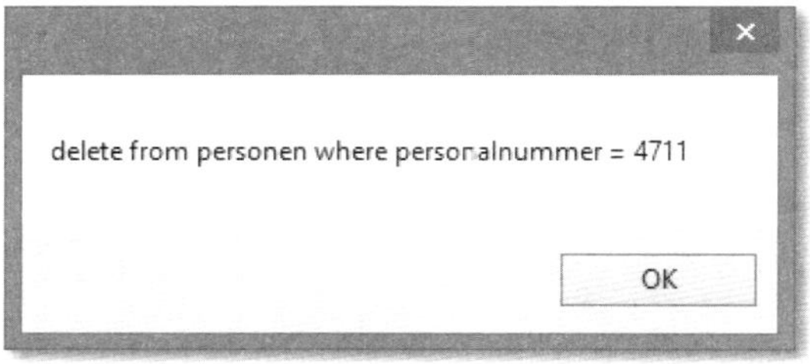

Abbildung 8.31 Kontrolle des delete-Befehls

- Der SQL-Befehl wird gesendet. Im Erfolgsfall wird ausgegeben, dass ein Datensatz gelöscht werden konnte.
- Die Verbindung wird wieder geschlossen.
- Alle noch vorhandenen Datensätze, ohne den soeben gelöschten Datensatz, werden im Listenfeld neu angezeigt.

8.5.6 Datensatz suchen

Zur Suche nach einem bestimmten Datensatz muss zuvor im Feld `name` ein Suchtext eingegeben werden. Nach Betätigung des Buttons Name suchen werden alle Datensätze angezeigt, die den Suchtext an einer beliebigen Stelle im Feld Name enthalten, siehe Abbildung 8.32.

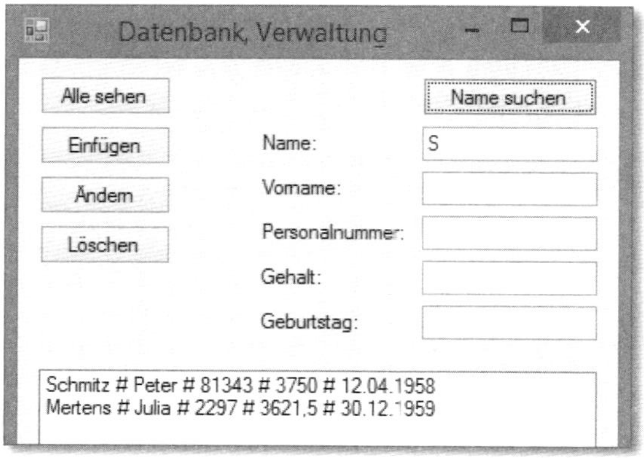

Abbildung 8.32 Suchen mit (Teil-)Name

Anschließend könnte man z. B. einen der angezeigten Datensätze markieren, um ihn zu verändern oder zu löschen. Die Ereignisprozedur sieht wie folgt aus:

```
Private Sub cmdNameSuchen_Click(...) Handles ...
    Try
        con.Open()
        cmd.CommandText =
            "select * from personen where" &
            " name like '%" & txtName.Text & "%'"
        'MessageBox.Show(cmd.CommandText)
        Ausgabe()
    Catch ex As Exception
        MessageBox.Show(ex.Message)
    End Try
    con.Close()
End Sub
```


Listing 8.9 Projekt »DBVerwaltung«, Suchen im Feld »name«

Zur Erläuterung:

- Die Verbindung wird geöffnet.
- Der SQL-Befehl zum Suchen wird zusammengesetzt. Er beinhaltet den Namen, den der Benutzer im zugehörigen Textfeld eingegeben hat, in der `where`-Klausel. Die Prozentzeichen davor und dahinter sorgen dafür, dass alle Datensätze gefunden werden, die den Suchtext an einer beliebigen Stelle im Feld NAME enthalten, siehe Abbildung 8.33.

Suchen

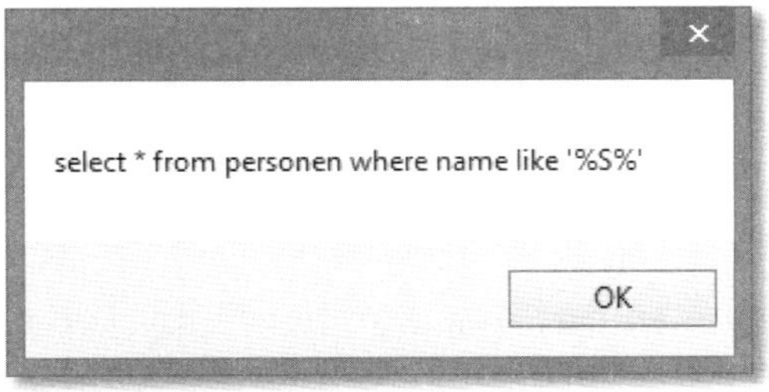

Abbildung 8.33 Kontrolle des Suchbefehls

- Es wird die Funktion `Ausgabe()` aufgerufen. Diese sorgt – wie bei der Ausgabe aller Datensätze – für das Senden des SQL-Befehls und für das Empfangen und Anzeigen des Abfrageergebnisses.
- Die Verbindung wird wieder geschlossen.

8.6 Abfragen über mehrere Tabellen

Es folgt ein Beispiel mit einer Datenbank, die mehrere Tabellen beinhaltet (Projekt *DBMehrereTabellen*). Es werden einige Besonderheiten erläutert, die sich bei Abfragen über mehrere Tabellen ergeben. Das Beispiel basiert auf der Übung *Projektverwaltung*, siehe Abschnitt 8.1.4, bzw. der zugehörigen Lösung. Das Datenbankmodell sehen Sie in Abbildung 8.34.

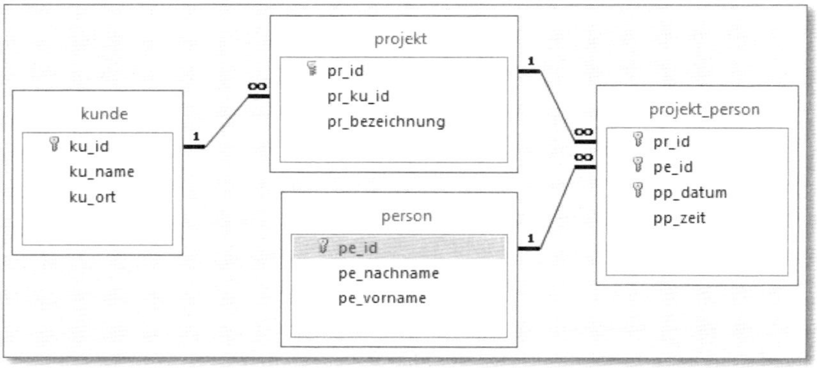

Abbildung 8.34 Datenbankmodell zu »Projektverwaltung«

Zur Erläuterung des Datenbankmodells:

- Kunden — Kunden werden mit Name und Ort angegeben, Primärschlüssel: Kunden-ID.
- Projekte — Projekte werden mit Bezeichnung angegeben. Jedes Projekt ist einem Kunden zugeordnet. Primärschlüssel ist die Projekt-ID.
- Personen — Personen werden mit Nach- und Vorname angegeben. Primärschlüssel ist die Personen-ID.
- Zeiten — Die Arbeitszeiten der Personen an den Projekten werden mit Datum und Zeit in Stunden angegeben. Primärschlüssel ist die Kombination aus Projekt-ID, Personen-ID und Datum.

Zum besseren Verständnis der Abfrageergebnisse folgen die Inhalte der Tabellen in Abbildung 8.35 bis Abbildung 8.38.

kunde

ku_id	ku_name	ku_ort
1	Schmidt	Köln
2	Weber	Frankfurt
3	Murchel	Dortmund

Abbildung 8.35 Inhalt der Tabelle »kunde«

projekt

pr_id	pr_ku_id	pr_bezeichnung
1	1	Alexanderstrasse
2	1	Peterstraße
3	2	Jahnplatz
4	2	Lindenplatz
5	3	Nordbahnhof
6	3	Westbahnhof

Abbildung 8.36 Inhalt der Tabelle »projekt«

person

pe_id	pe_nachname	pe_vorname
1	Mohr	Hans
2	Berger	Stefan
3	Suhren	Marion

Abbildung 8.37 Inhalt der Tabelle »person«

projekt_person

pr_id	pe_id	pp_datum	pp_zeit
1	1	01.12.2013	3,5
1	3	01.12.2013	4
4	1	01.12.2013	3
4	2	01.12.2013	6,5
4	2	02.12.2013	7,3
4	3	01.12.2013	4

Abbildung 8.38 Inhalt der Tabelle »projekt_person«

Zunächst die Abfrage *Alle Personen* – das Ergebnis sehen Sie in Abbildung 8.39.

Anzahl berechnen

- Es wird für jede Person ein Datensatz ausgegeben.
- Personen werden mit Nachname und Vorname, auch danach sortiert, ausgegeben.

```
select * from person order by pe_nachname, pe_vorname
```

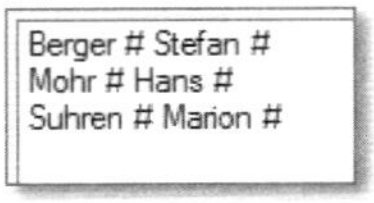

Abbildung 8.39 Alle Personen

Abfrage *Anzahl der Kunden*, Ergebnis siehe Abbildung 8.40.

count()

- Es wird die Anzahl der Kunden mit Hilfe der SQL-Funktion `count()` ermittelt.
- Das Ergebnisfeld, das die berechnete Anzahl beinhaltet, bekommt den (frei gewählten) Namen `count_ku_id`.

```
select count(ku_id) as count_ku_id from kunde
```

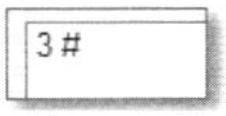

Abbildung 8.40 Anzahl der Kunden

Abfrage *Alle Kunden mit allen Projekten*, Ergebnis siehe Abbildung 8.41.

- Es wird für jedes Projekt ein Datensatz ausgegeben.
- In jedem Datensatz stehen die Daten des Projekts und des betreffenden Kunden.
- Die Anzeige ist nach Name, Ort und Bezeichnung sortiert.

```
select * from kunde, projekt
    where ku_id = pr_ku_id
    order by ku_name, ku_ort, pr_bezeichnung
```

Zwei Tabellen

- In jedem Datensatz werden Inhalte aus zwei Tabellen angezeigt. Beide Tabellennamen werden hinter `from` aufgeführt.
- Es werden nur Datensätze zusammengestellt, bei denen die Feldinhalte aus der Bedingung nach `where` übereinstimmen.

Abbildung 8.41 Alle Kunden mit allen Projekten

Abfrage *Alle Personen mit allen Projektzeiten*, Ergebnis siehe Abbildung 8.42.

- Es wird für jede eingetragene Arbeitszeit ein Datensatz ausgegeben.
- In jedem Datensatz stehen die Daten der Arbeitszeit, des betreffenden Projekts und des betreffenden Kunden.
- Die Ausgabe ist nach Nachname, Bezeichnung und Datum sortiert.

Drei Tabellen

```
select * from projekt, projekt_person, person
   where projekt.pr_id = projekt_person.pr_id
   and projekt_person.pe_id = person.pe_id
   order by pe_nachname, pr_bezeichnung, pp_datum
```


- In jedem Datensatz werden Inhalte aus drei Tabellen angezeigt. Alle drei Tabellennamen werden hinter `from` aufgeführt.
- Es werden nur Datensätze zusammengestellt, bei denen die Feldinhalte aus den beiden Bedingungen nach `where` übereinstimmen.
- Die beiden Feldnamen `pr_id` und `pe_id` kommen jeweils in zwei Tabellen vor. Daher müssen Sie jeweils den Tabellennamen (mit nachfolgendem Punkt) zusätzlich angeben. Ansonsten wären die Feldnamen in der SQL-Anweisung nicht eindeutig.

```
Berger # Lindenplatz # 01.12.2013 #
Berger # Lindenplatz # 02.12.2013 #
Mohr # Alexanderstrasse # 01.12.2013 #
Mohr # Lindenplatz # 01.12.2013 #
Suhren # Alexanderstrasse # 01.12.2013 #
Suhren # Lindenplatz # 01.12.2013 #
```

Abbildung 8.42 Alle Personen mit allen Projektzeiten

Abfrage *Alle Personen mit Zeitsumme*, Ergebnis siehe Abbildung 8.43.

Summe berechnen

- Es wird für jede Person ein Datensatz ausgegeben.
- Es werden alle Personen, denen mindestens eine Arbeitszeit zugeordnet ist, ausgegeben.
- Es wird die Summe der Arbeitszeiten pro Person mithilfe der SQL-Funktion `sum()` berechnet.
- Die Ausgabe ist nach Nachname sortiert.

sum()

```
select pe_nachname, sum(pp_zeit) as sum_pp_zeit
   from person, projekt_person
   where person.pe_id = projekt_person.pe_id
```

```
group by person.pe_id, pe_nachname
order by pe_nachname
```

- Der Anweisungsteil `sum ... as` bewirkt, dass die SQL-Funktion `sum()` angewendet wird.

group by

- Es werden alle Einträge im Feld `pp_zeit` aufsummiert, nach denen gruppiert wurde. Die Gruppierung wird mithilfe von `group by` durchgeführt.

Gruppieren

- Es wird nach den Feldern `pe_id` und `pe_nachname` der Tabelle `person` gruppiert, es werden also alle Arbeitszeiten einer Person summiert. Streng genommen hätte es gereicht, nach `pe_id` zu gruppieren, da dadurch bereits alle Personen voneinander unterschieden werden. Allerdings soll das Feld `pe_nachname` ausgegeben werden, daher muss es ebenfalls Teil der Gruppierungsfunktion sein.
- Das Ergebnisfeld, das die berechnete Summe beinhaltet, bekommt den (frei gewählten) Namen `sum_pp_zeit`. Sie sollten die Ausgabe mithilfe von `String.Format()` runden, z. B. auf eine Nachkommastelle.

Abbildung 8.43 Alle Personen mit Zeitsumme

Abfrage *Alle Projekte mit allen Personenzeiten*, Ergebnis siehe Abbildung 8.44.

- Es handelt sich um den gleichen Zusammenhang wie in der Abfrage *Alle Personen mit allen Projektzeiten*.
- Die Ausgabe ist nur anders sortiert, nach Bezeichnung, Nachname und Datum.

```
select * from projekt, projekt_person, person
   where projekt.pr_id = projekt_person.pr_id
   and projekt_person.pe_id = person.pe_id
   order by pr_bezeichnung, pe_nachname, pp_datum
```

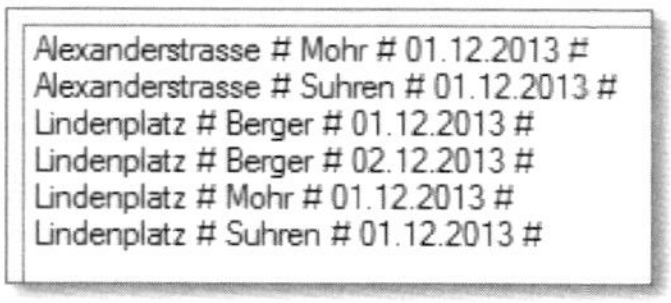

Abbildung 8.44 Alle Projekte mit allen Personenzeiten

Abfrage *Alle Projekte mit Zeitsumme*, Ergebnis siehe Abbildung 8.45.

- Es handelt sich um einen ähnlichen Zusammenhang wie in der Abfrage *Alle Personen mit Zeitsumme*. Auch diese Ausgabe sollte gerundet werden.
- Es wird nach Projekt statt nach Person gruppiert und entsprechend sortiert.

```
select pr_bezeichnung, sum(pp_zeit) as sum_pp_zeit
   from projekt, projekt_person
   where projekt.pr_id = projekt_person.pr_id
   group by projekt.pr_id, pr_bezeichnung
   order by pr_bezeichnung
```


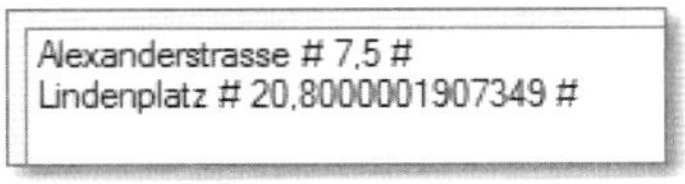

Abbildung 8.45 Alle Projekte mit Zeitsumme

8.7 Verbindung zu MySQL

MySQL-Server

Bei MySQL handelt es sich um ein weitverbreitetes, SQL-basiertes Datenbanksystem. Es würde den Rahmen dieses Buchs sprengen, wollte man die Installation des MySQL-Servers und die Erstellung einer Datenbank mit einer Tabelle erläutern. Im Folgenden soll daher lediglich gezeigt werden, wie Sie mit Visual Basic auf eine vorhandene MySQL-Datenbank zugreifen. Es wird davon ausgegangen, dass der MySQL-Datenbankserver läuft.

8.7.1 .NET-Treiber

Connector/NET

Eine Schnittstelle zwischen Visual Basic und MySQL bietet der Treiber Connector/NET. Sie können die MSI-Installationsdatei auf der Internetseite von MySQL *(http://dev.mysql.com/downloads/connector/net)* herunterladen, er befindet sich aber auch auf dem beiliegenden Datenträger. Er wird immer wieder aktualisiert, die derzeitige Version ist 6.7.4.

MSI-Datei

Die Installation mithilfe der entpackten MSI-Installationsdatei namens *mysql-connector-net-6.7.4.msi* verläuft in der Regel problemlos. Wählen Sie den Installationstyp TYPICAL.

Verweis hinzufügen

Nach der Installation müssen Sie in dem Projekt, in dem der Treiber genutzt werden soll, einen Verweis auf die Bibliotheken des Treibers einrichten. Hierzu gehen Sie über den Menüpunkt PROJEKT • VERWEIS HINZUFÜGEN zum Dialogfeld VERWEIS-MANAGER, dann auf den Button DURCHSUCHEN. Sie finden die Datei *MySQLData.dll* im Verzeichnis *C:\Programme (x86)\MySQL\MySQL Connector NET 6.7.4\Assemblies\v4.5*.

Sollte die Datei *MySQLData.dll* nicht zu Ihrem aktuell genutzten .NET Framework passen, nehmen Sie die entsprechende Datei aus einem der Nachbarverzeichnisse ...*\Assemblies\v4.0* oder ...*\Assemblies\v2.0*.

Sie markieren die Datei *MySQLData.dll* und betätigen den Button HINZUFÜGEN. Anschließend markieren Sie den Verweis im Dialogfeld VERWEIS-MANAGER unter DURCHSUCHEN • AKTUELL, falls das noch nicht automatisch geschehen ist, und betätigen den Button OK. In der Verweisliste erscheint dann der Verweis auf MYSQL.DATA.

Der Ablauf eines Zugriffs erfolgt ähnlich wie für Access-Datenbanken. Nachfolgend werden nur die unterschiedlichen Befehlszeilen zum Aufbau der Verbindung erläutert. Das vollständige Beispiel finden Sie im Projekt *DBZugriffMySQL*.

```
Imports MySql.Data.MySqlClient
Public Class Form1
    Private Sub cmdAlleSehen_Click(...) Handles ...
        Dim con As New MySqlConnection
        Dim cmd As New MySqlCommand
        Dim reader As MySqlDataReader

        con.ConnectionString =
            "Data Source=localhost;" &
            "Initial Catalog=firma;UID=root"
[...]
```

Listing 8.10 Projekt »DBZugriffMySQL«, Ausschnitt

Zur Erläuterung:

MySqlClient

- Zunächst wird der Namespace `MySql.Data.MySqlClient` aus der Bibliothek `MySQL.Data` eingebunden.
- Die Objekte der Klassen `MySqlConnection`, `MySqlCommand` und `MySqlDataReader` aus dem Namespace `MySql.Data.MySqlClient` entsprechen den

Objekten der Klassen `OleDbConnection`, `OleDbCommand` und `OleDbReader` aus dem Namespace `System.Data.OleDb`.

- Die Verbindungszeichenkette besteht aus den Elementen:
  - `Data Source=localhost` für den MySQL-Server
  - `Initial Catalog=firma` für den Datenbanknamen
  - `UID=root` für den Benutzernamen

Die restlichen Abläufe können den Programmen mit den anderen Datenbankzugriffen entnommen werden.

ConnectionString

Hinweis: Unter der Internetadresse *http://www.connectionstrings.com* finden Sie Werte für die Eigenschaft `ConnectionString` für viele verschiedene Datenbanksysteme.

Kapitel 9
Internetanwendungen mit ASP.NET

Wenn man es stark vereinfacht ausdrücken möchte: ASP.NET mit Visual Basic ist die Anwendung von Visual Basic auf Internetseiten.

Die oben vorgeschlagene Vereinfachung ist natürlich unzulässig, lässt aber erkennen, dass Sie vieles von dem, was Sie mithilfe dieses Buchs schon erlernt haben, auch bei der Erstellung von Internetanwendungen nutzen können.

9

Das Thema ASP.NET ist so umfangreich, dass es eigene Bücher füllen kann. In diesem Kapitel sollen daher nur die wichtigsten Aspekte vermittelt werden:

- Grundlagen von Internetanwendungen
- Nutzung einer lokalen Entwicklungs- und Testumgebung
- Aufbau von dynamischen Internetanwendungen mit Server- und Clientelementen
- Senden und Auswerten von Formulardaten
- lesender und schreibender Zugriff auf eine Internetdatenbank

9.1 Grundlagen von Internetanwendungen

Browser

Eine Internetanwendung wird mithilfe eines Browsers (Internet Explorer, Firefox, ...) aufgerufen. Nach Eingabe einer Adresse wird die gewünschte Startseite von einem Webserver angefordert und erscheint im Browser.

9.1.1 Statische Internetanwendungen

HTML

Der einfachste Typ einer solchen Anwendung besteht aus statischen Internetseiten, die mithilfe von Hyperlinks miteinander verbunden sind. Statisch bedeutet, dass sich die Inhalte nicht aufgrund von Benutzeraktionen verändern. Diese Seiten werden mithilfe der Markierungssprache *HTML* erstellt.

CSS Zur Formatierung von Internetseiten kommt *CSS* zum Einsatz. CSS steht für *Cascading Style Sheets*. Hierbei handelt es sich um einander ergänzende Formatvorlagen, die dazu dienen, Internetseiten ein einheitliches Aussehen zu geben. Das ist z. B. bei Unternehmenspräsentationen besonders wichtig. Außerdem können mithilfe von CSS weitergehende Formatierungen als in HTML durchgeführt werden.

9.1.2 Dynamische Internetanwendungen

Dynamische Internetanwendungen können sich aufgrund von Aktionen des Benutzers verändern. Hier kommen Programmiersprachen ins Spiel. Man muss dabei zwischen *clientseitiger* Programmierung und *serverseitiger* Programmierung unterscheiden.

Ein Beispiel für clientseitige Programmierung: Wenn der Benutzer die Maus über ein Bild auf einer Internetseite bewegt, dann wird das Bild gegen ein anderes Bild getauscht. Dieser Rollover-Effekt kann z. B. mit der clientseitigen Programmiersprache JavaScript erstellt werden.

JavaScript Clientseitig bedeutet, dass das gesamte Programm, das HTML-Code und JavaScript-Code beinhaltet, beim Aufruf der Seite auf den Rechner des Benutzers geladen wurde. Bewegt er die Maus über das Bild, ist das ein Ereignis. Dazu gibt es, ähnlich wie in Visual Basic, eine Ereignisprozedur. Es wird ein JavaScript-Programm aufgerufen, das sich bereits auf seinem Rechner befindet. Für diesen Ablauf ist keine weitere Kommunikation über das Internet mit dem Webserver notwendig.

ASP, Java, PHP Ein Beispiel für serverseitige Programmierung: Wenn der Benutzer auf der Internetseite einer Suchmaschine einen Suchbegriff eingibt und den Sendebutton betätigt, dann erscheint eine Seite mit Suchergebnissen. Ein solches Programm kann mit serverseitiger Programmierung erstellt werden, z. B. mit Visual Basic unter ASP.NET oder mit Java, PHP oder Perl.

Serverseitig bedeutet, dass das gesamte Programm, das HTML-Code und Visual-Basic-Code beinhaltet, beim Aufruf der Seite zunächst auf dem Server abläuft. Der Visual-Basic-Code generiert wiederum HTML-Code. Das Ergebnis, das nur noch aus HTML-Code besteht, wird auf den Rechner des Benutzers geladen. Zur Verarbeitung des Suchbegriffs und zur Erzeugung der Seite mit den Suchergebnissen ist diesmal eine weitere Kommunikation über das Internet mit dem Webserver notwendig.

9.1.3 Vorteile von ASP.NET

Reale Internetseiten enthalten häufig sowohl serverseitig verarbeiteten Code als auch HTML-Code, CSS-Code und JavaScript-Code. Man wäre also gezwungen, mehrere Sprachen zu erlernen und ihren Einsatz sinnvoll miteinander zu kombinieren.

Hier bietet die Erstellung von Seiten mithilfe von ASP.NET folgende Vorteile:

- Es sind nur einfache HTML-Kenntnisse notwendig.
- Die vorhandenen Kenntnisse von Visual Basic (oder einer anderen .NET-Sprache) können genutzt werden. **Visual Basic**
- CSS-Code und JavaScript-Code werden automatisch generiert. Weder das eine noch das andere muss erlernt werden.
- Ihnen als Programmierer steht das .NET Framework mit seinen Klassen zur Verfügung, das Ihnen z. B. den gewohnten Zugriff auf Datenbanken ermöglicht, die auf dem Webserver liegen.

Die erforderlichen einfachen HTML-Kenntnisse lernen Sie in diesem Kapitel ganz nebenbei bei der Erstellung der Programme für ASP.NET.

9.2 Ein lokaler Webserver

Testumgebung

Dynamische Internetanwendungen, die unter ASP.NET erstellt wurden, laufen nur mithilfe von Webservern, die mit dem .NET Framework zusammenarbeiten können. Während der Entwicklung einer solchen Anwendung wird zum Testen ein lokaler Webserver benötigt, da Sie sicherlich nicht jede Seite, die Sie programmieren, nach jeder Änderung ins Internet hochladen und dann erst testen wollen.

Eine Lösung bietet das Produkt *IIS* von Microsoft. IIS steht für *Internet Information Services* und bezeichnet eine umfangreiche Sammlung von Funktionen zur Veröffentlichung von Dokumenten im Internet über verschiedene Protokolle. Die IIS beinhalten u. a. einen lokalen Webserver.

Development Server

Eine Alternative bietet das Visual Studio Express 2013 für das Web: Es beinhaltet einen lokalen Entwicklungs-Webserver, den *ASP.NET Development Server*. Dieser wird automatisch beim Start einer Web-Anwendung aufgerufen. Er wird im vorliegenden Kapitel genutzt.

Für die Entwicklung der Programme in diesem Kapitel müssen Sie Visual Studio Express 2013 für das Web installieren, das auf dem Datenträger zum Buch enthalten ist.

9.2.1 Eine erste Internetanwendung

ASP.NET Web-Anwendung

Anhand eines ersten statischen Beispiels soll das Erstellen und Ausführen einer Internetanwendung erläutert werden. Rufen Sie zunächst in Visual Basic wie gewohnt den Menüpunkt DATEI • NEUES PROJEKT • INSTALLIERT • VORLAGEN auf. Wählen Sie das Template *ASP.NET Web-Anwendung* aus der Kategorie VISUAL BASIC • INTERNET aus. Geben Sie im Feld NAME den Projektnamen ein, hier *WebHalloWelt*. Im Dialogfeld NEUES ASP.NET-PROJEKT wählen Sie EMPTY aus, damit Sie eine leere Projektvorlage erhalten, und betätigen den Button PROJEKT ERSTELLEN.

index.htm

Nun muss der Anwendung eine Datei hinzugefügt werden, die später im Browser angezeigt wird. Dazu markieren Sie im Projekt-Explorer das Projekt. Anschließend rufen Sie über das Kontextmenü den Menüpunkt HINZUFÜGEN • NEUES ELEMENT auf und wählen Sie in der Kategorie INSTALLIERT • VISUAL BASIC • INTERNET das Template HTML-SEITE aus. Die Datei soll den Namen *index.htm* haben.

In der Datei *index.htm* wird der nachfolgende Code ergänzt und gespeichert. Dabei werden Sie feststellen, dass beim Eingeben einige Elemente automatisch erstellt bzw. ergänzt werden.

```
<!DOCTYPE html>
<html xmlns="http://www.w3.org/1999/xhtml">
<head>
    <title>WebHalloWelt</title>
</head>
<body>
    Hallo Welt
</body>
</html>
```

Listing 9.1 Projekt »WebHalloWelt«, Datei »index.htm«

Das ist eine rein statische, unveränderliche Internetanwendung: nur in HTML, noch ohne Visual Basic. Man hätte sie natürlich auch ohne die Entwicklungsumgebung entwickeln können.

Ergebnis ansehen

Zum Betrachten des Ergebnisses starten Sie die Anwendung wie gewohnt über das Menü DEBUGGEN • DEBUGGING STARTEN (oder die Funktionstaste [F5] bzw. über den grünen Pfeil). Dadurch wird der Entwicklungs-Webserver aufgerufen, und es erscheint nach kurzer Zeit Ihr Standardbrowser mit der Ausgabe (Abbildung 9.1).

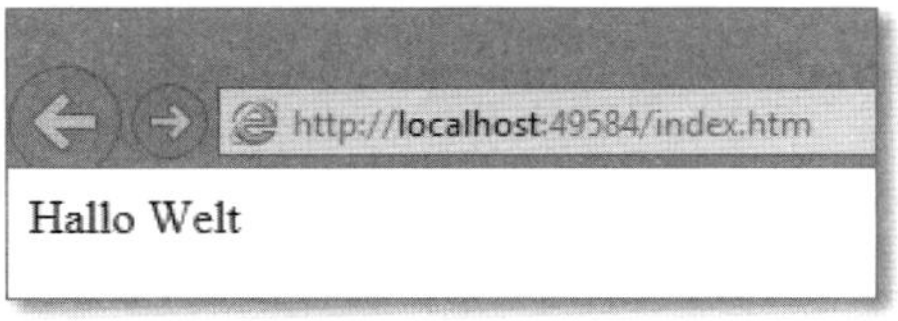

Abbildung 9.1 Ausgabe im Browser

http://localhost

Die Adresse *http://localhost:xxxx/index.htm* in der Adressleiste des Browsers setzt sich zusammen aus:

- *http*: dem Namen des Übertragungsprotokolls
- *localhost*: dem Namen des lokalen Webservers
- *xxxx*: einer vom lokalen Webserver gewählten Portnummer
- *index.htm*: dem Namen der Datei mit dem HTML-Code

Falls Sie Änderungen im Code vornehmen und die Datei speichern, dann reicht es aus, die Browserseite zu aktualisieren, um das neue Ergebnis zu sehen. Die Anwendung muss dazu nicht beendet werden.

Anwendung beenden

Falls Sie die Anwendung beenden wollen, dann können Sie das wie gewohnt von der Entwicklungsumgebung aus durchführen, über das Menü DEBUGGEN • DEBUGGING BEENDEN (oder über das blaue Quadrat in der Symbolleiste). Alternativ können Sie auch den Browser schließen. Falls Sie nicht den Internet Explorer nutzen, müssen Sie beides einzeln durchführen.

HTML-Dateien bestehen aus Text und HTML-Markierungen. Diese Markierungen sind meist Container, d.h., sie bestehen aus einer Start- und einer Endmarkierung:

html

- Zu Beginn der Datei *index.htm* wird festgehalten, dass es sich um ein HTML-Dokument nach dem genannten W3C-Standard handelt.
- Im Container `<html> ... </html>` steht der gesamte HTML-Code.

head

- Zwischen `<head>` und `</head>` stehen der Titel und Informationen über das Dokument.

title

- Der Container <title> ... </title> beinhaltet den Titel, der in der Titelleiste des Browsers angezeigt wird.

body

- Im Container <body> ... </body> steht der Code für die Inhalte, die im Browserfenster angezeigt werden.

9.3 Eine erste ASP.NET-Anwendung

Der Code der ersten dynamisch generierten ASP.NET-Anwendung erscheint zunächst etwas umfangreich und verwirrend – besonders im Vergleich zum Ausgabe-Ergebnis. Er enthält aber viele wichtige Elemente, die auch in den nachfolgenden Programmen vorkommen werden. Abbildung 9.2 zeigt die Ausgabe.

Abbildung 9.2 Dynamisch generierte Ausgabe

default.aspx

Zur Erstellung: Wie im vorherigen Abschnitt wird eine neue, leere ASP.NET-Web-Anwendung erzeugt, mit dem Namen *WebErstes*. Dem Projekt wird wiederum eine HTML-Seite aus der Kategorie INTERNET, diesmal mit dem Namen *default.aspx* hinzugefügt. Das ist die Standardstartdatei innerhalb des Verzeichnisses einer ASP.NET-Anwendung. Es folgt der Code dieser Datei:

```
<html>
<head>
    <title>WebErstes</title>
    <%@ page language="VB" %>
    <script runat="server">
        Sub Page_Load()
            Dim x, y, z As Integer
            x = 5
            y = 12
            z = x + y
            ergebnis.InnerText = "Ergebnis: " & z
        End Sub
</script>
```

```
</head>
<body>
    <p id="ergebnis" runat="server"></p>
</body>
</html>
```

Listing 9.2 Projekt »WebErstes«, Datei »default.aspx«

Zur Erläuterung des Visual-Basic-Blocks:

- Dieser beginnt nach dem Dokument-Titel. Mithilfe der sogenannten Page-Direktive wird dem lokalen Webserver mitgeteilt, dass die Sprache Visual Basic (VB) verwendet werden soll. ASP.NET kann auch mit anderen Sprachen aus dem Visual Studio arbeiten. **@ page**
- Der nächste Container `<script runat="Server"> ... </script>` beinhaltet den Visual-Basic-Code.
- `runat="Server"` bewirkt, dass der Code auf dem Server ausgeführt wird. Nur dann kann die Seite erfolgreich generiert werden. **runat**
- Innerhalb des Blocks mit dem Visual-Basic-Code befinden Sie sich schon innerhalb einer Klassendefinition. Die vorliegende Klasse ist von der Klasse `Page` abgeleitet. Jede Internetseite ist ein Objekt dieser Klasse. Es können klassenweit gültige Variablen deklariert, Prozeduren und Funktionen geschrieben werden, wie wir das bereits bei Visual Basic getan haben.
- Die Prozedur `Page_Load()` wird immer dann durchlaufen, wenn die Seite geladen wird. Sie entspricht der Prozedur `Form1_Load()` bei einer Windows-Anwendung, wie wir sie bisher geschrieben haben. In der Prozedur werden die Start-Einstellungen für die Seite durchgeführt. **Page_Load()**
- Innerhalb der `Page_Load`-Prozedur wird serverseitig eine Berechnung mithilfe von drei Variablen durchgeführt. Das Ergebnis wird als Eigenschaft des Elements `ergebnis` festgelegt, das erst weiter unten im Body des Dokuments aufgeführt wird. Es handelt sich um die Eigenschaft `InnerText`, diese steht für den Inhalt eines HTML-Elements.

Zur Erläuterung des HTML-Containers:

- Die Container `html` und `body` sind schon bekannt.
- Innerhalb von `body` steht ein `p`-Container. Damit wird ein eigener Absatz gebildet. Über `id="ergebnis"` erhält der Absatz eine eindeutige ID. Diese ID und `runat="Server"` werden benötigt, damit der Absatz von Visual Basic aus mit Inhalt gefüllt und gegebenenfalls formatiert werden kann. **id**

HTML-Code

Wie bereits am Anfang erwähnt, wird durch ASP.NET HTML-Code generiert und mit dem vorhandenen HTML-Code verbunden. Das Ergebnis ist reiner HTML-Code, der vom Webserver zum Benutzer gesandt wird.

Wenn Sie sich den Quelltext beim Benutzer im Browser anschauen (im Internet Explorer über das Kontextmenü und QUELLCODE ANZEIGEN) dann sehen Sie innerhalb des Absatzes daher nur noch Folgendes:

```
...
<body>
    <p id="ergebnis">Ergebnis: 17</p>
</body>
...
```

Listing 9.3 Projekt »WebErstes«, Browser, Quellcodeansicht

9.3.1 Fehlerhafte Programmierung

Fehlermeldungen

Ein weiterer Vorteil von ASP.NET kommt bei Programmierfehlern zum Tragen. Im Codefenster der Entwicklungsumgebung werden bereits Fehler für Visual Basic und Warnungen für fehlerhaftes HTML angezeigt. Im Browser wird anschließend eine detaillierte Fehlermeldung angezeigt mit Zeilennummer und optischer Hervorhebung. In Abbildung 9.3 sehen Sie das Ergebnis, wenn die Deklaration der drei Variablen nicht vorgenommen wurde.

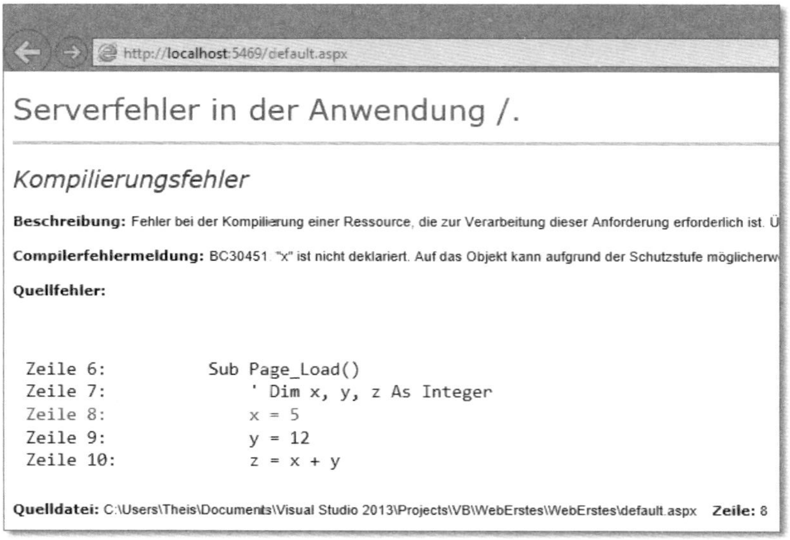

Abbildung 9.3 Fehleranzeige

Da die Zeile mit der Deklaration auskommentiert wurde, ist die Variable x unbekannt. Eine Fehlermeldung wird ausgegeben; Datei und Zeilennummer werden angegeben.

Zeilennummer

9.4 Formatierung von Internetseiten

Mithilfe von HTML und CSS kann eine Internetseite formatiert werden. Hierzu wären allerdings weitergehende Kenntnisse erforderlich. Mithilfe von Serversteuerelementen können Sie dagegen einfach die weitreichenden Möglichkeiten von Visual Basic zur Formatierung benutzen. Die Formatierung wird mithilfe der .NET-Klassen erzeugt. Als Ergebnis erscheint HTML-Code und CSS-Code im Quelltext des Browsers.

CSS-Code

Es folgt der Code der Seite *default.aspx* in der Web-Anwendung mit dem Namen *WebFormatierung*:

```
<html>
<head>
    <title>WebFormatierung</title>
    <%@ page language="VB" %>
    <script runat="server">
        Sub Page_Load()
            Dim x, y, z As Integer
            x = 5
            y = 12
            z = x + y
            ergebnis.Text = "Ergebnis: " & z
            ergebnis.Font.Size = 24
            ergebnis.Font.Bold = True
            ergebnis.Font.Underline = True
        End Sub
</script>
</head>

<body>
    <asp:Label id="ergebnis" runat="server" />
</body>
</html>
```

Listing 9.4 Projekt »WebFormatierung«, Datei »default.aspx«

Zur Erläuterung:

- Bei dem Element `ergebnis` im `body` handelt es sich jetzt um ein serverseitiges Steuerelement, ein einfaches Label.

Formatierung

- Dieses Label kann auf dem Server formatiert werden. Es wurden die Formatierungen *Schriftgröße 24*, *Fettschrift* und *Unterstrichen* gewählt, siehe Abbildung 9.4.

Abbildung 9.4 Formatierung per CSS

Im Quelltext sehen Sie, dass das CSS-Element `<span style="..."> ... </style>` automatisch generiert wurde, ohne dass CSS-Kenntnisse erforderlich waren:

```
<html>
<head>
    <title>WebFormatierung</title>
</head>
<body>
    <span id="ergebnis" style="font-size:24pt;
     font-weight:bold;text-decoration:underline;">
     Ergebnis: 17</span>
</body>
...
</html>
```

Listing 9.5 Projekt »WebFormatierung«, Browser, Quellcodeansicht

9.5 Senden und Auswerten von Formulardaten

Für eine Kommunikation mit dem Webserver werden, wie bei einer Suchmaschine, Eingabeformulare mit Eingabe- und Auswahlelementen benötigt.

Kommunikation

Im nachfolgenden Programm kann der Benutzer zwei Zahlen eingeben. Diese werden zum Webserver gesendet und dort addiert. Das Ergebnis wird wieder zurück zum Browser des Benutzers gesendet. Zunächst erscheint das leere Eingabeformular, siehe Abbildung 9.5.

Abbildung 9.5 Formular, vor dem Füllen und Absenden

Nach der Eingabe und dem Absenden erscheint das Ergebnis, wie in Abbildung 9.6.

Abbildung 9.6 Formular, nach Empfang des Ergebnisses

Es folgt der Code der Seite *default.aspx* in der Web-Anwendung mit dem Namen *WebFormular*:

```
<html>
<head>
<title>WebFormular</title>
    <%@ page language="VB" %>
    <script runat="server">
        Sub Page_Load()
            Dim z1, z2, z As Double
            If IsPostBack Then
                Try
                    z1 = Convert.ToDouble(zahl1.Value)
```

```
                Catch ex As Exception
                    z1 = 0
                End Try

                Try
                    z2 = Convert.ToDouble(zahl2.Value)
                Catch ex As Exception
                    z2 = 0
                End Try

                z = z1 + z2
                ergebnis.Text = "Ergebnis: " & z
            End If
        End Sub
</script>
</head>

<body>
    <p>Addieren</p>
    <form id="Form1" runat="server">
        <p><input runat="server" id="zahl1"
            type="text" /> Zahl 1</p>
        <p><input runat="server" id="zahl2"
            type="text" /> Zahl 2</p>
        <p><input id="Submit1" runat="server"
            type="submit" value="Senden" /></p>
    </form>
    <p><asp:Label id="ergebnis" runat="server" /></p>
</body>
</html>
```

Listing 9.6 Projekt »WebFormular«, Datei »default.aspx«

Zur Erläuterung des Visual-Basic-Blocks:

IsPostBack

- Die Prozedur `Page_Load()` enthält eine Verzweigung. Mithilfe der Eigenschaftsmethode `IsPostBack` der Klasse `Page` wird entschieden, ob die Seite zum ersten Mal aufgerufen wird oder ob sie sich selber aufruft, nachdem der Benutzer sie mit Eingabedaten gesendet hat.

Value

- Die Elemente `zahl1` und `zahl2` repräsentieren die beiden Eingabefelder für die beiden Zahlen, die addiert werden sollen. Die Eigenschaftsmethode `Value` liefert die eingegebene Zeichenkette. Sie wird mit der Methode `ToDouble()` in eine `Double`-Zahl verwandelt.

- Das Element `ergebnis` ist ein Label, in dem das Ergebnis der Berechnung ausgegeben wird.

Zur Erläuterung des HTML-Containers:

- Nach der Überschrift folgt der Container `<form> ... </form>`. Innerhalb eines solchen Containers werden die Formularelemente notiert. Nur die Eingabedaten in diesen Formularelementen werden zum Webserver gesendet. **form**
- Das Formularelement `<input type="text">` erzeugt ein Textfeld zur Eingabe. **input**
- Das Formularelement `<input type="submit">` erzeugt einen Sende-Button. In der Eigenschaft `value` wird die Aufschrift für den Sende-Button notiert. **submit**

Anmerkung: Programmierer mit HTML-Kenntnissen erkennen im generierten HTML-Quellcode noch versteckte Formularelemente (`<input type= "hidden" />`) und `div`-Container. Da der Code aber automatisch generiert wird, muss der Programmierer die Inhalte nicht mehr kennen. Es reichen Visual-Basic-Kenntnisse und elementare HTML-Kenntnisse aus.

9.6 Weitere Formularelemente

Formularelemente

Im nachfolgenden Programm werden einige weitere, typische Formularelemente vorgestellt: eine Auswahlliste, eine CheckBox und zwei RadioButtons. Der Benutzer wählt Einträge aus bzw. markiert diese und sendet das Formular zum Webserver. Dort werden die Inhalte des Formulars empfangen und verarbeitet.

Zunächst erscheint das Eingabeformular. Nach dem Absenden erscheint das Ergebnis wie in Abbildung 9.7.

Es folgt der Code der Seite *default.aspx* in der Web-Anwendung mit dem Namen *WebFormularElemente*:

```
<html>
<head>
    <title>WebFormularElemente</title>
    <%@ page language="VB" %>
```

```
    <script runat="server">
        Sub Page_Load()
            If (IsPostBack) Then
                ausgabe.Text =
                    "Wir bieten ein Hotel in " +
                    ziel.Value

                If (allinc.Checked) Then
                    ausgabe.Text += "<br />All Inclusive"
                End If

                If (bett2.Checked) Then
                    ausgabe.Text += "<br />Mit 2 Betten"
                Else
                    ausgabe.Text += "<br />Mit 3 Betten"
                End If
            End If
        End Sub
</script>
</head>

<body>
    <p>Ihr Reiseziel:</p>
    <form id="Form1" runat="server">
        <p><select id="ziel" runat="server">
            <option value="Barcelona">Spanien</option>
            <option value="Grenoble" selected="selected">
                Frankreich</option>
            <option value="Genf">Schweiz</option>
            <option value="Graz">Österreich</option>
        </select></p>
        <p><input id="allinc" runat="server"
            type="checkbox" />All Inclusive</p>
        <p><input type="radio" name="bett" id="bett2"
            runat="server" checked="True" />2-Bett<br />
           <input type="radio" name="bett" id="bett3"
            runat="server" />3-Bett</p>
        <p><input id="Submit1" runat="server"
            type="submit" value="Senden" /></p>
        <p><asp:Label id="ausgabe" runat="server" /></p>
```

```
    </form>
    </body>
</html>
```

Listing 9.7 Projekt »WebFormularElemente«, Datei »default.aspx«

Abbildung 9.7 Formular mit verschiedenen Elementen

9

Zur Erläuterung des Visual-Basic-Blocks:

- Das Element ziel repräsentiert die Auswahlliste. Die Eigenschaftsmethode Value liefert den Wert der ausgewählten Option.
- Das Element allinc steht für die CheckBox. Die Eigenschaftsmethode Checked liefert True bzw. False je nachdem, ob die CheckBox markiert wurde oder nicht.
- Die beiden RadioButtons haben die IDs bett2 und bett3. Da sie im HTML-Code miteinander gekoppelt sind (siehe dort), kann nur eine der beiden Möglichkeiten gewählt werden.
- ausgabe ist ein Label, in dem die Auswahl angezeigt wird.

Zur Erläuterung des HTML-Containers:

form

- Innerhalb des Containers <form> ... </form> werden die Formularelemente notiert.

select, option

- Der Container <select> ... </select> kennzeichnet eine Auswahlliste. Die einzelnen Optionen für den Benutzer stehen jeweils im Container <option> ... </option>. Die zweite Option wird mithilfe von selected="selected" zum Standard, falls der Benutzer keine Option auswählt.

- Bei den Optionen müssen Sie zwischen angezeigtem Text und Wert (=Value) der Option unterscheiden. Nur der Wert wird gesendet.

checkbox

- Das HTML-Element `<input type="checkbox" ... />` steht für die CheckBox.

radio

- Die beiden RadioButtons werden mithilfe von `<input type="radio" ... />` erzeugt. Da im Attribut name der gleiche Wert steht (bett), sind die beiden RadioButtons miteinander gekoppelt. Der erste RadioButton wird mithilfe von checked="True" zum Standard, falls der Benutzer keinen RadioButton auswählt.
- Hinweis: In HTML müsste es eigentlich heißen: checked="checked", das wird aber von der Entwicklungsumgebung als Fehler gemeldet.

9.7 Ein Kalenderelement

Auswahl eines Datums

Ein Kalender dient im Folgenden als Beispiel für eines der vielen vorgefertigten Serversteuerelemente. Dem Benutzer wird der aktuelle Monat angezeigt, der aktuelle Tag und die Wochenendtage sind besonders hervorgehoben. Wählt der Benutzer einen Tag aus, wird ihm das jeweilige Datum angezeigt. Das ist nur ein kleiner Ausschnitt aus den umfangreichen Möglichkeiten eines Serversteuerelements.

kein Page_Load

In diesem Fall ist auch keine Übermittlung zum Webserver notwendig. Alle Eigenschaften des Serversteuerelements werden bei Aufruf der Seite übermittelt. Das Serversteuerelement steht zwar in einem Formular, aber das dient nur dazu, die getroffene Auswahl des Benutzers an JavaScript, also an ein Clientprogramm, zu übermitteln. Daher ist es auch nicht notwendig, eine Page_Load-Prozedur zu erstellen. Die Funktionalität wird nicht zum Zeitpunkt des Ladens der Seite, sondern erst nach der Auswahl eines Tages benötigt.

Zunächst erscheint der Kalender und nach der Auswahl des Tages das zugehörige Datum (siehe Abbildung 9.8).

Es folgt der Code der Seite *default.aspx* in der Web-Anwendung mit dem Namen *WebFormularKalender*:

```
<html>
<head>
    <title>WebFormularKalender</title>
    <%@ page language="VB" %>
    <script runat="server">
```

```
        Sub auswahl(sender As Object, e As EventArgs)
            Dim dt As DateTime
            dt = kalender.SelectedDate
            ausgabe.Text =
                kalender.SelectedDate.
                    ToShortDateString()
        End Sub
</script>
</head>

<body>
    Kalender:
    <form id="Form1" runat="server">
        <asp:Calendar id="kalender" runat="server"
            OnSelectionChanged="auswahl">
            <TodayDayStyle BackColor="Red"
                ForeColor="Yellow"></TodayDayStyle>
            <WeekendDayStyle BackColor="Yellow"
                ForeColor="Red"></WeekendDayStyle>
        </asp:Calendar>
    </form>
    <p><asp:Label id="ausgabe" runat="server" /></p>
</body>
</html>
```

Listing 9.8 Projekt »WebFormularKalender«, Datei »default.aspx«

Abbildung 9.8 Kalenderelement

Zur Erläuterung des Visual-Basic-Blocks:

- Die Prozedur `auswahl()` wird aufgerufen, sobald der Benutzer die Auswahl gewechselt hat (`OnSelectionChanged`), also einen Tag ausgewählt hat.

Calendar

- Das Element `kalender` vom Typ `Calendar` repräsentiert den Kalender. Die Eigenschaft `SelectedDate` beinhaltet den ausgewählten Tag im Datumsformat. Zur Anzeige wird dieses Datum mit der Methode `ToShortDateString()` in eine Zeichenkette umgewandelt.
- Das Element `ausgabe` ist ein Label, in dem die Auswahl angezeigt wird.

Zur Erläuterung des HTML-Containers:

- Innerhalb des Containers `<form> ... </form>` werden die Formularelemente notiert.
- Der Container `<asp:Calendar> ... </asp:Calendar>` kennzeichnet den Kalender.

OnSelection-Changed

- Das Element `OnSelectionChanged` sorgt dafür, dass bei einer Auswahl des Benutzers die Funktion `auswahl()` aufgerufen wird.
- Die Container `TodayDayStyle` und `WeekendDayStyle` dienen zur Formatierung des Kalenders.

9.8 ASP.NET und ADO.NET

Internetdatenbank

Eine Internetanwendung kann auch leicht mit einer Datenbankanwendung verbunden werden. Im nachfolgenden Programm werden die Inhalte einer Datenbank, die sich auf dem Webserver befindet, in einer Internetseite dargestellt.

Der Zugriff auf die Datenbank läuft auf die gleiche Weise ab, wie bereits im letzten Kapitel über ADO.NET beschrieben. Das Ergebnis der SQL-Abfrage muss nur noch mit einem geeigneten Serversteuerelement verbunden werden.

Kommunikation

Der Kommunikationsweg sieht jetzt wie folgt aus:

- Der Benutzer fordert über seinen Browser die Internetseite beim Webserver durch Eingabe der Adresse an.
- Auf dem Webserver wird eine Abfrage an die Datenbank generiert.
- Die Datenbank bzw. der Datenbankserver sendet das Abfrageergebnis an den Webserver zurück.

- Auf dem Webserver wird das Abfrageergebnis passend für eine Internetseite formatiert und zum Rechner des Benutzers gesendet.
- Die Datentabelle wird im Browser des Benutzers angezeigt.

Abbildung 9.9 zeigt das Ergebnis.

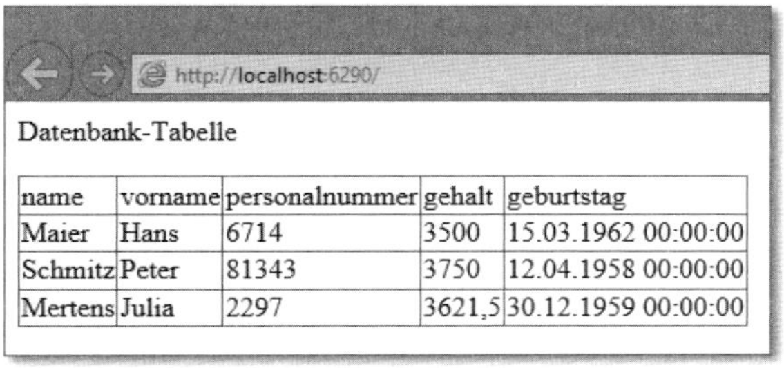

name	vorname	personalnummer	gehalt	geburtstag
Maier	Hans	6714	3500	15.03.1962 00:00:00
Schmitz	Peter	81343	3750	12.04.1958 00:00:00
Mertens	Julia	2297	3621,5	30.12.1959 00:00:00

Abbildung 9.9 Zugriff auf Datenbank auf dem Server

Es folgt der Code der Seite *default.aspx* in der Web-Anwendung mit dem Namen *WebDatenbankAuswahl*:

```
<html>
<head>
    <title>WebDatenbankAuswahl</title>

    <%@ page language="VB" %>
    <%@ import namespace="System.Data.OleDb" %>
    <script runat="server">
        Sub Page_Load()
            Dim con As New OleDbConnection
            Dim cmd As New OleDbCommand
            Dim reader As OleDbDataReader

            con.ConnectionString =
                "Provider=Microsoft.ACE.OLEDB.12.0;" &
                "Data Source=C:\Temp\firma.accdb"
            cmd.Connection = con
            cmd.CommandText = "select * from personer"

            Try
                con.Open()
                reader = cmd.ExecuteReader()
```

```
                grid.DataSource = reader
                DataBind()
                reader.Close()
            Catch ex As Exception
                ausgabe.Font.Bold = True
                ausgabe.Text = ex.Message
            End Try

            con.Close()
        End Sub
</script>
</head>

<body>
    <p>Datenbanktabelle</p>
    <asp:DataGrid id="grid" runat="server" />
    <p><asp:Label id="ausgabe" runat="server" /></p>
</body>
</html>
```

Listing 9.9 Projekt »WebDatenbankAuswahl«, Datei »default.aspx«

Zur Erläuterung der Compiler-Direktiven:

System.Data.OleDb

- Nach der Page-Direktive folgt die Direktive zum Import des Namensraums `System.Data.OleDb`.

OleDb

- Dadurch werden die Klassen zur Verfügung gestellt, die für den Zugriff auf eine *OleDb*-Datenbank, wie z. B. eine Access-Datenbank, benötigt werden.

Zur Erläuterung des Visual-Basic-Blocks:

- Die Objekte für die Datenbankverbindung, den SQL-Befehl und den Reader für das Abfrageergebnis werden so initialisiert und benutzt, wie es bereits im Kapitel über ADO.NET beschrieben ist.

Verzeichniswahl

- Falls die Access-Datei *firma.accdb* später im Internet im gleichen Verzeichnis liegen soll wie die Datei *default.aspx*, dann muss es im `ConnectionString` nur `Data Source=firma.accdb` heißen. Während der Entwicklung können Sie die Datei *firma.accdb* in einem lokalen Verzeichnis platzieren wie im obigen Beispiel.

- Auch in diesem Programm ist aufgrund der Fehleranfälligkeit des Vorgangs eine Ausnahmebehandlung notwendig.
- Das Serversteuerelement `grid` vom Typ `DataGrid` repräsentiert die Ausgabetabelle.

DataGrid

- Der Eigenschaft `DataSource` dieses Elements wird das Abfrageergebnis zugewiesen. Die Methode `DataBind()` sorgt für die Verbindung des Elements mit der Datenquelle.
- Das Element `ausgabe` ist ein Label, in dem ein möglicher Fehler angezeigt wird.

Zur Erläuterung des HTML-Containers:

- Hier stehen nur noch die Überschrift und zwei Serversteuerelemente – den Rest übernimmt Visual Basic.

9.9 Datenbank im Internet ändern

Als Beispiel einer Datenbankänderung im Internet soll im folgenden Beispiel ein Datensatz zu einer Tabelle hinzugefügt werden. Das Hinzufügen mithilfe des SQL-Befehls `insert` wurde in Kapitel 8 bereits beschrieben.

In diesem Programm werden die folgenden Aktivitäten miteinander kombiniert:

- Senden und Auswerten von Formulardaten
- Kontrolle der Benutzereingaben
- Ausnahmebehandlung
- ASP.NET und ADO.NET (Zugriff auf eine Datenbank)

Anzeige und Eintrag

Im oberen Teil werden zunächst die vorhandenen Tabellendaten angezeigt. Im unteren Teil kann man die Daten eines neuen Datensatzes eintragen. Nach Eingabe eines Datensatzes ohne Personalnummer und dem Absenden sieht das Ergebnis aus wie in Abbildung 9.10.

Nach Eingabe eines Datensatzes mit einer Personalnummer, die bereits in der Tabelle vorkommt, sieht das Ergebnis aus wie in Abbildung 9.11.

Nach Eingabe eines Datensatzes mit einer Personalnummer, die noch nicht vorkommt, aber mit einem ungültigen Datum, erfolgt ebenfalls eine Fehlermeldung, siehe Abbildung 9.12.

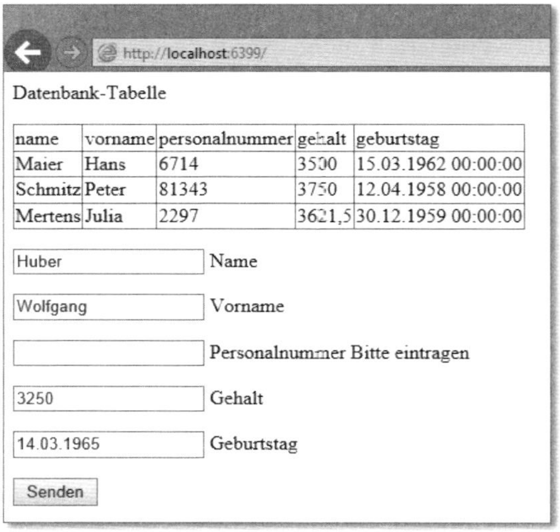

Abbildung 9.10 Datensatz ohne Personalnummer

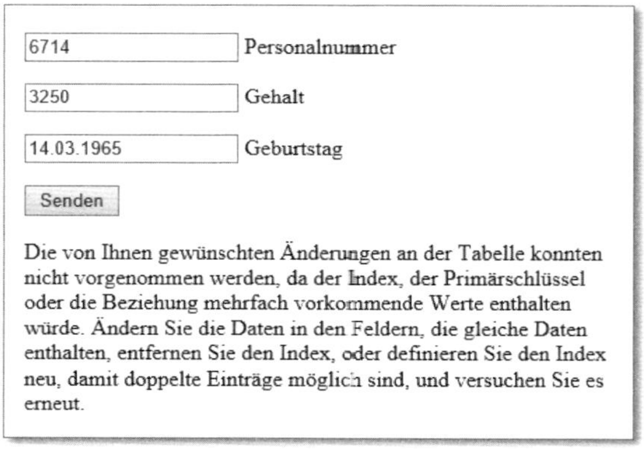

Abbildung 9.11 Doppelter Wert

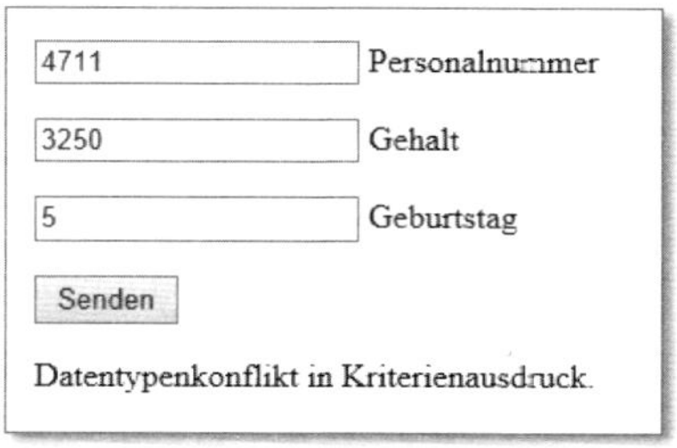

Abbildung 9.12 Ungültiger Wert

Nach Eingabe eines gültigen Datensatzes sieht das Ergebnis aus wie in Abbildung 9.13.

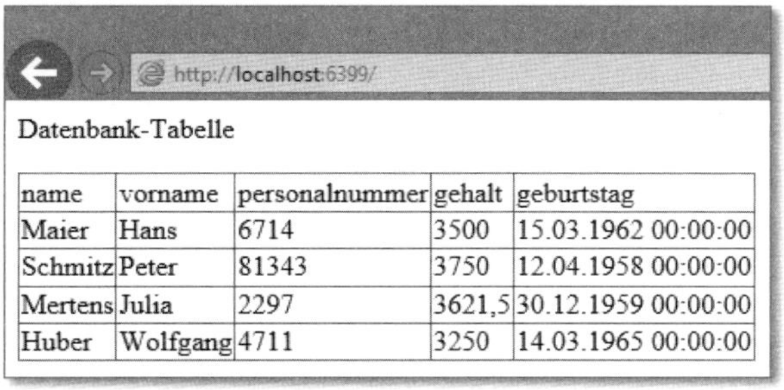

name	vorname	personalnummer	gehalt	geburtstag
Maier	Hans	6714	3500	15.03.1962 00:00:00
Schmitz	Peter	81343	3750	12.04.1958 00:00:00
Mertens	Julia	2297	3621,5	30.12.1959 00:00:00
Huber	Wolfgang	4711	3250	14.03.1965 00:00:00

Abbildung 9.13 Gültiger neuer Datensatz wurde eingefügt

Es folgt der Code der Seite *default.aspx* in der Web-Anwendung mit dem Namen *WebDatenbankAktion*:

```
<html>
<head>
   <title>WebDatenbankAktion</title>

   <%@ page language="VB" %>
   <%@ import namespace="System.Data.OleDb" %>
   <script runat="server">
      Sub Page_Load()
         Dim con As New OleDbConnection
         Dim cmd As New OleDbCommand
         Dim reader As OleDbDataReader
         Dim anzahl As Integer

         con.ConnectionString =
            "Provider=Microsoft.ACE.OLEDB.12.0;" &
            "Data Source=C:\Temp\firma.accdb"
         cmd.Connection = con

         If IsPostBack Then
            Try
               con.Open()
               cmd.CommandText =
                  "insert into personen " &
                  "(name, vorname, personalnummer, " &
```

```
                "gehalt, geburtstag) " &
                "values ('" &
                txtName.Value & "', '" &
                txtVorname.Value & "', " &
                txtPersonalnummer.Value & ", " &
                Replace(txtGehalt.Value, ",", ".") &
                ", '" & txtGeburtstag.Value & "')"

             ' ausgabe.Text = cmd.CommandText

             anzahl = cmd.ExecuteNonQuery()
             If anzahl > 0 Then
                ausgabe.Text =
                   "Es wurde ein Datensatz eingefügt"
             End If
          Catch ex As Exception
             ausgabe.Text = ex.Message
          End Try
          con.Close()
       End If
       cmd.CommandText = "select * from personen"

       Try
          con.Open()
          reader = cmd.ExecuteReader()
          grid.DataSource = reader
          DataBind()
          reader.Close()
       Catch ex As Exception
          ausgabe.Text = ex.Message
       End Try
       con.Close()

    End Sub
  </script>
</head>

<body>
   <p>Datenbanktabelle</p>
   <asp:DataGrid id="grid" runat="server" />
```

```
    <form id="Form1" runat="server">
      <p><input type="text" runat="server"
        id="txtName" /> Name</p>
      <p><input type="text" runat="server"
        id="txtVorname" /> Vorname</p>
      <p><input type="text" runat="server"
        id="txtPersonalnummer" /> Personalnummer</p>
      <p><input type="text" runat="server"
        id="txtGehalt" /> Gehalt</p>
      <p><input type="text" runat="server"
        id="txtGeburtstag" /> Geburtstag</p>
      <p><input id="Submit1" type="submit" runat="server"
        value="Senden" />
    </form>

    <p><asp:Label id="ausgabe" runat="server" /></p>
</body>
</html>
```

Listing 9.10 Projekt »WebDatenbankAktion«, Datei »default aspx«

Zur Erläuterung des Visual-Basic-Blocks:

- Die Objekte für die Datenbankverbindung, den SQL-Befehl und den Reader für das Abfrageergebnis werden initialisiert.
- Es kommt noch eine Variable zur Speicherung der Anzahl der geänderten Datensätze hinzu.
- Der Inhalt der ersten `If`-Verzweigung wird nur ausgeführt, wenn der Benutzer das Formular senden möchte, und nicht, wenn er die Seite zum ersten Mal aufruft.
- Die Benutzereingaben werden kontrolliert. Ergibt die Kontrolle einen Fehler (keine Personalnummer), wird die Prozedur verlassen. Es wird der Text *Bitte eintragen* hinter dem Feld `personalnummer` eingeblendet. Das Formular wird nicht zum Webserver gesendet. **Validate()**
- Es beginnt eine Ausnahmebehandlung. Diese ist besonders wegen der vielen möglichen Fehler bei der Benutzereingabe erforderlich. **Try-Catch**
- Der SQL-Befehl zum Einfügen eines Datensatzes wird mithilfe der Inhalte aus den Textfeldern des Formulars zusammengesetzt.
- Während der Entwicklung kann es nicht schaden, den Befehl zunächst zur Kontrolle auszugeben, statt ihn zu senden. Falls der SQL-Befehl als

richtig erkannt wird, kann diese Anweisung wieder auskommentiert werden.

- Der SQL-Befehl zum Einfügen eines Datensatzes wird gesendet. Im Erfolgsfall wird ausgegeben, dass ein Datensatz hinzugefügt wurde.

IsPostBack

- Innerhalb der Verzweigung mit `If IsPostBack` wird der SQL-Befehl zum Anzeigen aller Datensätze erstellt.
- Der Inhalt der Datenbanktabelle, einschließlich des neuen Datensatzes, wird mithilfe des Serversteuerelements vom Typ `DataGrid` ausgegeben.
- In diesem Programm wird die Verbindung eventuell zweimal geöffnet und wieder geschlossen, je nachdem, ob der Benutzer die Seite zum ersten Mal aufruft oder das Formular gesendet hat.

Zur Erläuterung des HTML-Containers:

- Hier befindet sich hinter der Überschrift und dem Serversteuerelement vom Typ `DataGrid` das Eingabeformular.
- Das Eingabeformular beinhaltet fünf Textfelder für die Werte der fünf Felder eines neuen Datensatzes.
- Nach dem Textfeld `personalnummer` steht ein Serversteuerelement vom Typ `RequiredFieldValidator`, mit dessen Hilfe kontrolliert wird, ob eine Personalnummer eingetragen wurde.
- Das unterste Label dient der Ausgabe der Erfolgsmeldung oder der Fehlermeldungen bei der Ausnahmebehandlung.

Kapitel 10
Zeichnen mit GDI+

Nach der Bearbeitung dieses Kapitels sind Sie in der Lage, Zeichnungen, Grafiken und externe Bilddokumente in Ihrer Windows-Anwendung darzustellen.

Im Folgenden lernen Sie Elemente der Bibliothek GDI+ sowie die Einbettung von Zeichnungselementen in Ihre Windows-Anwendung kennen.

10.1 Grundlagen von GDI+

Die Bibliothek GDI+ umfasst eine Reihe von Klassen, die es ermöglichen, Zeichnungen anzufertigen. Auf vielen Steuerelementen einer Windows-Anwendung kann gezeichnet werden, z. B. auf dem Formular selbst oder auf einer PictureBox.

CreateGraphics()

Sie benötigen den Zugriff auf das Graphics-Objekt des Steuerelements. Eine sehr einfache Zugriffsmöglichkeit bietet die Methode `CreateGraphics()`. Außerdem werden meist ein Stift (`Pen`) oder ein Pinsel (`Brush`) benötigt.

Beim Zeichnen der grafischen Objekte können Sie z. B. die Dicke des Stifts bestimmen, die Farbe von Stift oder Pinsel sowie Art, Ort und Größe der Objekte. Soll die Zeichnung auch Text enthalten, können Sie z. B. Schriftart, Schriftgröße, Schriftfarbe und Ort festlegen. Bilder fügen Sie mithilfe des Image-Objekts ein.

10.2 Linie, Rechteck, Polygon und Ellipse zeichnen

Das erste Beispielprogramm (Projekt *ZeichnenGrundformen*) enthält folgende Möglichkeiten:

- Zeichnen einer Linie
- Zeichnen eines leeren oder gefüllten Rechtecks

- Zeichnen eines leeren oder gefüllten Polygons
- Zeichnen einer leeren oder gefüllten Ellipse
- Ändern der Stiftdicke
- Ändern der Stiftfarbe
- Löschen der gesamten Zeichnung

Das entstandene *Kunstwerk* könnte damit aussehen wie in Abbildung 10.1.

Abbildung 10.1 Erste geometrische Objekte

10.2.1 Grundeinstellungen

Zunächst müssen einige Grundeinstellungen getroffen werden:

```
Public Class Form1
    Dim z As Graphics = CreateGraphics()
    Dim stift As New Pen(Color.Red, 2)
    Dim pinsel As New SolidBrush(Color.Red)

    Private Sub Form1_Load(...) Handles MyBase.Load
        lstFarbe.Items.Add("Rot")
        lstFarbe.Items.Add("Grün")
        lstFarbe.Items.Add("Blau")
        lstFarbe.SelectedIndex = 0
    End Sub
[...]
End Class
```

Listing 10.1 Projekt »ZeichnenGrundformen«, Einstellungen

Zur Erläuterung:

- Die Methode CreateGraphics() liefert einen Verweis auf das Graphics-Objekt des Formulars. Es kann nun im gesamten Formular mithilfe der Variablen z auf die Zeichenfläche des Formulars zugegriffen werden.
- Diese sehr einfache Methode hat allerdings den Nachteil, dass die Zeichnung teilweise oder ganz gelöscht wird, sobald z. B. eine andere Anwendung über dem Formular eingeblendet wird. Eine andere Methode wird in Abschnitt 10.5 vorgestellt.
- Es wird ein Zeichenstift zum Zeichnen von Linien und nicht gefüllten Objekten in der Farbe Rot und der Dicke 2 festgelegt. Dieser steht nun im gesamten Formular über das Objekt stift der Klasse Pen zur Verfügung. **Pen**
- Ein einfacher Pinsel zum Füllen von Objekten wird ebenfalls in der Farbe Rot festgelegt. Dieser steht nun im gesamten Formular über das Objekt pinsel der Klasse SolidBrush zur Verfügung. **SolidBrush**
- Ein Listenfeld ermöglicht einen Farbwechsel für Stift und Pinsel. Dieses Listenfeld wird zu Beginn des Programms mit drei Farben gefüllt.

10.2.2 Linie

Zum Zeichnen einer Linie wird die Methode DrawLine() verwendet. Die Prozedur: **DrawLine()**

```
Private Sub cmdLinie_Click(...) Handles ...
    z.DrawLine(stift, 100, 40, 100, 60)
End Sub
```

Listing 10.2 Projekt »ZeichnenGrundformen«, Linie

Zur Erläuterung:

- Die Methode DrawLine() erfordert in jedem Fall einen Zeichenstift.
- Anschließend werden die Start- und Endkoordinaten der Linie angegeben, entweder als Einzelkoordinaten (x,y) oder als Objekte der Klasse Point.

10.2.3 Rechteck

Die Methoden DrawRectangle() und FillRectangle() erzeugen ungefüllte bzw. gefüllte Rechtecke. Sind beide Seiten des Rechtecks gleich lang, handelt es sich bekanntlich um ein Quadrat: **DrawRectangle(), FillRectangle()**

```
Private Sub cmdRechteck_Click(...) Handles ...
    If chkFüllen.Checked Then
        z.FillRectangle(pinsel, 10, 10, 180, 180)
        chkFüllen.Checked = False
    Else
        z.DrawRectangle(stift, 10, 10, 180, 180)
    End If
End Sub
```

Listing 10.3 Projekt »ZeichnenGrundformen«, Rechteck

Zur Erläuterung:

- Der Benutzer kann über das Kontrollkästchen chkFüllen festlegen, ob es sich um ein gefülltes oder leeres Rechteck handeln soll.
- Das gefüllte Rechteck benötigt einen Pinsel, das leere Rechteck einen Zeichenstift.
- **Rechteck-Koordinaten** Anschließend gibt man entweder vier Werte für die x- und y-Koordinate der oberen linken Ecke sowie für die Breite und Höhe des Rechtecks oder ein Objekt der Klasse Rectangle an.
- Falls der Benutzer das gefüllte Rechteck gewählt hat, wird das Kontrollkästchen für das nächste Objekt wieder zurückgesetzt.

10.2.4 Polygon

DrawPolygon(), FillPolygon()

Polygone sind Vielecke und bestehen aus einem Linienzug, der nacheinander alle Ecken einschließt. Die Methoden DrawPolygon() und FillPolygon() erzeugen einen geschlossenen Polygonzug, der ungefüllt bzw. gefüllt ist.

Falls der Benutzer das gefüllte Polygon gewählt hat, wird das Kontrollkästchen für das nächste Objekt wieder zurückgesetzt.

```
Private Sub cmdPolygon_Click(...) Handles ...
    Dim point_feld() As Point =
            {New Point(90, 80),
             New Point(110, 80),
             New Point(100, 120)}
    If chkFüllen.Checked Then
        z.FillPolygon(pinsel, point_feld)
        chkFüllen.Checked = False
    Else
```

```
        z.DrawPolygon(stift, point_feld)
    End If
End Sub
```

Listing 10.4 Projekt »ZeichnenGrundformen«, Polygon

Zur Erläuterung:

- Ebenso wie das Rechteck kann auch das Polygon gefüllt (mithilfe eines Pinsels) oder ungefüllt (mithilfe eines Zeichenstifts) erzeugt werden.
- Als zweiter Parameter wird ein Feld von Objekten der Klasse `Point` benötigt. Die Anzahl der Elemente dieses Felds bestimmt die Anzahl der Ecken des Polygons.

Point-Objekte

- Zwischen zwei Punkten, die in dem Feld aufeinanderfolgen, wird eine Linie gezogen. Vom letzten Punkt aus wird zuletzt noch eine Linie zum ersten Punkt gezogen.

10.2.5 Ellipse

DrawEllipse(), FillEllipse()

Die Methoden `DrawEllipse()` und `FillEllipse()` erzeugen ungefüllte bzw. gefüllte Ellipsen innerhalb eines umgebenden Rechtecks. Sind beide Seiten des umgebenden Rechtecks gleich lang, erhält man einen Kreis. Die Prozedur:

```
Private Sub cmdEllipse_Click(...) Handles ...
    If chkFüllen.Checked Then
        z.FillEllipse(pinsel, 10, 10, 180, 180)
        chkFüllen.Checked = False
    Else
        z.DrawEllipse(stift, 10, 10, 180, 180)
    End If
End Sub
```

Listing 10.5 Projekt »ZeichnenGrundformen«, Ellipse

Zur Erläuterung:

Umgebendes Rechteck

- Der Aufbau der Ellipse entspricht dem Aufbau eines Rechtecks, das diese Ellipse umgibt.

10.2.6 Dicke und Farbe ändern, Zeichnung löschen

Einige Hilfsroutinen vervollständigen unser kleines Zeichenprogramm:

```
Private Sub numPenWidth_ValueChanged(...
        ) Handles numPenWidth.ValueChanged
    stift.Width = numPenWidth.Value
End Sub

Private Sub lstFarbe_SelectedIndexChanged(...
        ) Handles lstFarbe.SelectedIndexChanged
    Dim color_feld() As Color =
        {Color.Red, Color.Green, Color.Blue}
    stift.Color =
        color_feld(lstFarbe.SelectedIndex)
    pinsel.Color =
        color_feld(lstFarbe.SelectedIndex)
End Sub

Private Sub cmdClear_Click(...) Handles ...
    z.Clear(BackColor)
End Sub
```

Listing 10.6 Projekt »ZeichnenGrundformen«, Ändern, Löschen

Zur Erläuterung:

- Die Eigenschaft `Width` bestimmt die Dicke des Zeichenstifts. Der Wert des Zahlenauswahlfelds wird bei einer Änderung unmittelbar für die Stiftdicke übernommen.
- **Color** Die Eigenschaft `Color` bestimmt die Farbe des Zeichenstifts und des Pinsels. Der Index des ausgewählten Elements im Listenfeld wird bei einer Änderung unmittelbar übernommen, um das zugehörige Element des Felds `color_feld` zu bestimmen. Das Feld `color_feld` ist ein Feld von Objekten der Struktur `Color`.
- **Clear()** Die Methode `Clear()` dient zum Löschen der Zeichenfläche. Eigentlich handelt es sich dabei um ein Auffüllen mit einer Einheitsfarbe. Hier wird die normale Hintergrundfarbe des Formulars zum Auffüllen genommen.

10.3 Text schreiben

Texte werden mithilfe eines Pinsels und eines Font-Objekts auf die Zeichenfläche geschrieben. Das Beispielprogramm (Projekt *ZeichnenText*) beinhaltet folgende Möglichkeiten (siehe auch Abbildung 10.2).

- Schreiben eines eingegebenen Texts
- Ändern der Schriftart
- Ändern der Schriftgröße
- Ändern der Schriftfarbe
- Löschen der gesamten Zeichnung

Abbildung 10.2 Text in Zeichnung

Das gesamte Programm:

```
Public Class Form1
    Dim z As Graphics = CreateGraphics()
    Dim f As New Font("Arial", 16)
    Dim pinsel As New SolidBrush(Color.Red)

    Private Sub Form1_Load(...) Handles MyBase.Load
        lstSchriftart.Items.Add("Arial")
        lstSchriftart.Items.Add("Courier New")
        lstSchriftart.Items.Add("Symbol")
        lstSchriftart.SelectedIndex = 0
        lstFarbe.Items.Add("Rot")
        lstFarbe.Items.Add("Grün")
        lstFarbe.Items.Add("Blau")
        lstFarbe.SelectedIndex = 0
    End Sub
    Private Sub cmdAnzeigen_Click(...) Handles ...
```

```
        z.DrawString(txtE.Text, f, pinsel, 20, 20)
    End Sub

    Private Sub lstSchriftart_SelectedIndexChanged(...
            ) Handles lstSchriftart.
            SelectedIndexChanged
        f = New Font(lstSchriftart.Text, f.Size)
    End Sub

    Private Sub numSchriftgröße_ValueChanged(...
            ) Handles numSchriftgröße.ValueChanged
        f = New Font(f.FontFamily,
                     numSchriftgröße.Value)
    End Sub

    Private Sub lstFarbe_SelectedIndexChanged(...
            ) Handles lstFarbe.SelectedIndexChanged
        Dim color_feld() As Color =
            {Color.Red, Color.Green, Color.Blue}
        pinsel.Color =
            color_feld(lstFarbe.SelectedIndex)
    End Sub

    Private Sub cmdClear_Click(...) Handles ...
        z.Clear(BackColor)
    End Sub
End Class
```

Listing 10.7 Projekt »ZeichnenText«

Zur Erläuterung:

- Die Zeichenfläche und ein Pinsel zum Schreiben von Text auf die Zeichenfläche werden klassenweit gültig bereitgestellt.
- **Font** Das Schriftformat für den Text wird im Objekt `f` der Klasse `Font` zur Verfügung gestellt.
- Zu Beginn des Programms werden die beiden Listen für Schriftart und Farbe gefüllt.
- **DrawString()** Die Methode `DrawString()` dient zum Schreiben des Texts. Sie benötigt den Text, ein Schriftformat, einen Pinsel und einen Ort zum Schreiben.
- Bei einem Wechsel der Auswahl im ersten Listenfeld wird eine neue Schriftart eingestellt.

- Bei einem Wechsel der Zahl im Zahlenauswahlfeld wird eine neue Schriftgröße eingestellt.
- Ein Wechsel der Farbe im zweiten Listenfeld führt zu einer Änderung der Schriftfarbe.

10.4 Bilder darstellen

Image

Zum Darstellen eines Bilds auf einer Zeichenfläche benötigen Sie die Klasse `Image`. Die statische Methode `FromFile()` dieser Klasse lädt ein Bild aus einer Datei und stellt es zur Darstellung bereit. Die Bildeigenschaften stehen ebenfalls zur Verfügung. Die Zeichenmethode `DrawImage()` zeichnet das Bild schließlich auf die Zeichenfläche.

Im nachfolgenden Programm wird mithilfe des Standarddialogfelds `OpenFileDialog` eine Bilddatei ausgewählt. Diese wird geladen, und das Bild wird dargestellt, siehe Abbildung 10.3.

Abbildung 10.3 Bild aus Datei »namibia.gif«

Der Programmcode für das Projekt *ZeichnenBild* lautet:

```
Public Class Form1
    Private Sub cmdAuswahl_Click(...) Handles ...
        Dim z As Graphics = CreateGraphics()
        Dim df As New Font("Verdana", 11)
        Dim pinsel As New SolidBrush(Color.Black)

        Dim ofd As New OpenFileDialog
        Dim bild As Image
```

```
        z.Clear(BackColor)

        ofd.InitialDirectory = "C:\Temp"
        ofd.Title = "Bitte eine Bilddatei wählen"
        ofd.Filter =
            "Bild-Dateien (*.jpg; *.gif)|*.jpg; *.gif"
        If ofd.ShowDialog() = DialogResult.OK Then
            bild = Image.FromFile(ofd.FileName)
            z.DrawImage(bild, 20, 40)
            z.DrawString("Breite: " & bild.Width &
                ", Höhe: " & bild.Height,
                df, pinsel, 20, 20)
        Else
            MessageBox.Show(
                "Keine Bilddatei ausgewählt")
        End If
    End Sub
End Class
```

Listing 10.8 Projekt »ZeichnenBild«

Zur Erläuterung:

- Da es sich nur um eine einzelne Ereignismethode handelt, werden diesmal alle Variablen und Objekte nur lokal deklariert.
- Die Zeichenfläche wird wieder über die Variable `z` bereitgestellt.
- Die Schriftart und der Pinsel werden zur Ausgabe von Eigenschaften des geladenen Bildes benötigt.
- Mithilfe eines Standarddialogfelds werden die Bilddateien mit den Endungen *.jpg* und *.gif* im Ordner *C:\Temp* aufgelistet.
- Der Benutzer sucht eine Bilddatei in diesem oder einem anderen Verzeichnis aus. Der Name dieser Datei steht in der Eigenschaft `FileName` des Dialogfelds.

FromFile()

- Die statische Methode `FromFile()` der Klasse `Image` lädt das Bild und liefert einen Verweis, über den auf das Bild zugegriffen werden kann.

DrawImage()

- Die Methode `DrawImage()` stellt das Bild dar. Eine der zahlreichen Überladungen dieser Methode benötigt die `x`- und `y`-Koordinate, an der sich die obere linke Ecke des Bilds befinden soll.
- Bricht der Benutzer die Bildauswahl ab, wird das in einer Meldung ausgegeben.

10.5 Dauerhaft zeichnen

Die bisher vorgestellte Methode hat den Nachteil, dass die Zeichnung teilweise oder ganz gelöscht wird, sobald z. B. eine andere Anwendung über dem Formular eingeblendet wird.

Paint-Ereignis

Eine andere Methode arbeitet mit dem `Paint`-Ereignis des Formulars. Dieses Ereignis wird jedes Mal aufgerufen, wenn das Formular auf dem Bildschirm neu gezeichnet werden muss.

Im nachfolgenden Programm (Projekt *ZeichnenDauerhaft*) werden einige Elemente der vorgestellten Programme auf diese Weise gezeichnet (siehe auch Abbildung 10.4).

Abbildung 10.4 Drei dauerhafte Zeichnungselemente

Der zugehörige Code:

```
Imports System.IO
Public Class Form1
    Private Sub Form1_Paint(sender As Object,
            e As PaintEventArgs) Handles MyBase.Paint
        Dim z As Graphics
        Dim stift As New Pen(Color.Red, 2)
        Dim f As New Font("Arial", 16)
        Dim pinsel As New SolidBrush(Color.Red)
        Dim bild As Image
        Dim filename As String
```

```
            ' Holt Grafik-Objekt zum Zeichnen
            z = e.Graphics

            ' Rechteck, Text
            z.DrawRectangle(stift, 20, 20, 30, 60)
            z.DrawString("Hallo", f, pinsel, 70, 20)

            ' Bild
            filename = "namibia.gif"
            If File.Exists(filename) Then
                bild = Image.FromFile(filename)
                z.DrawImage(bild, 70, 70)
            Else
                MessageBox.Show("Datei nicht vorhanden")
            End If
        End Sub
    End Class
```

Listing 10.9 Projekt »ZeichnenDauerhaft«

Zur Erläuterung:

PaintEventArgs

- Das Objekt `e` der Klasse `PaintEventArgs` liefert Daten für das `Paint`-Ereignis.
- Eine der Eigenschaftsmethoden des Objekts `e` ist `Graphics`. Sie liefert das Grafik-Objekt zum Zeichnen.
- Mithilfe dieses Objekts werden nacheinander ein Rechteck, ein Text und ein Bild aus einer Datei auf dem Formular gezeichnet.
- Zur Vereinfachung liegt die Bilddatei *namibia.gif* im Projekt-Unterverzeichnis *bin\Debug*.

10.6 Zeichnen einer Funktion

Zum Abschluss dieses Kapitels sollen im Projekt *ZeichnenFunktion* die Verläufe von zwei mathematischen Funktionen gezeichnet werden. Es handelt sich um die Sinus- und die Kosinusfunktion, deren Verläufe von 0 bis 360 Grad gezeichnet werden, siehe Abbildung 10.5.

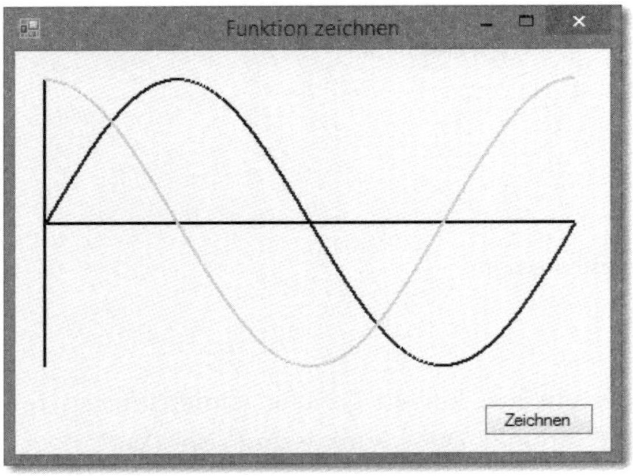

Abbildung 10.5 Projekt »ZeichnenFunktion«

Zunächst der Code zum Button ZEICHNEN:

```
Private Sub cmdAchsen_Click(...) Handles ...
    Dim z As Graphics = CreateGraphics()
    Dim stift As Pen
    Dim start, ende As Point
    Dim i As Integer

    stift = New Pen(Color.Black, 2)
    z.DrawLine(stift,
        New Point(20, 120), New Point(380, 120))
    z.DrawLine(stift,
        New Point(20, 220), New Point(20, 20))

    stift = New Pen(Color.Blue, 2)
    start = New Point(20, 120)
    For i = 1 To 360
        ende = New Point(20 + i,
            120 - Math.Sin(i * Math.PI / 180) * 100)
        z.DrawLine(stift, start, ende)
        start = ende
    Next i

    stift = New Pen(Color.LightGray, 2)
    start = New Point(20, 20)
    For i = 1 To 360
```

```
        ende = New Point(20 + i,
            120 - Math.Cos(i * Math.PI / 180) * 100)
        z.DrawLine(stift, start, ende)
        start = ende
    Next i
End Sub
```

Listing 10.10 Projekt »ZeichnenFunktion«

Zur Erläuterung:

- Jede Funktionskurve besteht aus kurzen geraden Linienstücken mit einem Start- und einem Endpunkt. Diese Punkte sind vom Typ `Point`.
- Für die Achsen wird ein schwarzer Stift mit Stärke 2 gewählt. Die x-Achse wird in der Mitte der Zeichnung von links nach rechts gezogen. Die y-Achse wird am linken Rand der Zeichnung von unten nach oben gezogen.
- Für die Sinuskurve wird ein blauer Stift mit Stärke 2 gewählt. Der Startpunkt des ersten Linienstücks liegt mathematisch bei `x=0` und `y=sin(0)=0`. Der y-Wert wird mit dem Skalierungsfaktor 100 multipliziert. Er muss dann von 120 subtrahiert werden, da y in der Zeichnung von oben nach unten gemessen wird und der Nullpunkt für y in der Zeichnung bei 120 liegt. Es ergeben sich `x=20` und `y=120`.
- Die x-Koordinate des Endpunkts des ersten Linienstücks ergibt sich durch den Winkel in Grad: 1. Dazu muss der x-Versatz des Ursprungs addiert werden. Es ergibt sich also 21.
- Zur Berechnung der y-Koordinate des Endpunkts des ersten Linienstücks muss der Winkel zunächst von Grad in Bogenmaß umgerechnet werden, also mal der mathematischen Konstante PI durch 180. Die Sinusfunktion ergibt einen Wert zwischen 0 und 1. Auch dieser y-Wert muss mit 100 multipliziert und von 120 subtrahiert werden, siehe oben.
- Es wird dann eine Linie vom Startpunkt zum berechneten Endpunkt gezogen. Der Endpunkt wird anschließend zum Startpunkt für das nächste Linienstück und so weiter.
- Für die Kosinuskurve wird ein hellgrauer Stift mit Stärke 2 gewählt. Der Startpunkt des ersten Linienstücks liegt mathematisch bei `x=0` und `y=cos(0)=1`. Auch dieser y-Wert muss mit 100 multipliziert und von 120 subtrahiert werden. Es ergeben sich `x=20` und `y=20`.
- Die einzelnen Linienstücke werden wie bei der Sinuskurve erstellt.

Kapitel 11
Beispielprojekte

Als weiterführende Übungsaufgaben werden in diesem Kapitel zwei lauffähige Beispielprojekte vorgeführt. Haben Sie den geschilderten Aufbau verstanden, können Sie später eigene Verbesserungen oder Erweiterungen einbringen.

Bei den beiden Beispielprojekten handelt es sich zum einen um das bekannte Tetris-Spiel und zum anderen um einen Vokabeltrainer.

11.1 Spielprogramm Tetris

Im Folgenden wird das bekannte Spielprogramm Tetris in einer vereinfachten, nachvollziehbaren Version für Visual Basic realisiert und erläutert.

Das Programm beinhaltet:

- ein zweidimensionales Feld
- einen Timer
- einen Zufallsgenerator
- die Erzeugung und Löschung von Steuerelementen zur Laufzeit
- die Zuordnung von Ereignisprozeduren zu Steuerelementen, die erst zur Laufzeit erzeugt werden

Abbildung 11.1 zeigt die Benutzeroberfläche des Programms.

11.1.1 Spielablauf

Panel fällt herunter

Nach Programmstart fällt ein Steuerelement vom Typ `Panel` in einer von acht möglichen Farben so weit herunter, bis es auf den Rand des Spielfelds oder ein anderes Panel trifft. Es kann mithilfe der drei Buttons Links (Li), Rechts (Re) und Drop (Dr) bewegt werden. Drop bewirkt ein sofortiges Absenken des Panels auf die unterste mögliche Position.

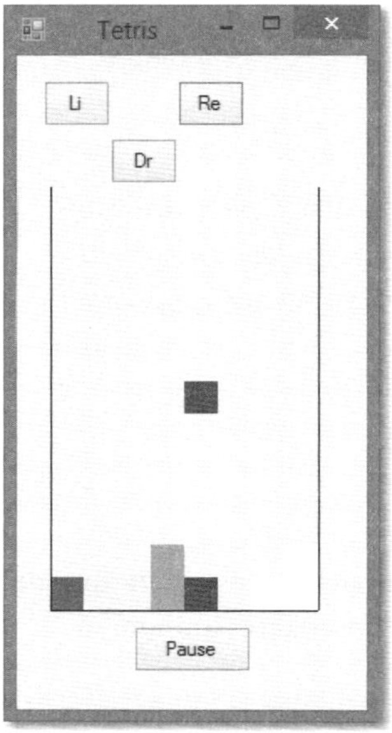

Abbildung 11.1 Tetris

Level

Falls sich drei gleichfarbige Panels untereinander oder nebeneinander befinden, verschwinden sie. Panels, die sich eventuell darüber befinden, rutschen nach. Anschließend wird die Fallgeschwindigkeit der Panels erhöht, d.h., die Schwierigkeitsstufe wird gesteigert, man gelangt zum nächsten Level.

Ende

Sobald ein Panel nur noch in der obersten Zeile platziert werden kann, ist das Spiel zu Ende. Ziel des Spiels ist es, viele Panels wie möglich zu platzieren. Mit dem Button PAUSE kann das Spiel unterbrochen werden, eine erneute Betätigung des Buttons lässt das Spiel weiterlaufen.

11.1.2 Programmbeschreibung

Hilfsfeld

Der Kasten, in dem sich die fallenden Panels befinden, ist 8 Spalten breit und 13 Zeilen hoch. Als Hilfskonstruktion steht das zweidimensionale Feld F mit 10 Spalten und 15 Zeilen zur Verfügung, in dem jedes existierende Panel mit seiner laufenden Nummer vermerkt ist.

Im Beispiel in Tabelle 11.1 wird der Inhalt des Felds F nach den Panels 0 bis 11, also nach 12 gefallenen Panels angezeigt. Die Panels 1, 6 und 7 hatten die gleiche Farbe, standen über- oder nebeneinander und sind deshalb schon verschwunden. Die Randelemente werden zu Spielbeginn mit dem Wert der Konstanten `Rand=-2` besetzt. Alle Elemente des Felds `F`, die kein Panel enthalten, also leer sind, haben den Wert der Konstanten `Leer=-1`.

Ze / Sp	0	1	2	3	4	5	6	7	8	9
1	–2	–1	–1	–1	–1	–1	–1	–1	–1	–2
2	–2	–1	–1	–1	–1	–1	–1	–1	–1	–2
3	–2	–1	–1	–1	–1	–1	–1	–1	–1	–2
4	–2	–1	–1	–1	–1	–1	–1	–1	–1	–2
5	–2	–1	–1	–1	–1	–1	–1	–1	–1	–2
6	–2	–1	–1	–1	–1	–1	–1	–1	–1	–2
7	–2	–1	–1	–1	–1	–1	–1	–1	–1	–2
8	–2	–1	–1	–1	–1	–1	–1	–1	–1	–2
9	–2	–1	–1	–1	–1	–1	–1	–1	–1	–2
10	–2	–1	–1	–1	–1	–1	–1	–1	–1	–2
11	–2	–1	–1	–1	11	–1	–1	–1	–1	–2
12	–2	–1	–1	–1	3	8	9	–1	–1	–2
13	–2	–1	0	10	2	4	5	–1	–1	–2
14	–2	–2	–2	–2	–2	–2	–2	–2	–2	–2

Tabelle 11.1 Spielfeld

11.1.3 Steuerelemente

Es gibt zu Beginn des Programms folgende Steuerelemente:

- vier Buttons für LINKS, RECHTS, DROP und PAUSE
- drei Panels als Begrenzungslinien des Spielfelds
- einen Timer, der das aktuelle Panel automatisch weiter fallen lässt (Startwert für das Zeitintervall: 500 ms). Timer

Im Verlauf des Programms werden weitere Steuerelemente vom Typ `Panel` hinzugefügt bzw. wieder entfernt.

11.1.4 Initialisierung des Programms

Zu Beginn des Programms werden die klassenweit gültigen Variablen und Konstanten vereinbart und die Form1_Load-Prozedur durchlaufen:

```
Public Class Form1
    ' Index des aktuellen Panels
    Dim PX As Integer

    ' Gesamtes Spielfeld inkl. Randfelder
    Dim F(14, 9) As Integer

    ' Zeile und Spalte des aktuellen Panels
    Dim PZ As Integer
    Dim PS As Integer

    ' Schwierigkeitsstufe
    Dim Stufe As Integer

    ' Eine zunächst leere Liste von Spiel-Panels
    Dim PL As New ArrayList

    ' Ein Feld von Farben für die Panels
    Dim FarbenFeld() As Color = {Color.Red,
        Color.Yellow, Color.Green, Color.Blue,
        Color.Cyan, Color.Magenta, Color.Black,
        Color.White}

    ' Konstanten für Status eines Feldpunktes
    Const Leer = -1
    Const Rand = -2

    Private Sub Form1_Load(...) Handles MyBase.Load
        Dim Z, S As Integer

        ' Größe und Ort einstellen
        Me.Size = New Size(225, 440)
        cmdLinks.Size = New Size(40, 28)
        cmdLinks.Location = New Point(16, 15)
        cmdRechts.Size = New Size(40, 28)
        cmdRechts.Location = New Point(96, 15)
        cmdUnten.Size = New Size(40, 28)
```

```
        cmdUnten.Location = New Point(56, 50)
        panLinks.Size = New Size(1, 260)
        panLinks.Location = New Point(20, 80)
        panRechts.Size = New Size(1, 260)
        panRechts.Location = New Point(180, 80)
        panUnten.Size = New Size(160, 1)
        panUnten.Location = New Point(20, 340)
        cmdPause.Size = New Size(70, 28)
        cmdPause.Location = New Point(70, 350)

        ' Zufallsgenerator initialisieren
        Randomize()

        ' Feld besetzen
        For Z = 1 To 13
            F(Z, 0) = Rand
            For S = 1 To 8
                F(Z, S) = Leer
            Next S
            F(Z, 9) = Rand
        Next Z

        For S = 0 To 9
            F(14, S) = Rand
        Next S

        ' Initialisierung
        Stufe = 1
        NächstesPanel()
    End Sub
[...]
End Class
```

Listing 11.1 Projekt »Tetris«, Variablen, Konstanten, Start

Zur Erläuterung der klassenweit gültigen Variablen und Konstanten:

- Die laufende Nummer (der Index) des aktuell fallenden Panels wird in der Variablen PX festgehalten.
- Das gesamte Spielfeld, das in Abschnitt 11.1.2 schematisch dargestellt wurde, wird im zweidimensionalen Feld F gespeichert. **Hilfsfeld**

- Die Variablen PZ und PS beinhalten die Zeilen- und Spalten-Position des aktuell fallenden Panels innerhalb des Spielfelds.

Level

- Die Variable Stufe kennzeichnet den Schwierigkeitsgrad des Spiels. Jedes Mal, wenn drei Panels, die untereinander oder nebeneinander lagen, gelöscht wurden, wird die Stufe um 1 erhöht. Das sorgt für ein kürzeres Timer-Intervall, die Panels werden schneller.

Liste von Panels

- PL ist eine ArrayList von Steuerelementen vom Typ Panel. ArrayLists können beliebige Objekte enthalten. Das können Variablen, Objekte eigener Klassen oder, wie hier, Steuerelemente, also Objekte vorhandener Klassen sein. Zu Beginn ist die ArrayList leer.
- Das Feld FarbenFeld enthält insgesamt acht Farben. Die Farben der Panels werden per Zufallsgenerator ermittelt.
- Die Konstanten Leer und Rand werden erzeugt. Die Namen der Konstanten sind im Programm leichter lesbar als die Werte –1 bzw. –2.

Zur Erläuterung der Form1_Load-Prozedur:

- Zunächst werden zur Sicherheit Größe und Ort der beteiligten Steuerelemente noch einmal per Code eingestellt.

Zufallsgenerator

- Der Zufallsgenerator wird initialisiert.
- Anschließend werden die Elemente des oben beschriebenen Hilfsfelds F mit Leer bzw. Rand besetzt.
- Die Schwierigkeitsstufe wird auf 1 gesetzt.

Erstes Panel

- Es wird die Prozedur NächstesPanel() aufgerufen. Sie ist in diesem Fall für die Erzeugung des ersten fallenden Panels zuständig.

11.1.5 Erzeugen eines neuen Panels

Die Prozedur NächstesPanel() dient der Erzeugung eines neuen fallenden Panels. Das geschieht zu Beginn des Spiels und nachdem ein Panel auf dem unteren Rand des Spielfelds oder auf einem anderen Panel zum Stehen gekommen ist. Der Code lautet:

```
Public Class Form1
[...]
    Private Sub NächstesPanel()
        Dim Farbe As Integer
        Dim p As New Panel
```

```
        ' Neues Panel zur ArrayList hinzufügen
        PL.Add(p)

        ' Neues Panel platzieren
        p.Location = New Point(100, 80)
        p.Size = New Point(20, 20)

        ' Farbauswahl für neues Panel
        Farbe = Math.Floor(Rnd() * 8)
        p.BackColor = FarbenFeld(Farbe)

        ' Neues Panel zum Formular hinzufügen
        Controls.Add(p)

        ' Index für späteren Zugriff ermitteln
        PX = PL.Count - 1

        ' Aktuelle Zeile, Spalte
        PZ = 1
        PS = 5
    End Sub
[...]
End Class
```

Listing 11.2 Projekt »Tetris«, Prozedur »NächstesPanel«

Zur Erläuterung:

- Es wird ein Objekt vom Typ *Panel* neu erzeugt.
- Damit darauf auch außerhalb der Prozedur zugegriffen werden kann, wird ein Verweis auf dieses Panel mithilfe der Methode `Add()` der ArrayList `PL` hinzugefügt. **Neues Listenelement**
- Es werden die Eigenschaften *Ort*, *Größe* und *Farbe* des neuen Panels bestimmt.
- Das Panel wird mithilfe der Methode `Add()` zu der Collection `Controls` hinzugefügt. Das ist eine Liste der Steuerelemente des Formulars. Dadurch wird das Panel sichtbar. **Neues Steuerelement**
- Seine laufende Nummer (der Index) wird mithilfe der Eigenschaft `Count` ermittelt. Diese Nummer wird für den späteren Zugriff benötigt.
- Die Variablen `PZ` und `PS`, die die Position des aktuell fallenden Panels im Spielfeld `F` angeben, werden gesetzt.

11.1.6 Der Zeitgeber

In regelmäßigen Zeitabständen wird das Timer-Ereignis erzeugt und damit die Ereignisprozedur `timT_Tick()` aufgerufen. Diese sorgt dafür, dass sich das aktuelle Panel nach unten bewegt, falls das noch möglich ist.

```
Public Class Form1
[...]
    Private Sub timT_Tick(...) Handles timT.Tick
        ' Falls es nicht mehr weiter geht
        If F(PZ + 1, PS) <> Leer Then
            ' Oberste Zeile erreicht
            If PZ = 1 Then
                timT.Enabled = False
                MessageBox.Show("Das war's")
                Exit Sub
            End If

            F(PZ, PS) = PX        ' Belegen
            AllePrüfen()
            NächstesPanel()

        Else
            ' Falls es noch weiter geht
            PL(PX).Top = PL(PX).Top + 20
            PZ = PZ + 1
        End If
    End Sub
[...]
End Class
```

Listing 11.3 Projekt »Tetris«, Zeitgeber

Zur Erläuterung:

- Zunächst wird geprüft, ob sich unterhalb des aktuellen Panels noch ein freies Feld befindet.
- Ist das nicht der Fall, hat das Panel seine Endposition erreicht.
- **Endposition** Befindet sich diese Endposition in der obersten Zeile, ist das Spiel zu Ende. Der Timer wird deaktiviert, anderenfalls würden weitere Panels erzeugt. Es erscheint eine Meldung, und die Prozedur wird unmittelbar beendet. Will der Spieler erneut beginnen, muss er das Programm beenden und neu starten.

- Befindet sich die Endposition nicht in der obersten Zeile, wird die Panelnummer im Feld `F` mit der aktuellen Zeile und Spalte vermerkt. Das dient der Kennzeichnung eines belegten Feldelements.
- Die Prozedur `AllePrüfen()` wird aufgerufen (siehe unten), um festzustellen, ob es drei gleichfarbige Panels über- oder nebeneinander gibt. Anschließend wird das nächste Panel erzeugt. **Prüfen**
- Befindet sich unterhalb des Panels noch ein freies Feld, kann das Panel weiter fallen. Seine Koordinaten und die aktuelle Zeilennummer werden verändert. **Weiter fallen**

11.1.7 Panel löschen

Rekursive Prozedur

Die Prozedur `AllePrüfen()` ist eine rekursive Prozedur, mit deren Hilfe festgestellt wird, ob es drei gleichfarbige Panels nebeneinander oder übereinander gibt. Ist das der Fall, werden diese Panels entfernt, und die darüber liegenden Panels rutschen nach. Eventuell befinden sich nun wieder drei gleichfarbige Panels neben- oder übereinander, es muss also erneut geprüft werden. Das geschieht so lange, bis keine drei gleichfarbigen Panels neben- oder übereinander gefunden wurden.

Die Prozedur `AllePrüfen()` bedient sich intern der beiden Funktionen `NebenPrüfen()` und `ÜberPrüfen()`.

```
Public Class Form1
[...]
    Private Sub AllePrüfen()
        Dim Z, S As Integer
        Dim Neben, Über As Boolean
        Neben = False
        Über = False

        ' Drei gleiche Panels nebeneinander ?
        For Z = 13 To 1 Step -1
            For S = 1 To 6
                Neben = NebenPrüfen(Z, S)
                If Neben Then Exit For
            Next S
            If Neben Then Exit For
        Next Z
```

```
        ' Drei gleiche Panels übereinander ?
        For Z = 13 To 3 Step -1
            For S = 1 To 8
                Über = ÜberPrüfen(Z, S)
                If Über Then Exit For
            Next S
            If Über Then Exit For
        Next Z

        If Neben Or Über Then
            ' Schneller
            Stufe = Stufe - 1
            timT.Interval = 5000 / (Stufe + 9)

            ' Eventuell kann jetzt noch eine Reihe
            ' entfernt werden
            AllePrüfen()
        End If
    End Sub

    ' Falls 3 Felder nebeneinander besetzt
    Private Function NebenPrüfen(Z As Integer,
            S As Integer) As Boolean
        Dim ZX, SX As Integer
        NebenPrüfen = False

        If F(Z, S) <> Leer And
                F(Z, S + 1) <> Leer And
                F(Z, S + 2) <> Leer Then

            ' Falls drei Farben gleich
            If PL(F(Z, S)).BackColor =
                    PL(F(Z, S + 1)).BackColor And
                    PL(F(Z, S)).BackColor =
                    PL(F(Z, S + 2)).BackColor Then

                For SX = S To S + 2
                    ' PL aus dem Formular löschen
                    Controls.Remove(PL(F(Z, SX)))
                    ' Feld leeren
```

```
                F(Z, SX) = Leer

                ' Panels oberhalb des entladenen
                ' Panels absenken
                ZX = Z - 1
                Do While F(ZX, SX) <> Leer
                    PL(F(ZX, SX)).Top =
                        PL(F(ZX, SX)).Top + 20

                    ' Feld neu besetzen
                    F(ZX + 1, SX) = F(ZX, SX)
                    F(ZX, SX) = Leer
                    ZX = ZX - 1
                Loop

            Next SX
            NebenPrüfen = True
        End If
    End If
End Function

' Falls drei Felder übereinander besetzt
Private Function ÜberPrüfen(Z As Integer,
        S As Integer) As Boolean
    Dim ZX As Integer
    ÜberPrüfen = False

    If F(Z, S) <> Leer And F(Z - 1, S) <> Leer And
            F(Z - 2, S) <> Leer Then

        ' Falls drei Farben gleich
        If PL(F(Z, S)).BackColor =
                PL(F(Z - 1, S)).BackColor And
                PL(F(Z, S)).BackColor =
                PL(F(Z - 2, S)).BackColor Then

            ' 3 Panels entladen
            For ZX = Z To Z - 2 Step -1
                ' PL aus dem Formular löschen
                Controls.Remove(PL(F(ZX, S)))
```

```
                ' Feld leeren
                F(ZX, S) = Leer
            Next ZX
            ÜberPrüfen = True
        End If
    End If
  End Function
End Class
[...]
```

Listing 11.4 Projekt »Tetris«, Panel löschen

Zur Erläuterung:

- Die Variablen `Neben` und `Über` kennzeichnen die Tatsache, dass drei gleichfarbige Panels neben- oder übereinander gefunden wurden. Sie werden zunächst auf `False` gesetzt.
- Nebeneinander: Zunächst wird geprüft, ob sich drei gleichfarbige Panels nebeneinander befinden. Das geschieht, indem für jedes einzelne Feldelement in der Funktion `NebenPrüfen()` geprüft wird, ob es selbst und seine beiden rechten Nachbarn mit einem Panel belegt sind und ob diese Panels gleichfarbig sind. Die Prüfung beginnt beim Panel unten links und setzt sich bis zum drittletzten Panel der gleichen Zeile fort. Anschließend werden die Panels in der Zeile darüber geprüft usw.
- Panels löschen: Sobald eine Reihe gleichfarbiger Panels gefunden wurde, werden alle drei Panels mithilfe der Methode `Remove()` aus der Collection der Steuerelemente des Formulars gelöscht, d.h., sie verschwinden aus dem Formular. Ihre Position im Feld `F` wird mit –1 (= `Leer`) besetzt. Nun müssen noch alle Panels, die sich eventuell oberhalb der drei Panels befinden, um eine Position abgesenkt werden. Die Variable `Neben` wird auf `True` gesetzt. Die doppelte Schleife wird sofort verlassen.
- Übereinander: Analog wird nun in der Funktion `ÜberPrüfen()` geprüft, ob sich drei gleichfarbige Panels übereinander befinden. Ist das der Fall, werden sie aus der Collection der Steuerelemente des Formulars gelöscht. Ihre Positionen im Feld `F` werden mit –1 besetzt. Über den drei Panels können sich keine weiteren Panels befinden, die entfernt werden müssten.
- Rekursiv: Falls durch eine der beiden Prüfungen eine Reihe gefunden und entfernt wurde, wird die Schwierigkeitsstufe erhöht und das Timer-Intervall verkürzt. Nun muss geprüft werden, ob sich durch das Nachrutschen von Panels wiederum ein Bild mit drei gleichfarbigen Panels über- oder neben-

einander ergeben hat. Die Prozedur AllePrüfen() ruft sich also so lange selbst auf (rekursive Prozedur), bis keine Reihe mehr gefunden wurde.

11.1.8 Panel seitlich bewegen

Mithilfe der beiden Ereignisprozeduren cmdLinks_Click() und cmdRechts_Click() werden die Panels nach links bzw. rechts bewegt, falls das möglich ist.

```
Public Class Form1
[...]
    Private Sub cmdLinks_Click(...) Handles ...
        If F(PZ, PS - 1) = Leer Then
            PL(PX).Left = PL(PX).Left - 20
            PS = PS - 1
        End If
    End Sub

    Private Sub cmdRechts_Click(...) Handles ...
        If F(PZ, PS + 1) = Leer Then
            PL(PX).Left = PL(PX).Left + 20
            PS = PS + 1
        End If
    End Sub
[...]
End Class
```

Listing 11.5 Projekt »Tetris«, Panel seitlich bewegen

Zur Erläuterung:

- Es wird geprüft, ob sich links bzw. rechts vom aktuellen Panel ein freies Feldelement befindet. Ist das der Fall, wird das Panel nach links bzw. rechts verlegt und die aktuelle Spaltennummer verändert. **Seitlich**

11.1.9 Panel nach unten bewegen

Die Ereignisprozedur cmdUnten_Click() dient der wiederholten Bewegung der Panels nach unten, falls das möglich ist. Diese Bewegung wird so lange durchgeführt, bis das Panel auf die Spielfeldbegrenzung oder ein anderes Panel stößt. Der Code lautet:

```
Public Class Form1
[...]
    Private Sub cmdUnten_Click(...) Handles ...
        Do While F(PZ + 1, PS) = Leer
            PL(PX).Top = PL(PX).Top + 20
            PZ = PZ + 1
        Loop
        F(PZ, PS) = PX        'Belegen
        AllePrüfen()
        NächstesPanel()
    End Sub
[...]
End Class
```

Listing 11.6 Projekt »Tetris«, Panel nach unten bewegen

Zur Erläuterung:

Nach unten

- Es wird geprüft, ob sich unter dem aktuellen Panel ein freies Feldelement befindet. Ist das der Fall, wird das Panel nach unten verlegt und die aktuelle Zeilennummer verändert. Das geschieht so lange, bis das Panel auf ein Hindernis stößt.
- Anschließend wird das betreffende Feldelement belegt. Es wird geprüft, ob nun eine neue Reihe von drei gleichfarbigen Panels existiert, und das nächste Panel wird erzeugt.

11.1.10 Pause

Spiel anhalten

Abhängig vom aktuellen Zustand wird durch Betätigen des Buttons PAUSE in den Zustand *Pause* geschaltet oder wieder zurück.

```
Public Class Form1
[...]
    Private Sub cmdPause_Click(...) Handles ...
        timT.Enabled = Not timT.Enabled
    End Sub
End Class
```

Listing 11.7 Projekt »Tetris«, Pause

Zur Erläuterung:

- Der Zustand des Timers wechselt zwischen `Enabled = True` und `Enabled = False`.

11.2 Lernprogramm Vokabeln

In diesem Abschnitt wird ein kleines, erweiterungsfähiges Vokabel-Lernprogramm (Projekt *Vokabeln*) vorgestellt. Es beinhaltet:

- eine Datenbank als Basis
- ein Hauptmenü
- die Nutzung einer ArrayList
- einen Zufallsgenerator
- eine Benutzerführung, abhängig vom Programmzustand
- Lesen einer Textdatei

11.2.1 Benutzung des Programms

Nach dem Start erscheint die Benutzeroberfläche (siehe Abbildung 11.2).

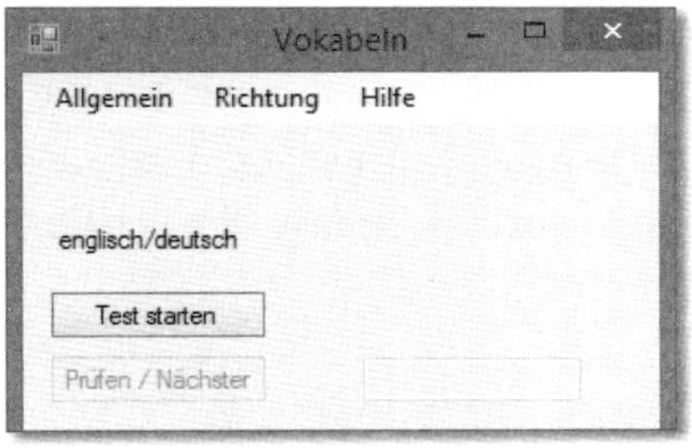

Abbildung 11.2 Benutzeroberfläche

Das Hauptmenü besteht aus:

Hauptmenü

- Menü ALLGEMEIN, dieses Menü wiederum besteht aus
  - Menüpunkt TEST BEENDEN: vorzeitiger Testabbruch
  - Menüpunkt PROGRAMM BEENDEN
- Menü RICHTUNG: zur Auswahl und Anzeige der Richtung für Frage und Antwort
  - Menüpunkt DEUTSCH – ENGLISCH
  - Menüpunkt ENGLISCH – DEUTSCH (das ist die Voreinstellung)
  - Menüpunkt DEUTSCH – FRANZÖSISCH
  - Menüpunkt FRANZÖSISCH – DEUTSCH
- Menü HILFE
  - Menüpunkt ANLEITUNG: eine kurze Benutzeranleitung

Der Benutzer kann entweder die Richtung für Frage und Antwort wählen oder sofort einen Vokabeltest in der Voreinstellung englisch – deutsch starten.

Start

Nach der Betätigung des Buttons TEST STARTEN erscheint die erste Vokabel, der Button wird deaktiviert, und der Button PRÜFEN/NÄCHSTER wird aktiviert, wie in Abbildung 11.3 zu sehen.

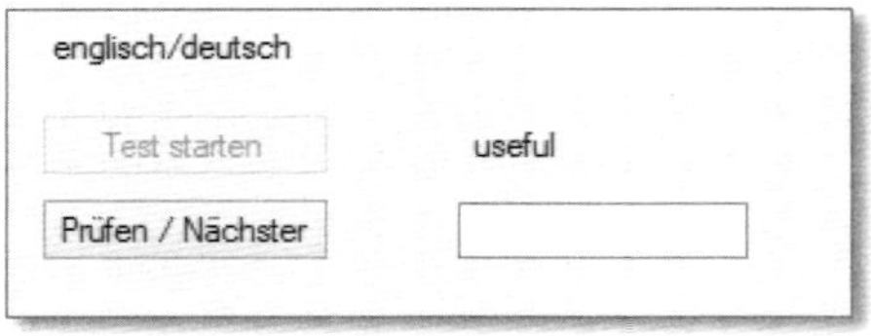

Abbildung 11.3 Test läuft, eine Vokabel erscheint

Nachdem der Benutzer eine Übersetzung eingegeben und den Button betätigt hat, wird seine Eingabe geprüft, und es erscheint ein Kommentar:

- Richtig: Falls er die richtige Übersetzung eingegeben hat, wird diese Vokabel aus den Listen entfernt. Er wird in diesem Test nicht mehr danach gefragt.
- Falsch: Falls er nicht die richtige Übersetzung eingegeben hat, wird mit dem Kommentar die korrekte Übersetzung angezeigt, sodass der Benutzer sie erlernen kann, siehe auch Abbildung 11.4.

Abbildung 11.4 Falsche Antwort

Nächste Vokabel

Anschließend erscheint die nächste Vokabel. Diese wird aus der Liste der noch vorhandenen Vokabeln ausgewählt. Enthalten die Listen keine Vokabeln mehr, weil alle Vokabeln einmal richtig übersetzt wurden, ist der Test beendet. Der Button Test starten wird wieder aktiviert, und der Button Prüfen/Nächster wird deaktiviert.

Der Benutzer kann eine andere Richtung wählen und wiederum einen Test beginnen.

11.2.2 Erweiterung des Programms

Dieses Programm kann als Basis für ein größeres Projekt dienen. Es gibt viele Möglichkeiten zur Erweiterung des Programms:

- Der Benutzer soll die Möglichkeit zur Eingabe weiterer Vokabeln haben.
- Der Entwickler fügt weitere Sprachen und Richtungen für Frage und Antwort hinzu.
- Der Benutzer kann die Test-Auswahl auf eine bestimmte Anzahl an Vokabeln begrenzen.
- Der Entwickler kann die Vokabeln in Kategorien unterteilen.
- Der Benutzer kann Tests nur noch mit Fragen aus einer (oder mehreren) Kategorien machen.
- Es kann zu einer Frage mehrere richtige Antworten geben.
- Der Entwickler kann das Programm als ASP.NET-Anwendung internetfähig machen.
- Der Entwickler fügt eine Zeitsteuerung per Timer hinzu. Der Benutzer hat dann nur noch eine bestimmte Zeitspanne für seine Antwort.

Viele andere Erweiterungen sind denkbar.

11.2.3 Initialisierung des Programms

Zu Beginn werden die klassenweit gültigen Variablen vereinbart und die `Form1_Load`-Prozedur durchlaufen:

```
Imports System.IO
Public Class Form1
    ' Liste der Fragen
    Dim frage As New ArrayList

    ' Liste der Antworten
    Dim antwort As New ArrayList
```

```
    ' Zufallszahl für ein Element der beiden Listen
    Dim zufallszahl As Integer

    ' Richtung der Vokabel-Abfrage
    Dim richtung As Integer

    Private Sub Form1_Load(...) Handles MyBase.Load
        ' Initialisierung des Zufallsgenerators
        Randomize()

        ' Startrichtung Englisch - Deutsch
        richtung = 2
    End Sub
[...]
End Class
```

Listing 11.8 Projekt »Vokabeln«, Initialisierung

Zur Erläuterung:

- **Zwei Listen** Die beiden Listen `frage` und `antwort` beinhalten im weiteren Verlauf des Programms die Fragen und zugehörigen Antworten je nach gewählter Testrichtung. Die Zusammengehörigkeit von Frage und Antwort ergibt sich daraus, dass die beiden zusammengehörigen Elemente der beiden Listen mit dem gleichen Index angesprochen werden.
- **Zufallsgenerator** Der jeweils aktuelle Index wird im weiteren Verlauf des Programms per Zufallsgenerator bestimmt und in der Variablen `zufallszahl` gespeichert.
- Die Richtung für Frage und Antwort kann der Benutzer über das Benutzermenü auswählen.
- Der Zufallsgenerator wird initialisiert, damit er nicht immer mit dem gleichen Wert beginnt.
- Falls der Benutzer keine andere Richtung für Frage und Antwort auswählt, wird mit der Richtung englisch – deutsch begonnen.

11.2.4 Ein Test beginnt

Nachdem der Benutzer den Button START betätigt hat, beginnt der Test. Der Code der zugehörigen Ereignisprozedur lautet:

```
Public Class Form1
[...]
    Private Sub cmdStart_Click(...) Handles ...
        Dim con As New OleDb.OleDbConnection
        Dim cmd As New OleDb.OleDbCommand
        Dim reader As OleDb.OleDbDataReader

        con.ConnectionString =
           "Provider=Microsoft.ACE.OLEDB.12.0;" &
           "Data Source=C:\Temp\lernen.accdb"

        cmd.Connection = con
        cmd.CommandText = "select * from vokabel"

        frage.Clear()
        antwort.Clear()

        Try
            con.Open()
            reader = cmd.ExecuteReader()

            ' Speicherung in den Listen gemäß
            ' der ausgewählten Richtung
            Do While reader.Read()
                If richtung = 1 Or richtung = 3 Then
                    frage.Add(reader("deutsch"))
                ElseIf richtung = 2 Then
                    frage.Add(reader("englisch"))
                Else
                    frage.Add(reader("französisch"))
                End If

                If richtung = 2 Or richtung = 4 Then
                    antwort.Add(reader("deutsch"))
                ElseIf richtung = 1 Then
                    antwort.Add(reader("englisch"))
                Else
                    antwort.Add(reader("französisch"))
                End If
            Loop
```

```
                reader.Close()
                con.Close()

                ' Buttons und Menü (de)aktivieren
                cmdStart.Enabled = False
                cmdPrüfen.Enabled = True
                mnuRichtung.Enabled = False
                txtAntwort.Enabled = True

                ' Erste Vokabel erscheint
                Nächste_Vokabel()

            Catch ex As Exception
                MessageBox.Show(ex.Message)
            End Try
        End Sub
    [...]
    End Class
```

Listing 11.9 Projekt »Vokabeln«, Testbeginn

Zur Erläuterung:

Datenbank

- Eine Verbindung zur Access-Datenbank *C:\Temp\lernen.accdb* wird geöffnet.
- Es wird eine Auswahlabfrage gesendet, die alle Datensätze der Tabelle `vokabel` anfordert.

OleDbReader

- Die zurückgegebenen Datensätze werden einem `OleDbReader` übergeben. Beim Auslesen des Readers werden die beiden Listen `frage` und `antwort` mithilfe der Methode `Add()` mit den Inhalten der jeweiligen Felder gefüllt, abhängig von der jeweils eingestellten Richtung für Frage und Antwort.

Button deaktivieren

- Der Button Test starten und das Menü für die Richtung werden deaktiviert, damit sie nicht versehentlich während eines Tests bedient werden können.
- Der Button Prüfen/Nächster und das Eingabetextfeld werden aktiviert, damit der Benutzer seine Antwort eingeben und überprüfen lassen kann.

Nächste Vokabel

- Die Prozedur `Nächste_Vokabel()` dient zum Aufruf einer zufällig ausgewählten Vokabel aus der Liste `frage`.

11.2.5 Zwei Hilfsprozeduren

Die beiden Hilfsprozeduren `Nächste_Vokabel()` und `Test_Init()` werden von verschiedenen Stellen des Programms aufgerufen:

```
Public Class Form1
 [...]
    Sub Nächste_Vokabel()
        ' Falls keine Vokabel mehr in der Liste: Ende
        ' Falls noch Vokabeln in der Liste: Nächste
        If frage.Count < 1 Then
            MessageBox.Show(
                "Gratuliere! Alles geschafft")
            Test_Init()
        Else
            zufallszahl = Rnd() * (frage.Count - 1)
            lblFrage.Text = frage(zufallszahl)
            txtAntwort.Text = ""
        End If
    End Sub

    Sub Test_Init()
        ' Buttons und Menü (de)aktivieren
        cmdStart.Enabled = True
        cmdPrüfen.Enabled = False
        mnuRichtung.Enabled = True
        txtAntwort.Enabled = False

        ' Felder leeren
        lblFrage.Text = ""
        txtAntwort.Text = ""
    End Sub
[...]
End Class
```

Listing 11.10 Projekt »Vokabeln«, Hilfsprozeduren

Zur Erläuterung der Prozedur `Nächste_Vokabel()`:

- Bei einer richtigen Antwort werden Frage und Antwort aus der jeweiligen Liste gelöscht. Daher sind die Listen nach einiger Zeit leer. Mithilfe der Eigenschaft `Count` wird das geprüft.

Test bestanden

- Sind die Listen leer, erscheint eine Erfolgsmeldung über den bestandenen Test. Der Startzustand der Benutzeroberfläche wird wiederhergestellt.
- Sind die Listen noch nicht leer, wird eine Zufallszahl ermittelt. Der zugehörige Begriff wird eingeblendet, und das Eingabefeld wird gelöscht.

Zur Erläuterung der Prozedur `Test_Init()`:

- Die Prozedur dient zum Wiederherstellen des Startzustands der Benutzeroberfläche.

Button (de)aktivieren

- Der Button TEST STARTEN und das Menü für die Richtung werden aktiviert, damit ein Test gestartet bzw. eine neue Richtung gewählt werden kann.
- Der Button PRÜFEN/NÄCHSTER und das Eingabetextfeld werden deaktiviert, damit sie nicht versehentlich außerhalb eines Tests bedient werden können.
- Die alten Einträge werden aus den beiden Feldern für Frage und Antwort gelöscht.

11.2.6 Die Antwort prüfen

Nachdem der Benutzer den Button PRÜFEN/NÄCHSTER betätigt hat, wird die eingegebene Antwort überprüft. Der Code der zugehörigen Ereignisprozedur lautet wie folgt:

```
Public Class Form1
[...]
    Private Sub cmdPrüfen_Click(...) Handles ...
        ' Falls richtig beantwortet:
        ' Vokabel aus Liste nehmen
        If txtAntwort.Text = antwort(zufallszahl) Then
            MessageBox.Show("Richtig")
            frage.RemoveAt(zufallszahl)
            antwort.RemoveAt(zufallszahl)

            ' Falls falsch beantwortet:
            ' richtige Antwort nennen
        Else
            MessageBox.Show(
                "Falsch, richtige Antwort ist " &
```

```
                vbCrLf & "'" &
                antwort(zufallszahl) & "'")
        End If

        ' Nächste Vokabel erscheint
        Nächste_Vokabel()
    End Sub
[...]
End Class
```

Listing 11.11 Projekt »Vokabeln«, Eingabe prüfen

Zur Erläuterung:

- Steht im Text-Eingabefeld dasselbe wie in dem Element der Liste `antwort`, das zum Element der Liste `frage` gehört, war die Antwort korrekt. **Richtige Antwort**
- Es erfolgt eine Meldung. Frage und Antwort werden mithilfe der Methode `RemoveAt()`aus ihren jeweiligen Listen gelöscht, sodass die Listen irgendwann leer sind. **Elemente löschen**
- Bei einer falschen Antwort erfolgt eine Meldung, die auch die richtige Übersetzung beinhaltet. Frage und Antwort werden nicht gelöscht. Auf diese Weise kann die gleiche Frage später erneut gestellt werden. **Falsche Antwort**
- Es wird die nächste Frage gestellt, und die beschriebene Prozedur beginnt von vorn.

11.2.7 Das Benutzermenü

In insgesamt sieben kurzen Ereignisprozeduren und mithilfe einer Hilfsprozedur wird die Bedienung des Benutzermenüs realisiert:

```
Public Class Form1
    Private Sub mnuEndeTest_Click(...) Handles ...
        ' Abbruch mit Rückfrage
        If MessageBox.Show(
            "Test wirklich abbrechen?",
            "Vokabel", MessageBoxButtons.YesNo,
            MessageBoxIcon.Question) =
            DialogResult.Yes Then
            Test_Init()
        End If
    End Sub
```

```
Private Sub mnuEndeProgramm_Click(...) Handles ...
    ' Beenden mit Rückfrage
    If MessageBox.Show(
        "Programm wirklich beenden?",
        "Vokabel", MessageBoxButtons.YesNo,
        MessageBoxIcon.Cuestion) =
        DialogResult.Yes Then
        Me.Close()
    End If
End Sub

Private Sub mnuDE_Click(...) Handles ...
    ' Richtung wird geändert
    richtung = 1
    Check_False()
    mnuDE.Checked = True
    lblRichtung.Text = "deutsch/englisch"
End Sub

Private Sub mnuED_Click(...) Handles ...
    richtung = 2
    Check_False()
    mnuED.Checked = True
    lblRichtung.Text = "englisch/deutsch"
End Sub

Private Sub mnuDF_Click(...) Handles ...
    richtung = 3
    Check_False()
    mnuDF.Checked = True
    lblRichtung.Text = "deutsch/französisch"
End Sub

Private Sub mnuFD_Click(...) Handles ...
    richtung = 4
    Check_False()
    mnuFD.Checked = True
    lblRichtung.Text = "französisch/deutsch"
End Sub
```

```
    Sub Check_False()
        mnuDE.Checked = False
        mnuED.Checked = False
        mnuDF.Checked = False
        mnuFD.Checked = False
    End Sub

    Private Sub mnuAnleitung_Click(...) Handles ...
        Dim fs As FileStream
        Dim sr As StreamReader
        Dim dateiname As String = "hilfe.txt"
        Dim ausgabe As String

        If Not File.Exists(dateiname) Then
            MessageBox.Show("Die Datei " &
                dateiname & " existiert nicht")
            Exit Sub
        End If

        fs = New FileStream(dateiname,
            FileMode.Open)
        sr = New StreamReader(fs)

        ausgabe = ""
        Do Until sr.Peek() = -1
            ausgabe &= sr.ReadLine() & vbCrLf
        Loop
        sr.Close()

        MessageBox.Show(ausgabe)
    End Sub
End Class
```

Listing 11.12 Projekt »Vokabeln«, Benutzermenü

Zur Erläuterung:

- Im Hauptmenü ALLGEMEIN besteht die Möglichkeit, einen Test abzubrechen bzw. das Programm zu beenden. Zur Sicherheit wird in beiden Fällen noch einmal eine Rückfrage gestellt, damit kein Test versehentlich abgebrochen wird. **Beenden**

Sprachen wählen

- Im Hauptmenü RICHTUNG können insgesamt vier Ereignisprozeduren zur Auswahl der Richtung von Frage und Antwort aufgerufen werden.
  - Es wird jeweils die klassenweit gültige Variable `richtung` auf einen neuen Wert gesetzt. Beim nächsten Start eines Tests werden dann die entsprechenden Inhalte aus der Datenbank in den beiden Listen `frage` und `antwort` gespeichert.
  - Anschließend wird dafür gesorgt, dass nur die soeben ausgewählte Richtung im Benutzermenü mit einem Häkchen versehen ist.

Anleitung

- Im Hauptmenü HILFE wird über den Menüpunkt ANLEITUNG eine kleine Benutzeranleitung eingeblendet. Dabei wird der Text der Anleitung aus einer Datei gelesen. Die Existenz der Datei wird zuvor geprüft.

Kapitel 12
Windows Presentation Foundation

Lernen Sie, mit der WPF zu arbeiten, einer gänzlich neu entwickelten Klassenbibliothek zur GUI-Gestaltung mit vielen Multimedia-Komponenten.

WPF

WPF steht für *Windows Presentation Foundation*. Es handelt sich dabei um eine in 2006 gänzlich neu eingeführte Bibliothek von Klassen, die zur Gestaltung von Oberflächen und zur Integration von Multimedia-Komponenten und Animationen dient. Sie vereint die Vorteile von DirectX, Windows Forms, Adobe Flash, HTML und CSS.

Windows Store-Apps

Anwendungen im Stil der Windows Store-Apps, die man nur für Windows 8 bzw. Windows 8.1 erstellen kann, basieren auf der WPF. Daher ist das Verständnis für den Aufbau von WPF-Anwendungen Voraussetzung für die Erstellung und Veränderung von Windows Store-Apps.

Die WPF ermöglicht eine verbesserte Gestaltung von Oberflächen. Layout, 3D-Grafiken, Sprachintegration, Animation, Datenzugriff und vieles mehr basieren auf einer einheitlichen Technik. Der Benutzer kann außerdem die Bedienung dieser Oberflächen schnell und intuitiv erlernen.

WPF-Anwendungen können neben den klassischen Medien Maus, Tastatur und Bildschirm auch auf Touchscreen und Digitalisierbrett zugreifen. Sie können über Sprache gesteuert werden und Sprachausgaben erzeugen.

Sie können Elemente aus Windows Forms in einer WPF-Anwendung unterbringen und umgekehrt. So können Sie die Vorzüge aus beiden Welten nutzen.

XAML

Die Oberfläche einer WPF-Anwendung wird mithilfe von XAML entworfen. XAML steht für *eXtensible Application Markup Language*. Es handelt sich dabei um eine XML-basierte Markierungssprache, die nicht nur in der WPF zum Einsatz kommt. Innerhalb des Visual Studio können Sie die Oberfläche gleichzeitig in zwei Ansichten sehen: im grafischen Entwurf und im XAML-Code.

Vorlage

Bei Erzeugung eines neuen Projekts innerhalb des Visual Studio müssen Sie die Vorlage WPF-ANWENDUNG statt der Vorlage WINDOWS FORMS-ANWENDUNG auswählen.

Eine Anwendung kann ausschließlich aus XAML-Code oder ausschließlich aus Code in einer der Programmiersprachen bestehen, z. B. Visual Basic oder Visual C#. Meist wird allerdings gemischt: Die Oberfläche wird in XAML entworfen, die Abläufe werden in einer Programmiersprache codiert. Jedoch: Die Übergänge sind fließend, es herrscht keine strenge Trennung wie in Windows Forms.

WPF-Buch

Die gesamte Vielfalt der WPF kann hier nur ansatzweise in einigen Beispielen gezeigt werden. Mehr zum Thema in meinem Buch: Einstieg in WPF 4.5, Grundlagen und Praxis, ISBN 978-3-8362-1967-9, bei Galileo Press. Auf dem Datenträger zu diesem Buch gibt es auch alle Beispielprojekte für Visual Basic.

12.1 Layout

Die Oberfläche einer Anwendung wird über das Layout festgelegt, sie sollte stufenlos skalierbar sein und unterschiedlichen Umgebungen angepasst werden können. Im nachfolgenden Projekt *WPFLayoutKombi* sehen Sie zwei der zahlreichen Möglichkeiten der WPF. Es werden einige Buttons auf unterschiedliche Arten angeordnet, siehe Abbildung 12.1.

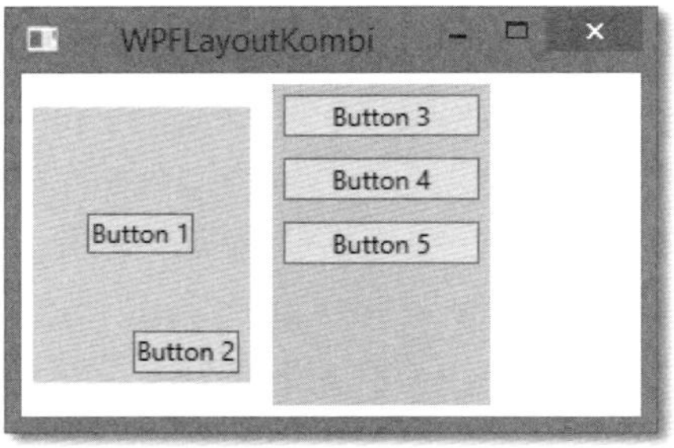

Abbildung 12.1 Projekt WPFLayoutKombi

Main Window.xaml

Nach Erstellung eines neuen Projekts erscheint u. a. das Hauptformular der Anwendung in der Datei *MainWindow.xaml* in zwei Ansichten:

- in der DESIGN-ANSICHT: als Oberfläche, zu der die Elemente aus dem WERKZEUGKASTEN hinzugefügt werden können, wie aus Windows Forms gewohnt

- in der CODE-ANSICHT: als XAML-Code, in dem die Elemente durch Codierung hinzugefügt werden können

Die Codezeilen für ein leeres Formular sind bereits vorhanden. Diese werden für unser Projekt in der Code-Ansicht ergänzt und angepasst:

```
<Window x:Class="MainWindow"
    xmlns="http://..." xmlns:x="http://..."
    Title="WPFLayoutKombi" Height="200" Width="300">
  <StackPanel Orientation="Horizontal">
    <Canvas Width="100" Height="130" Margin="5"
        Background="LightGray">
      <Button x:Name="b1" Canvas.Top="50" Canvas.Left="25"
        Click="b1_Click">Button 1</Button>
      <Button x:Name="b2" Canvas.Bottom="5" Canvas.Right="5"
        Click="b2_Click">Button 2</Button>
    </Canvas>
    <StackPanel Width="100" Margin="5"
        Background="LightBlue"
        Button.Click="sp_Click">
      <Button x:Name="b3" Margin="5">Button 3</Button>
      <Button x:Name="b4" Margin="5">Button 4</Button>
      <Button x:Name="b5" Margin="5">Button 5</Button>
    </StackPanel>
  </StackPanel>
</Window>
```

Listing 12.1 Projekt »WPFLayoutKombi«, XAML-Code

Window

XAML-Dokumente bestehen wie XML-Dokumente aus einer Hierarchie von Elementen mit Attributen. Das Hauptelement ist hier ein Fenster, das vom Typ `Window` abgeleitet ist. Der Name des abgeleiteten Typs wird über `x:Class` angegeben, hier `MainWindow`.

xmlns

Bereits bei Erstellung eines Projekts werden die wichtigsten Klassen der WPF mithilfe von zwei Namespaces (hier nur mit `xmlns=http://...` und `xmlns:x=http://...` angedeutet) automatisch zur Verfügung gestellt.

Type Converter

Die XAML-Elemente haben verschiedene Eigenschaften, z. B. `Title`, `Height` oder `Background`. `Title` ist vom Typ Zeichenkette, die Werte anderer Elemente werden ggf. mithilfe von *Type Convertern* umgewandelt, z. B. in Zahlen, Farben oder boolesche Werte.

StackPanel Ein Window darf genau ein Unterelement haben, hier ist es vom Typ `StackPanel`. Ein StackPanel ist ein Container mit einem »Stapel« von Unterelementen, hier einem `Canvas` und einem weiteren StackPanel. Mit dem Wert `Horizontal` für das Attribut `Orientation` wird dafür gesorgt, dass die Unterelemente nebeneinander gestapelt werden.

Canvas Innerhalb eines `Canvas` können die Unterelemente absolut positioniert werden. Dieses Layout stellt einen Kompromiss innerhalb der WPF dar, da die Oberfläche so nicht mehr frei skalierbar ist. Der Canvas hat Breite, Höhe und Hintergrundfarbe. Über die Eigenschaft `Margin` stellen Sie den Abstand eines Elements zu seinem übergeordneten Element ein.

Ereignisprozedur Eine Ereignisprozedur zu einem XAML-Element erzeugen Sie wie folgt:

- Markieren Sie das XAML-Element in der DESIGN-ANSICHT oder in der CODE-ANSICHT.
- Wechseln Sie im EIGENSCHAFTEN-Fenster auf die Ansicht EREIGNISSE.
- Führen Sie bei dem betreffenden Ereignis einen Doppelklick aus.

Falls das Element im XAML-Code bereits einen Wert zum Bezeichner `x:Name` hat, heißt die Prozedur `Bezeichner_Ereignis()`, ansonsten heißt sie `Elementtyp_Ereignis()`, also z. B. `b1_Click()` bzw. `Button_Click()`.

Attached Property Die Position der Elemente innerhalb des Canvas wird über die Eigenschaften `Canvas.Top`, `Canvas.Left`, `Canvas.Bottom` und `Canvas.Right` eingestellt. Es handelt sich dabei um sogenannte *Attached Properties*. Das sind eigentlich Eigenschaften anderer Elementtypen (und zwar des Canvas), die aber hier (im Button-Element) benötigt werden.

Event Routing Innerhalb des inneren StackPanels sind drei Buttons gestapelt, standardmäßig untereinander. Auch der Klick auf einen dieser Buttons führt zu einer Ereignisprozedur. Das liegt am sogenannten *Event Routing*: Falls bei einem Element zu dem ausgelösten Ereignis keine passende Prozedur registriert ist, dann wird das Ereignis zum übergeordneten Element weitergeleitet.

Attached Event In diesem Fall findet sich im StackPanel das Event `Button.Click`. Es handelt sich dabei um ein sogenanntes *Attached Event*. Das sind eigentlich Ereignisse anderer Elementtypen (und zwar des Button-Elements), die aber hier (im StackPanel) benötigt werden. Eine Prozedur zu einem *Attached Event* muss »von Hand« erzeugt werden. In der Ansicht EREIGNISSE wird also kein Doppelklick ausgeführt, sondern der Name der Ereignisprozedur eingetragen, anschließend wird die [↵]-Taste betätigt.

Es folgt der Programmiercode aus der Datei *MainWindow.xaml.vb*:

```
Class MainWindow
  Private Sub b1_Click(sender As Object,
      e As RoutedEventArgs)
    MessageBox.Show("b1")
  End Sub

  Private Sub b2_Click(sender As Object,
      e As RoutedEventArgs)
    MessageBox.Show("b2")
  End Sub

  Private Sub sp_Click(sender As Object,
      e As RoutedEventArgs)
    MessageBox.Show(e.Source.Name)
  End Sub
End Class
```

Listing 12.2 Projekt »WPFLayoutKombi«, Programmiercode

Es werden jeweils die Namen der geklickten Buttons ausgegeben. Im Fall der Buttons innerhalb des StackPanels muss zunächst der Auslöser ermittelt werden, Das Objekt `sender` verweist auf das StackPanel. Die Eigenschaft Source des Objekts `e` verweist dagegen auf den tatsächlich auslösenden Button.

12.2 Steuerelemente

Der WERKZEUGKASTEN bietet für die WPF zahlreiche Steuerelemente, wenn auch noch nicht ganz so viele wie für Windows Forms. Im nachfolgenden Projekt *WPFSteuerelemente* werden einige Möglichkeiten gezeigt, siehe Abbildung 12.2.

Zunächst der XAML-Code:

```
<Window x:Class="MainWindow"
    xmlns="..." xmlns:x="..."
    Title="WPFSteuerelemente" Height="200" Width="300">
  <StackPanel>
    <WrapPanel>
```

```
      <Label Margin="5">Beschriftung: </Label>
      <CheckBox x:Name="cb" Margin="10" Checked="cb_Checked"
        Unchecked="cb_Unchecked" >CheckBox</CheckBox>
      <TextBox x:Name="tb" Width="150"
        Margin="5">Das ist ein Text</TextBox>
      <Button Margin="5"
        Click="bu_Click">markierter Text</Button>
    </WrapPanel>
    <ListBox x:Name="lb" Margin="5" SelectionMode="Multiple"
        SelectionChanged="lb_SelectionChanged">
      <ListBoxItem>Frankreich</ListBoxItem>
      <ListBoxItem
        Selector.IsSelected="True">Spanien</ListBoxItem>
      <ListBoxItem
        Selector.IsSelected="True">Italien</ListBoxItem>
    </ListBox>
    <Slider x:Name="sl" Margin="5" TickFrequency="1"
      TickPlacement="BottomRight" IsSnapToTickEnabled="True"
      ValueChanged="sl_ValueChanged" />
  </StackPanel>
</Window>
```

Listing 12.3 Projekt »WPFSteuerelemente«, XAML-Code

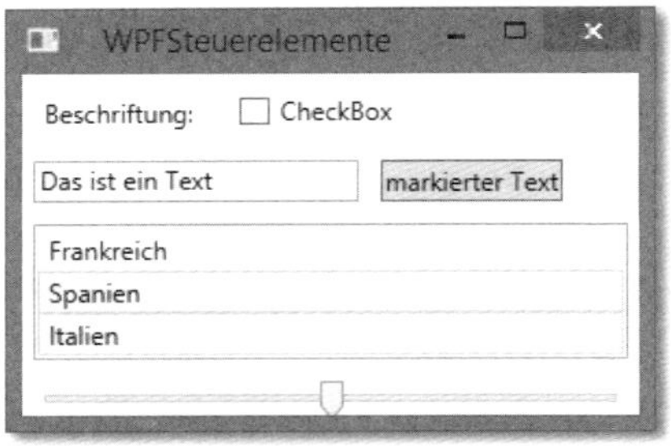

Abbildung 12.2 Projekt »WPFSteuerelemente«

WrapPanel Innerhalb eines StackPanels gibt es insgesamt drei Elemente: ein `WrapPanel`, eine `ListBox` zur Auswahl von mehreren Einträgen und einen `Slider` zur Auswahl eines Zahlenwerts. Innerhalb eines WrapPanels werden die Elemente nebeneinander aufgereiht. Ist nicht genügend Platz, wird in der nächsten Reihe fortgefahren. Beachten Sie die Anordnung auch einmal nach einer manuellen Vergrößerung oder Verkleinerung des Fensters.

Das WrapPanel beinhaltet vier Elemente: ein `Label` zur Beschriftung, eine `CheckBox` zum Markieren, eine `TextBox` für die Eingabe und einen Button. Die Ereignisse `Checked` und `Unchecked` der CheckBox (Setzen und Löschen der Markierung) führen zu unterschiedlichen Prozeduren.

CheckBox, TextBox

Die Eigenschaft `SelectionMode` einer ListBox bietet u. a. den Wert `Multiple`. Das führt dazu, dass jeder Klick auf einen Eintrag dessen Auswahlzustand umschaltet. Die *Attached Property* `IsSelected` des Typs `Selector` kann zur Vorauswahl eines Eintrags genutzt werden. Das Ereignis `SelectionChanged` tritt ein, sobald sich die Auswahl innerhalb der ListBox ändert.

ListBox

Die Eigenschaften `Minimum` und `Maximum` eines Sliders haben als Standard die Werte 0 und 10. Die Eigenschaften `TickFrequency` und `TickPlacement` legen die Häufigkeit und den Ort der Ticks, also der kleinen Markierungsstriche am Slider fest. Falls man die boolesche Eigenschaft `IsSnapToTickEnabled` auf `True` stellt, dann können nur die Werte der Ticks erreicht werden. Das Ereignis `ValueChanged` tritt ein, sobald sich der Wert des Sliders ändert.

Slider

Es folgt der Programmcode:

```
Class MainWindow
  Private Sub cb_Checked(sender As Object,
      e As RoutedEventArgs)
    MessageBox.Show("eingeschaltet")
  End Sub

  Private Sub cb_Unchecked(sender As Object,
      e As RoutedEventArgs)
    MessageBox.Show("ausgeschaltet")
  End Sub

  Private Sub bu_Click(sender As Object,
      e As RoutedEventArgs)
    MessageBox.Show(tb.Text & " / " & tb.SelectedText)
  End Sub

  Private Sub lb_SelectionChanged(sender As Object,
      e As SelectionChangedEventArgs)
    If IsLoaded Then
      Dim ausgabe As String = ""
      For Each lbi As ListBoxItem In lb.SelectedItems
        ausgabe &= lbi.Content & " "
```

```
        Next lbi
        MessageBox.Show(ausgabe)
      End If
    End Sub

    Private Sub sl_ValueChanged(sender As Object,
        e As RoutedPropertyChangedEventArgs(Of Double))
      If IsLoaded Then MessageBox.Show(sl.Value)
    End Sub
End Class
```

Listing 12.4 Projekt »WPFSteuerelemente«, Programmcode

IsLoaded

Die Eigenschaft `IsLoaded` eines `Window`-Objekts liefert die Information, ob die Oberfläche schon vollständig geladen wurde. Erst dann wollen wir eine Reaktion sehen, wenn sich z. B. die Auswahl der ListBox oder der Wert des Sliders ändern.

ListBoxItem

Die Eigenschaft `Text` beinhaltet den gesamten Text einer TextBox, `SelectedText` nur den aktuell markierten Text. Die einzelnen Einträge einer ListBox sind vom Typ `ListBoxItem` und stehen in der Auflistung `Items`. Die Eigenschaft `Content` beinhaltet den Text eines Eintrags.

12.3 Frame-Anwendung

Navigation

Im Projekt *WPFNavigationFrame* kann sich der Benutzer zwei verschiedene Seiten in beliebiger Reihenfolge anzeigen lassen.

Ablauf

Nach dem Start erscheint nur die Steuerung, siehe Abbildung 12.3.

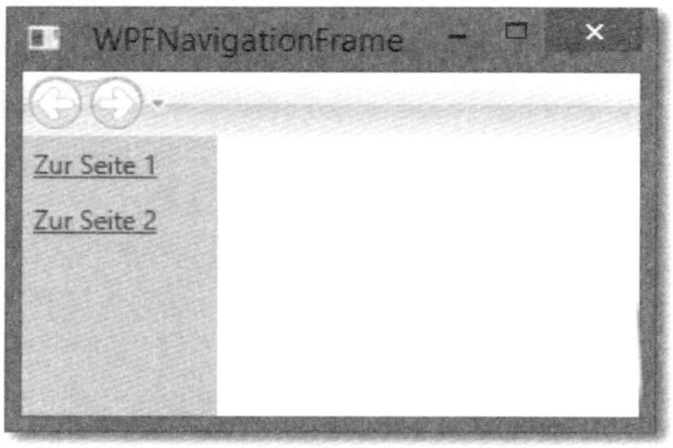

Abbildung 12.3 Steuerung

Von hier aus kann der Benutzer die beiden Seiten über Hyperlinks erreichen. Als Beispiel sehen Sie in Abbildung 12.4 die Seite 2.

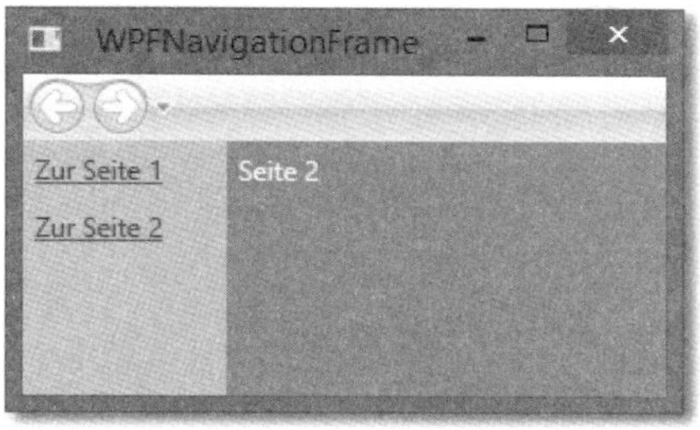

Abbildung 12.4 Anzeige der Seite 2

Die Klasse `NavigationWindow` (siehe unten) stellt eine browserähnliche Navigation mit Vorwärts- und Rückwärts-Buttons und einer History zur Verfügung. Für die Anwendung benötigen Sie die fünf XAML-Dateien *MainWindow.xaml, Aufbau.xaml, Steuerung.xaml, Seite1.xaml* und *Seite2.xaml*, jeweils mit Programmcodedatei, siehe Abbildung 12.5.

12

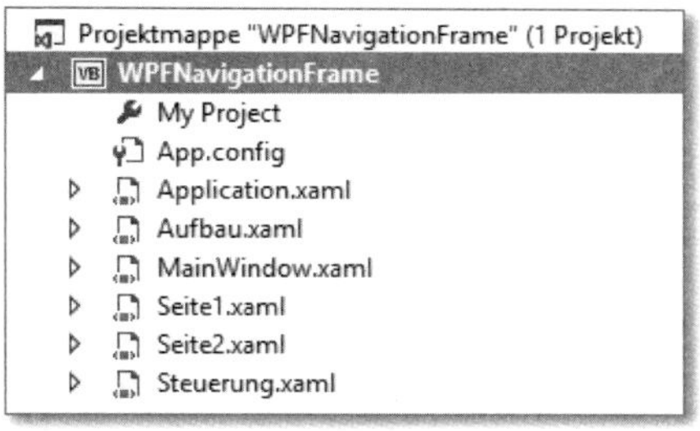

Abbildung 12.5 Projektdateien

Navigationsdatei

Zunächst der Aufbau der Navigation in der Datei *MainWindow.xaml*:

```
<NavigationWindow x:Class="MainWindow"
  xmlns="http://..." xmlns:x="http://..."
  Title="WPFNavigationFrame" Height="200" Width="300"
  Source="Aufbau.xaml" />
```

Listing 12.5 Projekt »WPFNavigationFrame«, MainWindow.xaml

Es wird eine Standard-WPF-Anwendung erzeugt. Allerdings wird das Hauptelement vom Typ `Window` auf den Typ `NavigationWindow` geändert. NavigationWindow

Die Eigenschaft `Source` verweist auf den URI der ersten Seite, die nach dem Start im `NavigationWindow` angezeigt wird. Der Titel der Anwendung wird hier mithilfe der Eigenschaft `Title` festgelegt.

Page

Alle weiteren Seiten sind vom Typ `Page`. Einzelne Pages fügen Sie über den Menüpunkt PROJEKT • SEITE HINZUFÜGEN hinzu.

Aufbauseite

Es folgt das Layout der Aufbauseite in der Datei *Aufbau.xaml*:

```
<Page x:Class="Aufbau"
    xmlns="http://..." xmlns:x="http://...">
  <Grid>
    <Grid.ColumnDefinitions>
      <ColumnDefinition Width="90" />
      <ColumnDefinition />
    </Grid.ColumnDefinitions>
    <Frame Grid.Row="0" Grid.Column="0"
       Source="Steuerung.xaml" />
    <Frame x:Name="fr" Grid.Row="0" Grid.Column="1" />
  </Grid>
</Page>
```

Listing 12.6 Projekt »WPFNavigationFrame«, Aufbau.xaml

Grid

Innerhalb eines Layouts vom Typ `Grid` wird eine Seite aufgeteilt wie eine Tabelle, in Zeilen (engl.: *Rows*) und Spalten (engl.: *Columns*). Die Nummerierung der Zeilen und Spalten beginnt bei 0.

Hier sind es zwei Spalten, eine davon mit fester Breite. In beiden Spalten wird ein Steuerelement der Klasse `Frame` erzeugt. Die Eigenschaft `Source` des linken Frames verweist auf den URI der Page, die links angezeigt wird.

Der rechte Frame bekommt einen Namen, damit er später als Ziel für die Navigation dienen kann. Zunächst wird im rechten Frame noch keine Seite angezeigt.

Steuerungsseite

Es folgt der Code der Steuerungsseite in der Datei *Steuerung.xaml*:

```
<Page x:Class="Steuerung"
    xmlns="http://..." xmlns:x="http://..."
```

```
    Background="LightGray">
  <StackPanel Grid.Row="0" Grid.Column="0">
    <TextBlock Margin="5">
      <Hyperlink NavigateUri="Seite1.xaml"
        TargetName="fr">Zur Seite 1</Hyperlink>
    </TextBlock>
    <TextBlock Margin="5">
      <Hyperlink NavigateUri="Seite2.xaml"
        TargetName="fr">Zur Seite 2</Hyperlink>
    </TextBlock>
  </StackPanel>
</Page>
```

Listing 12.7 Projekt »WPFNavigationFrame«, Steuerung.xaml

Hyperlink

Die Eigenschaft `NavigateUri` der beiden Hyperlink-Objekte verweist auf die URI der Seiten, die nach der Betätigung angezeigt werden sollen. Ein Hyperlink-Objekt muss innerhalb eines umgebenden Steuerelements stehen.

Mithilfe der Eigenschaft `TargetName` wird festgelegt, dass die Seiten im rechten Frame erscheinen. In *Seite1.xaml* und *Seite2.xaml* steht jeweils eine einfache Page ohne besondere Elemente. Als Beispiel wird *Seite2.xaml* gezeigt:

```
<Page x:Class="Seite2"
    xmlns="..." xmlns:x="..." Background="DarkGray">
  <Label Foreground="White">Seite 2</Label>
</Page>
```

Listing 12.8 Projekt »WPFNavigationFrame«, Seite2.xaml

12.4 Zweidimensionale Grafik

Pfadgeometrie

Es gibt verschiedene Möglichkeiten, mithilfe der WPF zweidimensionale Grafiken zu erstellen. Eine davon bedient sich der Klasse `PathGeometry`. Eine solche *Pfadgeometrie* besteht aus einer einzelnen Figur (Typ `PathFigure`) oder aus einer Auflistung von Figuren (Typ `PathFigureCollection`). Eine Figur wiederum besteht aus einem einzelnen Segment oder aus einer Auflistung von Segmenten (Typ `PathSegmentCollection`). Es gibt verschiedene Arten von Segmenten:

- einfache Segmente wie Linie (Typ `LineSegment`), Bogen (Typ `ArcSegment`) und Gruppen von Linien (Typ `PolyLineSegment`)

- quadratische oder kubische Bézierkurven der Typen `QuadraticBezierSegment` und `BezierSegment`
- Gruppen von quadratischen oder kubischen Bézierkurven der Typen `PolyQuadraticBezierSegment` und `PolyBezierSegment`

Bézierkurven werden im CAD-Bereich verwendet. Sie lassen sich mithilfe weniger Parameter aus (relativ) einfachen mathematische Formeln erstellen.

Nachfolgend wird im Projekt *WPFGeometriePfad* ein Beispiel für eine Pfadgeometrie dargestellt, siehe Abbildung 12.6. Sie besteht aus zwei Figuren mit jeweils zwei Segmenten.

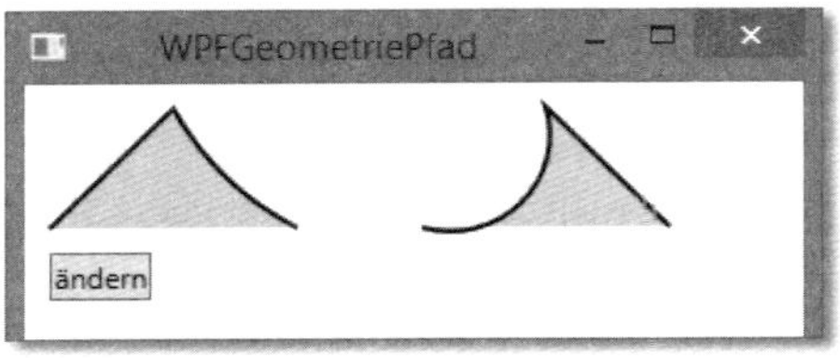

Abbildung 12.6 Pfadgeometrie

Der XAML-Code:

```
<Canvas x:Name="cv">
  <Path x:Name="pt" Fill="LightGray"
      Stroke="Black" StrokeThickness="2">
    <Path.Data>
      <PathGeometry>
        <PathFigureCollection>
          <PathFigure IsFilled="True" StartPoint="10,60">
            <PathSegmentCollection>
              <LineSegment Point="60,10" />
              <ArcSegment Point="110,60" Size="120,120" />
            </PathSegmentCollection>
          </PathFigure>
          <PathFigure IsFilled="True" StartPoint="160,60">
            <PathSegmentCollection>
              <ArcSegment Point="210,10" Size="40,40" />
              <LineSegment Point="260,60" />
            </PathSegmentCollection>
          </PathFigure>
        </PathFigureCollection>
      </PathGeometry>
```

```
    </Path.Data>
  </Path>
  <Button Canvas.Top="70" Canvas.Left="10"
    Click="aendern">ändern</Button>
</Canvas>
```

Listing 12.9 Projekt »WPFGeometriepfad«, XAML-Code

Path, Data

Füllfarbe, Umrissfarbe und Umrissdicke sind Eigenschaften des umgebenden Elements `Path`. Die Eigenschaft `Data` beinhaltet eine Instanz der Klasse `PathGeometry`, diese wiederum in der Eigenschaft `Figures` (vom Typ `PathFigureCollection`) die Auflistung der Figuren.

Umriss

Die Umrisslinie einer Figur startet bei den Koordinaten, die durch die Eigenschaft `StartPoint` vom Typ `Point` gegeben werden. Sie durchläuft die einzelnen Segmente in der Auflistung `Segments` (vom Typ `PathSegmentCollection`). Sie wird geschlossen, falls die boolesche Eigenschaft `IsClosed` den Wert `True` hat. Die im umgebenden Element definierte Füllung wird dargestellt, falls die boolesche Eigenschaft `IsFilled` den Wert `True` hat, das ist der Standard.

Line, Arc

Die Segmente sind im vorliegenden Fall vom Typ `LineSegment` und `ArcSegment`. Diese haben gemeinsame Eigenschaften: Die Umrisslinie läuft in jedem Segment zu den Koordinaten, die durch die Eigenschaft `Point` vom Typ `Point` gegeben werden. Die im umgebenden Element definierte Umrisslinie wird dargestellt, falls die boolesche Eigenschaft `IsStroked` den Wert `True` hat, das ist der Standard. `Size` vom Typ `Size` ist dagegen eine Eigenschaft eines `ArcSegment`. Damit wird die Größe der Ellipse bestimmt, die den Bogenradius festlegt: Je größer der Radius, desto flacher die Kurve, siehe Abbildung 12.6.

Die Klasse mit der Methode zum Ändern einer Pfadgeometrie:

```
Class MainWindow
  Private Sub aendern(sender As Object, e As RoutedEventArgs)
    Dim pg As PathGeometry = pt.Data
    Dim asg As ArcSegment = pg.Figures(1).Segments(0)
    asg.Size = New Size(asg.Size.Width + 5,
      asg.Size.Height + 5)
    End Sub
End Class
```

Listing 12.10 Projekt »WPFGeometriepfad«, Programmcode

Es wird der Bogenradius des ersten Segments der zweiten Figur vergrößert.

12.5 Dreidimensionale Grafik

3D-Körper

Zum Verständnis von dreidimensionalen Grafiken in WPF-Anwendungen ist ein wenig Theorie nicht zu umgehen. In diesem Abschnitt wird erläutert, wie ein *3D-Körper* auf die zwei Dimensionen eines Bildschirms oder eines Buchs abgebildet wird, sodass die dritte Dimension für den Betrachter erkennbar wird.

Koordinaten

Im Projekt *WPFDreiDWuerfel* wird ein Würfel im dreidimensionalen Raum dargestellt. Die Kantenlänge des Würfels ist 2, das Zentrum des Würfels ist der Nullpunkt des Koordinatensystems. Das Koordinatensystem hat eine x-Achse von links nach rechts, eine y-Achse von unten nach oben und eine z-Achse, die »hinter dem Bildschirm« beginnt und auf den Betrachter zuläuft.

Der Betrachter sieht die drei vorderen Seiten des Würfels wie in Abbildung 12.7. Die Seiten des Würfels sind jeweils aus zwei Dreiecken aufgebaut. Dreiecke sind die Grundelemente zur Erstellung von 3D-Körpern in der WPF. Der Betrachter kann sich den Würfel per Tastendruck auch von hinten anschauen ([v] = vorne, [h] = hinten).

Media3D

Bei allen Projekten, in denen 3D-Körper erzeugt werden, ist der Namespace `System.Windows.Media.Media3D` für die Steuerung per Programmcode zusätzlich notwendig.

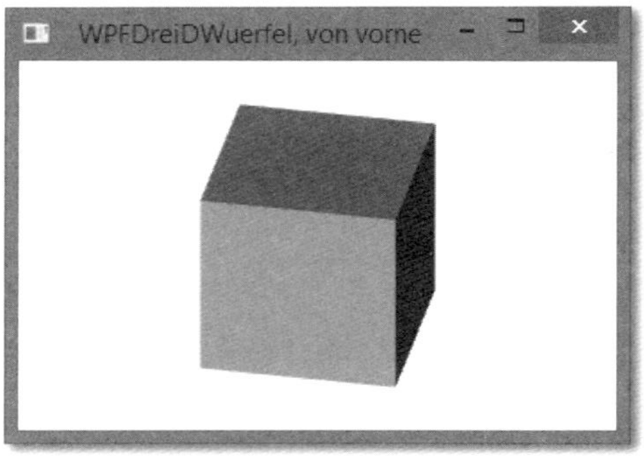

Abbildung 12.7 Drei Seiten eines Würfels

Der Aufbau im XAML-Code:

```
<Window ... KeyDown="Window_KeyDown">
  <Viewport3D>
    <Viewport3D.Camera>
```

```
      <OrthographicCamera x:Name="oc" Position="1,3,5"
        LookDirection="-1,-3,-5" Width="6"/>
    </Viewport3D.Camera>

    <Viewport3D.Children>
      <ModelVisual3D>
        <ModelVisual3D.Content>
          <DirectionalLight x:Name="dl" Color="White"
            Direction="-1,-3,-5" />
        </ModelVisual3D.Content>
      </ModelVisual3D>

      <ModelVisual3D>
        <ModelVisual3D.Content>
          <GeometryModel3D>
            <GeometryModel3D.Material>
              <DiffuseMaterial Brush="LightGray' />
            </GeometryModel3D.Material>

            <GeometryModel3D.BackMaterial>
              <DiffuseMaterial Brush="Red" />
            </GeometryModel3D.BackMaterial>

            <GeometryModel3D.Geometry>
              <MeshGeometry3D Positions=
                "-1,1,1 -1,-1,1 1,-1,1 1,1,1
                 1,1,1 1,-1,1 1,-1,-1 1,1,-1
                -1,1,-1 -1,1,1 1,1,1 1,1,-1"
                TriangleIndices="0,1,2 2,3,0
                                 4,5,6 6,7,4
                              8,9,10 10,11,8"/>
            </GeometryModel3D.Geometry>

          </GeometryModel3D>
        </ModelVisual3D.Content>
      </ModelVisual3D>
    </Viewport3D.Children>
  </Viewport3D>
</Window>
```

Listing 12.11 Projekt »WPFDreiDWuerfel«, XAML-Code

Falls innerhalb des Fensters eine Taste heruntergedrückt wird, dann reagiert darauf die Ereignismethode `Window_KeyDown`.

Kamera Zunächst muss eine Kamera aufgestellt werden, mit deren Hilfe die 3D-Körper gesehen werden. Dabei sind die Position und die Blickrichtung wichtig. In diesem Projekt »schwebt« die Kamera an der Position 1, 3, 5, also schräg rechts oben vor der Blattebene. Die Blickrichtung (engl. *LookDirection*) wird mit –1, –3, –5 angegeben. Die Kamera blickt also zum gegenüberliegenden Punkt hinter der Blattebene, durch den Nullpunkt hindurch. Der Würfel selber liegt um den Nullpunkt herum, also kann der Betrachter ihn sehen. Innerhalb des Projekts können Position und Blickrichtung per Tastendruck geändert werden.

Licht Es wird ein gerichtetes Licht vom Typ `DirectionalLight` verwendet. Es strahlt aus einer bestimmten Richtung, die mithilfe der Eigenschaft `Direction` vom Typ `Vector3D` angegeben wird. Hier wurde die gleiche Richtung wie die Blickrichtung genommen. Die drei sichtbaren Seiten des Würfels werden von diesem Licht aus unterschiedlichen Winkeln beleuchtet, daher erscheinen sie für den Betrachter in verschiedenen Farbtönen. Die Farbe des Lichts ist Weiß (Eigenschaft `Color`), das ist das Licht mit der höchsten Intensität.

Material Das Material für die Vorderseite ist diffus und hellgrau. Über die Eigenschaft `BackMaterial` wird eine rote Farbe für die Rückseite gewählt. Der Betrachter kann den 3D-Körper somit auch von hinten sehen.

Mesh-Geometry3D Die Form wird über ein Objekt des Typs `MeshGeometry3D` bestimmt. Darin stehen die Dreiecke, aus denen eine dreidimensionale Form aufgebaut wird. Wichtige Eigenschaften sind:

- `Positions`, vom Typ `Point3DCollection`, beinhaltet eine Auflistung von `Point3D`-Objekten, also Punkten im dreidimensionalen Raum. Jedes `Point3D`-Objekt besteht aus einer Gruppe von drei `Double`-Zahlen für die x-, y- und z-Koordinate des Punkts. Wie in einer Auflistung üblich, sind die Elemente nummeriert, beginnend bei 0. Diese Nummern werden benötigt für die Eigenschaft `TriangleIndices`.
- `TriangleIndices`, vom Typ `Int32Collection`, besteht aus Gruppen von drei ganzen Zahlen. Eine Gruppe ergibt ein Dreieck. Die drei ganzen Zahlen geben an, welche `Point3D`-Objekte der Auflistung `Positions` für das Dreieck verwendet werden.

Die Auflistung der Point3D-Objekte für die Eigenschaft Positions umfasst in diesem Projekt 12 Elemente. Aus diesen Elementen werden mithilfe der Eigenschaft TriangleIndices sechs Dreiecke gebildet. Der Umlaufsinn jedes Dreiecks wurde so gewählt, dass der Betrachter alle Vorderseiten sieht. Jeweils zwei Dreiecke bilden eine der drei sichtbaren Seiten des Würfels. Im Einzelnen sind das:

Dreiecke

- die hellgraue vordere Seite, Indizes 0 (links oben), 1 (links unten), 2 (rechts unten) und 2, 3 (rechts oben), 0
- die schwarze rechte Seite, Indizes 4 (vorne oben), 5 (vorne unten), 6 (hinten unten) und 6, 7 (hinten oben), 4
- die dunkelgraue obere Seite, Indizes 8 (links hinten), 9 (links vorne), 10 (rechts vorne) und 10, 11 (rechts hinten), 8

Die Klasse mit der Ereignismethode:


```
Imports System.Windows.Media.Media3D
Class MainWindow
  Private Sub Window_KeyDown(sender As Object,
      e As KeyEventArgs)
    If e.Key = Key.V Then
      oc.Position = New Point3D(1, 3, 5)
      oc.LookDirection = New Vector3D(-1, -3, -5)
      dl.Direction = New Vector3D(-1, -3, -5)
      Title = "WPFDreiDWuerfel, von vorne"
    ElseIf e.Key = Key.H Then
      oc.Position = New Point3D(-1, -3, -5)
      oc.LookDirection = New Vector3D(1, 3, 5)
      dl.Direction = New Vector3D(1, 3, 5)
      Title = "WPFDreiDWuerfel, von hinten"
    End If
  End Sub
End Class
```

Listing 12.12 Projekt »WPFDreiDWuerfel«, Programmcode

Die Eigenschaft Key liefert das Element der Enumeration Key zu der betätigten Taste. Nach dem Betätigen einer der beiden Tasten [v] oder [h] werden die Position und die Blickrichtung der orthografischen Kamera und die Richtung des gerichteten Lichts geändert.

Key

12.6 Animation

Storyboard, Trigger

Das nachfolgende Projekt *WPFAnimDreiDRotation* zeigt eine Kombination aus verschiedenen Elementen: die *Animation* einer dreidimensionalen *Rotationstransformation*, ein *Storyboard* als Ressource und einen *Event Trigger*.

Eine Transformation ist die Veränderung eines 3D-Körpers, z. B. eine Verschiebung, Größenänderung oder Drehung. Ein Storyboard (dt.: Drehbuch) beinhaltet den Ablauf einer Animation. Eine Ressource entspricht einem Werkzeug, das einer Anwendung zur Verfügung steht. Ein Event Trigger kann bei einem bestimmten Ereignis eine Animation starten.

Rotation

Mit der Rotationstransformation dreht sich der bereits bekannte Würfel nacheinander um drei verschiedene Achsen, sobald das Fenster geladen wird: In den ersten zehn Sekunden von 0 auf 180 Grad um die x-Achse und wieder zurück auf 0 Grad, in den nächsten Sekunden ebenso um die y-Achse, dann ebenso zehn Sekunden um die z-Achse. Dieser Ablauf wird endlos fortgesetzt.

Zunächst der Würfel mit Event Trigger und Transformation in XAML:

```
<Window ...>
  <Window.Resources>
    <Storyboard x:Key="sbres" ...> ... </Storyboard>
  </Window.Resources>
  <Window.Triggers>
    <EventTrigger RoutedEvent="Loaded">
      <BeginStoryboard
        Storyboard="{StaticResource sbres}" />
    </EventTrigger>
  </Window.Triggers>

  <Viewport3D>
    <Viewport3D.Camera> ... [Kamera]
    <Viewport3D.Children>
      <ModelVisual3D> ... [Licht]

      <ModelVisual3D>
        <ModelVisual3D.Content>
          <GeometryModel3D>
            <GeometryModel3D.Geometry ... [Geometrie] >
```

```
            <GeometryModel3D.Material ... [Material vorne] >
            <GeometryModel3D.BackMaterial ... [hinten]>

            <GeometryModel3D.Transform>
              <RotateTransform3D x:Name="rt3d" >
                <RotateTransform3D.Rotation>
                  <AxisAngleRotation3D />
                </RotateTransform3D.Rotation>
              </RotateTransform3D>
            </GeometryModel3D.Transform>
          </GeometryModel3D>
        </ModelVisual3D.Content>
      </ModelVisual3D>
    </Viewport3D.Children>
  </Viewport3D>
</Window>
```


Listing 12.13 Projekt »WPFAnimDreiDRotation«, XAML-Code, Teil 1

Loaded

Die Ressource hat als Bezeichnung den Schlüssel `sbres`. Der Event Trigger reagiert, sobald das Ereignis `Loaded` des Fensters eingetreten ist, und startet das Storyboard aus der Ressource `sbres`.

Axis, Angle

Es folgt der bekannte Aufbau von Szene und Würfel, mit Kamera, Licht, Geometrie und Material. Als neues Element von `GeometryModel3D` folgt die Transformation. Die Art der Transformation (hier: `RotateTransform3D`) ist das Zielelement der Animation (`TargetName`). Die Art der Rotation (hier: `AxisAngleRotation`) ist die Zieleigenschaft der Animation (`TargetProperty`). Es sind hier noch keine Werte für die Drehachse (`Axis`) oder den Drehwinkel (`Angle`) eingetragen, diese folgen erst im Storyboard.

Nun zum Storyboard innerhalb der Ressource:

```
<Window.Resources>
  <Storyboard x:Key="sbres" RepeatBehavior="Forever">
    <Rotation3DAnimation Storyboard.TargetName="rt3d"
        Storyboard.TargetProperty="Rotation"
        Duration="0:0:5" AutoReverse="True">
      <Rotation3DAnimation.From>
        <AxisAngleRotation3D Axis="1,0,0" Angle="0" />
      </Rotation3DAnimation.From>
      <Rotation3DAnimation.To>
```

```
        <AxisAngleRotation3D Axis="1,0,0" Angle="180" />
      </Rotation3DAnimation.To>
    </Rotation3DAnimation>

    <Rotation3DAnimation Storyboard.TargetName="rt3d"
        Storyboard.TargetProperty="Rotation"
        Duration="0:0:5" BeginTime="0:0:10"
        AutoReverse="True">
      <Rotation3DAnimation.From>
        <AxisAngleRotation3D Axis="0,1,0" Angle="0" />
      </Rotation3DAnimation.From>
      <Rotation3DAnimation.To>
        <AxisAngleRotation3D Axis="0,1,0" Angle="180" />
      </Rotation3DAnimation.To>
    </Rotation3DAnimation>

    <Rotation3DAnimation Storyboard.TargetName="rt3d"
        Storyboard.TargetProperty="Rotation"
        Duration="0:0:5" BeginTime="0:0:20"
        AutoReverse="True">
      <Rotation3DAnimation.From>
        <AxisAngleRotation3D Axis="0,0,1" Angle="0" />
      </Rotation3DAnimation.From>
      <Rotation3DAnimation.To>
        <AxisAngleRotation3D Axis="0,0,1" Angle="180" />
      </Rotation3DAnimation.To>
    </Rotation3DAnimation>
  </Storyboard>
</Window.Resources>
```

Listing 12.14 Projekt »WPFAnimDreiDRotation«, XAML-Code, Teil 2

Das gesamte Storyboard wird endlos wiederholt, wegen des Werts `Forever` für die Eigenschaft `RepeatBehavior`.

Ziel der Animation

Jede der drei Animationen vom Typ `Rotation3DAnimation` hat als Zielelement (`TargetName`) die Art der Transformation und als Zieleigenschaft (`TargetProperty`) die Art der Rotation. Jede dauert fünf Sekunden und wird dann wieder rückgängig gemacht, macht zehn Sekunden. Jede verläuft vom Winkel 0 Grad bis zum Winkel 180 Grad (Animations-Eigenschaften `From` und `To`).

Die drei Animationen unterscheiden sich in der Drehachse: Erst ist es die x-, dann die y-, dann die z-Achse. Außerdem starten sie dank der unterschiedlichen Werte der Eigenschaft `BeginTime` zeitversetzt, im Ergebnis also nacheinander. Die Wert werden im Format `hh:mm:ss` angegeben.

zeitversetzt

12.7 WPF und Windows Forms

Sie können die Vorteile der WPF nutzen, ohne all Ihre Windows Forms-Anwendungen vollständig neu zu programmieren. Es ist leicht möglich, WPF-Elemente in eine Windows Forms-Anwendung einzubetten.

Anders herum gibt es in der WPF noch nicht alle Elemente, die Sie aus Windows Forms kennen. Sie können aber eine WPF-Anwendung mit Elementen aus Windows Forms erweitern.

12.7.1 Windows Forms in WPF

Verweise hinzufügen

Nun wird ein Steuerelement aus Windows Forms in ein Projekt vom Typ WPF-ANWENDUNG eingesetzt. Zur Arbeit mit Windows Forms müssen Sie dem WPF-Projekt einen Verweis auf `System.Windows.Forms` aus dem Bereich ASSEMBLYS • FRAMEWORK hinzufügen. Daraus muss der gleichnamige Namespace im XAML-Code zur Verfügung gestellt werden. Außerdem wird aus dem Bereich ASSEMBLYS • FRAMEWORK ein Verweis auf `WindowsFormsIntegration` für die Nutzung im Programmcode benötigt.

WindowsFormsHost

Anschließend können Sie im XAML-Code ein WPF-Element des Typs `WindowsFormsHost` einsetzen. Dabei handelt es sich um einen Container für Windows Forms-Elemente. Die Eigenschaft `Child` enthält ein Steuerelement aus Windows Forms.

Im nachfolgenden WPF-Projekt *WPFFormsInside* werden zwei Buttons dargestellt: ein WPF- und ein Windows Forms-Button, siehe Abbildung 12.8.

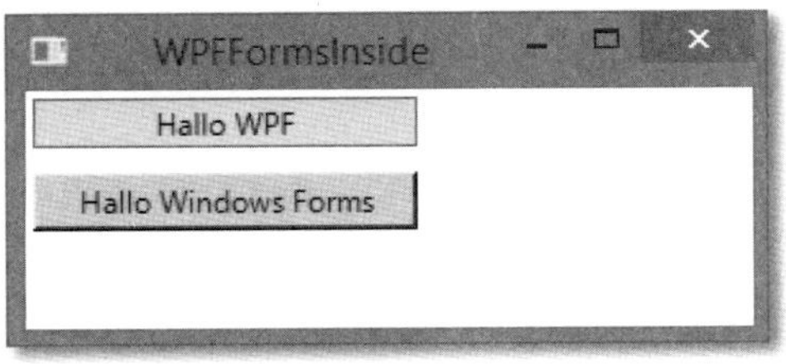

Abbildung 12.8 Windows Forms-Button in WPF-Anwendung

Der XAML-Code:

```
<Window x:Class=... xmlns="http://..." xmlns:x="http://..."
    xmlns:wfalt="clr-namespace:System.Windows.Forms;
    assembly=System.Windows.Forms" ...>
  <Canvas>
    <Button Width="150" Margin="3" Click="WPF_Click">
      Hallo WPF</Button>
    <WindowsFormsHost x:Name="wfh" Canvas.Top="30"
        Width="150" Height="23" Margin="3"
        Background="LightGray" Foreground="Black">
      <wfalt:Button Click="WFO_Click"
        Text="Hallo Windows Forms" />
    </WindowsFormsHost>
  </Canvas>
</Window>
```

Listing 12.15 Projekt »WPFFormsInside«, XAML-Code

Der Namespace `System.Windows.Forms` aus der gleichnamigen .NET-Komponente bekommt hier den lokalen Namen `wfalt`. Damit ist es möglich, einen Windows Forms-Button mit seinen spezifischen Eigenschaften (z. B.: `Text`) zu erzeugen. Die Click-Ereignisse der beiden Buttons führen zu folgenden Ereignismethoden:

```
Class MainWindow
  Private Sub WPF_Click(sender As Object,
      e As RoutedEventArgs)
    MessageBox.Show("Hallo WPF")
  End Sub

  Private Sub WFO_Click(sender As Object, e As EventArgs)
    MessageBox.Show(wfh.Child.Text)
  End Sub
End Class
```

Listing 12.16 Projekt »WPFFormsInside«, Programmcode

Die Eigenschaft `Child` des `WindowsFormsHost` beinhaltet den Windows Forms-Button. Dessen Eigenschaft `Text` wird ausgegeben.

12.7.2 WPF in Windows Forms

Verweise hinzufügen

In diesem Abschnitt werden Steuerelemente aus der WPF in einem Projekt vom Typ WINDOWS FORMS-ANWENDUNG eingesetzt. Zur Arbeit mit der WPF müssen Sie dem jeweiligen Windows Forms-Projekt folgende Verweise aus dem Bereich ASSEMBLYS • FRAMEWORK hinzufügen: `PresentationCore`, `PresentationFramework`, `WindowsBase`, `WindowsFormsIntegration` und `System.Xaml`.

ElementHost

In einer Windows Forms-Anwendung kann ein Steuerelement vom Typ `ElementHost` ein WPF-Element vom Typ `UIElement` enthalten. Das kann ein Steuerelement oder auch ein Layout-Objekt sein.

Im nachfolgenden Projekt *WPFInForms* werden ein Windows Forms-`Button`, ein WPF-`Button` und ein WPF-`Expander` mit drei WPF-`TextBlock`-Objekten eingesetzt, siehe Abbildung 12.9. `Expander`- und `TextBlock`-Objekte stehen bekanntlich unter Windows Forms ohne die WPF nicht zur Verfügung.

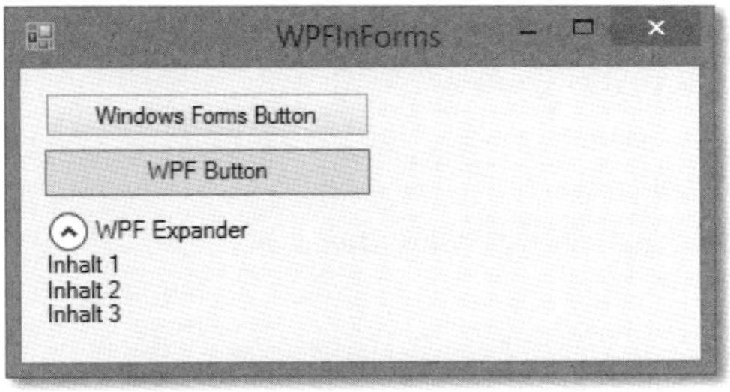

Abbildung 12.9 Windows Forms-Anwendung mit WPF-Elementen

WPF-Interoperabilität

Es wird ein neues Projekt vom Typ WINDOWS FORMS-ANWENDUNG erzeugt. Das Formular bekommt die Größe 350 mal 200. Anschließend werden aus dem WERKZEUGKASTEN ein Button und zwei Steuerelemente vom Typ `ElementHost` hinzugefügt, aus der Kategorie WPF-INTEROPERABILITÄT. Der Button bekommt den Namen `WFO_Button` und die Größe 160 mal 23. Die beiden `ElementHost`-Objekte bekommen die Namen `ehost1` und `ehost2` und die Größen 160 mal 23 und 160 mal 80. Das Ergebnis sehen Sie in Abbildung 12.10 im Entwurfsmodus.

Es folgt der Code zum Formular in der Datei *Form1.vb*:

```
Imports System.Windows.Controls
Public Class Form1
  Sub New()
    InitializeComponent()
```

```
        Dim nb As System.Windows.Controls.Button = New Button
        nb.Content = "WPF Button"
        AddHandler nb.Click, AddressOf klicken
        ehost1.Child = nb

        Dim sp As StackPanel = New StackPanel
        Dim i As Integer
        For i = 1 To 3
          Dim tb As TextBlock = New TextBlock
          tb.Text = "Inhalt " & i
          sp.Children.Add(tb)
        Next

        Dim ep As Expander = New Expander
        ep.Header = "WPF Expander"
        ep.Content = sp
        ehost2.Child = ep
      End Sub

      Private Sub klicken(sender As Object,
          e As System.Windows.RoutedEventArgs)
        System.Windows.Forms.MessageBox.Show(sender.Content)
      End Sub

      Private Sub WFO_Button_Click(sender As System.Object,
          e As System.EventArgs) Handles WFO_Button.Click
        System.Windows.Forms.MessageBox.Show(
          "Windows Forms Button")
      End Sub
    End Class
```

Listing 12.17 Projekt »WPFInForms«, Programmcode

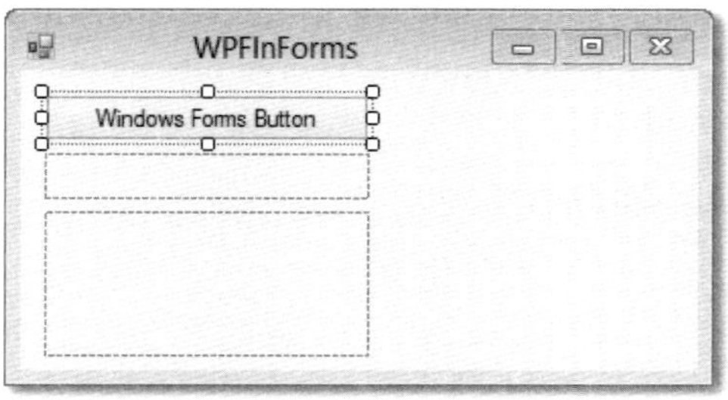

Abbildung 12.10 Windows Forms-Anwendung im Entwurf

Namespace-Konflikte

Einige Klassennamen müssen mit dem vollständigen Namen des jeweiligen Namespaces angegeben werden. Ansonsten besteht ein Konflikt aufgrund der gleichen Klassennamen aus verschiedenen Namespaces.

Es wird ein WPF-Button erzeugt. Dem Button werden ein EventHandler und eine Ereignismethode zugeordnet. Der Button wird der Eigenschaft `Child` des ersten `ElementHost`-Objekts zugeordnet.

Außerdem wird ein StackPanel mit drei `TextBlock`-Objekten erzeugt. Dieses StackPanel wird der Inhalt eines `Expander`-Objekts. Das `Expander`-Objekt wird der Eigenschaft `Child` des zweiten `ElementHost`-Objekts zugeordnet.

Kapitel 13

Windows Store-Apps für Windows 8.1

Entwickeln Sie Windows Store-Apps für Windows 8.1 mithilfe des Visual Studio 2013 und der WPF.

PC, Tablet, Phone

Die Standardoberfläche unter Windows 8 bzw. Windows 8.1 vereinheitlicht und erleichtert die Bedienung für die verschiedenen Endgeräte, z. B. PCs mit und ohne Touchscreen, Tablet-PCs und Windows Phones.

Windows Store-Apps

Anwendungen, die speziell für die Standardoberfläche von Windows 8 bzw. Windows 8.1 entwickelt werden, heißen kurz *Windows Store-Apps*. Das Visual Studio 2013 bietet nur unter Windows 8.1 die Möglichkeit, Windows Store-Apps für Windows 8 bzw. Windows 8.1 zu erstellen. Sie können auch nur unter den betreffenden Windows-Versionen gestartet werden. Sie werden mithilfe der WPF (=Windows Presentation Foundation) entwickelt.

13

Windows 8 bedienen

Nach dem Start von Windows 8 bzw. Windows 8.1 erscheint der STARTBILDSCHIRM mit der Standardoberfläche, auf der die wichtigsten Apps als Kacheln angeordnet sind. Über die App DESKTOP können Sie zum herkömmlichen Desktop wechseln. Sie können mithilfe der Tastenkombination [Win]+[C] eine Leiste einblenden, über die Sie wieder zum Startbildschirm gelangen. Über die Tastenkombination [Win]+[I] rufen Sie die Leiste EINSTELLUNGEN auf, in der Sie u. a. die Möglichkeit zum Ausschalten des Rechners finden.

Nach der Installation der Version *Visual Studio Express 2013 für Windows* (siehe Abschnitt A.2) muss noch eine (kostenfreie) Entwicklerlizenz angefordert werden.

13.1 Projektvorlagen für Windows Store-Apps

Nach der Installation von Visual Studio Express 2013 für Windows unter Windows 8.1 stehen Ihnen zusätzliche Apps zur Verfügung, u. a. der WINDOWS APP CERT KIT, mit dem Sie Ihre Apps von Microsoft prüfen lassen können, siehe Abbildung 13.1.

Abbildung 13.1 Startbildschirm, u. a. mit Windows App Cert Kit

Nach dem Start von Visual Studio Express 2013 können Sie wie gewohnt über den Menüpunkt DATEI • NEUES PROJEKT eine neue Anwendung erstellen. Es erscheinen vier Projektvorlagen, die aufgrund ihres Aufbaus speziell für Windows Store-Apps geeignet sind, siehe Abbildung 13.2.

Blank

- LEERE APP: Das ist ein Projekt, das nur aus einer einzelnen Seite besteht. Es gibt keine Steuerelemente und kein besonderes Layout. Sie wird auch als *Blank App* bezeichnet.
- HUB-APP: Diese Vorlage entspricht der Beschreibung nach der nachfolgenden Raster-App, ist aber zumindest in der Preview-Version nicht lauffähig. Sie wird daher hier nicht weiter behandelt.

Grid

- RASTER-APP: Das ist ein Projekt, das aus drei Seiten besteht. Eine Reihe von Elementen (Items) ist in Gruppen angeordnet. Sie können sich auf den drei Seiten Folgendes ansehen: alle Gruppen, die Details einer einzelnen Gruppe oder die Details eines einzelnen Elements. Sie wird auch als *Grid App* bezeichnet.

Split

- SPLIT-APP: Das ist ein Projekt, das aus zwei Seiten besteht. Wiederum ist eine Reihe von Elementen in Gruppen angeordnet. Sie können sich auf den beiden Seiten Folgendes ansehen: alle Gruppen oder eine geteilte

Seite. Auf der geteilten Seite sehen Sie links die Details zu einer einzelnen Gruppe und rechts die Details zum ausgewählten Element innerhalb der Gruppe. Sie wird auch als *Geteilte App* bezeichnet.

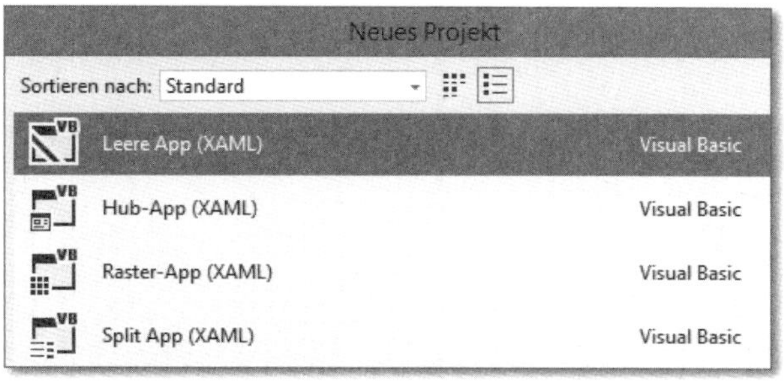

Abbildung 13.2 Projektvorlagen für Windows Store-Apps

Mithilfe dieser Projektvorlagen können Sie Anwendungen für Windows 8.1 mit dem typischen Aufbau einer App entwickeln. Sie beinhalten u. a. die passenden Styles zur Gestaltung des Aussehens und des Verhaltens von Layout- und Steuerelementen.

13

In den ersten Projekten dieses Kapitels wird zum Kennenlernen einiger einfacher Möglichkeiten die Projektvorlage BLANK verwendet.

13.2 Projektvorlage Blank

Starten

Als Erstes wird ein neues Projekt mit dem Namen *MAProjektvorlageBlank* aus der Projektvorlage BLANK erstellt. Sie können das Projekt unmittelbar erstellen und aufrufen, wie gewohnt über die Taste [F5]. Es erscheint zunächst zur Überbrückung ein SPLASHSCREEN, anschließend die App selber. Sie bietet nur einen schwarzen Bildschirm.

Beenden

Apps werden normalerweise nicht beendet, sondern nur in den Hintergrund verschoben. Sie können daher schnell wieder im Vordergrund erscheinen, insbesondere bei richtiger Verwaltung des Arbeitsspeichers. Zur Entwicklungszeit sollen Sie allerdings vollständig beendet werden. Dazu wechseln Sie über die Tastenkombination [Alt]-[⇆] wieder zu Visual Studio 2013. Dort können Sie die App beenden, wie gewohnt über den Menüpunkt DEBUGGEN • DEBUGGEN BEENDEN beziehungsweise die Tastenkombination [⇧]-[F5].

MainPage

In der Abbildung 13.3 sehen Sie den PROJEKTMAPPEN-EXPLORER.

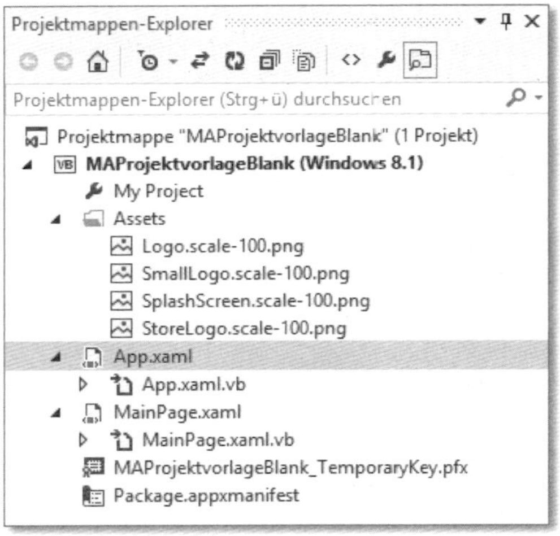

Abbildung 13.3 Projekt »MAProjektvorlageBlank«, Dateien

Die Hauptseite (und einzige Seite) der App steht in *MainPage.xaml*. Die Seiten einer Windows Store-App sind Objekte der Klasse `MainPage`, die von der Klasse `Page` abgeleitet ist:

```
<Page x:Class="MAProjektvorlageBlank.MainPage"
    xmlns="http:// ... >
  <Grid Background = "{StaticResource
    ApplicationPageBackgroundThemeBrush}">
  </Grid>
</Page>
```

Listing 13.1 Projekt »MAProjektvorlageBlank«, XAML-Code

In dieser einfachen Projektvorlage steht, neben einer Reihe von XML-Namespaces, nur ein `Grid`-Layout ohne Inhalt.

13.3 Steuerelemente

Das Projekt *MASteuerelemente* in diesem Abschnitt basiert ebenfalls auf der Projektvorlage BLANK. Es werden einige Layout- und Steuerelemente innerhalb einer Windows Store-App gezeigt. Sie kennen diese Elemente bereits aus Kapitel 12. Ohne die Nutzung der Stile für Windows Store-Apps sehen sie ungewohnt aus, siehe Abbildung 13.4, funktionieren aber genauso.

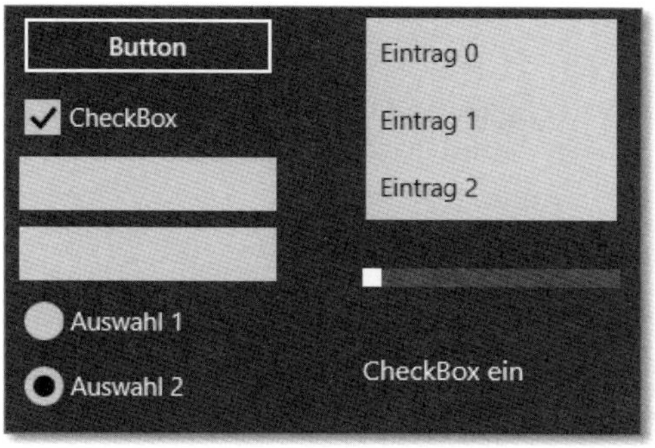

Abbildung 13.4 Projekt »MASteuerelemente«

Links sehen Sie einen `Button`, eine `Checkbox`, eine `PasswordBox`, eine `TextBox` und zwei `RadioButton`. Rechts schließen sich eine `Listbox`, ein `Slider` und ein `TextBlock` an. Die Bedienung der Elemente führt zu Ereignisprozeduren. Darin wiederum werden Ausgaben im `TextBlock` erzeugt. Zunächst der Code in der Datei *MainPage.xaml*:


```
<Page x:Class="MASteuerelemente.MainPage" ... >
  <Grid Background="{StaticResource
      ApplicationPageBackgroundThemeBrush}" >
    <Grid.ColumnDefinitions>
      <ColumnDefinition Width="200" />
      <ColumnDefinition Width="*" />
    </Grid.ColumnDefinitions>

    <StackPanel Grid.Column="0">
      <Button Click="bu_Click" Width="150"
        Margin="5">Button</Button>
      <CheckBox Checked="cb_Checked" Unchecked=
        "cb_Unchecked" Margin="5">CheckBox</CheckBox>
      <PasswordBox x:Name="pb" LostFocus="pb_LostFocus"
        HorizontalAlignment="Left" Width="150" Margin="5" />
      <TextBox x:Name="tx" LostFocus="tx_LostFocus"
        HorizontalAlignment="Left" Width="150" Margin="5" />
      <RadioButton Click="rb1_Click"
        Margin="5">Auswahl 1</RadioButton>
      <RadioButton Click="rb2_Click"
        Margin="5">Auswahl 2</RadioButton>
    </StackPanel>
```

```
      <StackPanel Grid.Column="1">
        <ListBox x:Name="lb"
            SelectionChanged="lb_SelectionChanged"
            HorizontalAlignment="Left" Width="150" Margin="5">
          <ListBoxItem>Eintrag 0</ListBoxItem>
          <ListBoxItem>Eintrag 1</ListBoxItem>
          <ListBoxItem>Eintrag 2</ListBoxItem>
        </ListBox>
        <Slider x:Name="sl" ValueChanged="sl_ValueChanged"
          HorizontalAlignment="Left" Maximum="10"
          Width="150" Margin="5" />
        <TextBlock x:Name="tk" FontSize="16"
          Margin="5">TextBlock</TextBlock>
      </StackPanel>
    </Grid>
</Page>
```

Listing 13.2 Projekt »MASteuerelemente«, Datei XAML-Code

Die Seite besteht aus einem `Grid` mit zwei Spalten. Jede Spalte beinhaltet ein `StackPanel` mit den Steuerelementen. Die Eigenschaften `Width`, `Margin` und `HorizontalAlignment` dienen zur Angabe der Breite, des Außenabstands und der horizontalen Ausrichtung innerhalb des umgebenden Elements.

Ereignisse

Die Ereignisse `Click`, `Checked`, `Unchecked`, `LostFocus`, `SelectionChanged` und `ValueChanged` führen zu Ereignisprozeduren. Das Ereignis `LostFocus` bei der PasswordBox und der TextBox tritt ein, sobald ein anderes Element nach Verlassen der jeweiligen Box aktiviert worden ist. Es folgen die Prozeduren zu diesen Ereignissen, in der Datei *MainPage.xaml.vb*:

```
Private Sub bu_Click(sender As Object, e As RoutedEventArgs)
    tk.Text = "Button geklickt"
End Sub

Private Sub cb_Checked(sender As Object,
        e As RoutedEventArgs)
    tk.Text = "CheckBox ein"
End Sub
```

```
Private Sub cb_Unchecked(sender As Object,
        e As RoutedEventArgs)
    tk.Text = "CheckBox aus"
End Sub

Private Sub lb_SelectionChanged(sender As Object,
        e As SelectionChangedEventArgs)
    tk.Text = lb.SelectedIndex
End Sub

Private Sub pb_LostFocus(sender As Object,
        e As RoutedEventArgs)
    tk.Text = pb.Password
End Sub

Private Sub rb1_Click(sender As Object,
        e As RoutedEventArgs)
    tk.Text = "Auswahl 1"
End Sub

Private Sub rb2_Click(sender As Object,
        e As RoutedEventArgs)
    tk.Text = "Auswahl 2"
End Sub

Private Sub sl_ValueChanged(sender As Object,
        e As RangeBaseValueChangedEventArgs)
    tk.Text = sl.Value
End Sub

Private Sub tx_LostFocus(sender As Object,
        e As RoutedEventArgs)
    tk.Text = tx.Text
End Sub
```

Listing 13.3 Projekt »MASteuerelemente«, Programmcode

In der TextBox wird jeweils der entsprechende Text zu den Ereignissen ausgegeben. Die ListBox liefert mit `SelectedIndex` die Nummer des ausgewählten Elements, der Slider mit `Value` den eingestellten Wert.

13.4 Seitenvorlagen für Windows Store-Apps

Windows Store-Apps bestehen normalerweise aus mehreren Seiten. Sie können einem Projekt eine weitere Seite hinzufügen über den Menüpunkt PROJEKT • NEUES ELEMENT HINZUFÜGEN. Sie sehen dann eine Reihe von Seitenvorlagen, siehe Abbildung 13.5.

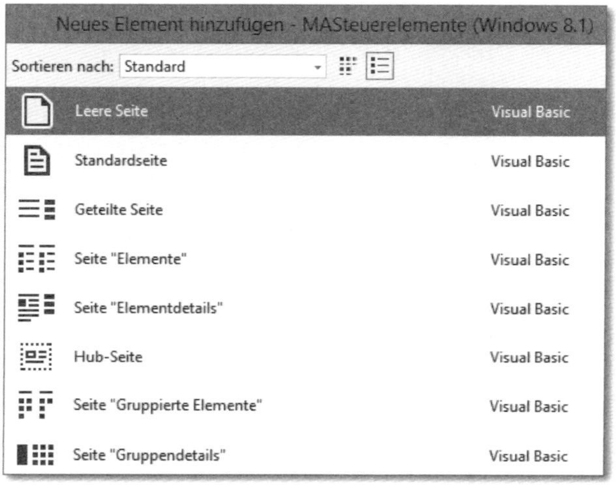

Abbildung 13.5 Seitenvorlagen für Windows Store-Apps

Sie haben hier die Auswahl aus insgesamt acht Möglichkeiten:

- LEERE SEITE: eine leere Seite
- STANDARDSEITE: eine fast leere Seite mit Titelzeile und einem bei Bedarf sichtbaren ZURÜCK-BUTTON

Split

Es folgen die beiden Seiten, aus denen die Projektvorlage SPLIT besteht:

- GETEILTE SEITE: eine geteilte Seite, links die Details zu einer einzelnen Gruppe und rechts die Details zum ausgewählten Element innerhalb der Gruppe
- Seite »ELEMENTE«: eine Seite mit einer Liste von Elementen

Grid

Es folgen die Seiten, aus denen die Projektvorlage GRID besteht:

- Seite »ELEMENTDETAILS«: Eine Seite mit Details zu einem Element. Man kann von hier zum benachbarten Element wechseln.
- HUB-SEITE: Diese Seite wird wegen der genannten Probleme mit der Projektvorlage HUB nicht weiter behandelt.

- Seite »GRUPPIERTE ELEMENTE«: eine Seite mit Elementen, die in Gruppen angeordnet sind
- Seite »GRUPPENDETAILS«: eine Seite mit den Elementen einer Gruppe.

13.5 Eine Reihe von Seiten

Navigation

Im nachfolgenden Projekt *MAReihe* sehen Sie, wie prinzipiell eine Navigation innerhalb einer Reihe von Seiten aufgebaut wird, wie es z. B. in den Projektvorlagen GRID und SPLIT geschieht.

Das Projekt besteht aus insgesamt drei Seiten, in den Dateien *MainPage.xaml*, *Seite2.xaml* und *Seite3.xaml*. Es gibt jeweils eine zugehörige Programmcode-Datei, siehe PROJEKTMAPPEN-EXPLORER in Abbildung 13.6.

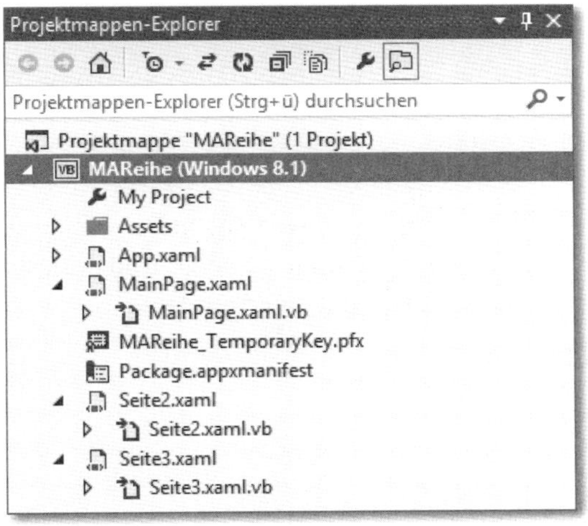

Abbildung 13.6 Projekt »MAReihe«, Dateien

Nach Start der App sieht man die Startseite (*MainPage.xaml*), siehe Abbildung 13.7.

Abbildung 13.7 Projekt »MAReihe«, Startseite

Von hier aus kann man auf die zweite Seite wechseln, siehe Abbildung 13.8.

Abbildung 13.8 Projekt »MAReihe«, Seite 2

Von der zweiten Seite kann man wieder zurück zur Startseite wechseln oder zu einer dritten Seite, siehe Abbildung 13.9.

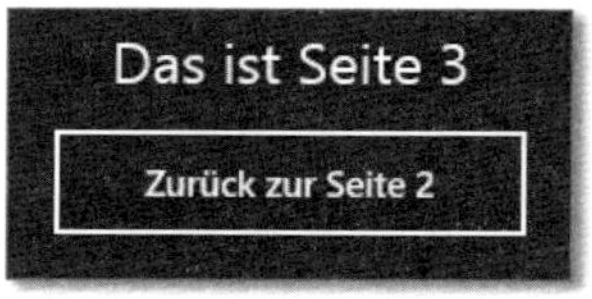

Abbildung 13.9 Projekt »MAReihe«, Seite 3

Das Projekt basiert wiederum auf der Projektvorlage BLANK. Das Hinzufügen weiterer Seiten wurde bereits erläutert. Für die Seiten 2 und 3 dieses Projekts wird jeweils die Seitenvorlage LEERE SEITE verwendet.

Der XAML-Code der Startseite:

```
<Page x:Class="MAReihe.MainPage" ... >
  <Grid Background="{StaticResource
      ApplicationPageBackgroundThemeBrush}">
    <StackPanel HorizontalAlignment="Center">
      <TextBlock FontSize="24" HorizontalAlignment="Center"
        Margin="10">Das ist die Startseite</TextBlock>
      <Button Width="200" Height="50" HorizontalAlignment=
        "Center" Click="b2_Click">Zur Seite 2</Button>
    </StackPanel>
  </Grid>
</Page>
```

Listing 13.4 Projekt »MAReihe«, Datei MainPage.xaml

Nach der Überschrift folgt der Button, über den man zur nächsten Seite wechseln kann. Die zugehörige Ereignisprozedur:

```
Private Sub b2_Click(sender As Object, e As RoutedEventArgs)
    Frame.Navigate(GetType(Seite2))
End Sub
```

Listing 13.5 Projekt »MAReihe«, Datei MainPage.xaml.vb

Frame.Navigate()

Die Eigenschaft `Frame` der Seite ermöglicht die Navigation. Sie stellt wiederum ein Objekt dar. Die Methode `Navigate()` dieses Objekts erwartet die Klasse der Seite, zu der gewechselt werden soll. Die Klasse wird über `GetType()` bereitgestellt.

Entsprechend sieht es auf den beiden anderen Seiten aus. Zunächst Seite 2:

```
<Page x:Class="MAReihe.Seite2" ... >
  <Grid Background="{StaticResource
      ApplicationPageBackgroundThemeBrush}">
    <StackPanel HorizontalAlignment="Center">
      <TextBlock FontSize="24" HorizontalAlignment="Center"
        Margin="10">Das ist Seite 2</TextBlock>
      <Button Width="200" Height="50" HorizontalAlignment=
        "Center" Click="bm_Click">
        Zurück zur Startseite</Button>
      <Button Width="200" Height="50" HorizontalAlignment=
        "Center" Click="b3_Click">Zur Seite 3</Button>
    </StackPanel>
  </Grid>
</Page>
```

Listing 13.6 Projekt »MAReihe«, Datei Seite2.xaml

Die Klasse `Seite2` ist wie die Klasse jeder Seite von der Klasse `Page` abgeleitet. Hier gibt es zwei Buttons: ZURÜCK ZUR STARTSEITE und ZUR SEITE 3. Es folgt der Programmcode:

```
Private Sub bm_Click(sender As Object, e As RoutedEventArgs)
    Frame.Navigate(GetType(MainPage))
End Sub

Private Sub b3_Click(sender As Object, e As RoutedEventArgs)
    Frame.Navigate(GetType(Seite3))
End Sub
```

Listing 13.7 Projekt »MAReihe«, Datei Seite2.xaml.vb

Es werden die Seiten angefordert, die von der Klasse `MainPage` beziehungsweise von der Klasse `Seite3` sind. Zu guter Letzt die Seite 3:

```
<Page x:Class="MAReihe.Seite3" ... >
  <Grid Background="{StaticResource
      ApplicationPageBackgroundThemeBrush}">
    <StackPanel HorizontalAlignment="Center">
      <TextBlock FontSize="24" HorizontalAlignment="Center"
        Margin="10">Das ist Seite 3</TextBlock>
      <Button Width="200" Height="50" HorizontalAlignment=
        "Center" Click="b2_Click">Zurück zur Seite 2</Button>
    </StackPanel>
  </Grid>
</Page>
```

Listing 13.8 Projekt »MAReihe«, Datei Seite3.xaml

Es folgt der Programmcode:

```
Private Sub b2_Click(sender As Object, e As RoutedEventArgs)
    Frame.Navigate(GetType(Seite2))
End Sub
```

Listing 13.9 Projekt »MAReihe«, Datei Seite3.xaml.vb

13.6 Eine geteilte Seite

Navigation

In der Projektvorlage SPLIT gibt es die Seitenvorlage vom Typ GETEILTE SEITE. Dort kann links eines von mehreren Elementen ausgewählt werden, dessen Details jeweils rechts angezeigt werden. Im nachfolgenden Projekt *MAFrame* sehen Sie, wie eine solche Navigation prinzipiell aufgebaut wird.

Das Projekt besteht aus insgesamt vier Seiten, in den Dateien *MainPage.xaml, Seite1.xaml, Seite2.xaml* und *Seite3.xaml*. Nach Start der App sieht man die Startseite (*MainPage.xaml*). Dort können Sie über die Buttons auf der linken Seite auswählen, welche Seite rechts angezeigt werden soll, z. B. die Seite 2 (siehe Abbildung 13.10).

Das Projekt basiert wiederum auf der Projektvorlage BLANK. Das Hinzufügen weiterer Seiten wurde bereits erläutert. Für die Seiten 1 bis 3 dieses Projekts wird jeweils die Seitenvorlage LEERE SEITE verwendet.

Abbildung 13.10 Projekt »MAFrame«

Der XAML-Code der Startseite:

```
<Page x:Class="MAFrame.MainPage" ... >
  <Grid Background="{StaticResource
      ApplicationPageBackgroundThemeBrush}">
    <Grid.ColumnDefinitions>
      <ColumnDefinition Width="200" />
      <ColumnDefinition Width="*" />
    </Grid.ColumnDefinitions>

    <StackPanel Grid.Column="0" HorizontalAlignment="Left">
      <Button Click="b1_Click" Margin="10">
        Seite 1 anzeigen</Button>
      <Button Click="b2_Click" Margin="10">
        Seite 2 anzeigen</Button>
      <Button Click="b3_Click" Margin="10">
        Seite 3 anzeigen</Button>
    </StackPanel>

    <Frame x:Name="fr" Grid.Column="1" />
  </Grid>
</Page>
```

Listing 13.10 Projekt »MAFrame«, Datei MainPage.xaml

Frame.Navigate()

Die Teilung der Seite wird mithilfe eines Grid-Layouts erreicht. In der linken Spalte des Grids stehen die drei Buttons. In der rechten Spalte des Grids steht nur ein Frame-Element inklusive Bezeichner, das die Navigation innerhalb dieser Spalte ermöglicht.

Es folgt der Programmcode:

```
Private Sub b1_Click(sender As Object, e As RoutedEventArgs)
    fr.Navigate(GetType(Seite1))
End Sub

Private Sub b2_Click(sender As Object, e As RoutedEventArgs)
    fr.Navigate(GetType(Seite2))
End Sub

Private Sub b3_Click(sender As Object, e As RoutedEventArgs)
    fr.Navigate(GetType(Seite3))
End Sub
```

Listing 13.11 Projekt »MAFrame«, Datei MainPage.xaml.vb

Es wird mithilfe des bezeichneten `Frame`-Elements `fr` navigiert. Die neue Seite erscheint an der Stelle dieses `Frame`-Elements, also in der rechten Spalte des Grids.

Die Seiten 1 bis 3 sind sehr einfach aufgebaut. Als Beispiel folgt Seite 1:

```
<Page x:Class="MAFrame.Seite1" ... >
  <Grid Background="{StaticResource
      ApplicationPageBackgroundThemeBrush}">
    <StackPanel Margin="10">
      <TextBlock FontSize="24">Das ist Seite 1</TextBlock>
    </StackPanel>
  </Grid>
</Page>
```

Listing 13.12 Projekt »MAFrame«, Datei Seite.xaml

13.7 Seitenvorlage Standardseite

In diesem Abschnitt wird für die Entwicklung des Projekts *MASeitenvorlageStandard* die Hauptseite gegen eine Seite ausgetauscht, die nach der Seitenvorlage STANDARDSEITE erzeugt wird. Das ist eine fast leere Seite mit Titelzeile und einem bei Bedarf sichtbaren ZURÜCK-BUTTON. Sie stellt im Hintergrund die speziellen Styles der Windows Store-Apps zur Verfügung.

Es wird mithilfe der Projektvorlage BLANK ein neues Projekt erzeugt. Sie markieren dann als Erstes im PROJEKTMAPPEN-EXPLORER die Datei *MainPage.xaml* und löschen sie. Die Programmcodedatei *MainPage.xaml.vb* wird dabei automatisch mitgelöscht. Anschließend rufen Sie den Menüpunkt PROJEKT • NEUES ELEMENT HINZUFÜGEN auf und wählen die Seitenvorlage STANDARDSEITE aus.

MainPage

Die Datei nennen Sie *MainPage.xaml*. Sie müssen dann in den Anwendungsdateien keine Umbenennung vornehmen. Die Seite mit der Klasse `MainPage` wird von der Anwendung als Hauptseite erkannt. Anschließend müssen Sie durch Betätigung des Buttons JA bestätigen, dass dem Projekt noch weitere notwendige Dateien hinzugefügt werden.

Damit alle neu hinzugefügten Elemente miteinander verbunden werden, starten Sie nun am besten die Anwendung. Es erscheint Abbildung 13.11 mit dem Schriftzug MYAPPLICATION im typischen Style der Windows Store-Apps.

Abbildung 13.11 Projekt »MASeitenvorlageStandard«, Original-Startseite

Diesen Text können Sie leicht gegen einen eigenen Text austauschen, z. B. den Text MEINE WINDOWS STORE-APP. In der Datei *MainPage.xaml* wird die entsprechende Zeichenkette der Seite als Ressource zur Verfügung gestellt, im Bereich `Page.Resources`.

Es sollen weitere Elemente innerhalb eines `StackPanel` hinzugefügt werden, sodass der Benutzer seinen Namen eingeben kann und anschließend mit diesem Namen begrüßt wird, siehe Abbildung 13.12.

Abbildung 13.12 Projekt »MASeitenvorlageStandard«, geänderte Startseite

Das StackPanel mit den Elementen fügen Sie in der Datei *MainPage.xaml* nach dem Aufbau des inneren Grids ein:

```
...
    <!-- Back button and page title -->
    <Grid>
      <Grid.ColumnDefinitions>
        <ColumnDefinition Width="Auto"/>
        <ColumnDefinition Width="*"/>
      </Grid.ColumnDefinitions>
      <Button x:Name="backButton" Click="GoBack"
        IsEnabled="{Binding Frame.CanGoBack,
        ElementName=pageRoot}"
        Style="{StaticResource BackButtonStyle}"/>
      <TextBlock x:Name="pageTitle" Grid.Column="1"
        Text="{StaticResource AppName}"
        Style="{StaticResource PageHeaderTextStyle}"/>
    </Grid>

    <StackPanel Grid.Row="1" Margin="150, 0, 0, 0">
      <TextBlock>Ihr Name</TextBlock>
      <StackPanel Orientation="Horizontal">
        <TextBox x:Name="eingabe" Width="300" />
        <Button Click="bu_Click">Sag Hallo</Button>
      </StackPanel>
      <TextBlock x:Name="ausgabe" />
    </StackPanel>

  </Grid>
</Page>
```

Listing 13.13 Projekt »MASeitenvorlageStandard«, Datei MainPage.xaml, Ausschnitt

Das StackPanel steht in der Zeile 1 des äußeren Grids (Grid.Row = 1), mithilfe von Margin nach rechts verschoben. Es beinhaltet

- einen TextBlock als Überschrift,
- innerhalb eines inneren, horizontalen StackPanel eine Textbox zur Eingabe und einen Button
- sowie einen TextBlock zur Ausgabe der Begrüßung.

Die Ereignisprozedur für den Button sieht wie folgt aus:

```
Private Sub bu_Click(sender As Object, e As RoutedEventArgs)
    ausgabe.Text = "Hallo " & eingabe.Text
End Sub
```

Listing 13.14 Projekt »MASeitenvorlageStandard«, Datei MainPage.xaml.vb

13.8 Projektvorlage Grid

In diesem Abschnitt wird das Projekt *MAProjektvorlageGrid* mithilfe der Projektvorlage Grid erzeugt. Es kommen wiederum die speziellen Styles für Windows Store-Apps zum Einsatz. Diese Projektvorlage eignet sich zur Anzeige von Elementen, die in verschiedenen Gruppen organisiert sind. Zu jedem Element können dann Detailinformationen angezeigt werden.

Zunächst die Anzeige des Projektmappen-Explorers in Abbildung 13.13.

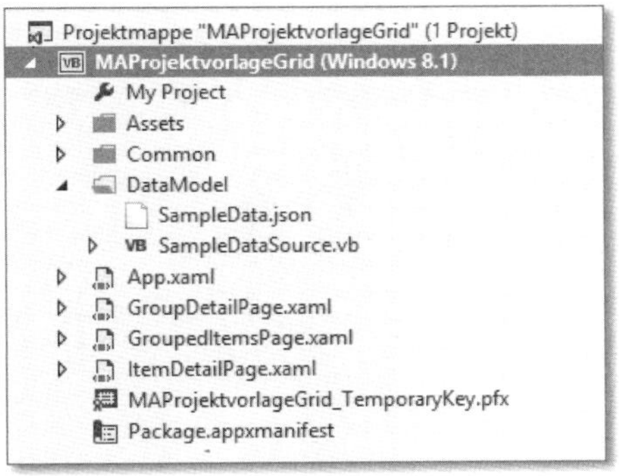

Abbildung 13.13 Projekt »MAProjektvorlageGrid«, Dateien

In der Projektvorlage wurden drei Seitenvorlagen genutzt:

- Gruppierte Elemente für die Datei *GroupedItemsPage.xaml* — **Gruppierte Elemente**
- Gruppendetails für die Datei *GroupDetailPage.xaml* — **Gruppendetails**
- Elementdetails für die Datei *ItemDetailPage.xaml* — **Elementdetails**

Nach dem Start der Anwendung erscheinen zunächst die gruppierten Elemente. Man kann sich hier z. B. mithilfe der Pfeiltasten nach rechts und links durch die verschiedenen Gruppen bewegen. In Abbildung 13.14 sehen Sie Element 1 aus Gruppe 2 sowie die Elemente 1 und 4 aus Gruppe 1. Die Elemente sind innerhalb jeder Gruppe durchnummeriert.

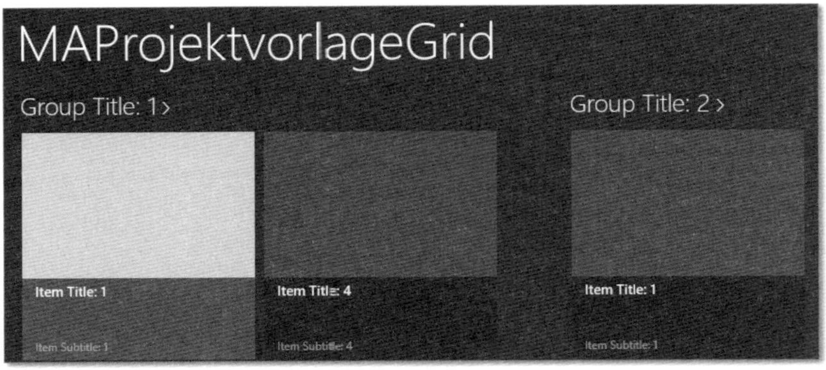

Abbildung 13.14 Projekt »MAProjektvorlageGrid«, Gruppierte Elemente

Nach der Auswahl eines Gruppenkopfs (hier: Group Title 2) werden die Details der betreffenden Gruppe angezeigt. In Abbildung 13.15 sehen Sie Gruppe 2: links einige Informationen zur Gruppe insgesamt, rechts die Elemente 1 und 2 dieser Gruppe. Über den Zurück-Button würde man wieder auf die vorherige Ansicht gelangen.

Abbildung 13.15 Projekt »MAProjektvorlageGrid«, Gruppendetails

Nach der Auswahl eines bestimmten Elements (hier: Item Title 2) werden die Details des betreffenden Elements angezeigt, sofern vorhanden. In Abbildung 13.16 sehen Sie Element 2 aus Gruppe 2.

Abbildung 13.16 Projekt »MAProjektvorlageGrid«, Elementdetails

13.9 Projektvorlage Split

Die Projektvorlage SPLIT wird in diesem Abschnitt zur Erzeugung des Projekts *MAProjektvorlageSplit* genutzt. Auch diese Projektvorlage eignet sich zur Anzeige von Elementen, die in verschiedenen Gruppen organisiert sind. Zu jedem Element werden Detailinformationen angezeigt.

Zunächst die Anzeige des PROJEKTMAPPEN-EXPLORERS in Abbildung 13.17.

In der Projektvorlage wurden zwei Seitenvorlagen genutzt:

Elemente

Geteilte Seite

- ELEMENTE für die Datei *ItemsPage.xaml*
- GETEILTE SEITE für die Datei *SplitPage.xaml*

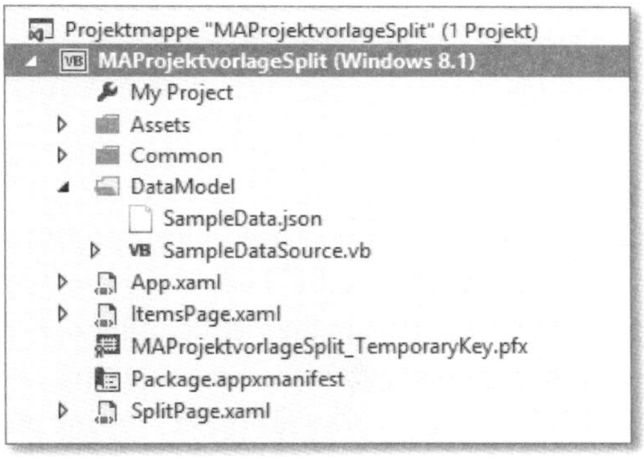

Abbildung 13.17 Projekt »MAProjektvorlageSplit«, Dateien

Nach dem Start der Anwendung erscheint zunächst die Seite ELEMENTE mit den verschiedenen Gruppen, siehe Abbildung 13.18.

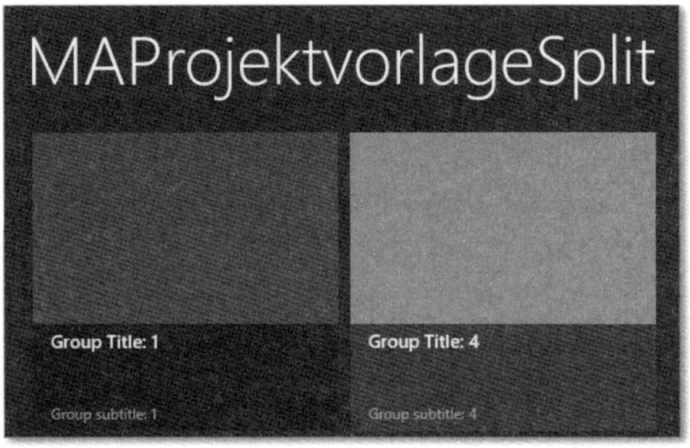

Abbildung 13.18 Projekt »MAProjektvorlageSplit«, Elemente-Ansicht

Nach der Auswahl einer Gruppe wird eine Geteilte Seite mit den Inhalten der betreffenden Gruppe angezeigt. In Abbildung 13.19 sehen Sie den Inhalt einer Gruppe. Rechts sehen Sie die Details zum ausgewählten Element 1.

Abbildung 13.19 Projekt »MAProjektvorlageSplit«, Geteilte Seite

13.10 Prüfen einer App

App Store

Vor der Veröffentlichung beziehungsweise dem Verkauf einer App muss sie zunächst geprüft werden. Microsoft möchte nicht, dass in seinem App Store Apps angeboten werden, die den Anforderungen nicht genügen, z. B. bezüglich der Speicherverwaltung. Auf dem Startbildschirm von Windows 8.1 gibt es nach der Installation des Visual Studio 2013 für diese Prüfung die App Windows App Cert Kit, siehe auch Abbildung 13.1.

Release-Modus

Die Anwendungen wurden bisher im Debug-Modus erstellt. Auf diese Weise stehen während der Entwicklungszeit mehr Informationen zur Fehlerfindung zur Verfügung. Vor der Prüfung mit dem Windows App Cert Kit muss das jeweilige Projekt jedoch auf den Release-Modus umgestellt werden.

Konfigurations-Manager

Dazu öffnen Sie das Projekt in Visual Studio 2013 und rufen den Menüpunkt Erstellen • Konfigurations-Manager auf. Im gleichnamigen Dialogfeld gibt es links oben die Auswahlliste Konfiguration der aktuellen Projektmappe. Dort wählen Sie den Eintrag Release aus, siehe Abbildung 13.20, hier am Beispiel des Projekts *MAProjektvorlageBlank*. Anschließend sollten Sie Ihre App einmal übersetzen und starten, damit bei der Prüfung die neue Konfiguration genutzt werden kann.

Nun können Sie das Visual Studio 2013 wieder schließen und die App Windows App Cert Kit starten. Dort wählen Sie die Art der Überprüfung aus: Windows Store-App überprüfen. Anschließend können Sie die App markieren, die überprüft werden soll, und die Prüfung starten.

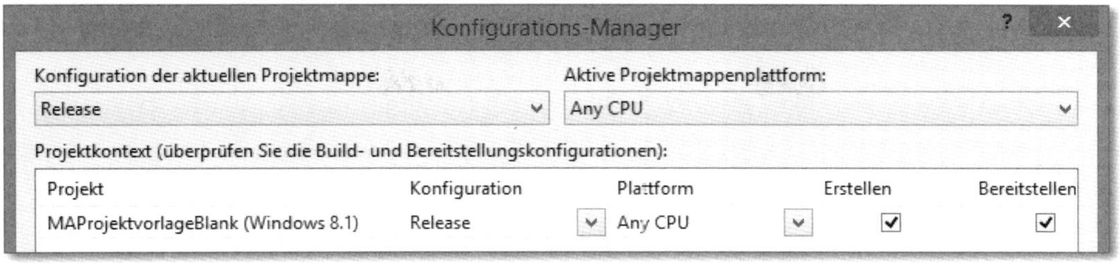

Abbildung 13.20 Visual Studio, Konfigurations-Manager

Sie sollten auswählen, dass alle Tests ausgeführt werden, außer dem Test der App-Brandingvalidierung innerhalb des Tests der App-Manifestressourcen. Diesen Test wird Ihre App nicht überstehen, falls Sie, wie bei einigen Beispielen in diesem Kapitel, die Standardbilder statt eigener Bilder verwendet haben.

Erfolg oder Fehler

Während der Prüfung wird die App mehrmals automatisch gestartet und beendet. Sie sollten in dieser Zeit nicht mit der App interagieren. Nach der Prüfung können Sie sich ein Prüfungsprotokoll in Form einer HTML-Seite speichern und ansehen. Dort steht (hoffentlich), dass Ihre App die Prüfung bestanden hat. Ansonsten stehen dort die Gründe, weshalb die App die Prüfung nicht bestanden hat, sodass Sie die App gezielt verbessern können.

Anhang A
Installation und technische Hinweise

Die Installation der verschiedenen Express-Versionen von Visual Studio 2013, das Arbeiten mit Vorlagen und die Erstellung eines Installationsprogramms zur Weitergabe eigener Programme runden die Inhalte dieses Buchs ab.

A.1 Inhalt des Datenträgers zu diesem Buch

Auf dem Datenträger sind enthalten:

- Verzeichnis *datenbank*: Beispiel-Datenbank für Microsoft Access 2013 bis Microsoft Access 2007
- Verzeichnis *projekte*: Visual-Basic-Projekte zu den Beispiel- und Übungsaufgaben
- Verzeichnis *software/microsoft*: alle Visual-Studio-Express-Versionen und die *Microsoft Access Database Engine 2010 Redistributable*
- Verzeichnis *software/mysql*: ein Verbinder zu MySQL-Datenbanken

Im Downloadangebot, das den elektronischen Ausgaben des Buchs beigegeben ist, finden Sie ebenfalls alle Beispieldateien.

A.2 Installation der Express-Versionen von Visual Studio 2013

Auf dem Datenträger zu diesem Buch befinden sich im Verzeichnis */software/microsoft* die Dateien zur Installation der verschiedenen Express-Versionen von Visual Studio 2013.

Sie können Sie aber auch jeweils als ISO-Datei über die Seite *http://www.microsoft.com/visualstudio/deu* herunterladen. Die ISO-Datei können Sie entweder auf einen Datenträger brennen oder auf der Festplatte entpacken, z. B. mithilfe von 7-Zip.

Nach dem Aufruf der ausführbaren Installationsdatei werden Sie durch die Installation geleitet. Als wichtigste Komponenten werden die aktuelle Version des Microsoft .NET Frameworks und die jeweilige Express-Version von Visual Studio 2013 installiert.

Anschließend steht Ihnen Visual Studio 2013 im Startmenü zum Lernen, Testen und Programmieren zur Verfügung.

Nach der Installation der Produkte wird meist ein Dialogfeld eingeblendet. Von dort aus gelangt man zur (kostenfreien) Registrierung bei Microsoft. Außerdem kann man die betreffende Seite jederzeit über das Menü HILFE • PRODUKT REGISTRIEREN innerhalb jeder Express-Version erreichen.

Auf der Seite kann man nach Eingabe einiger persönlicher Daten ein Windows-Konto (früher: Windows Live-ID) eröffnen. Nach erfolgreicher Kontoeröffnung wird entweder ein Fenster eingeblendet, in dem ein Registrierungsschlüssel angezeigt wird, oder es wird eine E-Mail an die angegebene Adresse zugesandt, in der ein Registrierungsschlüssel steht. Diesen Schlüssel kann man kopieren und im Dialogfeld eingeben.

Sollten Probleme während der Registrierung auftreten, dann kann das an der Browser-Einstellung für Cookies liegen. Sie sollten einstellen, dass Cookies, auch von Drittanbietern, akzeptiert werden.

Nach der Installation der Version *Visual Studio Express 2013 für Windows* muss noch eine (ebenfalls kostenfreie) Entwicklerlizenz angefordert werden.

A.3 Arbeiten mit einer Formularvorlage

In diesem Abschnitt wird ein weiteres nützliches Feature der Entwicklungsumgebung für Visual Basic dargestellt. Es kommt häufig vor, dass man neue Formulare mithilfe eines bereits vorhandenen Formulars aufbaut. Zu diesem Zweck muss man zunächst das ursprüngliche Formular als Vorlage speichern.

Vorlage exportieren

Gehen Sie hierzu in einem geöffneten Projekt über den Menüpunkt DATEI • VORLAGE EXPORTIEREN. Anschließend hilft ein Assistent bei den nächsten Schritten. Im ersten Dialogfeld wählen Sie den Vorlagentyp aus, in diesem Fall den Typ *Symbolvorlage*.

Im zweiten Dialogfeld wählen Sie das Element aus, das als Vorlage exportiert werden soll, hier müssen Sie das Formular (*Form1.vb*) ankreuzen.

Im nächsten Dialogfeld sollen die Verweise angekreuzt werden, die beim Export der Vorlage mit eingeschlossen werden sollen. In diesem Fall ist das nicht nötig, es wird also nichts angekreuzt.

Auf dem letzten Dialogfeld werden die Vorlagenoptionen ausgewählt, u. a. der Name der Vorlage. Es wird der Name des aktuellen Projekts vorgeschlagen, den Sie zur einfacheren späteren Zuordnung beibehalten sollten. Die Vorlage wird in einer komprimierten Datei im Verzeichnis *C:\Users\[Benutzername]\Documents\Visual Studio 2013\My Exported Templates* abgelegt.

Formular löschen

Möchten Sie später ein Projekt auf Basis des vorhandenen Formulars aufbauen, erstellen Sie zunächst ein neues, leeres Projekt. Anschließend entfernen Sie das Standardformular (*Form1.vb*), indem Sie es im PROJEKTMAPPEN-EXPLORER mit der rechten Maustaste auswählen und im anschließenden Kontextmenü löschen.

Importieren

Die Vorlage wird nun eingefügt über den Menüpunkt PROJEKT • NEUES ELEMENT HINZUFÜGEN. Die soeben erstellte Vorlage erscheint in der Kategorie GEMEINSAME ELEMENTE. Der Name der Vorlage (unten) wurde automatisch um eine Ziffer verlängert. Falls Sie das nicht möchten, können Sie den Namen ändern.

Nach dem Hinzufügen des neuen Elements werden Sie gefragt, ob Sie dieser Vorlage vertrauen, da es sich ja auch um eine Online-Vorlage aus einer unbekannten Quelle handeln könnte. Nach der Zustimmung steht das Formular inklusive des Codes zur Erweiterung bzw. Veränderung zur Verfügung.

Startformular

Das neu eingefügte Formular sollten Sie nun zum Startformular des Projekts machen. Das geschieht über den Menüpunkt PROJEKT • [PROJEKTNAME]-EIGENSCHAFTEN. Auf der nachfolgend erscheinenden Seite müssen Sie auf der Registerkarte ANWENDUNG in der Liste STARTFORMULAR das soeben eingefügte Formular auswählen. Anschließend können Sie diese Seite wieder schließen.

A.4 Arbeiten mit einer Projektvorlage

Falls Sie nicht nur ein einzelnes Formular, sondern ein ganzes Projekt, das evtl. aus mehreren Formularen besteht, als Vorlage speichern möchten, ist das auf ähnliche Art und Weise möglich.

Speichern

Gehen Sie wiederum über den Menüpunkt DATEI • VORLAGE EXPORTIEREN. Im ersten Dialogfeld des Dialogfelds wird diesmal als Vorlagentyp PROJEKTVORLAGE gewählt. Die Vorlage wird ebenso in einer komprimierten Datei im Verzeichnis *C:\Users\[Benutzername]\Documents\Visual Studio 2013\My Exported Templates* abgelegt.

Benutzen

Möchten Sie später ein Projekt auf Basis des vorhandenen Projekts aufbauen, gehen Sie zunächst wie gewohnt über den Menüpunkt DATEI • NEUES PROJEKT. Die soeben erstellte Vorlage erscheint in diesem Dialogfeld in der Hauptkategorie VISUAL BASIC in der Liste der Projekttypen. Der Name des Projekts entspricht dem Namen der Vorlage, um eine Ziffer verlängert. Sie können den Namen natürlich passend ändern.

A.5 Weitergabe eigener Windows-Programme

Nach dem Kompilieren eines Visual-Basic-Programms in eine *.exe*-Datei erhalten Sie ein eigenständiges Programm, das Sie unabhängig von der Entwicklungsumgebung ausführen können.

Das gilt aber nur für den eigenen Rechner und nicht für einen Rechner, auf dem z. B. kein .NET Framework installiert ist. Sie müssen also dafür sorgen, dass die notwendige Umgebung auf dem Zielrechner existiert.

ClickOnce

Die einfachste Lösung für dieses Problem ist eine *ClickOnce*-Verteilung. Dabei werden alle benötigten Dateien zusammengestellt und ein vollständiges und einfach zu bedienendes Installationsprogramm erzeugt.

Dieses Installationsprogramm wird dann auf dem Zielrechner ausgeführt. Je nach Art des Installationsprogramms wird die neue Windows-Anwendung im Windows-Startmenü eingetragen. Dem Benutzer wird es dann auch ermöglicht, die neue Windows-Anwendung bei Bedarf wieder über die Systemsteuerung zu deinstallieren.

A.5.1 Erstellung des Installationsprogramms

Die einzelnen Schritte der Erstellung:

- Öffnen Sie das Projekt, das weitergegeben werden soll, innerhalb der Entwicklungsumgebung, z. B. *MeinErstes*.

Veröffentlichen

- Rufen Sie das Dialogfeld mit den Projekt-Eigenschaften über den Menüpunkt PROJEKT • MEINERSTES-EIGENSCHAFTEN auf. Dort wechseln Sie auf das Register VERÖFFENTLICHEN.

- Für dieses Beispiel soll ein Installationsverzeichnis mit den notwendigen Dateien erstellt werden. Daher wird neben dem Feld SPEICHERORT DES VERÖFFENTLICHUNGSORDNERS... das Dialogfeld geöffnet und ein vorhandenes oder neues Verzeichnis ausgewählt, z. B. *C:\Temp\MeinErstes*. Installationsverzeichnis
- Unter INSTALLATIONSMODUS UND -EINSTELLUNGEN wählen Sie DIE ANWENDUNG IST AUCH OFFLINE VERFÜGBAR Damit ist es später möglich, die Anwendung über das Startmenü aufzurufen. Startmenü
- Im Dialogfeld ANWENDUNGSDATEIEN ist die *.exe*-Datei zu sehen.
- Im Dialogfeld ERFORDERLICHE KOMPONENTEN sind die Komponenten (z. B. das .NET Framework oder ein Windows Installer) bereits angekreuzt, die für diese Anwendung benötigt werden. Die Option ERFORDERLICHE KOMPONENTEN VON DER WEBSITE DES KOMPONENTENHERSTELLERS HERUNTERLADEN sorgt dafür, dass bei einer Installation der Anwendung das passende .NET Framework aus dem Internet geladen und installiert wird, falls notwendig.
- Die Nummer der Veröffentlichungsversion wird normalerweise automatisch mit jeder Veröffentlichung des gleichen Programms erhöht.
- Der Button JETZT VERÖFFENTLICHEN erstellt das Installationsprogramm im Installationsverzeichnis. Dieses können Sie dann (inklusive Unterverzeichnisse) auf ein geeignetes Transportmedium übertragen.

A.5.2 Ablauf einer Installation

Setup-Datei

Das Programm *setup.exe* wird vom Transportmedium gestartet. Auch hier gilt: Vor Aufruf sollten Sie alle Anwendungen schließen, die nicht unbedingt geöffnet sein müssen, um den Zugriff auf alle Dateien zu erleichtern. Die *.exe*-Datei läuft selbsttätig und erstellt einen Eintrag im Windows-Startmenü.

A.6 Konfigurationsdaten

Anwendung konfigurieren

Konfigurationsdaten und andere Einstellungsdaten einer Anwendung können in einer XML-Datei dauerhaft gespeichert werden. Die Anwendung kann auf diese Daten zugreifen und sie benutzen. Der Vorteil: Die Daten können verändert werden, ohne die Anwendung erneut übersetzen zu müssen.

Ein Beispiel: Nehmen wir an, Ihre Anwendung benutzt eine Datenbank. Den Speicherort der Datenbank wollen Sie auf jedem Rechner, auf dem Ihre

Anwendung eingesetzt wird, individuell einstellen, siehe auch Projekt *Konfigurationsdaten*.

XML-Datei

Zunächst muss für das Projekt eine XML-Einstellungsdatei erstellt werden. Dazu wird im Menü PROJEKT der Menüpunkt KONFIGURATIONSDATEN-EIGENSCHAFTEN aufgerufen. Nach Auswahl der Kategorie EINSTELLUNGEN haben Sie eine Tabelle vor sich, in der Einstellungsdaten eingetragen werden können. Das soll in unserem Fall wie in Abbildung A.1 vorgenommen werden.

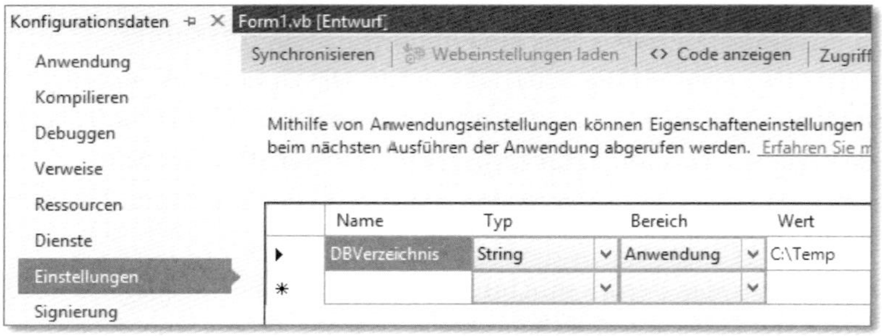

Abbildung A.1 Einstellungsdaten

Es wurde eine Einstellung eingetragen mit dem Namen *DBVerzeichnis*, dem Typ *Zeichenkette (String)*, dem Gültigkeitsbereich *Anwendung* und dem Wert *C:\Temp*. Nach dem Eintragen wechseln Sie in die nächste Zeile und speichern.

App.config

Im PROJEKTMAPPEN-EXPLORER wird die Datei *App.config* angezeigt. Das ist die XML-Einstellungsdatei. Sie wurde durch die soeben hinzugefügte Einstellung um folgende Zeilen erweitert:

```
    ...
<applicationSettings>
    <Konfigurationsdaten.My.MySettings>
        <setting name="DBVerzeichnis"
                 serializeAs="String">
            <value>C:\Temp</value>
        </setting>
    </Konfigurationsdaten.My.MySettings>
</applicationSettings>
    ...
```

Listing A.1 Projekt »Konfigurationsdaten«, Datei App.config (Ausschnitt)

Nun soll innerhalb einer Anwendung der Zugriff auf diese Einstellungsdaten vorgenommen werden:

```
Imports System.Data.OleDb

Public Class Form1
    Private Sub cmdAnzeigen_Click(...) Handles ...
        Dim setting As New My.MySettings()

        Dim con As New OleDbConnection
        con.ConnectionString =
            "Provider=Microsoft.ACE.OLEDB.12.0;" &
            "Data Source=" & setting.DBVerzeichnis &
            "\firma.accdb"
        ....
```

Listing A.2 Projekt Konfigurationsdaten, Nutzung

My.MySettings()

Es wird ein neues Objekt der Klasse `MySettings` aus dem Namespace `My` erzeugt. Eine Eigenschaft dieses Objekts ist die soeben getroffene Einstellung `DBVerzeichnis`.

Wert ändern

Beim Herstellen der Verbindung zur Datenbank wird der Wert der Einstellung gelesen (hier: `C:\Temp`). Angehängt wird der Dateiname *firma.accdb*, und schon haben Sie Zugriff auf die Datenbankdatei. Falls die Datenbankdatei in einem anderen Verzeichnis stehen soll, müssen Sie nur mithilfe eines Texteditors den Inhalt der XML-Datei *app.config* ändern und nicht die gesamte Anwendung.

A.7 Datenbankzugriff unter Vista 64-Bit-Version

Microsoft-Dokument

Unter der 64-Bit-Version von Vista gibt es verschiedene Probleme, u. a. mit dem geeigneten *OleDb*-Datenbankprovider, der zum Zugriff auf eine Access-Datenbank benötigt wird. Microsoft bietet dazu eine Abhilfe an, zu finden über den Punkt 1.44 des folgenden Dokuments:

http://msdn.microsoft.com/en-gb/vstudio/aa718685.aspx

32-Bit-Anwendung

Zusammengefasst steht dort, dass Sie Ihr Projekt als 32-Bit-Anwendung übersetzen müssen. Dazu gibt es in der Vollversion von Visual Studio 2013 eine Umstellmöglichkeit in den Eigenschaften des jeweiligen Projekts. Die Express-Version hat diese komfortable Möglichkeit nicht.

Stattdessen müssen Sie für jedes Projekt, das den *OleDb*-Datenbankprovider benötigt,

- im Projektverzeichnis die Datei mit der Endung *.vbproj* mit einem Texteditor öffnen,
- in der ersten `<PropertyGroup>`-Sektion eine Zeile mit folgendem Text einfügen:
- `<PlatformTarget>x86</PlatformTarget>`,
- die Datei schließen mit SPEICHERN.

Anschließend wird das jeweilige Projekt beim nächsten Kompilieren als 32-Bit-Anwendung erstellt. Es kann nun auf den geeigneten *OleDb*-Datenbankprovider zugreifen. Eine ausführliche Beschreibung findet sich unter o. a. Internetadresse.

Anhang B
Lösungen der Übungsaufgaben

Die Bearbeitung der Beispiele, das Verständnis für ihren Aufbau sowie das selbständige Lösen der Übungen sind ein wichtiger Schritt beim Erlernen der Programmierung. In diesem Abschnitt finden Sie jeweils eine Lösungsmöglichkeit zu jeder Übung. Lassen Sie sich nicht irritieren, wenn Ihre Lösung anders aussieht. Es ist in erster Linie wichtig, dass das Ergebnis stimmt. Vielleicht bietet Ihnen die hier vorliegende Lösung aber auch einen Denkanstoß zur Verbesserung.

B.1 Lösung der Übungsaufgabe aus Kapitel 1

B.1.1 Lösung ÜName

```
Public Class Form1
    Private Sub cmdMyName_Click(sender As Object,
            e As EventArgs) Handles cmdMyName.Click
        lblMyName.Text = "Bodo Basic"
    End Sub

    Private Sub cmdEnde_Click( sender As Object,
            e As EventArgs) Handles cmdEnde.Click
        Me.Close()
    End Sub
End Class
```

B.2 Lösungen der Übungsaufgaben aus Kapitel 2

B.2.1 Lösung ÜDatentypen

```
Public Class Form1
    Private Sub cmdAnzeigen_Click(...) Handles ...
        Dim nachname, vorname As String
```

```
        Dim strasse, plz, ort As String
        Dim alter As Integer
        Dim geburtsdatum As Date

        nachname = "Basic"
        vorname = "Bodo"
        strasse = "Bergstraße 34"
        plz = "09445"
        ort = "Brunnstadt"
        alter = 32
        geburtsdatum = "18.05.1985"

        lblA.Text = "Adresse: " & vbCrLf & vorname &
            " " & nachname & vbCrLf & strasse &
            vbCrLf & plz & " " & ort & vbCrLf &
            vbCrLf & "geb.: " & geburtsdatum &
            vbCrLf & "Alter: " & alter
    End Sub
End Class
```

B.2.2 Lösung ÜGültigkeitsbereich

```
Public Class Form1
    Dim x As Double

    Private Sub cmdAnzeigen1_Click(sender As Object,
            e As EventArgs) Handles cmdAnzeigen1.Click
        Dim y As Double
        y = y + 0.1
        x = x + 0.1
        lblA.Text = "x: " & x & vbCrLf & "y: " & y
    End Sub

    Private Sub cmdAnzeigen2_Click(sender As Object,
            e As EventArgs) Handles cmdAnzeigen2.Click
        Dim z As Double
        z = z + 0.1
        x = x + 0.1
        lblA.Text = "x: " & x & vbCrLf & "z: " & z
    End Sub
End Class
```

B.2.3 Lösung ÜRechenoperatoren

```
Public Class Form1
    Private Sub cmdAnzeigen1_Click(...) Handles ...
        Dim x As Double
        x = 3 * -2.5 + 4 * 2
        lblA.Text = x
    End Sub

    Private Sub cmdAnzeigen2_Click(...) Handles ...
        Dim x As Double
        x = 3 * (-2.5 + 4) * 2
        lblA.Text = x
    End Sub
End Class
```

B.2.4 Lösung ÜVergleichsoperatoren

```
Public Class Form1
    Private Sub cmdAnzeigen1_Click(...) Handles ...
        Dim p As Boolean
        p = 12 - 3 >= 4 * 2.5
        lblA.Text = p
    End Sub

    Private Sub cmdAnzeigen2_Click(...) Handles ...
        Dim p As Boolean
        p = "Maier" Like "M??er"
        lblA.Text = p
    End Sub
End Class
```

B.2.5 Lösung ÜLogischeOperatoren

```
Public Class Form1
    Private Sub cmdAnzeigen1_Click(...) Handles ...
        Dim p As Boolean
        p = 4 > 3 And -4 > -3
        lblA.Text = p
    End Sub
```

```
    Private Sub cmdAnzeigen2_Click(...) Handles ...
        Dim p As Boolean
        p = 4 > 3 Or -4 > -3
        lblA.Text = p
    End Sub
End Class
```

B.2.6 Lösung ÜOperatoren

1: False, 2: True, 3: True, 4: True, 5: True, 6: False, 7: True, 8: False

B.2.7 Lösung ÜPanelZeitgeber

```
Public Class Form1
    Private Sub cmdStart_Click(...) Handles ...
        tim1.Enabled = True
    End Sub

    Private Sub tim1_Tick(...
            ) Handles tim1.Tick
        pan1.Location = New Point(
            pan1.Location.X - 5, pan1.Location.Y - 5)
        pan2.Location = New Point(
            pan2.Location.X + 5, pan2.Location.Y - 5)
        pan3.Location = New Point(
            pan3.Location.X - 5, pan3.Location.Y + 5)
        pan4.Location = New Point(
            pan4.Location.X + 5, pan4.Location.Y + 5)
    End Sub
End Class
```

B.2.8 Lösung ÜKran

Bezeichnungen:

- `f`: Fundament
- `s`: senkrechtes Hauptelement
- `a`: waagerechter Ausleger
- `h`: senkrechter Haken am Ausleger

```
Public Class Form1
    Private Sub cmdHakenAus_Click(...) Handles ...
        h.Height = h.Height + 10
    End Sub

    Private Sub cmdHakenEin_Click(...) Handles ...
        h.Height = h.Height - 10
    End Sub

    Private Sub cmdAuslegerAus_Click(...) Handles ...
        a.Width = a.Width + 10
        a.Location = New Point(
            a.Location.X - 10, a.Location.Y)
        h.Location = New Point(
            h.Location.X - 10, h.Location.Y)
    End Sub

    Private Sub cmdAuslegerEin_Click(...) Handles ...
        a.Width = a.Width - 10
        a.Location = New Point(
            a.Location.X + 10, a.Location.Y)
        h.Location = New Point(
            h.Location.X + 10, h.Location.Y)
    End Sub

    Private Sub cmdKranRechts_Click(...) Handles ...
        f.Location = New Point(
            f.Location.X + 10, f.Location.Y)
        s.Location = New Point(
            s.Location.X + 10, s.Location.Y)
        a.Location = New Point(
            a.Location.X + 10, a.Location.Y)
        h.Location = New Point(
            h.Location.X + 10, h.Location.Y)
    End Sub

    Private Sub cmdKranLinks_Click(...) Handles ...
        f.Location = New Point(
            f.Location.X - 10, f.Location.Y)
        s.Location = New Point(
            s.Location.X - 10, s.Location.Y)
```

```
        a.Location = New Point(
            a.Location.X - 10, a.Location.Y)
        h.Location = New Point(
            h.Location.X - 10, h.Location.Y)
    End Sub

    Private Sub cmdKranAus_Click(...) Handles ...
        s.Height = s.Height + 10
        s.Location = New Point(
            s.Location.X, s.Location.Y - 10)
        a.Location = New Point(
            a.Location.X, a.Location.Y - 10)
        h.Location = New Point(
            h.Location.X, h.Location.Y - 10)
    End Sub

    Private Sub cmdKranEin_Click(...) Handles ...
        s.Height = s.Height - 10
        s.Location = New Point(
            s.Location.X, s.Location.Y + 10)
        a.Location = New Point(
            a.Location.X, a.Location.Y + 10)
        h.Location = New Point(
            h.Location.X, h.Location.Y + 10)
    End Sub
End Class
```

B.2.9 Lösung ÜSteuerbetrag, zwei Alternativen

```
Public Class Form1
    Private Sub cmdBerechnen1_Click(...) Handles ...
        Dim gehalt, steuersatz, steuerbetrag As Double

        gehalt = Convert.ToDouble(txtGehalt.Text)

        If gehalt <= 12000 Then
            steuersatz = 12
        ElseIf gehalt <= 20000 Then
            steuersatz = 15
        ElseIf gehalt <= 30000 Then
            steuersatz = 20
```

```
        Else
            steuersatz = 25
        End If

        steuerbetrag = gehalt * steuersatz / 100
        lblSteuerbetrag.Text = steuerbetrag
    End Sub

    Private Sub cmdBerechnen2_Click(...) Handles ...
        Dim gehalt, steuersatz, steuerbetrag As Double

        gehalt = Convert.ToDouble(txtGehalt.Text)

        Select Case gehalt
            Case Is <= 12000
                steuersatz = 12
            Case Is <= 20000
                steuersatz = 15
            Case Is <= 30000
                steuersatz = 20
            Case Else
                steuersatz = 25
        End Select

        steuerbetrag = gehalt * steuersatz / 100
        lblSteuerbetrag.Text = steuerbetrag
    End Sub
End Class
```

B.2.10 Lösung ÜKranVerzweigung

Bezeichnungen:

- f: Fundament
- s: senkrechtes Hauptelement
- a: waagerechter Ausleger
- h: senkrechter Haken am Ausleger

```
Public Class Form1
    Private Sub cmdHakenAus_Click(...) Handles ...
        If h.Location.Y + h.Height + 5 <
```

```
            f.Location.Y Then
        h.Height = h.Height + 10
    End If
End Sub

Private Sub cmdHakenEin_Click(...) Handles ...
    If h.Height > 15 Then
        h.Height = h.Height - 10
    End If
End Sub

Private Sub cmdAuslegerAus_Click(...) Handles ...
    If a.Location.X > 15 Then
        a.Width = a.Width + 10
        a.Location = New Point(
            a.Location.X - 10, a.Location.Y)
        h.Location = New Point(
            h.Location.X - 10, h.Location.Y)
    End If
End Sub

Private Sub cmdAuslegerEin_Click(...) Handles ...
    If a.Width > 30 Then
        a.Width = a.Width - 10
        a.Location = New Point(
            a.Location.X + 10, a.Location.Y)
        h.Location = New Point(
            h.Location.X + 10, h.Location.Y)
    End If
End Sub

Private Sub cmdKranRechts_Click(...) Handles ...
    If f.Location.X < 215 Then
        f.Location = New Point(
            f.Location.X + 10, f.Location.Y)
        s.Location = New Point(
            s.Location.X + 10, s.Location.Y)
        a.Location = New Point(
            a.Location.X + 10, a.Location.Y)
        h.Location = New Point(
```

```
            h.Location.X + 10, h.Location.Y)
    End If
End Sub

Private Sub cmdKranLinks_Click(...) Handles ...
    If f.Location.X > 15 And
                a.Location.X > 15 Then
        f.Location = New Point(
            f.Location.X - 10, f.Location.Y)
        s.Location = New Point(
            s.Location.X - 10, s.Location.Y)
        a.Location = New Point(
            a.Location.X - 10, a.Location.Y)
        h.Location = New Point(
            h.Location.X - 10, h.Location.Y)
    End If
End Sub

Private Sub cmdKranAus_Click(...) Handles ...
    If s.Location.Y > 15 Then
        s.Height = s.Height + 10
        s.Location = New Point(
            s.Location.X, s.Location.Y - 10)
        a.Location = New Point(
            a.Location.X, a.Location.Y - 10)
        h.Location = New Point(
            h.Location.X, h.Location.Y - 10)
    End If
End Sub

Private Sub cmdKranEin_Click(...) Handles ...
    If h.Location.Y + h.Height + 5 <
            f.Location.Y Then
        s.Height = s.Height - 10
        s.Location = New Point(
            s.Location.X, s.Location.Y + 10)
        a.Location = New Point(
            a.Location.X, a.Location.Y + 10)
        h.Location = New Point(
            h.Location.X, h.Location.Y + 10)
```

```
        End If
    End Sub
End Class
```

B.2.11 Lösung ÜKranOptionen

Bezeichnungen:

- f: Fundament
- s: senkrechtes Hauptelement
- a: waagerechter Ausleger
- h: senkrechter Haken am Ausleger

```
Public Class Form1
    Private Sub cmdStart_Click(...) Handles ...
        tim1.Enabled = True
    End Sub

    Private Sub cmdStop_Click(...) Handles ...
        tim1.Enabled = False
    End Sub

    Private Sub tim1_Tick(...
            ) Handles tim1.Tick
        If optHakenAus.Checked Then
            If h.Location.Y + h.Height + 5 <
                    f.Location.Y Then
                h.Height = h.Height + 10
            Else
                tim1.Enabled = False
            End If
        ElseIf optHakenEin.Checked Then
            If h.Height > 15 Then
                h.Height = h.Height - 10
            Else
                tim1.Enabled = False
            End If
        ElseIf optAuslegerAus.Checked Then
            If a.Location.X > 15 Then
                a.Width = a.Width + 10
```

```
            a.Location = New Point(
                a.Location.X - 10, a.Location.Y)
            h.Location = New Point(
                h.Location.X - 10, h.Location.Y)
        Else
            tim1.Enabled = False
        End If
    ElseIf optAuslegerEin.Checked Then
        If a.Width > 25 Then
            a.Width = a.Width - 10
            a.Location = New Point(
                a.Location.X + 10, a.Location.Y)
            h.Location = New Point(
                h.Location.X + 10, h.Location.Y)
        Else
            tim1.Enabled = False
        End If
    ElseIf optKranRechts.Checked Then
        If f.Location.X < 215 Then
            f.Location = New Point(
                f.Location.X + 10, f.Location.Y)
            s.Location = New Point(
                s.Location.X + 10, s.Location.Y)
            a.Location = New Point(
                a.Location.X + 10, a.Location.Y)
            h.Location = New Point(
                h.Location.X + 10, h.Location.Y)
        Else
            tim1.Enabled = False
        End If
    ElseIf optKranLinks.Checked Then
        If f.Location.X > 15 And
                a.Location.X > 15 Then
            f.Location = New Point(
                f.Location.X - 10, f.Location.Y)
            s.Location = New Point(
                s.Location.X - 10, s.Location.Y)
            a.Location = New Point(
                a.Location.X - 10, a.Location.Y)
            h.Location = New Point(
```

```
                h.Location.X - 10, h.Location.Y)
        Else
            tim1.Enabled = False
        End If
    ElseIf optKranAus.Checked Then
        If s.Location.Y > 15 Then
            s.Height = s.Height + 10
            s.Location = New Point(
                s.Location.X, s.Location.Y - 10)
            a.Location = New Point(
                a.Location.X, a.Location.Y - 10)
            h.Location = New Point(
                h.Location.X, h.Location.Y - 10)
        Else
            tim1.Enabled = False
        End If
    ElseIf optKranEin.Checked Then
        If h.Location.Y + h.Height + 5 <
                f.Location.Y Then
            s.Height = s.Height - 10
            s.Location = New Point(
                s.Location.X, s.Location.Y + 10)
            a.Location = New Point(
                a.Location.X, a.Location.Y + 10)
            h.Location = New Point(
                h.Location.X, h.Location.Y + 10)
        Else
            tim1.Enabled = False
        End If
    End If
  End Sub
End Class
```

B.2.12 Lösung ÜForNext1

```
Public Class Form1
    Private Sub cmdAnzeigen_Click(...) Handles ...
        Dim d As Double
        lblA.Text = ""
```

```
        For d = 35 To 20 Step -2.5
            lblA.Text &= d & vbCrLf
        Next
    End Sub
End Class
```

B.2.13 Lösung ÜForNext2

```
Public Class Form1
    Private Sub cmdAnzeigen_Click(...) Handles ...
        Dim d, summe, zähler, mittelwert As Double
        summe = 0
        zähler = 0
        lblA.Text = ""

        For d = 35 To 20 Step -2.5
            lblA.Text &= d & vbCrLf
            summe += d
            zähler += 1
        Next

        mittelwert = summe / zähler
        lblA.Text &= vbCrLf &
            "Summe: " & summe & vbCrLf &
            "Mittelwert: " & mittelwert & vbCrLf
    End Sub
End Class
```

B.2.14 Lösung ÜDoLoop

```
Public Class Form1
    Private Sub cmdHalbieren_Click(...) Handles ...
        Dim d As Double
        d = Convert.ToDouble(txtEingabe.Text)

        lblA.Text = ""
        Do While d > 0.001
            d = d / 2
            lblA.Text &= d & vbCrLf
```

```
        Loop
    End Sub
End Class
```

B.2.15 Lösung ÜZahlenraten

```
Public Class Form1
    Dim zahl As Integer

    Private Sub Form1_Load(...) Handles MyBase.Load
        Randomize()
        zahl = Rnd() * 100 + 1
    End Sub

    Private Sub cmdPrüfen_Click(...) Handles ...
        Dim eingabe As Integer
        eingabe = Convert.ToDouble(txtEingabe.Text)

        If eingabe > zahl Then
            lblA.Text = "Die Zahl " & eingabe &
                " ist zu groß"
        ElseIf eingabe < zahl Then
            lblA.Text = "Die Zahl " & eingabe &
                " ist zu klein"
        Else
            lblA.Text = eingabe &
                " ist die richtige Zahl, gratuliere"
        End If
    End Sub
End Class
```

B.2.16 Lösung ÜSteuertabelle

```
Public Class Form1
    Private Sub cmdAnzeigen_Click(...) Handles ...
        Dim gehalt As Double
        Dim steuersatz As Double
        Dim steuerbetrag As Double
        Dim netto As Double
```

```
        lblA.Text = ""
        For gehalt = 5000 To 35000 Step 3000
            If gehalt <= 12000 Then
                steuersatz = 12
            ElseIf gehalt <= 20000 Then
                steuersatz = 15
            ElseIf gehalt <= 30000 Then
                steuersatz = 20
            Else
                steuersatz = 25
            End If

            steuerbetrag = gehalt * steuersatz / 100
            netto = gehalt - steuerbetrag
            lblA.Text &= gehalt & " €, " &
                steuersatz & " %, " &
                steuerbetrag & " €, " &
                netto & " €" & vbCrLf
        Next
    End Sub
End Class
```

B.2.17 Lösung ÜListenfeld

```
Public Class Form1
    Private Sub Form1_Load(...) Handles MyBase.Load
        lstLinks.Items.Add("Malta")
        lstLinks.Items.Add("Zypern")
        lstLinks.Items.Add("Slowenien")
        lstLinks.Items.Add("Estland")
        lstLinks.Items.Add("Rumänien")

        lstRechts.Items.Add("Belgien")
        lstRechts.Items.Add("Spanien")
        lstRechts.Items.Add("Italien")
        lstRechts.Items.Add("Portugal")
        lstRechts.Items.Add("Dänemark")
    End Sub
```

```
    Private Sub cmdRechts_Click(...) Handles ...
        Dim i As Integer

        For i = 0 To lstLinks.SelectedItems.Count - 1
            lstRechts.Items.Add(
                lstLinks.SelectedItems(i))
        Next

        For i = lstLinks.SelectedItems.
                Count - 1 To 0 Step -1
            lstLinks.Items.RemoveAt(
                lstLinks.SelectedIndices(i))
        Next
    End Sub

    Private Sub cmdLinks_Click(...) Handles ...
        Dim i As Integer

        For i = 0 To lstRechts.SelectedItems.Count - 1
            lstLinks.Items.Add(
                lstRechts.SelectedItems(i))
        Next

        For i = lstRechts.SelectedItems.
                Count - 1 To 0 Step -1
            lstRechts.Items.RemoveAt(
                lstRechts.SelectedIndices(i))
        Next
    End Sub
End Class
```

B.3 Lösungen der Übungsaufgaben aus Kapitel 4

B.3.1 Lösung ÜEnabled

```
Public Class Form1
    Private Sub Form1_Load(...) Handles MyBase.Load
        lstLand.Items.Add("Liechtenstein")
        lstLand.Items.Add("Malta")
        lstLand.Items.Add("Andorra")
```

```
        lstLand.Items.Add("San Marino")
        lstLand.Items.Add("Monaco")
    End Sub

    Private Sub lstLand_SelectedIndexChanged(...
            ) Handles lstLand.SelectedIndexChanged
        If lstLand.SelectedItems.Count > 0 Then
            cmdLöschen.Enabled = True
        Else
            cmdLöschen.Enabled = False
        End If
    End Sub

    Private Sub cmdLöschen_Click(...) Handles ...
        lstLand.Items.RemoveAt(lstLand.SelectedIndex)
    End Sub
End Class
```

B.3.2 Lösung ÜDatenfeldEindimensional

```
Public Class Form1
    Private Sub Form1_Load(...) Handles MyBase.Load
        Randomize()
    End Sub

    Private Sub cmdMinima_Click(...) Handles ...
        Dim T(9) As Integer
        Dim MinWert As Integer
        Dim i As Integer

        ' Feld füllen
        lstZahl.Items.Clear()
        For i = 0 To 9
            T(i) = Rnd() * 10 + 20
            lstZahl.Items.Add(T(i))
        Next i

        MinWert = T(0)
        For i = 0 To 9
            If T(i) < MinWert Then
```

```
                MinWert = T(i)
            End If
        Next i

        lblA.Text = "Minimum: " & MinWert &
            ", an Position:" & vbCrLf
        For i = 0 To 9
            If T(i) = MinWert Then
                lblA.Text &= i & vbCrLf
            End If
        Next i
    End Sub
End Class
```

B.3.3 Lösung ÜDatenfeldMehrdimensional

```
Public Class Form1
    Private Sub Form1_Load(...) Handles MyBase.Load
        Randomize()
    End Sub

    Private Sub cmdAnzeigen_Click(...) Handles ...
        Dim T(5, 2, 3) As Integer
        Dim i, j, k As Integer
        Dim MinWert As Integer

        lblFeld.Text = ""
        For i = 0 To 5
            For j = 0 To 2
                lblFeld.Text &= "( "
                For k = 0 To 3
                    T(i, j, k) = Rnd() * 10 + 20
                    lblFeld.Text &= T(i, j, k) & " "
                Next k
                lblFeld.Text &= ") "
            Next j
            lblFeld.Text &= vbCrLf
        Next i

        MinWert = T(0, 0, 0)
```

```
        For i = 0 To 5
            For j = 0 To 2
                For k = 0 To 3
                    If T(i, j, k) < MinWert Then
                        MinWert = T(i, j, k)
                    End If
                Next k
            Next j
        Next i

        lblA.Text = "Minimum: " & MinWert &
            ", an Position:" & vbCrLf
        For i = 0 To 5
            For j = 0 To 2
                For k = 0 To 3
                    If T(i, j, k) = MinWert Then
                        lblA.Text &= "Zeile " & i &
                            ", Gruppe " & j &
                            ", Element " & k & vbCrLf
                    End If
                Next k
            Next j
        Next i
    End Sub
End Class
```

B.3.4 Lösung ÜProzeduren

```
Public Class Form1
    Private Sub cmdAnzeigen_Click(...) Handles ...
        Dim x, y As Double
        x = 5.6
        y = 3.0
        mittelwert(x, y)
    End Sub

    Sub mittelwert(a As Double, b As Double)
        Dim c As Double
        c = (a + b) / 2
```

```
        lblA.Text = c
    End Sub
End Class
```

B.3.5 Lösung ÜFunktionen

```
Public Class Form1
    Private Sub cmdAnzeigen_Click(...) Handles ...
        Dim x, y As Double
        x = 5.6
        y = 3.0
        lblA.Text = mittelwert(x, y)
    End Sub

    Function mittelwert(a As Double, b As Double) As Double
        mittelwert = (a + b) / 2
    End Function
End Class
```

B.4 Lösungen der Übungsaufgaben aus Kapitel 8

B.4.1 Lösung zur Übung Projektverwaltung

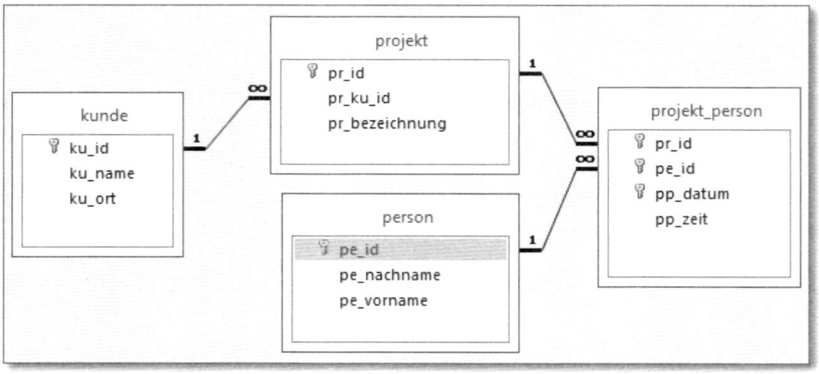

Abbildung B.1 Tabellen und Beziehungen in »projektverwaltung.accdb«

Primärschlüssel

Primärschlüssel der Tabelle `projekt_person` ist die Kombination aus Projekt-ID, Personen-ID und Datum. Damit gewährleisten Sie, dass ein Mitarbeiter nur *einmal* Stunden, die er an einem bestimmten Tag für ein bestimmtes Projekt geleistet hat, einträgt. Ein solcher Primärschlüssel wird erzeugt, indem Sie im Tabellenentwurf alle betreffenden Zeilen markieren und das Symbol PRIMÄRSCHLÜSSEL anklicken.

B.4.2 Lösung zur Übung Mietwagen

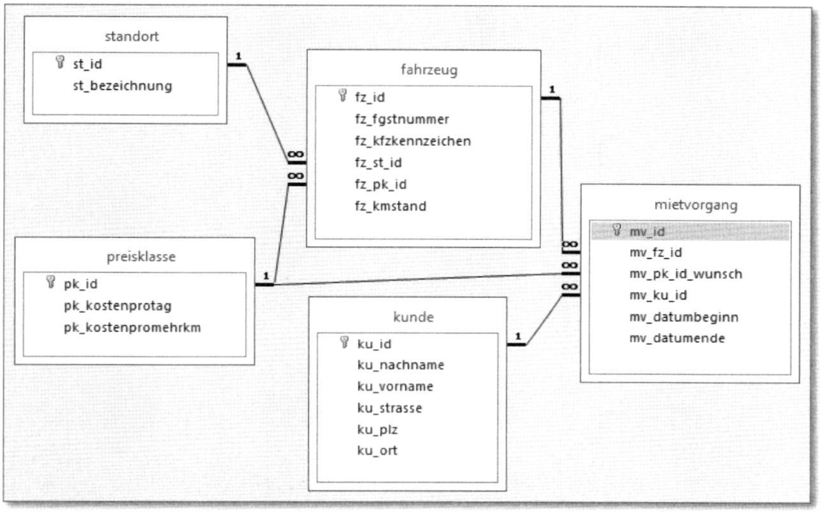

Abbildung B.2 Tabellen und Beziehungen in »mietwagen.accdb«

Index

B

C

D

E

F

G

H

I

M

Q

R

S

T

U

V

W

X

Y

Z